스마트시대의 회계원리

제3판

| 김경태 김유라 박종찬 공저 |

ACCOUNTING PRINCIPLES IN THE SMART ERA

창 민 사

머리말

코로나19 사태를 겪으면서 학생들과 원활히 소통할 수 있는 대면 강의가 얼마나 소중한 것인지를 절실히 깨달을 수 있었다. 이번 3판은 회계순환과정에 대한 학습 효율성을 높이기 위해 기존의 2장 회계순환과정을 2장 회계순환과정 I과 3장 회계순환과정 II로 분리하였다. 시산표까지의 과정을 완전히 이해한 후 다음 단계로 넘어가기 위함이다. 또한 각 장의 끝에 객관식 문제를 새롭게 추가하였고, 기존 ○×퀴즈와 주관식 문제를 보완하였으며 본문의 기업 사례와 실제 기업 사례 문제도 최근 연도 자료로 교체하였다.

각 장의 주요 변경 사항은 다음과 같다.

- 1장: 최근 법인세율과 종합소득세율의 반영, 외감대상기업의 변경, 유한책임회사, 감사의견의 종류에 대한 설명을 보완
- 2~3장: 기존의 2장 회계순환과정을 2장 회계순환과정 I과 3장 회계순환과정 II로 분리, 총계정원장과 계정별 잔액 산출에 대한 설명 보완, 시산표의 양식을 실제 전산회계시스템과 일치하도록 변경
- 4장: 현금흐름표 작성에 대한 설명을 보완
- 5장: 당기순이익과 영업활동 현금흐름의 차이에 관한 설명을 삭제
- 6장: 재무비율을 추가하고 설명을 보완, 재무제표 분석 대상기업 2개를 최신 자료로 교체, 듀퐁분석을 추가

- 7장: 정상영업주기에 대한 설명 추가, 매출채권과 미수금의 차이에 대한 설명 보완
- 8장: 무형자산의 종류 추가, 영업권 사례를 최신 자료로 교체, 회계기간 중에 취득한 유형자산의 연도별 감가상각 계산 문제 추가
- 9장: 매입채무, 미지급금의 차이에 대한 설명 보완
- 10장: 공모사채 발행 실제 사례 추가
- 11장: 우선주에 관한 내용 보강, 주식분할(액면분할)과 주식병합에 대한 설명과 사례를 추가, 증자와 감자의 사례를 최신 자료로 교체 또는 추가
- 12장: 실제 기업 사례를 최신 자료로 교체, 주관식 문제 3개를 교체

3판이 나오기까지 본 교재에 대한 다양한 피드백을 주신 교수님과 강사님께, 그리고 학생들에게 감사드리고, 이번 개정 작업을 도와주신 창민사 윤동구 사장님과 출판에 관여하신 분들께도 고마운 마음을 전한다. 끝으로 저자들에게 항상 든든한 버팀목이 되어준 가족들의 사랑이 이 책을 완성하는 데 큰 힘이 되었음을 말씀드리고 싶다.

2024년 2월
저자 김경태, 김유라, 박종찬

차 례

제3장 회계순환과정 Ⅱ

제4장 상품매매기업의 회계

제5장 제조기업의 회계

제6장 재무제표 분석

제7장 유동자산

제8장 비유동자산

제9장 유동부채

제10장 비유동부채

제11장 자 본

제1장

기업과 회계

정주영과 현대그룹 I – 길을 모르면 길을 찾고, 길이 없으면 길을 만든다

정주영은 1915년 강원도 통천군 송전면 아산리 빈농의 6남 2녀 중 장남으로 태어났다. 소학교를 2등으로 졸업하였으나 어려운 집안 형편 때문에 진학할 수 없었다. 아무리 노력해도 가난을 벗어날 수 없는 농사일보다는 차라리 막노동이 낫겠다는 생각으로 가출했으나 일하던 철도공사판으로 찾아온 아버지에 의해 집으로 돌아온다. 두 번째 가출은 서울로 가려 했으나 도중 사기꾼을 만나 가진 돈을 탕진하고 작은 할아버지 댁에 찾아갔다가 가출을 미리 안 당숙과 함께 고향으로 돌아온다. 세 번째 가출은 신문에 난 부기학원의 광고를 보고 경리직원이 되고자 소 판 돈을 들고 서울로 가서 두 달 정도 부기학원을 다녔으나 집에 두고 온 부기학원 광고지를 보고 찾아온 아버지에 잡혀 귀향한다.

마지막 네 번째로 가출하여 인천 부두의 막노동판, 고려대학교 건설현장, 엿공장 견습공을 거친 후 서울 신당동의 쌀집 점원으로 취직한다. 신속한 배달을 위해 사흘 동안 밤에 자전거 타는 법을 습득하였고, 비가 오는 날에도 쌀이 떨어진 식당 주인을 위해 비를 맞으며 배달하였다. 정리 안 된 창고를 곡물 순으로 정리하여 재고를 파악하기 쉽게 하였고, 부기학원에서 배운 지식을 이용하여 장부를 원장과 고객별 분개장으로 깨끗이 정리하였다. 고객의 주문이 예상되는 시기에 미리 쌀을 들고 방문하는 열성도 보였다. 결국 주인은 자기 아들에게 가게를 물려주지 않고, 정주영에게 쌀가게를 양도하였다. 그러나 중일전쟁으로 쌀 배급제가 실시되면서 쌀가게의 문을 닫게 되었다.

그 후 1940년 '아도서비스'라는 자동차 수리공장을 인수하여 차량 정비로 돈을 벌기 시작하였으나 화재로 공장과 고객의 차가 소실되고 만다. 그러나 그동안 쌓아온 신용으로 돈을 빌려 다시 시작하였고, 남보다 빨리 고쳐주는 서비스로 재기에 성공한다. 해방 후 자동차 수리공장을 운영하던 정주영은 어느 날 관청에 수금하러 갔다가 건설업자가 자동차 수리대금보다 훨씬 큰 금액을 수금해 가는 것을 보고 1947년 건설회사인 현대토건을 설립하였다. 1950년 한국전쟁이 발발하여 부산으로 피난 간 그는 미군부대 통역장교인 동생 정인영(한라그룹 창업)의 도움으로 미군부대에서 건설용역을 수행하였다. (52쪽에서 계속)

참고문헌: 시련은 있어도 실패는 없다(정주영, 1991, 제삼기획), 이 땅에 태어나서(정주영, 1998, 솔), 영원한 도전자 정주영(허영섭, 2015, 나남)

1.1 기업의 종류

기업은 주로 이윤을 얻기 위해 재화를 생산하여 판매하거나 용역을 제공하는 조직체이다. 기업은 [그림 1.1]과 같이 크게 **개인기업**과 **법인기업**으로 나뉜다. 개인기업은 개인이 특정 사업을 하기 위해 가까운 세무서에 사업자등록을 신청하여 사업자등록증을 발급받음으로써 설립되는 기업이다. 설립절차가 간단하여 식당, 상점, 미용실, 약국 등과 같은 소규모 자영업이 주로 개인기업으로 만들어진다. 개인기업은 설립한 개인이 개인기업의 거래, 재산소유, 소송 등의 당사자가 되고, 개인기업이 벌어들인 소득에 대한 세금은 설립한 개인이 종합소득세로 납부한다.

그림 1.1 기업의 종류

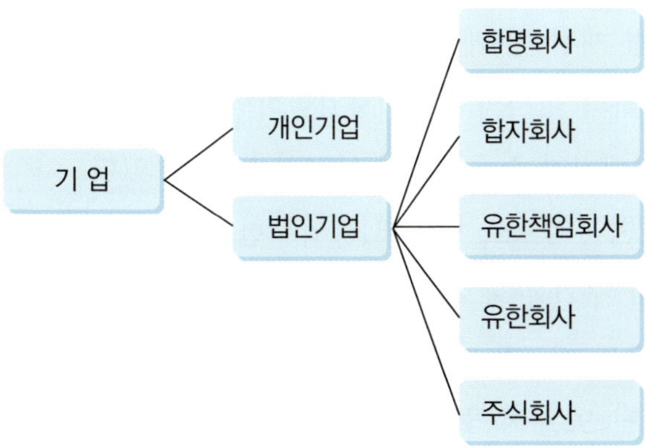

반면, 법인기업은 기업이 사람처럼 권리나 의무의 주체가 되어 재산을 소유하고, 다른 사람 또는 기업과 거래할 수 있으며 소송의 당사자가 되는 것이 법으로 허용된다. 우리나라 상법이 인정하는 법인기업으로는 합명회사, 합자

회사, 유한회사, 유한책임회사, 주식회사가 있다. 기업이 채무를 상환하지 못해 파산할 경우, 애초 기업에 자금을 제공한 사람(출자자) 중 개인의 재산을 사용해서라도 기업이 갚지 못한 채무를 변제할 책임이 있는 출자자를 무한책임사원, 기업에 출자한 금액만큼만 책임지는 출자자를 유한책임사원이라고 한다.

합명회사는 무한책임사원으로만 구성된 기업이고, **합자회사**는 무한책임사원과 유한책임사원으로 구성된 기업으로 주로 소규모 기업이 선택하는 기업의 형태이다. 나머지 유한책임회사, 유한회사, 주식회사는 모두 유한책임사원으로 구성된다.

주식회사는 출자자를 주주라고 부르고 자금 조달을 위해 다수를 상대로 주식이나 회사채를 발행할 수 있어 대규모 자금 조달이 필요한 기업에 적합하다. 주식회사는 설립절차가 다른 법인기업 비해 상대적으로 복잡하고 이사회, 주주총회, 감사(또는 감사위원회)의 설치가 필요하다.

반면, **유한회사**는 출자자를 사원이라 부르고 이사의 선임, 사원총회의 설치가 필요하다. 하지만 유한회사는 주식 또는 회사채를 발행할 수 없으므로 대규모 자금 조달이 필요 없는 중소규모 기업, 외국계 기업에 적합하다. **유한책임회사**는 2012년 상법 개정 때 벤처기업 설립을 지원한다는 취지로 도입된 것으로 유한회사와 유사하나 이사의 선임, 사원총회의 설치가 필요 없고, 출자한 사원이 선출한 업무집행자가 신속하게 의사결정을 할 수 있다.

법인기업은 기본적으로 법인세를 납부한다. 〈표 1.1〉과 같이 과세소득이 1,400만원 이하인 구간을 제외하면 법인세율이 종합소득세율보다 낮기 때문에 동일한 소득에 적은 세금을 납부한다는 장점이 있다. 또한 법인기업이 개인기업보다는 자금조달 또는 계약체결 시에 대외적 신뢰도가 높다. 따라서 창업 시에는 개인기업으로 시작하였다가 기업의 소득규모가 커지면 주로 주식회사 형태의 법인으로 전환하는 경우가 많다. 그러나 법인은 법인세를 납부하고, 법인의 출자자가 법인기업으로부터 배당을 받을 때 배당소득세를 납부하게 되어 이중으로 과세된다는 단점이 있다.

2022년 국세청 자료를 기준으로 할 때 기업수는 개인기업이 약 8,425,342

표 1.1 2023년 법인세율과 소득세율

	과세소득	세 율
법인세	2억원 이하	9%
	2억원 초과 ~ 200억원 이하	19%
	200억원 초과 ~ 3,000억원 이하	21%
	3,000억원 초과	24%
종합소득세	1,400만원 이하	6%
	1,400만원 초과 ~ 5,000만원 이하	15%
	5,000만원 초과 ~ 8,800만원 이하	24%
	8,800만원 초과 ~ 1억5,000만원 이하	35%
	1억5,000만원 초과 ~ 3억원 이하	38%
	3억원 초과 ~ 5억원 이하	40%
	5억원 초과 ~ 10억원 이하	42%
	10억 초과	45%

개로 가장 많고, 다음으로 주식회사가 935,650개, 유한회사가 42,869개, 합자회사가 2,987개, 합명회사가 950개이다.[1] 한편, 기업의 종류별 총수익을 기준으로 하면 주식회사가 5,953조원으로 가장 크다.

법인세와 소득세

법인세는 법인의 소득을 과세대상으로 하는 세금이고, 소득세는 개인의 소득을 과세대상으로 하는 세금이다. 소득세법은 소득을 이자소득, 배당소득, 사업소득, 근로소득, 연금소득, 기타소득, 퇴직소득, 양도소득으로 구분한다. 이 중 이자소득, 배당소득, 사업소득, 근로소득, 연금소득, 기타소득을 종합소득이라고 하는데 각 소득을 합산하여 과세한다는 의미이다.[2] 반면, 퇴직소득과 양도소득은 일시

---

1) 국세청 자료에서는 유한회사와 유한책임회사를 구분하지 않는다(국세통계포털).

2) 이자소득과 배당소득의 합이 연 2천만원 이하인 경우와 기타소득금액이 300만원(필요경비 공제 후) 이하인 경우는 분리과세가 가능하다.

적으로 발생하는 소득이므로 합산하지 않고 별도로 과세한다.

법인기업은 기본적으로 법인세를 납부하고,[3] 개인기업은 개인기업의 소득이 개인의 사업소득에 해당하므로 개인이 종합소득세를 납부한다.

1.2 회계의 정의와 역할

회계(accounting)는 기업을 비롯한 여러 조직에서 특정 기간 동안 발생한 경제적 거래를 기록한 후 정기적으로 그 결과를 요약하여 정보가 필요한 사람들에게 제공하는 일련의 과정을 말한다. 회계와 더불어 **부기**(bookkeeping)라는 용어가 흔히 사용되는데 부기는 발생한 거래의 기록을 뜻하는 것으로서 회계의 일부분으로 볼 수 있다.

주변에서 가장 쉽게 접할 수 있는 부기는 가계부일 것이다. 가계부는 한 가정의 현금 수입과 현금 지출을 날짜별로 기록한 것으로 한 달 동안의 가계부 기록을 통해 들어온 현금과 지출된 현금이 얼마인지를 날짜순으로 볼 수 있고, 잔액이 실제로 보유하는 현금과 일치하는지 여부도 파악할 수 있다. 또한 불필요한 지출이 무엇이고, 전월과는 어떤 차이가 나는지도 비교할 수 있기 때문에 돈을 절약하여 저축하는데 도움을 준다. 그러나 가계부는 특정인에게 기록한 결과를 제공하는 절차가 없으므로 회계라고는 볼 수 없다.

또 다른 부기의 사례로 각종 모임에서 현금의 출납을 담당하는 총무가 작성하는 현금출납부를 들 수 있다. 총무는 1년간 회원으로부터 회비를 징수하여 그 돈을 여러 가지 활동에 지출하게 되고, 이 모든 거래를 기록하여 연말모임에서 그 결과를 요약하여 회원들에게 보여주는 절차를 따르게 된다. 이러한 일련의 과정은 거래의 기록에서 요약된 결과를 전달하는 과정을 모두 포함하므로

3) 합명회사와 합자회사의 경우 동업기업과세특례에 따라 법인의 소득을 출자자에게로 배분하여 법인이 법인세를 내는 것 없이 출자자가 종합소득세로 납부하는 것이 가능하다.

회계라고 볼 수 있다.

한편, 여기서 총무가 현금출납 기록을 올바르게 한 것인지를 확인하기 위해 **감사**(auditor)라는 직책을 갖는 회원이 별도로 있어 감사보고의 형식으로 1년 기록의 요약을 보여주고 직접 설명하기도 한다.

회계의 필요성은 최근 모 대학의 단과대학 학생회 간부에 의한 학생회비 유용 사례를 통해서도 알 수 있다.[4] 언론 보도에 따르면 학생회 간부가 학생회비를 사적으로 유용했다가 다른 학생의 고발 등에 의해 발각된 사건이다. 학생회는 학생들이 납입한 회비를 투명하게 사용하고 그 결과를 학생들에게 보고할 의무가 있다. 그러나 위 사건에서는 학생회의 재무부장이 사용내역을 학생들에게 공개하지 않는 상황에서 사적으로 학생회비를 사용한 도덕적 해이의 전형적인 예라고 볼 수 있다.[5]

학생회비의 집행에 대해 아는 사람이 극소수인 상황에서는 사적으로 유용하더라도 남들이 알 수 없을 것이라는 생각이 들기 쉽다. 학생회의 재무부장이 학생회비와 관련된 수입과 지출 내역을 빠짐없이 기록하고 거래증빙이 되는 영수증을 반드시 보관하도록 의무화하며, 감사의 직책을 맡은 제3자로 하여금 사용내역을 검토하게 하는 일련의 프로세스를 마련한다면 위와 같은 사건을 사전에 방지하고 투명한 자금집행이 가능할 것이다.

최근에는 시민단체가 기부금의 사용을 기록하고 그 결과를 공시하는데 부적절함이 발견되어 사회적 논란이 일기도 했다. 특히 기부금으로 운영되고 세금 혜택도 받는 공익법인은 기부자에 대한 예우를 위해서라도 기부금의 사용에 관한 결과를 정기적으로 보고하는 것이 반드시 필요하다.[6]

---

4) 손혜림, "'생활고 탓' 학생회비 손댄 학생회 간부". 부산일보, 2021.06.01.; 김은경, "서울 소재 대학에서 학생회비 유용 논란으로 '시끌'", 연합뉴스, 2015.10.05; 장재진, "학생회비를 내 돈처럼… 이번엔 사립대 법대 학생회장", 한국일보, 2014.12.02. 등

5) **도덕적 해이**(moral hazard)란 정보의 비대칭 상황에서 정보를 갖지 않은 측이 볼 때 정보를 가진 측이 취하는 바람직하지 않은 행동을 뜻한다. 예를 들면, 자동차보험 가입자가 자동차보험 가입 후 안전 운전을 등한시하는 것을 들 수 있다.

6) 김동욱, "시민단체, 회계 오류를 작은 실수로 치부하는 게 큰 문제", 한국일보, 2020.6.29.

회계가 없다면 조직 구성원을 대표해서 업무를 맡은 사람이 자금을 올바르게 집행하였는가에 대한 확신을 가질 수 없을 것이며 조직의 자금 사정, 재산과 채무 내역, 수입과 지출의 정도를 올바르게 파악할 수 없게 된다.

특히, 기업에게 회계는 반드시 필요한 활동 중의 하나이다. 기업이 계속 생존하기 위해서는 이익 창출이 필수적이다. 따라서 기업이 이익을 내고 있는가를 파악하는 것이 매우 중요하고, 만약 손실을 내고 있다면 그 원인을 파악하고 대책을 강구해야 할 것이다.

회계는 기업 내부의 경영진에게 경영성과를 숫자로 보여줌으로써 영업이 올바로 되고 있는지를 알려주며, 경영성과가 부진할 경우 문제점을 찾고 대안을 모색하게 만드는 계기판의 역할을 한다. 또한 회계는 기업 외부의 투자자와 채권자에게 해당 기업에 관한 정보를 제공함으로써 투자와 대출에 대한 의사결정에 도움을 주어 자금 배분의 효율성을 높이는 역할도 수행한다.

회계의 영역

회계는 크게 재무회계, 관리회계, 세무회계, 회계감사의 영역으로 나뉜다. **재무회계**(financial accounting)는 기업이 외부로부터 자금을 조달하기 위해 거래를 기록하고 재무제표를 작성하는 것과 관련된 영역이다. **관리회계**(management accounting)는 경영자를 위해 필요한 정보를 제공하는 것과 관련된 영역으로 예를 들면, 제품의 제조원가를 산출하고, 사업부서별 경영성과를 측정한다. **세무회계**(tax accounting)는 일정 기간 기업활동의 결과로 국가에 납부해야 할 세금을 계산하는 것과 관련된 영역이다. **회계감사**는 타인이 작성한 재무제표가 회계기준에 따라 적정하게 작성되었는지를 검토한 후 적정여부에 대한 의견을 표명하는 것과 관련된 영역이다. 그밖에도 국가, 지방자치단체, 비영리기관의 회계를 다루는 **비영리회계**(nonprofit organizations accounting), 컴퓨터와 정보기술을 이용한 회계처리 및 회계정보의 분석시스템 구축을 다루는 **회계정보시스템**(accounting information system)도 회계의 영역에 포함된다.

1.3 부 기

가계부는 한 가정의 경제적 거래 중 현금의 입출금을 기록한다. 가장의 월급이 들어오면 수입으로, 아파트 관리비를 비롯한 각종 생활비를 현금으로 지급하면 지출로 기록하는데 이와 같이 현금의 입출을 위주로 기록하는 방법을 **단식부기**(single-entry bookkeeping)라고 부른다. 단식부기의 가장 큰 장점은 누구라도 사용할 수 있을 정도로 쉽다는 점이다. 현행 세법은 규모가 작은 이른바 간편장부대상자에 해당하는 사업자에게는 단식부기에 해당하는 간편장부를 사용하는 것을 허용하고 있다. 〈표 1.2〉는 부동산임대업을 하는 간편장부대상자가 3월에 발생한 거래를 단식부기로 기록한 간편장부의 예를 보여 준다.

표 1.2 간편장부 작성사례

일 자	거래내용	거래처	수 입		비 용	
			금 액	부가세	금 액	부가세
3. 4	임대료 수입 (현금)	1호 스마일분식	2,000,000	200,000		
3. 8	화장실용품 (현금)	영광마트			100,000	
3.15	임대료 수입 (현금)	2호 명약국	1,500,000	150,000		
3.20	청소용품 (현금)	시대철물			250,000	
3.24	거래처접대 (현금)	상해반점			150,000	
3.31	전기요금 (현금)	한국전력			200,000	20,000
3월계			3,500,000	350,000	700,000	20,000

한편, 대부분의 기업이 경제적 거래를 기록하는 방법은 단식부기가 아닌 **복식부기**(double-entry bookkeeping)이다. 복식부기는 주로 현금의 입출만을 기록하는 단식부기와는 달리 현금 입출뿐만 아니라 현금 입출의 원인도 함께 기록하고, 현금 입출이 없는 외상 거래도 기록한다.

복식부기는 거래를 왼쪽(**차변**)과 오른쪽(**대변**)으로 나누어 기록하고 왼쪽과 오른쪽, 양쪽의 합은 거래마다 일치해야 한다. 이것을 **대차균형의 원칙**이라고 하는데 이러한 자기검증 기능으로 인해 복식부기는 단식부기보다 금액의 오류가 발생할 가능성이 적고, 기록한 자료를 토대로 기업의 경영성과와 재무 상태에 대한 보고서를 작성하기가 상대적으로 수월하다는 장점이 있다.

예를 들어, 현금을 타인에게 빌려준 거래를 단식부기로 기록하면 현금의 지급만 기록되지만 복식부기에서는 현금의 지급과 함께 앞으로 빌려준 돈을 받

표 1.3 복식부기를 이용한 기록의 예

날 짜	계정과목	차변(왼쪽)	대변(오른쪽)
3월 4일	현 금	2,200,000	
	부가세예수금		200,000
	임대료		2,000,000
3월 8일	소모품비	100,000	
	현 금		100,000
3월 15일	현 금	1,650,000	
	부가세예수금		150,000
	임대료		1,500,000
3월 20일	소모품비	250,000	
	현 금		250,000
3월 24일	접대비	150,000	
	현 금		150,000
3월 31일	전력비	200,000	
	부가세대급금	20,000	
	현 금		220,000

을 권리의 발생도 함께 기록한다. 〈표 1.3〉은 〈표 1.2〉에 나오는 거래를 복식부기로 기록한 것이다. 거래의 기록을 보면 날짜별로 왼쪽(차변)과 오른쪽(대변), 양쪽의 합은 일치함을 볼 수 있다. 복식부기의 자세한 방법은 제2장에서 상세히 다룬다.

1.4 재무 상태

기업은 모든 경제적 거래를 기록한 후 이해관계자들에게 **재무제표**(financial statements)의 형태로 회계정보를 요약하여 제공한다. 여기서 재무란 돈과 재산에 관한 일을 뜻하는 것으로 재무제표는 기업의 재무에 관한 4개의 보고서와 주석을 의미하는데 대표적인 것으로 특정 시점의 재무 상태를 나타내는 **재무상태표**(statement of financial position), 일정 기간의 재무적 경영성과를 보여주는 **손익계산서**(income statement)가 있고, 그 외에 **자본변동표**(statement of changes in equity)와 **현금흐름표**(cash flow statement), **주석**(notes)도 재무제표에 포함된다.[7)]

개인의 재무 상태를 파악하기 위해서는 우선 그 사람이 어떤 재산을 소유하고 있는가를 알아야 한다. 그러나 재산 소유내역만으로 그 사람의 진정한 재무 상태를 파악하기는 어렵다. 예를 들어, 노윤택 씨가 현금 1억원과 시가 5억원의 아파트 두 채를 소유하고 있다면 그의 재산이 총 11억원에 이르기 때문에 그가 부자이고 재무 상태가 좋을 것이라고 단정하기 쉽다.

하지만 노윤택 씨가 그의 재산을 취득하기 위해 은행으로부터 차입한 돈이 8억원에 달한다면 그의 재산에서 은행 빚을 뺀 그의 몫은 3억원에 불과하므로

---

7) 주석은 각 보고서에서 표시된 내용만으로는 정보이용자에게 충분한 정보를 제공할 수 없는 내용들에 대한 추가 설명을 제공한다. 예를 들어, 재무상태표에 차입금이 표기되지만 그 차입금의 만기, 이자율에 대한 정보는 제공하지 않는다. 이러한 세부 정보는 재무제표 주석을 통하여 제공된다.

빚 없이 현금 1억원과 시가 5억원의 아파트 한 채만 보유한 사람보다 재무 상태가 양호하지 못하다고 볼 수 있다. 따라서 개인의 재무 상태를 파악한다는 것은 [그림 1.2]와 같이 개인이 보유한 재산과 채무(빚)를 함께 파악함으로써 그 사람의 실제 몫이 얼마인가를 보는 것이다.

그림 1.2 개인(노윤택 씨)의 재무 상태

개인이 소유한 **재산** 총 11억 – 현금 1억원 – 아파트 10억원 (시가 5억 × 2채)	**채 무**(빚) 총 8억 – 은행차입 8억
	내(노윤택 씨) **몫** 총 3억 (=11억 – 8억) – 재산에서 채무를 빼고 남은 것

기업의 재무 상태를 보여주는 재무상태표는 크게 자산, 부채, 자본으로 구성된다. **자산**(assets)이란 기업이 소유하고 있으면서 미래에 경제적 이득을 가져다주는 것을 말하는데 정확하게는 "과거 사건의 결과로 기업이 통제하는 경제적 자원"으로 정의된다.[8] 여기서 과거 사건의 결과란 앞으로 구입할 것이 아니라 과거에 취득한 것만이 자산이 될 수 있음을 말하고, 기업이 통제한다는 것은 기업이 해당 자원을 사실상 소유하고 있음을 뜻한다. 또한 여기서 말하는 경제적 자원은 현금의 유입 또는 경제적 혜택이 기대되는 자원 또는 권리를 의미한다. 자산의 예로는 현금, 상품, 토지, 건물, 기계장치, 특허권 등이 있다.

부채(liabilities)란 "과거 사건의 결과로 기업이 경제적 자원을 이전해야 하는 현재 의무"로 정의되며,[9] 제3자에게 현금 등을 지급할 의무를 뜻하는 것으로 은행으로부터의 차입금, 외상 취득으로 인해 발생한 채무 등이 부채에 해당

8) '재무보고를 위한 개념체계'(국제회계기준위원회 제정) 문단 4.3.

9) '재무보고를 위한 개념체계' 문단 4.26.

한다.

마지막으로 **자본**(capital 또는 owner's equity)은 우리가 일상생활에서 사용하는 자본의 의미와는 달리 "기업의 자산에서 모든 부채를 차감한 후의 잔여지분"을 말한다. 자본은 다른 말로 순자산(net assets)이라고도 하며,[10] 기업이 소유한 자산 중 기업 소유주에게 돌아갈 몫을 뜻한다. 회계에서 자본은 영어로는 주로 owners' equity로 사용되는데 이는 기업 소유주의 몫이라는 뜻이다.

예를 들어, 어떤 기업의 자산 합계가 100억원이고, 부채 합계가 40억원이라면 자본은 자산에서 부채를 차감한 부분을 나타내므로 자산 100억원에서 부채 40억원을 차감한 60억원이 된다. 그리고 이는 기업이 현재 소유한 자산이 100억인데 앞으로 채권자에게 지급할 금액이 40억원이며, 그 나머지인 60억원이 기업 소유주에게 돌아갈 몫이라는 의미가 된다.

만약, 이 기업이 주식회사라면 주식회사의 소유주는 주주이므로 자본은 주식회사가 소유한 자산에 대한 주주의 몫을 말한다. 요약하면, 기업의 재무 상태는 [그림 1.3]과 같이 기업이 소유한 자산, 기업의 부채, 그리고 자산에서 부채를 차감한 기업 소유주의 몫(자본)을 나타낸 것이다.

그림 1.3 기업의 재무 상태

자 산 100억원 (기업이 소유한 재산)	**부 채** 40억원 (기업이 장래에 지급할 의무)
	자 본 (순자산) 60억원 (=100억−40억) (자산에서 부채를 빼고 남은 것으로 기업의 소유주에게 돌아갈 몫)

10) '재무보고를 위한 개념체계' 문단 4.63.

1.5 회계등식

자산, 부채, 자본의 관계를 보다 자세히 알아보기 위해 건물, 아파트 등에 청소서비스를 제공하는 주식회사 클린업을 설립하여 1개월간 운영한 소제원 씨의 사례를 들어 보자. 4월에 발생한 (주)클린업의 거래 내역은 다음과 같다.

4월 1일	1인 주주 소제원은 청소서비스를 제공하는 주식회사 클린업의 설립등기를 완료하였으며 회사통장을 개설하여 3,000만원을 입금함.
4월 2일	청소서비스의 제공을 위해 필요한 청소기계 구입에 현금 600만원을 지급하고 사무실에서 사용할 책상, 의자, 컴퓨터 등 비품의 구입에 현금 300만원을 지급하며 필기구, 종이 등 소모품 구입으로 현금 10만원을 지불함.
4월 3일	자금을 추가로 조달하기 위해 은행에서 현금 1,000만원을 1년 만기, 매달 초 이자지급(연이자율 6%, 첫 이자지급은 5월 1일)의 조건으로 차입함.
4월 8일	행복아파트와 4월 16일부터 1년간 청소서비스 제공계약을 체결하고 청소서비스 제공의 대가로 하루당 40만원을 받기로 함.
4월 12일	직원 3명을 (주)클린업의 직원으로 채용함.
4월 16일	행복아파트에 대한 청소서비스를 시작함.
4월 30일	행복아파트로부터 15일간 청소서비스에 대한 대가로 600만원을 수령함.
4월 30일	직원 3명과 소제원 본인의 4월 급여로 400만원을, 4월 사무실을 임차한 대가로 100만원을, 4월 사무실의 전기 사용료로 5만원을 각각 현금으로 지급함.

4월 1일, 1인 주주 소제원이 (주)클린업의 회사 은행계좌에 3,000만원을 입금함으로써 (주)클린업은 최초의 자산인 현금 3,000만원을 보유하게 된다.[11] 만약, 단식부기를 사용한다면 현금 3,000만원의 유입만을 기록하면 되지만 복식

11) 주주에 의한 사업자금의 제공을 **출자**(出資)라고 한다.

부기를 사용하는 경우는 유입된 3,000만원의 원인을 살펴서 원인에 따라 부채 또는 자본의 3,000만원 증가도 함께 기록한다.

주주가 출자한 (주)클린업의 현금 3,000만원은 (주)클린업이 미래에 주주에게 상환할 의무가 있는 것은 아니므로 부채가 아니다. 앞서 회계에서 자본을 소유주의 몫이라고 정의했으므로 주주 소제원이 출자한 3,000만원은 주주의 몫, 즉 자본에 해당한다. 따라서 4월 1일 주주 소제원의 현금 3,000만원 출자 후 (주)클린업은 자산과 자본에 관한 다음의 관계가 성립한다.

〈자 산〉	=	〈자 본〉	
현 금 3,000만원	=	자본금 3,000만원	(1)

여기서 현금, 자본금과 같이 자산, 자본, 부채 등에 속하는 여러 항목들의 증감을 기록하기 위해 세분화한 단위를 회계에서는 **계정**(account)이라고 하고, 계정의 명칭을 **계정과목**(account name)이라고 부른다. 위의 등식 (1)의 등호 왼쪽은 소제원의 3,000만원 출자 직후 (주)클린업이 현금 3,000만원의 자산을 보유하게 되었음을 의미하고, 등호 오른쪽의 자본금 3,000만원은 (주)클린업의 자산 3,000만원이 주주(소제원)가 출자한 것임을 나타내는 것이다.

회계에서 **자본금**은 주주로부터의 납입금액을 기록하는 계정과목이다. 등식 (1)을 통하여 (주)클린업은 아직 부채가 없으며 부채가 없을 경우 '자산 = 자본'이 성립하고, 이는 (주)클린업의 모든 자산은 1인 주주인 소제원의 몫임을 의미한다.

4월 2일 (주)클린업은 청소기계의 구입에 현금 600만원을, 사무실에서 사용할 책상, 의자, 컴퓨터 등의 비품 구입에 300만원을, 사무용품의 구입에 10만원을 현금으로 지급하였다. 이 거래 직후 (주)클린업은 자산과 자본에 관한 다음의 관계가 성립한다.

〈자 산〉		=	〈자 본〉		
현 금	2,090만원	=	자본금	3,000만원	(2)
기계장치	600만원				
비 품	300만원				
소모품	10만원				
자산총계	3,000만원	=	자본총계	3,000만원	

(주)클린업이 구입한 청소기계는 **기계장치**(machinery)라는 계정과목에 기록하고, 책상, 의자, 컴퓨터 등은 회사가 사무실에 두고 1년이 넘는 기간 동안 사용하는데 이러한 자산은 **비품**(equipment)이라는 계정과목에 기록한다. 반면, 종이, 문구류 등과 같이 1년 이내에 소비하는 자산은 **소모품**(supplies)이라는 계정과목에 기록한다. 기계, 비품, 소모품의 현금 구매로 (주)클린업의 보유현금은 3,000만원에서 910만원이 감소하여 2,090만원이 되고, 새로운 자산인 기계장치가 600만원, 비품이 300만원, 소모품이 10만원 증가한다.

등식 (2)를 통해 (주)클린업의 자산이 현금 3,000만원에서 지금은 현금 2,090만원, 기계장치 600만원, 비품 300만원, 그리고 소모품 10만원으로 변경되었으나 자산의 총계(총자산)는 여전히 3,000만원으로 변함없음을 알 수 있다. 또한 등식 (2)는 (주)클린업의 자산인 현금 2,090만원과 기계장치 600만원, 비품 300만원 및 소모품 10만원의 취득은 모두 주주가 출자한 3,000만원을 원천으로 하고 있으며 (주)클린업의 자산은 모두 주주 몫임을 나타낸다.

4월 3일 (주)클린업이 은행으로부터 1,000만원을 대출받은 후에는 자산, 부채, 자본에 관한 다음의 관계가 성립한다.

〈자 산〉		=	〈부 채〉		+	〈자 본〉		
현 금	3,090만원	=	차입금	1,000만원	+	자본금	3,000만원	(3)
기계장치	600만원							
비 품	300만원							
소모품	10만원							
자산총계	4,000만원	=	부채총계	1,000만원	+	자본총계	3,000만원	

(주)클린업의 보유현금은 은행으로부터 받은 현금 1,000만원이 추가되어 2,090만원에서 3,090만원으로 증가하고, 은행으로부터 빌린 1,000만원은 (주)클린업이 만기에 상환할 의무가 있으므로 부채에 **차입금**(debt)이라는 계정과목으로 1,000만원이 새롭게 추가된다.[12] 차입금 1,000만원의 의미는 (주)클린업의 자산 중 1,000만원은 은행 차입으로 조달된 것임을 나타내고, 해당 금액만큼은 주주가 아닌 은행(채권자)의 몫임을 표시하는 것이다.

은행 대출로 인하여 (주)클린업의 총자산은 4,000만원이고 이는 현금, 기계장치, 비품, 소모품으로 구성되어 있다. 한편, 등식 (3)의 등호 오른쪽이 의미하는 바는 총자산 4,000만원 중 1,000만원은 채권자인 은행 몫이며 나머지 3,000만원은 주주 소제원의 몫임을 나타낸다.

이제까지 식 (1)에서 식 (3)까지의 관계를 살펴보면 등식의 등호 왼쪽에 나오는 자산의 합은 등호 오른쪽에 등장하는 부채와 자본의 합과 같다. 회계에서는 이를 **회계등식**(accounting equation)이라 하는데, 복식부기를 사용하는 기업의 경우 오류가 없다면 이 등식은 항상 성립해야 한다. 회계등식은 기업이 보유한 자산이 얼마이고, 그중 채권자와 기업 소유주의 몫이 각각 얼마인가를 보여주는 것으로 이를 통하여 자산 중 얼마만큼이 부채 또는 자본을 원천으로 취득된 것인지를 파악할 수 있다.

〈회계 등식〉

자 산 = 부 채 + 자 본

4월 8일 (주)클린업은 처음으로 청소서비스를 제공하는 계약을 행복아파트와 체결하였다. 이러한 계약의 체결이 곧바로 자산, 부채, 자본에 미치는 영향은 없기 때문에 회계상의 기록은 필요 없다. 기업과 관련하여 발생한 거래 중

12) 만기에 차입금 1,000만원을 상환하면, 자산의 현금 1,000만원과 부채의 차입금이 1,000만원이 함께 감소한다.

자산, 부채, 자본에 변동을 야기하는 거래를 **회계상 거래**라고 하며 장부에는 회계상 거래에 대해서만 기록한다. 4월 12일 직원의 채용과 4월 16일 청소서비스의 개시도 마찬가지로 회계상 거래가 아니므로 기록하지 않는다.

(주)클린업이 행복아파트에 4월 16일부터 15일 동안 청소서비스를 제공한 대가로 600만원의 현금을 4월 30일에 받은 후 자산, 부채, 자본의 관계는 다음과 같다.

〈자 산〉		=	〈부 채〉		+	〈자 본〉		
현 금	3,690만원	=	차입금	1,000만원	+	자본금	3,000만원	(4)
기계장치	600만원					용역수익	600만원	
비 품	300만원							
소모품	10만원							
자산총계	4,600만원	=	부채총계	1,000만원	+	자본총계	3,600만원	

(주)클린업이 청소용역을 15일간 제공한 대가로 수령한 현금 600만원으로 (주)클린업의 현금이 600만원 증가하고, 증가한 현금 600만원은 궁극적으로 주주에게 돌아갈 몫이므로 주주 몫(즉, 자본)도 600만원이 증가한다. 이와 같이 재화를 공급하거나 용역을 제공한 대가로 자산이 증가하고 이에 따라 주주 몫의 증가를 초래하는 것을 회계에서는 **수익**(revenue)이라고 한다.[13)]

여기서는 청소서비스를 제공하여 발생한 수익이므로 용역수익(또는 서비스수익) 600만원으로 표기하였다. 등식 (4)를 해석하면 (주)클린업은 자산으로 현금, 기계장치, 비품, 소모품을 포함하여 총 4,600만원을 소유하고 있는데 그 중 1,000만원은 미래에 은행(채권자)에 지급될 것이므로 은행 몫이고, 나머지 3,600만원이 주주 몫이다.

4월 30일 (주)클린업은 직원에 대한 4월 급여로 400만원을, 4월의 사무실

---

13) '재무보고를 위한 개념체계' 제4장 문단68은 수익을 "자산의 증가 또는 부채의 감소로서 자본의 증가를 가져오며 자본청구권 보유자의 출자와 관련된 것을 제외한다."로 정의한다.

을 빌려 쓴 대가로 100만원을, 4월 사무실에서 사용한 전기 사용료로 5만원을 모두 현금으로 지급하였다. 이 거래 직후 (주)클린업의 자산, 부채, 자본은 다음의 관계가 성립한다.

〈자 산〉		=	〈부 채〉		+	〈자 본〉		
현 금	3,185만원		차입금	1,000만원		자본금	3,000만원	
기계장치	600만원					용역수익	600만원	(5)
비 품	300만원	=			+	급 여	(400만원)	
소모품	10만원					임차료	(100만원)	
						전력비	(5만원)	
자산총계	4,095만원	=	부채총계	1,000만원	+	자본총계	3,095만원	

(주)클린업은 4월의 직원 인건비(400만원), 사무실 임차료(100만원), 전기 사용료(5만원)로 현금 총 505만원을 지급하였다. 이 거래의 결과 (주)클린업의 현금은 505만원이 감소하여 잔액이 3,690만원에서 3,185만원이 되고, 그만큼 자산에 대한 주주의 몫(즉, 자본)도 505만원이 감소한다.

회계에서는 인건비, 사무실 임차료, 전기 사용료의 지급과 같이 수익의 창출과정에서 발생하는 자산의 감소에 따른 주주 몫의 감소를 **비용**(expense)이라고 한다.[14] 특히, 직원의 월급은 **급여**(salaries expense), 사무실 등을 빌려 쓴 대가는 **임차료**(rent expense), 전기 사용료는 **전력비**(utilities expense)라는 계정과목을 사용한다.

앞의 등식 (5)의 자본에서 급여, 임차료, 전력비 다음에 괄호 안에 표시한 금액은 각각 자본의 감소를 의미한다. 따라서 (주)클린업은 4월 30일 용역수익으로 자본이 600만원 증가하였고, 급여, 임차료, 전력비로 자본이 총 505만원 감소하였다. 여기서 총수익에서 총비용을 차감하면 95만원(=600만원−505만원)

14) '재무보고를 위한 개념체계' 제4장 문단69는 비용을 "자산의 감소 또는 부채의 증가로서 자본의 감소를 가져오며 자본청구권 보유자에 대한 분배와 관련된 것을 제외한다."로 정의한다.

이 되는데 회계에서는 총수익에서 총비용을 차감한 금액을 **순이익**(net income)이라고 한다.

4월 30일까지 거래의 결과로 자산총계는 4,095만원이고, 이는 부채총계 1,000만원과 자본총계 3,095만원의 합과 일치하여 회계등식이 성립한다. 등식 (5)는 (주)클린업이 자산으로 현금, 기계장치, 비품, 소모품을 포함하여 총 4,095만원을 소유하고, 그중 1,000만원은 은행 몫이고, 나머지 3,095만원이 주주 몫임을 의미한다. 주주의 몫 3,095만원 중 3,000만원은 주주가 주식회사 설립 시 출자한 금액이며, 나머지 95만원은 현재까지 (주)클린업이 청소용역사업을 통해 벌어들인 순이익이다.[15] 따라서 자본은 주주가 출자한 금액(**납입자본**)뿐만 아니라 회사가 사업을 통해 벌어들인 금액(**가득자본**)도 포함하고 있다.

1.6 회계기준과 외부감사

기업이 경제적 거래를 기록하고 재무제표를 작성하는데 있어 마땅히 따라야 할 기준을 **회계기준**(accounting standards)이라고 한다. 우리나라에서는 〈표 1.4〉와 같이 적용 대상에 따라 **한국채택국제회계기준**(K-IFRS, Korean International Financial Reporting Standards), **일반기업회계기준**(K-GAAP, Korean Generally Accepted Accounting Principles), **중소기업회계기준**(Korean Accounting Standards for Small & Medium Enterprises) 등이 사용된다.[16]

한국채택국제회계기준(K-IFRS)은 유가증권 및 코스닥 상장기업, 상장예정기업과 대부분의 금융회사(금융지주, 은행, 증권, 보험, 신용카드, 선물, 자산운용, 종합금융)가 적용하는 회계기준으로서 국제회계기준(IFRS, International Financial

15) (주)클린업의 4월 순이익 95만원은 결산수정분개를 반영하지 않은 금액이다. 결산수정분개에 대해서는 제2장에서 설명한다.

16) 그밖에도 공기업·준정부기관 회계기준, 지방공기업 결산기준 등이 있다.

표 1.4 회계기준의 체계[17)]

종 류	적용대상	외부감사 여부
한국채택국제회계기준 (K-IFRS)	상장* 및 상장예정기업**, 금융회사	의 무
일반기업회계기준 (K-GAAP)	외부감사 대상 주식회사(상장 및 상장예정 기업, 금융회사 제외)	의 무
중소기업회계기준	외부감사 대상 이외의 주식회사	면 제

* 상장이란 한국거래소가 정한 요건을 충족한 기업의 주식을 유가증권시장 또는 코스닥시장에서 거래할 수 있도록 허용하는 것을 의미한다.

** 해당 사업연도 또는 다음 사업연도 중에 상장되려는 기업

Reporting Standards)을 한국어로 번역한 것이다. 우리나라는 2007년 3월 상장기업에 대해 IFRS의 전면 도입을 결정하였고, 2011년부터 상장기업은 K-IFRS를 의무적으로 적용하여 재무제표를 작성하고 있다.

2023년 9월을 기준으로 우리나라와 EU 가입국, 영국, 호주를 비롯한 세계 147개 국가가 상장기업에 대해 의무적으로 IFRS를 도입하였고, 일본, 스위스를 비롯한 12개 국가는 상장기업의 IFRS 도입을 허용하고 있으며 미국, 중국, 인도는 IFRS를 도입하고 있지 않다.[18)] 그러나 미국은 자국 회계기준과 IFRS를 일치시키려는 노력을 2002년부터 지금까지 해오고 있으며 중국과 인도의 자국 회계기준도 상당 부분 IFRS에 수렴해 있다.

일반기업회계기준(K-GAAP)은 K-IFRS를 적용하지 않는 외부감사 대상 주식회사가 적용하는 회계기준으로 K-IFRS에 근접하되 기업의 작성부담을 완화시키는 차원에서 K-IFRS보다는 간략한 회계기준이다. 마지막으로, 중소기업회계기준은 외부감사 대상이 아닌 소규모 주식회사의 회계처리를 위하여 제정된

---

17) 한국회계기준원 홈페이지 참조(http://www.kasb.or.kr/fe/cms/accstd/NR_system/NR_index.do)

18) https://www.ifrs.org/use-around-the-world/use-of-ifrs-standards-by-jurisdiction/#analysis-of-the-168-profiles

회계기준이다.[20]

여기서 **외부감사**(external audit)란 기업이 작성한 재무제표를 기업 외부의 독립적인 회계전문가가 검토하여 재무제표가 회계기준에 따라 적정하게 작성되었는지에 관한 의견을 표명하는 절차를 말한다. 우리나라는 주주와 채권자를 비롯한 주식회사와 관련된 이해관계자의 이익 보호를 위하여 '주식회사의 외부감사에 관한 법률(외감법)'을 제정하여 1981년부터 시행하고 있다. 2020년 사업연도부터 외감법 대상 기업에 일부 유한회사가 추가되었고, 외감법의 명칭도 '주식회사 등의 외부감사에 관한 법률'로 변경되었다.[20]

표 1.5 외부감사 대상 기업

	조 건
1	상장회사
2	해당 사업연도 또는 다음 사업연도 중에 상장 예정인 회사
3	직전 사업연도 말의 자산총액이 500억원 이상인 회사
4	직전 사업연도의 매출액이 500억원 이상인 회사
5	다음 사항 중 2개 이상인 주식회사 ① 직전 사업연도 말의 자산총액이 120억원 이상 ② 직전 사업연도 말의 부채총액이 70억원 이상 ③ 직전 사업연도의 매출액이 100억원 이상 ④ 직전 사업연도 말의 종업원이 100명 이상
6	다음 사항 중 3개 이상인 유한회사 ① 직전 사업연도 말의 자산총액이 120억원 이상 ② 직전 사업연도 말의 부채총액이 70억원 이상 ③ 직전 사업연도의 매출액이 100억원 이상 ④ 직전 사업연도 말의 종업원이 100명 이상 ⑤ 직전 사업연도 말의 사원*이 50명 이상

* 유한회사의 사원이란 유한회사를 설립하기 위해 자금을 낸 사람으로 주식회사의 주주와 유사하다.

---

19) 외부감사 대상이 아닌 소규모 주식회사는 중소기업회계기준을 반드시 적용해야 할 법적 의무는 없기 때문에 실무적으로는 세법에 따라 회계 처리하는 경우가 많다.

현행 외감법 제4조와 외감법 시행령 제5조는 외부감사를 받아야 하는 기업을 구체적으로 규정하고 있다. 〈표 1.5〉에 나오는 조건 중 하나라도 해당하는 주식회사 또는 유한회사는 외부감사 대상 기업에 해당한다.

외부감사 대상 기업은 공인회계사가 소속한 회계법인 또는 감사반과 감사계약을 체결하여 감사를 받는다.[21] 회계법인 또는 감사반은 감사 수행 후 감사보고서에 감사의견을 제시하는데 감사의견에는 〈표 1.6〉과 같이 적정의견, 한정의견, 의견거절, 부적정의견이 있다.

표 1.6 감사의견의 종류

종 류	내 용
적정의견	재무제표가 회계기준에 따라 공정하게 작성됨.
한정의견	재무제표의 일부를 제외하면 회계기준에 따라 공정하게 작성되었거나 자료 부족 등 감사범위 제한의 영향이 중요하지만 전반적이지는 않음.
의견거절	자료 부족 등 감사범위 제한의 영향이 중요하고 전반적임.
부적정의견	재무제표가 회계기준에 따라 공정하게 작성되지 않음

적정의견(unqualified opinion)은 재무제표가 회계기준에 따라 공정하게 작성되었다는 의견이고, **한정의견**(qualified opinion)은 감사인이 지정한 재무제표의 일부를 제외하면 회계기준에 따라 공정하게 작성되었거나 감사를 위한 자료의 부족 등 감사범위의 제한이 재무제표에 미치는 영향이 중요하지만 전반적이지는 않다는 의견이다. **의견거절**(disclaimer of opinion)은 감사를 위한 자료의 부족 등 감사범위의 제한이 재무제표에 미치는 영향이 중요하고 전반적이어서 감

20) 유한회사는 회사에 출자한 금액을 한도로 책임을 진다는 점에서 주식회사와 비슷하나 주식 또는 회사채를 발행할 수 없으므로 대규모 자금 조달이 필요 없는 소규모 기업에 적합하다. 그러나 유한회사가 외부감사 또는 공시 의무가 없다는 점을 이용하여 많은 대형 외국계 기업들이 주식회사에서 유한회사로 전환함에 따라 주식회사와 유한회사의 차등을 두지 않는다는 취지에서 유한회사를 외감법 대상에 포함하게 되었다.

21) 회계법인은 공인회계사 7인 이상으로 구성되고, 감사반은 공인회계사 3인 이상으로 구성된다.

공인회계사와 공인회계사 시험

공인회계사(Certified Public Accountant)는 회계, 감사, 세무 등에 관한 업무를 담당하는 전문가로, 공인회계사 자격을 취득하기 위해서는 금융감독원이 주관하는 공인회계사 시험에 합격해야 한다. 공인회계사 시험은 1차 객관식, 2차 주관식 시험으로 구성된다.

공인회계사 시험에 응시하기 위해서는 대학교 등에서 24학점(회계학 · 세무 관련 과목 12학점, 경영학과목 9학점, 경제학과목 3학점) 이상을 이수하고, 공인영어시험 성적이 합격점수(토플 PBT 530점, 토플 iBT 71점, 토익 700점, 텝스 340점, 지텔프 레벨2의 65점, 플렉스 625점, 아이엘츠 4.5점) 이상이어야 한다.

금융위원회는 매년 공인회계사 최소선발예정인원을 공고한다. 1차 시험 과목은 경영학, 경제원론, 상법(총칙편 · 상행위편 및 회사편과 어음법 및 수표법을 포함), 세법개론, 회계학(회계원리, 회계이론 및 정부회계 포함)이며, 매과목 배점 4할 이상, 전 과목 평균 6할 이상인 자 중에서 전 과목 총득점 순으로 최소선발예정인원의 2배수를 선발한다.

2차 시험은 과목은 세법, 재무관리, 회계감사, 원가회계, 재무회계이며, 매과목 배점의 6할 이상 득점자를 합격자로 선발하는데 절대평가 합격자가 최소선발예정인원에 미달하는 경우 매과목 배점 4할 이상 득점자 중에서 전 과목 총득점 순으로 미달인원만큼 추가 선발한다.

한편, 1차 시험 합격자는 그다음 해 2차 시험까지 응시가 가능하다. 1차 시험 합격연도에 실시된 2차 시험에서 6할 이상 득점한 과목은 다음 연도 2차 시험에서 면제된다(부분합격제도).[22]

사의견을 표명하지 않는 것이고, **부적정의견**(adverse opinion)은 재무제표에 왜곡표시가 전반적이어서 재무제표가 회계기준에 따라 공정하게 작성되지 않았다는 감사의견이다.

여기서 적정의견을 제시한다는 것은 재무제표에 정보의 오류나 누락이 전

---

22) 보다 상세한 내용은 금융감독원 공인회계사시험 안내(http://cpa.fss.or.kr)의 '공인회계사 길라잡이'를 참조하기 바란다.

혀 없음을 보증한다는 것은 아니다. 외부감사는 한정된 시간과 예산 내에서 수행되므로 감사인이 모든 거래 기록이나 증빙을 확인할 수도 없고 하지도 않는다. 다만, 적정의견은 합리적인 관점에서 재무제표 이용자의 의사결정에 영향을 미칠 만한 중요한 오류나 누락이 없이 공정하게 작성되었다는 감사인의 의견을 제시하는 것이다.[23)]

유가증권시장 상장기업은 감사범위 제한 사유의 한정의견을 받으면 관리종목으로 지정된다. 만약 감사범위 제한 사유의 한정의견을 연속으로 두 번 받거나 의견거절 또는 부적정의견을 받으면 주식거래가 중지되고 상장폐지 사유에 해당한다. 코스닥시장 상장기업은 감사범위 제한 사유의 한정의견 또는 의견거절 또는 부적정의견을 1회만 받아도 주식거래가 중지되고 상장폐지 사유가 된다.

---

23) 이를 회계기준에 따라 '중요성의 관점에서' 공정하게 작성되었다고 표현한다.

요 약

1. 기업은 개인기업과 법인기업으로 나뉜다. 개인기업은 설립절차가 간단하여 소규모 자영업이 주로 개인기업에 속한다. 법인기업은 합명회사, 합자회사, 유한회사, 유한책임회사, 주식회사가 있으며 설립절차가 개인기업보다 까다로우나 자금조달 또는 계약체결 시에 대외적 신뢰도가 높아 규모가 큰 기업의 대부분은 법인기업이고 그 중에서도 주식회사가 가장 많다.

2. 개인기업은 소득에 대한 세금을 개인기업의 설립자가 종합소득세로 납부하는 반면, 법인기업은 기업이 법인세를 납부하고, 법인의 출자자는 배당을 받을 때 배당소득세를 납부한다.

3. 회계는 어떤 조직 또는 단체에서 특정 기간 동안 발생한 경제적 거래를 기록하여 이를 요약된 형태로 이해관계자에게 제공하는 일련의 과정을 말한다. 특히, 기업은 생존을 위해 이익창출이 반드시 필요하기에 회계는 기업의 경영진에게 경영성과를 숫자로 보여줌으로써 영업이 올바로 되고 있는지, 그리고 성과가 부진할 경우 문제점을 찾고 대안을 모색하게 만드는 계기판의 역할을 한다.

4. 규모가 큰 대부분의 기업이 경제적 거래를 기록하는 방법은 복식부기이다. 복식부기는 거래를 왼쪽과 오른쪽으로 나누어 기록하고, 왼쪽과 오른쪽, 양쪽의 합은 거래마다 일치해야 한다. 이를 대차균형의 원칙이라고 하는데 이러한 자기검증 기능으로 인해 복식부기는 금액의 오류가 발생할 가능성이 적고, 기록한 자료를 토대로 기업의 경영성과와 재무 상태에 대한 보고서를 작성하기가 상대적으로 수월하다.

5. 재무제표는 기업의 재무에 관한 4개의 보고서와 주석을 의미하는데 대표적으로 재무상태표와 손익계산서가 있다. 재무상태표는 자산, 부채, 자본으로 구성된다. 자산은 기업이 소유하고 있는 경제적 자원을 의미하고, 부채는 제3자에게 경제적 자원을 이전할 의무를 뜻한다. 마지막으로 자본은 자산에서 부채를 차감하고 남은 것을 의미하는 것으로 순자산이라고도 하며 기업이 소유한 자산 중 실질적으로 기업 소유주에게 돌아갈 몫을 뜻한다.

6. 기업의 재무 상태는 기업이 소유한 자산, 자산 취득을 위해 기업이 진 부채, 그리고 자산에서 부채를 차감한 기업 소유주의 몫(자본)을 나타낸 것이다.

7. 자산의 합은 부채와 자본의 합과 같다. 이를 회계에서는 회계등식이라고 한다. 복식부기를 사용하는 기업에게 이 등식이 모든 거래에서 항상 성립해야 한다. 회계등식은 기업이 보유한 자산이 얼마이고, 그중 채권자와 기업 소유주의 몫이 각각 얼마인가를 보여주는 것으로 이를 통하여 자산 중 얼마만큼이 부채 또는 자본을 원천으로 하여 취득된 것인지를 파악할 수 있다.

8. 자산, 자본, 부채 등에 속하는 여러 항목들의 증가와 감소를 기록하기 위해 설정한 단위를 회계에서는 계정이라고 하고, 계정의 명칭을 계정과목이라고 한다.

9. 회계기준이란 기업이 거래를 기록하고 재무제표를 작성하는데 있어 마땅히 따라야 할 기준을 말한다. 우리나라에서는 유가증권 및 코스닥 상장기업 및 상장예정기업과 대부분의 금융회사가 적용하는 한국채택국제회계기준(K-IFRS)과 K-IFRS를 적용하지 않는 외부감사 대상 주식회사가 적용하는 일반기업회계기준, 마지막으로 외부감사 대상이 아닌 주식회사가 적용하는 중소기업회계기준이 있다. 일반기업회계기준은 K-IFRS에 근접하되 기업의 작성부담을 완화시키는 차원에서 K-IFRS보다는 간략한 회계기준이다.

10. 외부감사는 기업이 작성한 재무제표를 기업 외부의 독립적인 회계전문가가 검토하여 재무제표가 회계기준에 따라 적정하게 작성되었는지에 관한 의견을 표명하는 절차이다. 외감법 시행령은 의무적으로 외부감사를 받아야 하는 기업을 규정하고 있으며 감사인의 감사의견으로는 적정의견, 한정의견, 의견거절, 부적정의견이 있다.

O×퀴즈 아래 문장이 옳으면 ○, 틀리면 ×로 답하고 틀린 곳은 올바르게 고치시오.

1. 개인기업은 설립절차가 간단하여 소규모 자영업자들이 주로 사용하는 기업 형태이다.

2. 유한회사는 자금 조달을 위해 투자자를 상대로 주식이나 회사채를 발행할 수 있어 대규모 자금 조달이 필요한 기업에 적합하지만 설립절차가 상대적으로 복잡하고 이사회, 주주총회, 감사(또는 감사위원회)의 설치가 필요하다.

3. 부기는 발생한 거래를 기록하는 것을 뜻하는 것으로서 회계의 일부분으로 볼 수 있다.

4. 회계는 어떤 조직 또는 단체에서 발생한 경제적 거래를 기록하여 이를 요약된 형태로 이해관계자에게 보여주는 일련의 활동을 일컫는다.

5. 현행 세법은 모든 사업자에게는 복식부기를 사용할 것을 의무화하고 있다.

6. 복식부기는 단식부기와는 달리 왼쪽(차변)과 오른쪽(대변)으로 나누어 기록하고 왼쪽과 오른쪽, 양쪽의 합은 거래마다 일치해야 한다.

7. 재무제표는 재무상태표와 손익계산서, 두 개로 구성된다.

8. 자본은 자산에서 부채를 차감하고 남은 것을 의미하고, 순자산이라고도 불리며 기업이 소유한 자산 중 기업 소유주에게 돌아갈 몫(지분)을 뜻한다.

9. 회계등식에서 부채가 없다면 자산의 합은 자본의 합과 같게 된다.

10. 재화를 공급하거나 용역을 제공한 대가로 자산이 증가하고 이에 따라 주주 몫의 증가를 초래하는 것을 이익이라고 하고, 이익의 창출과정에서 발생하는 자산의 감

소에 따른 주주 몫의 감소를 비용이라고 한다.

11. 한국채택국제회계기준(K-IFRS)은 유가증권 및 코스닥 상장기업과 상장예정기업만이 사용하는 회계기준으로서 국제회계기준(IFRS)을 한국어로 번역한 것이다.

12. 외부감사 대상 주식회사 중 K-IFRS를 적용하지 않는 기업이 적용하는 회계기준이 일반기업회계기준이고, 외부감사 대상 이외의 주식회사가 적용하는 회계기준이 중소기업회계기준이다.

13. 감사의견 중 적정의견은 피감사인이 작성한 재무제표에 회계정보의 오류나 누락이 없이 회계기준에 따라 공정하게 작성되었음을 감사인이 보증한다는 의미를 담고 있다.

14. 한정의견은 감사인이 지정한 재무제표의 일부를 제외하면 회계기준에 따라 공정하게 작성되었다는 의견이고, 부적정의견은 관련 자료 부족 등의 사유로 감사인이 충분한 감사를 수행하지 못한 경우 제시하는 의견이다.

15. 가구, 컴퓨터, 전자제품 등 회사가 1년이 넘는 기간 동안 사용하는 물품은 비품이라는 계정과목에 기록하고, 종이, 문구류 등과 같이 1년 이내에 소비하는 자산은 소모품이라는 계정과목에 기록한다.

16. 자본금은 주주로부터의 납입금액을 기록하는 계정과목이고, 대여금은 은행 등으로부터 갚기로 하고 빌린 금액을 기록하는 계정과목이다.

17. 직전 사업연도 말의 자산총액이 400억원인 주식회사는 외부감사를 반드시 받아야 한다.

18. 한국에서는 주식회사가 아니라면 외부감사를 받을 법적 의무는 없다.

제1장 객관식 문제

1. 다음의 (주)한국 2024년 재무자료를 이용한 기말 부채는? 〈지방직 9급, 2023 수정〉

• 기초 자산	₩2,000,000	• 기초 부채	₩500,000
• 총수익	₩700,000	• 주주 출자	₩1,200,000
• 총비용	₩300,000	• 기말 자산	₩4,000,000

① ₩300,000 ② ₩900,000
③ ₩3,100,000 ④ ₩3,400,000

2. 회계정보와 관련된 설명으로 옳지 않은 것은? 〈국가직 9급, 2021〉
① 경영자는 회계정보를 생산하여 외부 이해관계자들에게 공급하는 주체로서 회계정보의 공급자이므로 수요자는 아니다.
② 경제의 주요 관심사는 유한한 자원을 효율적으로 사용하는 것인데, 회계정보는 우량기업과 비우량기업을 구별하는 데 이용되어 의사결정에 도움을 준다.
③ 회계정보의 신뢰성을 확보하기 위하여 기업은 회계기준에 따라 재무제표를 작성하고, 외부감사인의 감사를 받는다.
④ 외부감사는 전문자격을 부여받은 공인회계사가 할 수 있다.

3. '주식회사 등의 외부감사에 관한 법률(외감법)'상 기업의 재무제표 작성 책임이 있는 자는? 〈국가직 9급, 2020〉
① 회사의 대표이사와 회계담당 임원(회계담당 임원이 없는 경우에는 회계업무를 집행하는 사람)
② 주주 및 채권자
③ 공인회계사
④ 금융감독원

4. (주)수암골의 재무상태가 다음과 같다고 가정할 때, 기말자본은 얼마인가? 〈전산회계 1급, 2023 수정〉

기 초		기 말		당기 중 추가출자	총수익	총비용
자 산	부 채	부 채	자 본			
900,000원	500,000원	750,000원	( )	100,000원	1,100,000원	900,000원

① 550,000원　② 600,000원　③ 650,000원　④ 700,000원

5. 외부감사인이 다음 각 경우에 표명하는 감사의견은? 〈경찰간부후보, 2024〉

가. 감사인은 충분하고 적합한 감사증거를 입수한 결과 왜곡 표시가 재무제표에 개별적으로 또는 집합적으로 중요하며, 동시에 전반적이라고 결론을 내리는 경우

나. 감사인은 감사의견의 근거가 되는 충분하고 적합한 감사증거를 입수할 수 없으며, 발견되지 아니한 왜곡표시가 있을 경우, 이것이 재무제표에 미칠 수 있는 영향이 중요하고 동시에 전반적일 수 있다고 결론을 내리는 경우

① 가: 부적정의견, 나: 의견거절　② 가: 부적정의견, 나: 한정의견
③ 가: 한정의견, 나: 부적정의견　④ 가: 의견거절, 나: 부적정의견

6. 경영 교육컨설팅업을 영위하는 (주)한국의 다음 거래가 회계등식의 구성요소에 미치는 영향으로 옳지 않은 것은? 〈국가직 9급, 2022 수정〉

① 주식발행의 대가로 현금 10,000을 출자받았다. 이 거래로 인해 자산이 10,000 증가하고, 자본이 10,000 증가한다.
② 사무실에 사용할 비품 10,000을 취득하면서 현금 5,000을 지급하고 잔액은 나중에 지급하기로 하였다. 이 거래로 인해 자산이 5,000 증가하고, 부채가 5,000 증가한다.
③ 교육컨설팅 용역을 10,000에 제공하고 현금으로 받았다. 이 거래로 인해 자산이 10,000 증가하고, 자본이 10,000 증가한다.
④ 사무실 임차료 5,000을 현금으로 지급하였다. 이 거래로 인해 부채가 5,000 증가하고, 자본이 5,000 감소한다.

제1장 주관식 문제

1. 회계등식을 사용하여 기업 A, B, C의 빈칸에 있는 ①~⑥를 구하시오.

	기업 A	기업 B	기업 C
기초 자산	①	22,000	95,000
기초 부채	200,000	③	80,000
기초 자본	100,000	10,000	⑤
총수익	②	35,000	200,000
총비용	360,000	④	185,000
주주의 추가 출자	0	5,000	⑥
기말 자산	350,000	30,000	127,000
기말 부채	220,000	20,000	80,000
기말 자본	130,000	10,000	47,000

2. 다음은 중고차 거래업체인 (주)VIP자동차의 20×1년 8월 한 달 동안 발생한 ①~⑥의 거래를 자산, 부채, 자본의 증가 또는 감소로 표시한 것이다. 어떤 종류의 거래들이 발생하였는지를 추정하여 설명해 보시오. (단위: 천원)

거래	자 산			부 채	자 본		
	현금	+ 기계장치 +	소모품	장기차입금	자본금 +	수익 −	비용
①	+40,000				+40,000		
②	−3,000	+3,000					
③	−500		+500				
④	+20,000			+20,000			
⑤	+10,000					+10,000	
⑥	−8,000						−8,000

3. 다음의 각 거래에 대하여 복식부기 개념에 기초하여 자산, 부채 또는 자본에 미치는 영향을 분석하고 설명하시오(예시: 회사 영업활동에 필요한 컴퓨터를 현금으로 구입하였다. ⇒ 자산(비품) 증가, 자산(현금) 감소).

① 주주의 현금 출자로 회사를 설립하다.
② 소모품을 구입하고 대금은 현금으로 지급하다.
③ 은행에서 연 2%의 이자율로 현금을 차입하고 6개월 후에 갚기로 하다.
④ 종업원의 한 달 급여를 지급하다.
⑤ 고객에게 외상(매출채권)으로 용역을 제공하다.
⑥ 건물을 빌리고 임차료를 현금으로 지급하다.
⑦ ⑤번에서 발생한 외상 용역대금을 현금으로 회수하다.

4. (주)VIP자동차정비는 20×1년 3월 2일 설립되어 한 달간의 정비영업을 수행하였다. 3월 말 계정과목별 잔액은 아래와 같다. 다음 물음에 답하시오.

계정과목	잔 액	계정과목	잔 액
현 금	53,100,000	소모품	1,000,000
기계장치	8,700,000	차입금	20,000,000
자본금	40,000,000	서비스수익	11,800,000
임차료	1,600,000	급여	7,100,000
전력비	160,000	접대비	140,000

1) 3월의 순이익은 얼마인가?
2) 3월 말의 자산, 부채, 자본의 총계는 각각 얼마인가?
3) 3월 말 회계등식이 성립하는가를 확인해 보시오.

5. (주)서문컨설팅은 20×1년 4월 1일 설립되어 한 달간의 경영컨설팅을 수행하였다. 4월 말 계정과목별 잔액은 아래와 같다. 다음 물음에 답하시오.

계정과목	잔 액	계정과목	잔 액
현 금	44,490,000	소모품	1,400,000
비 품	12,400,000	차입금	25,000,000
자본금	30,000,000	컨설팅수익	13,950,000
임차료	1,730,000	급 여	8,430,000
여비교통비	270,000	전력비	230,000

1) 4월 (주)서문컨설팅의 주주가 출자한 금액은 얼마인가?
2) (주)서문컨설팅은 4월 30일 은행으로부터 만기 1년으로 현금을 대출하였다. 은행으로부터 대출한 금액은 얼마인가?
3) (주)서문컨설팅이 1년이 넘는 기간 동안 사용할 물품에 해당하는 금액은 얼마인가?
4) 4월 한 달 동안 영업을 통해 자본은 얼마나 증가하였는가?
5) 4월 말 회계등식이 성립하는가를 확인해 보시오.

6. 다음은 (주)대신서비스의 3월 회계 자료이다. 3월 한 달 동안 주주의 출자 등 주주와 직접 관련된 거래는 없다고 가정할 때 ①~③에 들어갈 금액을 계산하시오.

계정과목	잔 액	계정과목	잔 액
기초 자산총계	63,800,000	기초 부채총계	25,800,000
기초 자본총계	①	총수익	12,900,000
총비용	10,140,000	기말 자산총계	②
기말 부채총계	28,900,000	기말 자본총계	③

7. 다음은 (주)명성웨딩의 5월 거래내역이다. 각 거래 발생 후 자산, 부채, 자본의 관계를 아래의 예시와 같이 작성하여 회계등식의 성립여부를 확인하시오.

5월 1일	주주 2인이 웨딩컨설팅을 제공하는 주식회사의 설립등기를 완료하였으며 회사통장을 개설하여 3,000만원을 입금함.
5월 2일	추가 자금을 조달하기 위해 은행에서 현금 2,000만원을 1년 만기, 매달 말 이자지급(연이자율 6%, 첫 이자지급은 5월 31일)의 조건으로 차입함.
5월 3일	사무실에서 사용할 책상, 의자, 컴퓨터 등 비품의 구입을 위해 현금 2,000만원을 지급하고, 각종 소모품 구입으로 현금 200만원을 지불함.
5월 4일	전직 웨딩플래너 1명과 사무직원 1명을 (주)명성웨딩의 직원으로 각각 월 250만원과 150만원을 지급하는 조건으로 채용함.
5월 8일	(주)명성웨딩의 광고를 위해 인터넷 포털업체에 500만원을 지급함.
5월 31일	한 달 동안 웨딩컨설팅을 제공하여 현금 800만원을 수령함.
5월 31일	직원 급여로 400만원을, 사무실의 5월 임차료로 100만원을, 은행차입금의 5월 이자비용으로 10만원을 각각 현금으로 지급함.

날짜	자 산	부 채	자 본
5/1	현 금 3,000만원		자본금 3,000만원
5/2			
5/3			
5/4			
5/8			
5/31			
5/31			

실제 기업 사례 문제

1. 아래의 A사, B사, C사, D사에 대해 외부감사인이 작성한 감사보고서를 보고 감사의견이 무엇인지 답하시오.

1) A사

> 우리는 주식회사 A사(이하 "회사")의 재무제표에 대한 감사계약을 체결하였습니다. 해당 재무제표는 2022년 12월 31일 현재의 재무상태표와 동일로 종료되는 보고기간의 포괄손익계산서, 자본변동표, 현금흐름표 그리고 유의적인 회계정책의 요약을 포함한 재무제표의 주석으로 구성되어 있습니다.
> 우리는 별첨된 회사의 재무제표에 대하여 의견을 표명하지 않습니다. 우리는 이 감사보고서의 ○○○○근거 단락에서 기술된 사항의 유의성 때문에 재무제표에 대한 감사의견의 근거를 제공하는 충분하고 적합한 감사증거를 입수할 수 없었습니다.
>
> ○○○○ 근거
>
> 우리는 회사의 경영진으로부터 모든 거래를 기록하고, 한국채택국제회계기준에 따라 재무제표를 작성할 책임을 완수하였다는 경영진의 서면진술을 제공받지 못하였습니다. 또한, 우리는 회사 경영진으로부터 2022년 12월 31일 현재의 재무상태표와 동일로 종료되는 보고기간의 포괄손익계산서, 자본변동표, 현금흐름표 그리고 재무제표의 주석 등에 대한 감사절차 실시에 필요한 주요 자료를 제공받지 못하여 매출, 금융자산 등 주요 계정에 대한 감사절차를 수행할 수 없었습니다. 우리는 동 사항에 대한 감사범위의 제한 때문에 대한민국의 회계감사기준에서 요구하는 감사절차를 수행할 수 없었습니다.

2) B사

> 우리는 B사(이하 "회사")의 재무제표를 감사하였습니다. 해당 재무제표는 2019년 12월 31일 현재의 재무상태표와 동일로 종료되는 보고기간의 손익계산서, 자본변

동표 및 현금흐름표 그리고 유의적 회계정책에 대한 요약과 그 밖의 설명정보로 구성되어 있습니다.
우리의 의견으로는 별첨된 회사의 재무제표는 이 감사보고서의 ○○○○ 근거 단락에서 기술된 사항의 유의성 때문에 회사의 2019년 12월 31일 현재의 재무상태와 동일로 종료되는 보고기간의 재무성과 및 현금흐름을 일반기업회계기준에 따라 중요성의 관점에서 공정하게 표시하고 있지 않습니다.

○○○○ 근거

회사의 분양공사 현장 중 △△동 연립주택 신축공사에 대한 재고자산과 공사미지급금에 대하여 충분하고 적합한 감사증거를 입수할 수 없었습니다. 공사미지급금에 대하여 채권채무조회서를 회수할 수 없었으며, 대체적인 방법으로도 이를 확인하거나 검증할 수 없습니다. 따라서 우리는 회사의 재고자산, 공사미지급금 및 이와 관련된 부외부채에 대하여 수정이 필요한지 여부 및 금액를 결정할 수 없었습니다.
또한, 재무제표에 대한 주석 17에서 설명하고 있는 바와 같이 회사는 당기말 현재 당기순이익이 623백만원이 발생하였으나, 부채총액이 29,065백만원, 순자본이 1,601백만원으로 부채비율이 1,819%이며, 또한 회사의 현장 중 □□동과 ◇◇동 공동주택 공사가 중단된 상태입니다. 이러한 상황은 회사의 계속기업으로서의 존속능력에 유의적 의문을 제기할 만한 중요한 불확실성이 존재함을 나타냅니다.

3) C사

우리는 C사(이하 "회사")의 재무제표를 감사하였습니다. 해당 재무제표는 2022년 12월 31일 현재의 재무상태표, 동일로 종료되는 보고기간의 포괄손익계산서, 자본변동표, 현금흐름표 그리고 유의적인 회계정책의 요약을 포함한 재무제표의 주석으로 구성되어 있습니다.
우리의 의견으로는 별첨된 회사의 재무제표는 이 감사보고서의 ○○○○근거 단락에 기술된 사항이 미칠 수 있는 영향을 제외하고는, 회사의 2022년 12월 31일 현재의 재무상태와 동일로 종료되는 보고기간의 재무성과 및 현금흐름을 한국채택국제회계기준에 따라, 중요성의 관점에서 공정하게 표시하고 있습니다.

○○○○ 근거

회사는 C-1사에 대한 투자 15,116백만원을 관계기업투자주식으로 분류하고 원가법으로 회계처리하고 있으나, 감사보고서일 현재 C-1사의 외부감사인은 2023년 4월 13일자 감사보고서에 C-1사의 2022년 12월 31일 현재의 재무상태와 동일로 종료되는 보고기간의 재무성과 및 현금흐름에 대해 감사범위 제한 및 계속기업 가정의 불확실성으로 의견거절을 표명하였습니다. 이로 인해 우리는 감사보고서일 현재 C-1사의 신뢰성 있는 재무정보를 입수하지 못하여 관계기업투자주식의 회계처리에 대하여 충분하고 적합한 감사증거를 입수할 수 없었습니다. 따라서 우리는 회사의 회계처리에 대하여 수정을 요하는 사항이 있는지 여부에 대해 결정할 수 없었습니다.

4) D사

우리는 D사(이하 "회사")의 재무제표를 감사하였습니다. 해당 재무제표는 2022년 12월 31일과 2021년 12월 31일 현재의 재무상태표, 동일로 종료되는 양 보고기간의 포괄손익계산서, 자본변동표, 현금흐름표 그리고 유의적인 회계정책의 요약을 포함한 재무제표의 주석으로 구성되어 있습니다.

우리의 의견으로는 별첨된 회사의 재무제표는 회사의 2022년 12월 31일과 2021년 12월 31일 현재의 재무상태와 동일로 종료되는 양 보고기간의 재무성과 및 현금흐름을 한국채택국제회계기준에 따라, 중요성의 관점에서 공정하게 표시하고 있습니다.

감사의견 근거

우리는 대한민국의 회계감사기준에 따라 감사를 수행하였습니다. 이 기준에 따른 우리의 책임은 이 감사보고서의 재무제표 감사에 대한 감사인의 책임 단락에 기술되어 있습니다. 우리는 재무제표 감사와 관련된 대한민국의 윤리적 요구사항에 따라 회사로부터 독립적이며, 그러한 요구사항에 따른 기타의 윤리적 책임들을 이행하였습니다. 우리가 입수한 감사증거가 감사의견을 위한 근거로서 충분하고 적합하다고 우리는 믿습니다.

제2장

회계순환과정 I

2.1 차변과 대변

2.2 거래의 기록

2.3 분개와 전기

2.4 시산표

<보론> 회계와 복식부기의 역사

정주영과 현대그룹 II – 이봐, 해보기나 했어?

한국전쟁 후 정부 발주공사로 경북 고령교 건설을 수주했으나 홍수와 사고로 큰 손해를 입고 천신만고 끝에 공사를 완공하였다. 이후 한강 인도교 공사, 단양 시멘트 공장, 화력발전소, 춘천댐 건설에 참여하였고, 해외 진출을 시도하여 1965년 태국 고속도로 건설 수주에 성공하였다. 비록 적자를 보았으나 이후의 해외 진출, 경부고속도로 건설의 소중한 경험이 되었다. 한편, 국내에서는 소양강댐, 부산 항만공사를 우리 기술로 완공하고, 경부고속도로 공사에 유일하게 고속도로 건설 경험이 있는 업체로 참여하여 전체의 40% 구간을 완공하였다.

1973년 오일쇼크 발생 후 현대건설은 외화 획득을 위해 중동진출을 시도한다. 1976년 사우디아라비아의 주베일 항만공사 수주에 성공하여 당시 외환 부족에 시달리던 국가 재정에 크게 기여하였다. 정주영은 중동은 덥고 물이 없어 공사가 불가능하다는 말에 낮에 자고 밤에 일하며 물은 바닷물을 담수화하거나 수송하여 사용하면 되고, 비가 안 오니 1년 내내 공사가 가능하므로 건설공사 하기가 좋다는 긍정적 마인드로 난관을 돌파한다. 모두가 불가능하다고 했으나 항만공사에 필요한 철 구조물을 울산 조선소에서 제작하여 바지선으로 중동까지 19번에 걸쳐 운반하기도 했다.

정주영은 현대건설을 필두로 이후 현대자동차, 현대중공업, 현대미포조선, 현대상선, 현대종합상사, 현대전자 등을 설립하였고, 1988년 서울올림픽 유치위원장으로서 주도적인 역할을 담당하여 우세하던 일본 나고야를 물리치고 올림픽 개최지 서울 확정을 성취하였다. 1992년 정계에 입문, 통일국민당을 창당하고 대통령 선거에도 출마하였으나 낙선하였다. 1998년 두 차례나 500마리의 소를 싣고 판문점을 통해 북한을 방문하였고, 금강산 관광 등 남북 협력사업을 추진하였다. 2001년 3월 서울아산병원에서 86세를 일기로 별세하였다.

정주영의 현대그룹은 현재 현대자동차그룹(현대차, 기아차, 현대모비스, 현대건설 등), HD현대그룹(HD현대중공업, 현대미포조선, HD현대오일뱅크, HD현대인프라코어 등), 현대그룹(현대엘리베이터, 현대아산 등)으로 분리되었다.

참고문헌: 이 땅에 태어나서(정주영, 1998, 솔), 영원한 도전자 정주영(허영섭, 2015, 나남)

2.1 차변과 대변

앞 장에서는 (주)클린업의 설립과 그 이후 발생한 거래가 자산, 부채, 자본에 어떤 영향을 미치는가를 살펴보았다. 본 장에서는 기업이 실무에서 회계상 거래를 기록하는 방법인 복식부기를 설명한다. 복식(複式)이라는 말에서 알 수 있듯이 복식부기란 회계상 거래를 왼쪽과 오른쪽, 양쪽의 합이 같도록 이중으로 기록하는 방법이다. 여기서 왼쪽을 **차변**(借邊, debit), 오른쪽을 **대변**(貸邊, credit)이라 부른다.

차변과 대변의 어원은 1494년 이탈리아의 수도사 루카 파치올리(Luca Pacioli)가 저술하여 복식부기를 세계 최초로 소개한 '산술, 기하, 비율 및 비례 총람(Summa de Arithmetica, Geometrica, Proportioni et Proportionalita)'이라는 책의 '상업적 계산과 기록(The Treatise De Computis et Scripturis)'에서 유래한다.[1] 복식부기는 이탈리아에서 상인들 간의 채권과 채무관계에 대한 기록에서 비롯되었을 것으로 추정되는데 당시 베네치아에서는 나의 돈을 빌려간 채무자(debtor)를 왼쪽에, 나에게 돈을 빌려준 채권자(creditor)를 오른쪽에 기록하였다.

이러한 방식을 따라 루카 파치올리도 그의 책에서 왼쪽을 'per', 오른쪽을 'a'로 표기하고 있는데 'per'는 채무자(나로부터 빌린 사람)를 의미하고, 'a'는 채권자(나에게 빌려준 사람)를 의미한다.[2] 이를 영어로 번역한 것이 debit과 credit이고 이를 한자의 빌릴 차(借), 빌려줄 대(貸)를 이용하여 한글로 번역한 것이 차변과 대변이다.[3]

---

1) 현존하는 가장 오래된 복식부기 자료는 1211년 피렌체 은행의 장부이다(友岡 賛, 『歴史にふれる 會計學』(有斐閣 1996)).

2) 이원로, 『1494 베니스 회계』(다산북스, 2011), p.69.

3) 1873년 후쿠자와 유키치는 미국의 상업학교용 부기서 'Common School Book-Keeping'을 번역하면서 일본 최초로 debit과 credit을 借와 貸로 번역하였고(이선복, "후쿠자와 유키치

야코포 데 바르바리의 '루카 파치올리의 초상'(1495년) – 나폴리 국립미술관 소장

그러나 지금은 차변과 대변에 다른 많은 계정과목이 함께 기록되므로 원래의 채무자, 채권자의 의미는 남아있지 않고, 단지 왼쪽과 오른쪽을 지칭하는 회계용어로만 사용될 뿐이다. 회계와 복식부기의 역사에 관해서는 본 장의 〈보론〉에서 상세히 기술한다.

2.2 거래의 기록

복식부기의 원리를 배우는데 있어 가장 중요한 점은 어떤 경우에 차변에

'장합지법'이 일본 근대복식부기 형성과정에 미친 영향", 일본근대학연구, 2010), 1908년 임경재는 한국 최초의 서양 부기서 '신편은행부기학'을 발간하면서 차변(借邊)과 대변(貸邊)이라는 용어를 사용하기 시작하였다(윤근호, "한국회계사연구", 한국연구원, 1984).

기록하고 어떤 경우에 대변에 기록하는가를 이해하는 것이다. 이것을 이해하지 못할 경우 회계는 암기과목으로 전락하고 흥미를 잃게 된다. 차변과 대변으로 나누어 기록하는 방법은 앞 장에서 설명했던 회계등식을 이용하면 쉽게 이해할 수 있다.

위의 회계등식에서 자산은 등호('=')의 왼쪽에, 부채와 자본은 등호('=')의 오른쪽에 위치한다. 회계에서 차변은 왼쪽, 대변은 오른쪽을 의미하므로 자산의 증가는 왼쪽인 차변에, 부채 또는 자본의 증가는 오른쪽인 대변에 기록한다. 이를 그림으로 나타내면 [그림 2.1]과 같다. 감소의 경우는 증가의 방향과 반대이다. 따라서 자산의 증가가 차변(왼쪽)이므로 자산의 감소는 반대인 대변(오른쪽)이 되고, 부채 또는 자본의 증가가 대변(오른쪽)이므로 부채 또는 자본의 감소는 반대인 차변(왼쪽)이 된다.

그림 2.1 자산, 부채, 자본의 차변, 대변 기록 방법

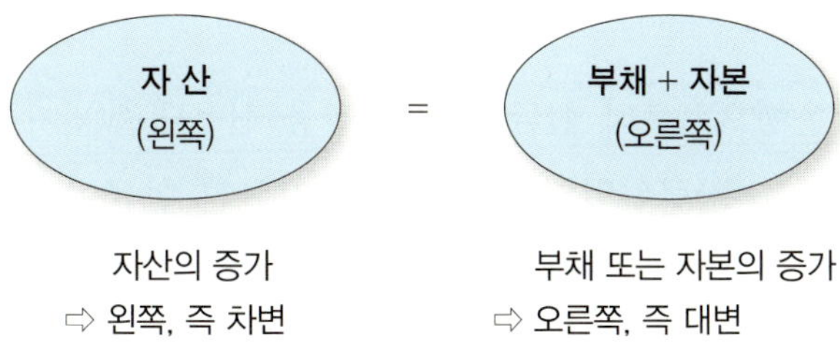

아래에서는 제1장에서 예를 든 (주)클린업의 4월 거래를 복식부기로 기록하는 방법을 설명한다. 4월 1일 1인 주주 소제원이 (주)클린업을 창업하고 회사의 은행계좌에 3,000만원을 입금한 거래를 복식부기에서는 아래와 같이 기록한다.

날 짜	차변 (왼쪽)		대변 (오른쪽)	
4월 1일	현 금	30,000,000	자본금	30,000,000

기록은 회사인 (주)클린업의 입장에서 하는 것이므로 주주의 출자는 (주)클린업의 입장에서 보면 현금이라는 자산의 증가, 그리고 이는 주주의 출자이므로 자본금이라는 자본의 증가이기도 하다. 따라서 자산의 증가는 왼쪽인 차변이므로 차변에 현금 3,000만원으로 기록하고, 자본의 증가는 오른쪽인 대변이므로 대변에 자본금 3,000만원으로 기록한다. 모든 거래의 기록에서 차변의 합과 대변의 합은 일치해야 한다.

4월 2일의 거래는 청소기계, 비품, 사무용품을 총 910만원의 현금을 지급하고 구입한 것으로서 자산인 기계장치, 비품, 소모품의 증가와 동시에 현금의 감소를 동반한다. 따라서 기계장치, 비품, 소모품의 증가는 자산의 증가이므로 왼쪽인 차변, 현금의 감소는 자산의 감소이므로 오른쪽인 대변에 기록한다.

날 짜	차변 (왼쪽)		대변 (오른쪽)	
4월 2일	기계장치	6,000,000	현 금	9,100,000
	비 품	3,000,000		
	소모품	100,000		

4월 3일은 은행으로부터 현금 1,000만원을 신용대출(만기 1년, 6% 이자율)로 받은 거래이다. (주)클린업의 입장에서는 자산인 현금이 1,000만원 증가했으므로 차변에 현금 1,000만원을 기록한다. 이 1,000만원은 만기에 갚기로 약속하고 빌린 돈이므로 부채에 해당하고, 부채의 증가는 오른쪽인 대변에 기록하는데 만기가 1년 이내이므로 **단기차입금**(short-term debt)이라는 계정과목으로 1,000만원을 기록한다.

날 짜	차변 (왼쪽)		대변 (오른쪽)	
4월 3일	현 금	10,000,000	단기차입금	10,000,000

4월 8일 행복아파트와의 청소용역 계약 체결, 4월 12일 직원 3명의 채용, 4월 16일 청소서비스의 시작은 자산, 부채, 자본, 수익, 비용에 미치는 영향이 아직 없으므로 회계상으로는 기록이 필요 없다.

날 짜	차변 (왼쪽)	대변 (오른쪽)
4월 8일	-	-
4월 12일	-	-
4월 16일	-	-

4월 30일은 (주)클린업이 15일간의 청소서비스 제공으로 현금 600만원을 수취한 거래이다. 먼저, (주)클린업의 입장에서는 자산인 현금이 600만원 증가하였으므로 차변에 현금 600만원을 기록한다. 수취한 현금 600만원은 (주)클린업이 15일 동안 청소서비스를 제공한 대가로서 궁극적으로는 (주)클린업의 주주 몫(즉, 자본)의 증가에 해당한다. 앞서 재화를 판매하거나 용역을 제공한 대가로 자산의 증가와 함께 소유주 몫의 증가를 초래하는 것을 수익이라고 하였다. 따라서 청소서비스를 제공한 것에 대한 대가 600만원을 용역수익이라는 계정과목으로 대변에 기록한다.[4] 수익을 대변에 기록하는 것은 자본의 증가에 해당하기 때문이다.

날 짜	차변 (왼쪽)		대변 (오른쪽)	
4월 30일	현 금	6,000,000	용역수익	6,000,000

4월 30일 (주)클린업은 직원 급여 400만원, 사무실 임차료 100만원, 전력비로 5만원을 현금으로 지급하였다. 이 거래에서 명백한 것은 현금의 감소이므로 대변에 현금 505만원을 기록한다. 한편, 505만원의 지급으로 증가한 자산은 없고, 부채의 감소도 없다. 505만원의 지급은 청소서비스를 실제로 제공한 직원에 대한 인건비, 사업을 위한 사무실의 사용료와 전기 사용료를 납부한 것으로

4) 계정과목명을 '서비스수익' 또는 '용역매출'로 해도 무방하다.

서 결국 (주)클린업의 주주에게 돌아갈 몫의 감소에 해당한다. 앞서 수익창출과정에서 자산의 감소에 따른 소유주 몫의 감소를 초래하는 것을 비용이라 정의하였다. 따라서 각각을 급여, 임차료, 전력비라는 비용의 계정과목으로 차변에 기록한다. 비용을 차변에 기록하는 이유는 비용은 자본의 감소에 해당하기 때문이다.

날 짜	차변 (왼쪽)		대변 (오른쪽)	
4월 30일	급 여	4,000,000	현 금	5,050,000
	임차료	1,000,000		
	전력비	50,000		

지금까지 설명한 복식부기 원리를 요약하면, 회계등식에서 자산은 등호('=')의 왼쪽, 부채와 자본은 등호('=')의 오른쪽에 있고, 이러한 위치를 기준으로 자산의 증가는 왼쪽인 차변에, 부채 또는 자본의 증가는 오른쪽인 대변에 기록한다. 감소는 방향이 반대가 되므로 자산의 감소는 대변에, 부채 또는 자본의 감소는 차변에 기록한다. 한편, 자본은 소유주 몫을 의미하는 것으로 소유주의 출자 또는 수익의 발생에 의해 증가하고, 소유주에게로의 분배(즉, 배당) 또는 비용의 발생에 의해 감소한다. 따라서 복식부기에서 수익의 발생은 자본 증가의 사유이므로 대변에 기록하고, 비용의 발생은 자본 감소의 사유이므로 차변에 기록한다. 차변과 대변에 기록되는 거래를 요약하면 [그림 2.2]와 같다.

그림 2.2 **차변과 대변에 기록되는 거래의 요약**

2.3 분개와 전기

이제까지 복식부기로 거래를 기록하는 방법을 설명하였다. 그렇다면 기업은 거래를 어디에다 기록하는 것인가? 거래를 복식부기로 기록하는 곳이 바로 **분개장**(分介帳, journal)이며 분개장에 거래를 기록하는 것을 **분개**(journalizing)라고 한다. 분개라는 말은 우리나라 고유의 복식부기인 **사개송도치부법**에서 유래된 것으로 거래를 사개(四介－자산, 부채, 이익, 손실) 중 어느 것과 관련되는지 나눈다는 뜻이다.[5)]

분개장은 자산, 부채, 자본의 변동을 유발하는 거래를 날짜순으로 기록하는 장부이며, 특정 일자에 어떤 거래가 발생하였는가를 찾아 볼 수 있다. 기업의 규모가 작은 경우라면 경리부의 경리직원이 분개장에 모든 거래를 기록하는 것이 가능할 것이다. 그러나 규모가 큰 기업은 하나의 분개장에 모든 거래를 다 기록하는 것이 불가능하다. 이러한 경우 각 부서의 경리담당자가 부서별로 발생한 거래를 차변과 대변으로 구분된 양식에 기록하는데 이 양식을 **전표**라고 한다. 부서별 경리담당자가 전표를 경리부서로 보내면 경리부서는 각 부서가 작성한 전표를 모두 수합하게 된다.

대부분의 기업에서는 분개가 회계전산시스템의 전표입력에서 이루어진다. [그림 2.3]과 같이 전표입력 화면에서 거래를 차변, 대변에 입력하는데 계정과목은 회계전산시스템에서 불러오기를 통하여 선택할 수 있다. 또한 계정별로 관련 거래처와 거래의 요약인 적요를 직접 입력할 수도 있고, 거래처와 자주 사용하는 적요는 미리 회계전산시스템에 입력해 두었다가 불러오기를 통해 선택하는 것도 가능하다.

분개장은 거래를 날짜순으로 볼 수 있다는 장점이 있지만 특정 계정과목의

5) 조익순·정석우, 『사개송도치부법의 발자취』(박영사, 2006년), p.17, 229-232; 이원로, 『사개송도치부법 정해』 (다산북스, 2011), p.148.

그림 2.3 회계전산시스템 분개 화면 사례

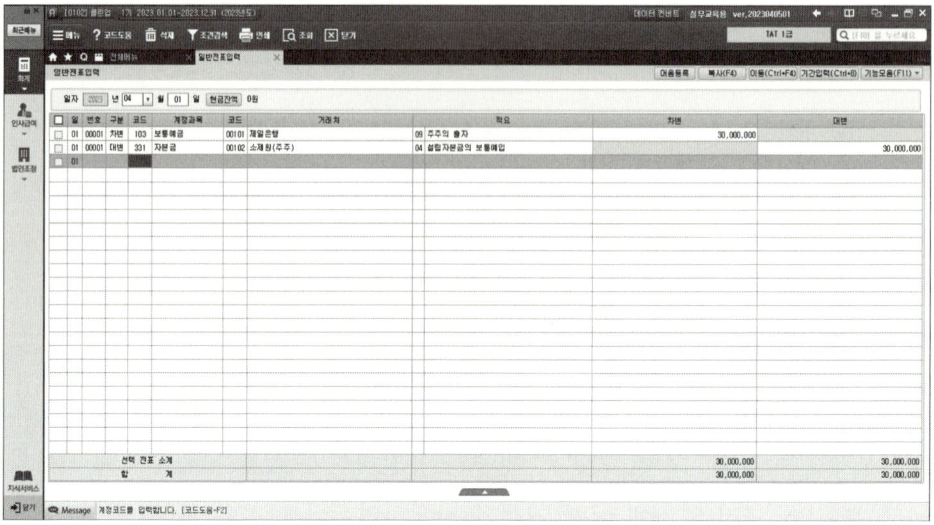

잔액을 계산하기가 쉽지 않다는 단점이 있다. 위의 (주)클린업의 사례에서 4월 30일 현재 현금 계정과목의 잔액이 얼마인가를 구해보자. 4월 1일부터 30일까지 모든 거래의 분개에서 현금 계정과목이 나오는지, 나온다면 차변인지 대변인지를 파악한 후 합산해야 잔액 산출이 가능하다. 따라서 특정 계정과목의 잔액을 쉽게 산출하기 위해서는 4월에 발생한 거래 중 그 계정과목이 나오는 기록만을 따로 모아 놓는 것이 필요하다.

회계전산시스템에서는 이를 위해 분개장(전표) 상의 모든 분개를 [그림 2.4]와 같이 **총계정원장**(**원장**)이라는 계정별 장부에 옮겨 기록하게 되는데 이를 **전기**(轉記, posting)라고 한다.

(주)클린업의 4월 거래 중 총계정원장의 현금 계정과목에 전기된 거래내역은 〈표 2.1〉과 같다.

4월 1일 주주 소제원의 출자로 분개장(전표)에 기록된 (차변) 현금 3,000만원은 〈표 2.1〉의 현금 계정에도 그대로 (차변) '4/1 주주 출자 3,000만원'으로 표기되어 있다. 여기서 '주주 출자'는 분개 시 적요란에 입력한 거래의 요약이

그림 2.4 전기(轉記)

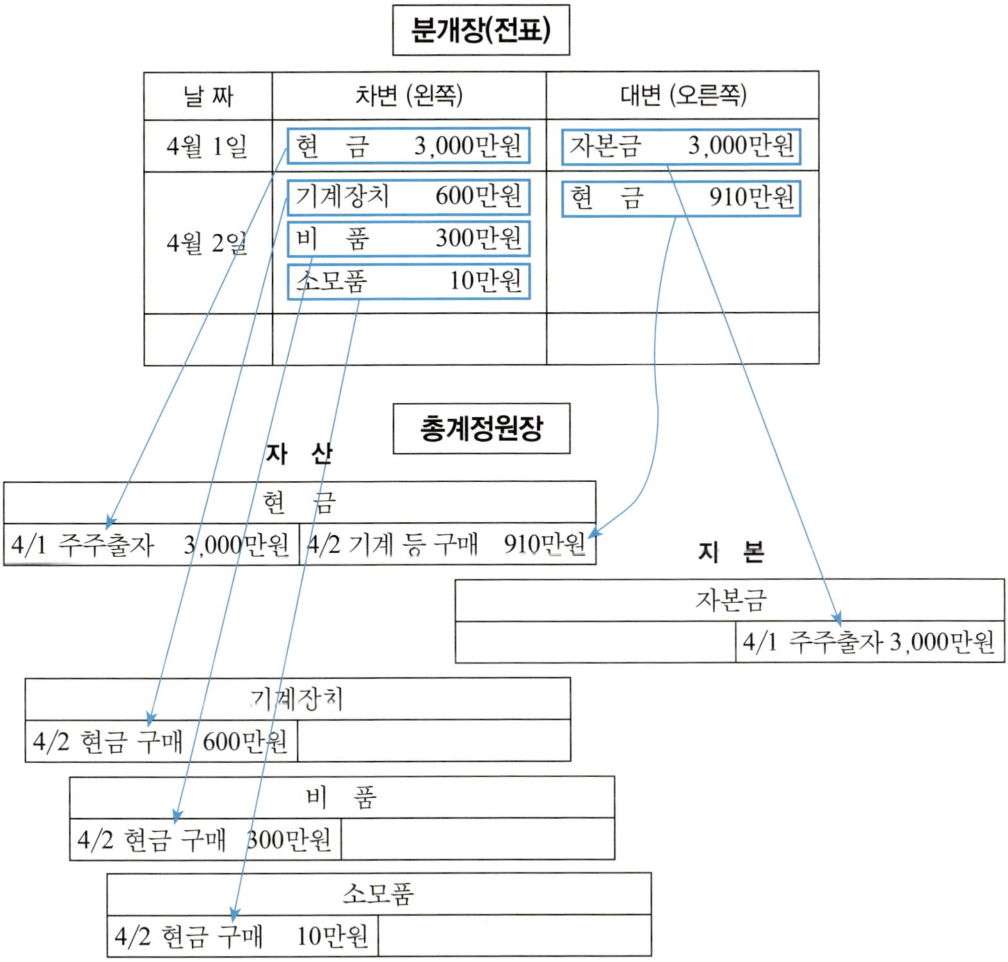

표 2.1 (주)클린업 총계정원장의 현금 계정

현 금			
4/1 주주 출자	30,000,000	4/2 기계, 비품, 소모품 구입	9,100,000
4/3 은행차입금 대출	10,000,000	4/30 급여, 임차료, 전력비 지불	5,050,000
4/30 용역수익 현금유입	6,000,000		
4/30 차변 합계	46,000,000	4/30 대변 합계	14,150,000
4/30 계정잔액	31,850,000		

전기되면서 현금계정에 표시된 것으로 현금 계정 차변에 3,000만원이 기록된 원인을 설명하는 것이다. 대변의 '4/2 기계, 비품, 소모품 구입 910만원'은 4월 2일 현금의 감소 910만원이 기계, 비품, 소모품의 구입 때문임을 나타내는 것이다.

현금 계정의 잔액은 차변의 합에서 대변의 합을 차감하여 산출하는데 차변의 합은 4,600만원, 대변의 합은 1,415만원이므로 현금의 잔액은 3,185만원(=4,600만원−1,415만원)이다. 현금 계정의 마지막 행은 4월 30일 현재 현금 잔액이 차변 3,185만원임을 보여준다.

2.4 시산표

[그림 2.5]는 4월의 날짜별 분개가 모두 전기된 후 총계정원장에 포함된 계정들이다. 여기서 각 계정은 알파벳 대문자 'T'자를 형태로 차변과 대변을 구분하여 내역을 보여주는데 이러한 계정 형식을 '**T계정**'이라고 부른다. 각 T계정의 내역은 단순화를 위해 거래를 설명하는 적요는 생략하고 날짜와 금액만 표기하였다.

계정의 기말잔액은 기말까지 계정의 증가가 감소보다 크기 때문에 존재하는 것이므로 계정의 증가를 기록하는 쪽에 위치한다. 구체적으로 자산은 증가를 차변에 기록하므로 자산의 기말잔액은 차변에 위치하고, 부채는 증가를 대변에 기록하므로 기말잔액이 대변에 위치한다. [그림 2.5]에 나타난 각 계정의 잔액을 보면 현금, 소모품, 기계장치, 비품과 같은 자산의 기말잔액은 차변, 단기차입금과 자본금과 같은 부채와 자본의 기말잔액은 대변이며, 수익(용역수익)의 기말잔액은 대변, 비용(급여, 임차료, 전력비)의 기말잔액은 차변임을 볼 수 있다.

한 달 또는 한 분기와 같이 회사가 정한 최소 단위의 회계 기간이 종료되면 회계전산시스템은 전기가 완료된 총계정원장의 계정별 잔액을 산출하고, 모든

그림 2.5 (주)클린업 4월 말 총계정원장

현 금

4/1	30,000,000	4/2	9,100,000
4/3	10,000,000	4/30	5,050,000
4/30	6,000,000		
잔액	31,850,000		

소모품

4/2	100,000		
잔액	100,000		

기계장치

4/2	6,000,000		
잔액	6,000,000		

비 품

4/2	3,000,000		
잔액	3,000,000		

단기차입금

		4/3	10,000,000
		잔액	10,000,000

자본금

		4/1	30,000,000
		잔액	30,000,000

용역수익

		4/30	6,000,000
		잔액	6,000,000

급 여

4/30	4,000,000		
잔액	4,000,000		

임차료

4/30	1,000,000		
잔액	1,000,000		

전력비

4/30	50,000		
잔액	50,000		

계정 잔액을 차변과 대변으로 나누어 보여주는 표를 작성한다. 이 표를 **시산표**(trial balance)라고 부른다.

〈표 2.2〉는 (주)클린업의 4월 시산표를 작성한 것이다. 시산표는 계정과목을 자산, 부채, 자본, 수익, 비용의 순서로 나열하고, 해당 잔액을 차변 또는 대변에 표시한다. 시산표를 작성하는 이유는 다음 단계로 가기 전에 차변의 합과 대변의 합이 일치하는가를 확인하기 위함이다. 각 거래의 분개는 차변의 합과 대변의 합이 일치하도록 이루어져야 하므로 오류가 없다면 시산표 상의 차변의

표 2.2 (주)클린업의 4월 말 시산표

시산표 20×1년 4월 30일 (주)클린업 (단위: 원)		
차 변	계정과목	대 변
31,850,000	현 금	
100,000	소모품	
6,000,000	기계장치	
3,000,000	비 품	
	단기차입금	10,000,000
	자본금	30,000,000
	용역수익	6,000,000
4,000,000	급 여	
1,000,000	임차료	
50,000	전력비	
46,000,000	합 계	46,000,000

합과 대변의 합도 같아야 한다. 〈표 2.2〉 시산표의 차변합계는 4,600만원으로 대변합계 4,600만원과 일치한다.

한편, 시산표의 차변합계와 대변합계가 다르면 분개 또는 전기 과정에서 오류가 있음을 의미하지만, 차변합계와 대변합계가 같더라도 오류가 없음을 의미하는 것은 아니다. 예를 들어, 차변에 소모품 10만원, 대변에 현금 10만원으로 분개해야 할 것을 금액을 잘못 입력하여 차변과 대변에 각각 1만원으로 분개했다면 시산표를 작성했을 때 차변합계와 대변합계는 여전히 같을 것이다. 따라서 시산표의 차변합계와 대변합계가 일치하더라도 분개와 전기 과정에서 오류가 발생했을 가능성이 여전히 존재한다.

보 론 회계와 복식부기의 역사

인류역사상 회계는 언제부터 시작되었을까? 이 물음에 답하기 위해서는 회계의 정의를 정립할 필요가 있다. 무엇을 회계로 보느냐에 따라 시작점이 달라질 수 있기 때문이다. 부기가 회계의 일부이므로 부기의 역사부터 고려한다면 기원전 3,500년경 메소포타미아 문명의 점토판에 새겨진 물품에 대한 기록과 개인 간의 거래에 대한 기록까지 거슬러 올라갈 수 있다.[6)]

그러나 본문에서 회계는 "기업을 비롯한 여러 조직에서 특정 기간 동안 발생한 경제적 거래를 기록한 후 정기적으로 그 결과를 요약하여 정보가 필요한 사람들에게 제공하는 일련의 과정"이라고 정의하였다. 따라서 회계가 성립하기 위해서는 먼저 회계정보가 필요한 사람이 존재해야 한다. 회계정보는 주로 재산의 정도와 증감을 의미하는데 사적인 정보이므로 이를 누군가에게 제공해야 하는 상황이 흔하지는 않다. 역사적으로 이러한 상황의 시작은 로마시대였을 것으로 추정된다.[7)]

로마시대의 귀족들은 자신의 재산을 노예에게 맡기고 노예는 재산의 관리 및 운용 의무를 지게 되는데 이때 귀족은 노예가 자신의 의무를 올바르게 수행하는가에 대한 확인이 필요하게 된다. 이에 재산의 관리 및 운용의 의무를 맡은 노예가 주인을 위해 애초에 맡은 재산과 그 후 재산의 증감 내역을 기록한 후 주인에게 정기적으로 보고하게 되는데 이를 회계의 기원으로 볼 수 있을 것이다. 그러나 이에 대한 역사적 자료는 남아 있지 않기에 확인할 방법은 없는 실정이다.

로마시대 이후 회계의 필요성이 사회적으로 제기되는 상황은 중세 유럽의

---

6) Woolf A. H. 『A Short History of Accountants and Accountancy』(GEE & Co., 1912, reprinted by Forgotten Books, 2015), pp.15-17.

7) 友岡 賛, 『歴史に ふれる 會計學』(有斐閣, 1996), p.37.

장원제도이다. 장원은 중세사회의 일상생활이 영위되는 자급자족적인 농촌 사회를 뜻하는 것으로서 장원을 지배하는 영주와 장원에서 일을 하며 세금을 지불하는 농노로 구성된다. 영주는 자신이 소유한 토지를 비롯한 각종 재산의 관리와 운용, 그리고 세금징수의 업무를 자신이 직접 하지 않고 집사(steward)에게 위임하였다. 집사는 재산의 관리를 맡은 사람으로서 정확한 재산관리와 세금징수 내역을 영주에게 보고할 의무(stewardship)를 갖게 되는데 여기서 자신이 관리한 내역을 기록하고 그 결과를 정기적으로 영주에게 보고하는 업무, 즉 회계가 필요하게 된다.

또한 영주는 집사의 재산관리 기록에 대한 확인을 위해 집사가 작성한 자료를 검사하는 현재의 감사(audit)와 같은 절차가 필요하였고, 그 과정에서 감사인(auditor)은 집사로부터 집사가 기록한 자료에 대한 설명을 듣게 되었다. 현재의 감사에 해당하는 영어인 audit은 라틴어의 '청취'에 해당하는 'audire'에 그 기원을 두고 있다.[8)]

한편, 복식부기는 중세 이탈리아 북부지방에서 상업의 발달과 함께 상업 실무에서 상인들에 의해 생성된 것으로 추정된다. 이탈리아 북부지방은 1096년부터 1291년까지 약 200년에 걸친 십자군 전쟁으로 동양과의 교역이 이루어지기 시작하였고, 피렌체, 제노바, 밀라노, 베네치아 등에서는 상업 및 동방무역의 발달과 신용거래와 은행의 출현, 공동 출자에 의한 조합의 생성과 조합이익의 배분을 위해 자연스럽게 부기(bookkeeping)의 필요성이 고조되었다.

현존하는 최고(最古)의 복식부기 자료는 피렌체 도서관이 소장하고 있는 1211년 피렌체의 은행이 양피지에 남긴 장부이다. 이 장부는 예금자의 계정을 한 쪽에는 차변에, 다른 쪽에는 대변에 기록(cross-entries)하고 있는데 이를 복식부기의 단서로 보고 있다. 그러나 이 장부는 여전히 잊지 않기 위해 기록해 둔 메모 수준을 넘지는 못하고 있다.[9)]

---

8) 友岡 賛, 앞의 책, p.44; Richard Brown, 『A History of Accounting and Accountants』(General Books, 2009), p.72.

9) Green L. Wilmer, 『History and Survey of Accountancy』(Routledge, 2016), p.56.

그 후 베네치아에서 발견된 장부는 이전의 은행이 아닌 상인의 기록이라는 점에서 차이가 있다. 1406년에서 1434년까지의 베네치아 쏘란조(Soranzo) 형제상회의 장부는 차변 금액이 대변 금액과 대응되고 있고, 현재와 같은 손익계정(profit and loss account)과 자본계정(capital account)을 모두 갖추고 있다.[10) 1430년~1449년, 1456년~1482년까지 2대에 걸쳐 기록된 베네치아 바바리고(Barbarigo)의 장부는 분개장과 총계정원장을 모두 갖추고 있고, 연차 이익의 산출 기록이 존재한다는 점에서 이전보다 발전된 복식부기의 형태를 보여주고 있다.[11)]

현존하는 최고(最古)의 복식부기에 관한 책은 1494년 이탈리아의 루카 파치올리(Luca Pacioli)가 저술한 '산술, 기하, 비율 및 비례 총람(Summa de Arithmetica, Geometrica, Proportioni et Proportionalita)'이다. 이 책은 600쪽에 이르는 수학과 기하학의 백과사전 격인 책이나 그중 27쪽에 걸쳐 '상업적 계산과 기록(The Treatise De Computis et Scripturis)'이라는 소제목 하에 당시 베네치아에서 사용되고 있는 복식부기를 설명하고 있다.[12)] 파치올리의 복식부기는 한 번의 항해와 같은 1회적 기업의 복식부기를 다루고 있는데 손익계정이 있어 손익을 산출하였으나 현재와 같은 정기적인 결산까지는 이르지 못했다. 그러나 당시 상류 지식층만이 접할 수 있는 라틴어가 아닌 이탈리아어를 사용하였고, 구텐베르크에 의해 금속활자가 발명된 1450년 이후에 출판되었다는 점에서 이탈리아뿐만 아니라 네덜란드, 프랑스, 영국으로 복식부기가 전파되는데 크게 공헌하였다.[13)]

이후 이탈리아에서는 1534년 만쪼니(Manzoni), 1558년 카사노바(Casanova)

---

10) Green L. Wilmer, 앞의 책, p.87; Richard Brown. 앞의 책, p.74. 기말결산 직후 모든 수익, 비용 계정은 해당 기간이 종료되었으므로 다음 기간을 위하여 잔액을 0으로 만드는 마감분개가 회계전산시스템에서 이루어지는데 수익과 비용은 '손익계정'으로 전기되고, 손익계정의 잔액, 즉, 수익과 비용의 차이(당기순이익 또는 당기순손실)는 다시 자본의 이익잉여금 계정으로 연결된다. 따라서 손익계정이 존재했다는 것은 손익의 계산이 이루어졌음을 의미한다.

11) 고승희. 『회계사 회계사상사 연구서설』(수서원, 2006), pp.28-36; Richard Brown. 앞의 책, p.80; Woolf A. H. 앞의 책, p.107.

12) 田中靖浩, 『회계의 세계사』(위즈덤하우스, 황선종 역, 2019), p.45.

13) 友岡 贊, 앞의 책, p.64; Woolf A. H. 앞의 책, p.130.

복식부기의 전파 (이탈리아 → 네덜란드 → 스코틀랜드, 영국)

가 복식부기에 관한 책을 출판했는데 파치올리의 책을 기본으로 하되 수치로 된 사례가 있다는 점에서 복식부기의 설명에만 의존하는 파치올리의 책과는 차이가 있다.[14)]

한편, 이탈리아의 복식부기는 당시 유럽 최대의 무역도시인 네덜란드의 안트워프(Antwerp) 상인들에게도 전파된다. 안트워프의 상인인 임핀(Ympyn)은 베네치아에서 12년간 거주한 경험을 바탕으로 1543년에 이탈리아 복식부기에 관한 책을 네덜란드어로 출판하는데 이전의 책과는 달리 팔고 남은 재고상품을 별도의 항목으로 처리하고 있다는 점에서 기간손익계산의 존재를 인정받고 있다.

---

14) 友岡 賛, 앞의 책, pp.88-89.

당시 안트워프에는 2인 이상의 조합형태의 기업이 존재하였는데 공정한 이익 분배를 위해서는 정확한 이익계산이 필요했을 것으로 추정된다. 임펀의 책은 1543년에 프랑스어로, 1547년에는 영어로도 번역되어 복식부기가 프랑스와 영국으로 전파되는데 기여한다. 현재와 같은 계속기업으로서 1년 1회의 정기적인 결산을 통하여 이익을 계산하는 형태의 복식부기는 1605년에 출판된 네덜란드 스테빈(Stevin)의 수학책 'mathematical traditions'에서 최초로 나타난다.[15)]

이후 복식부기 및 회계제도의 구축은 네덜란드에 이어 새로운 강대국으로 부상한 영국이 주도한다. 18세기 말부터 19세기 초에 걸쳐 산업혁명을 통하여 면방직, 제철, 철도산업에서 급속한 발전을 이룩한 영국은 법인 설립의 요건만 갖추면 법인으로 인정되는 준칙주의 방식을 기본으로 한 주식회사법(Joint Stock Companies Act)을 1844년에 제정하였다. 등기에 의한 법인 설립(incorporation by registration)을 허용하되 무한책임 주주의 보호 측면에서 법인의 파산과 경영진의 부정을 방지하고자 장부의 정기 결산과 대차대조표(balance sheet)를 주주 대표로부터 감사받는 것을 의무화 했다.

그 후 1856년 주식회사법은 주주의 유한책임(limited liability)을 도입하면서 주주와 경영진은 사적인 관계라는 인식하에 장부 및 대차대조표의 작성, 감사, 감사인의 주식 소유여부를 강제조항에서 선택조항으로 개정하였다.[16)] 또한 감사인은 경영에 참여해서는 안 되며 경영진과도 무관해야 한다는 감사인의 독립성이 1856년 주식회사법과 1862년 회사법에 명시되었다.

그러나 이후 주식회사의 파산과 분식회계가 자주 발생하였는데 특히 1878년의 글래스고우은행의 분식회계 사건으로 인하여 1879년에 개정된 회사법(Companies Act)은 은행에 대해서는 장부 및 대차대조표의 작성과 감사를 다시 강제규정으로 환원하였다.[17)] 이후 1900년의 회사법은 모든 회사에 대하여 임의

---

15) Brown Richard. 앞의 책, pp.103-104.

16) Chatfield M. and R. Vangermeersch. 『The History of Accounting An International Encyclopedia』(Garland Publishing, 1996), pp.137-138.

17) 분식(粉飾)이란 실제보다 좋게 보이려고 꾸미고 치장한다는 뜻으로 **분식회계**는 저조한 경

규정이었던 장부 및 대차대조표의 작성과 감사를 강제규정으로 개정하였다.[18] 또한 전문성이 있는 회계사를 감사인으로 선임해야 한다는 조항은 이후 1947년 회사법에 추가되었다.

한편, 직업으로서의 회계사는 1773년 스코틀랜드 에딘버러(Edinburgh)의 인명부(directory)에 회계사라는 직업이 최초로 기재되어 있는 것으로 보아 18세기 말엽부터 출현한 것으로 추정된다.[19] 1853년에는 에딘버러에서 회계사협회가 처음으로 창립되었는데 당시 회계사는 주로 기업의 파산관련 업무를 담당하였다. 영국의 회계사인 픽스리(Pixley)는 감사 실무를 체계적으로 정리한 '감사인의 의무와 책임'(Auditors: Their Duties and Responsibilities)이라는 책을 1881년 런던에서 최초로 출간하였다.[20]

괴테의 소설 '빌헬름 마이스터의 수업시대' 속에 등장하는 복식부기

"우리가 사업을 할 때 규범으로 삼는 질서가 우리에게 마련해 주지 않는 조감 능력이 있던가! 질서는 우리가 개별적인 것 때문에 혼란을 일으킬 필요 없이 언제나 전체를 내려다볼 수 있게 해준단 말이야. 복식부기가 상인에게 얼마나 이익을 주는가! 그건 인간 정신이 고안해 낸 가장 아름다운 발명품들 중의 하나지. 그리고 훌륭한 살림꾼이라면 누구나 그것을 자신의 살림살이에 끌어 써야 할 걸세!"

요한 볼프강 폰 괴테, 『빌헬름 마이스터의 수업시대』(민음사, 2007년), p.59.

영성과나 열악한 재무상태를 좋게 만들기 위해 고의로 회계원칙을 위반하여 자산, 이익은 부풀리고 부채는 줄이는 행위를 말한다.

18) 友岡 贊, 앞의 책, p.222.

19) Green L. Wilmer, 앞의 책, p.49; 友岡 贊, 앞의 책, p.223.

20) 友岡 贊, 앞의 책, p.216.

요 약

1. 복식부기는 중세 이탈리아에서 상인들 간의 채권과 채무관계에 대한 기록에서 비롯되었을 것으로 추정되는데 당시 베네치아에서는 나로부터 돈을 빌려간 채무자(debtor)를 왼쪽에, 나에게 돈을 빌려준 채권자(creditor)를 오른쪽에 기록하였다. 그러나 지금은 차변과 대변에 다른 많은 계정과목이 함께 기록되므로 원래의 채무자, 채권자의 의미는 남아 있지 않고 단지 왼쪽과 오른쪽을 지칭하는 회계용어로만 사용된다.

2. 회계등식(자산 = 부채 + 자본)에서 자산은 등호(=)의 왼쪽에, 부채와 자본은 등호의 오른쪽에 위치한다. 따라서 자산의 증가는 왼쪽인 차변에, 부채 또는 자본의 증가는 오른쪽인 대변에 기록한다. 감소의 경우는 증가와는 반대로 자산의 감소는 대변(오른쪽), 부채와 자본의 감소는 차변(왼쪽)에 기록한다. 수익은 자본(주주 몫)의 증가에 해당하므로 대변(오른쪽)에 기록하고, 비용은 자본의 감소에 해당하므로 차변(왼쪽)에 기록한다.

3. 거래를 차변과 대변으로 나누어 기록하는 것을 분개라 하고, 분개가 이루어지는 곳이 분개장 또는 전표이다.

4. 회계전산시스템은 계정별 잔액을 쉽게 계산하기 위해 전표의 날짜별 분개를 총계정원장(원장)이라는 계정별 장부에 옮겨 기록하게 되는데 이를 전기라고 한다.

5. 시산표는 회계기간 말 자산, 부채, 자본, 수익, 비용의 모든 계정의 잔액을 차변과 대변으로 나누어 표기한 것으로 차변의 합과 대변의 합이 일치하는가를 확인할 수 있다.

6. 〈보론〉 역사적으로 재산의 정도와 증감에 관한 정보를 누군가에게 제공하는 회계의 시작이 로마시대였을 것으로 추정한다. 로마시대 이후 회계의 필요성이 사회적으로 제기되는 상황은 중세 유럽의 장원제도이다. 장원을 지배하는 영주는 자신이 소유한 재산의 관리와 운용 등의 업무를 집사에게 위임하였는데 집사는 자신이 관리한 내역을 기록하고 그 결과를 정기적으로 영주에게 보고하였으며 집사가 작성한 자료를 검사하는 현재의 감사와 같은 업무가 존재하였다.

7. 〈보론〉 1494년 이탈리아의 루카 파치올리는 복식부기에 관한 내용을 그의 책에 역사상 최초로 소개하였고, 이후 네덜란드, 프랑스, 영국으로 전파되었다. 이후 복식부기 및 회계제도의 구축은 산업혁명이 발생한 영국이 주도한다. 1844년 장부의 정기 결산과 대차대조표에 대한 감사를 의무화하는 주식회사법이 영국에서 제정되었고, 이후 의무사항은 선택사항으로 변경되었다. 1900년의 회사법은 장부 및 대차대조표의 작성과 감사

를 다시 강제규정으로 전환하였고, 전문성 있는 회계사를 감사인으로 선임해야 한다는 조항은 1947년 회사법에 추가되었다.

8. 〈보론〉 직업으로서의 회계사는 18세기 말엽부터 영국에서 출현한 것으로 추정되고 1853년에는 최초로 스코틀랜드의 에딘버러 회계사협회가 창립되었으며, 영국의 회계사인 픽스리는 감사에 관한 교재를 1881년 런던에서 최초로 출간하였다.

O×퀴즈 아래 문장이 옳으면 ○, 틀리면 ×로 답하고 틀린 곳은 올바르게 고치시오.

1. 복식부기를 1494년 세계 최초로 발명한 사람은 이탈리아의 수도사 루카 파치올리이다.

2. 복식부기에서 왼쪽을 뜻하는 차변과 오른쪽을 뜻하는 대변은 중세 이탈리아 상인들이 채권과 채무관계를 기록하면서 나로부터 돈을 빌려간 채무자를 왼쪽에, 나에게 돈을 빌려준 채권자를 오른쪽에 기록하는 관행으로부터 기원한다.

3. 차변은 영어로 credit, 대변은 debit이라고 한다.

4. 현재는 자변과 대변에 다른 많은 계정과목이 함께 기록되므로 원래의 채무자, 채권자의 의미는 남아 있지 않고 단지 왼쪽과 오른쪽을 지칭하는 회계용어로만 사용된다.

5. 복식부기에서 자산의 증가는 왼쪽인 차변에, 부채 또는 자본의 증가는 오른쪽인 대변에 기록한다.

6. 수익은 자산의 증가에 해당하므로 차변에, 비용은 자산의 감소에 해당하므로 대변에 기록한다.

7. 거래를 차변과 대변으로 나누어 기록하는 것을 분개라고 하는데 이는 우리나라 고유의 복식부기인 '사개송도치부법'에서 기원한 것으로 거래를 사개(四介-자산, 부채, 이익, 손실) 중 어느 것과 관련되는지를 나눈다는 뜻이다.

8. 시산표를 작성한 후 차변의 합과 대변의 합이 같다면 오류가 없음을 의미한다.

9. 일반적으로 시산표 상에 수익 계정의 잔액은 대변에, 비용 계정의 잔액은 차변에 표기한다.

10. 〈보론〉 중세 장원제도에서 장원을 지배하는 영주는 자신의 재산에 대한 관리와 운용, 세금 징수 등의 업무를 집사에게 위임하였는데 집사는 자신이 관리한 내역을 기록하고 그 결과를 정기적으로 영주에게 보고하였으며 집사가 작성한 자료를 검사하는 현재의 감사와 같은 업무도 존재하였다.

제2장 객관식 문제

1. 다음 중 아래의 거래 요소가 나타나는 거래로 옳은 것은? 〈전산회계 2급, 2023〉

> 비용의 발생－자산의 감소

① 임대차 계약을 맺고, 당월분 임대료 500,000원을 현금으로 받다.
② 상품 400,000원을 매입하고 대금은 외상으로 하다.
③ 단기차입금에 대한 이자 80,000원을 현금으로 지급하다.
④ 토지 80,000,000원을 구입하고 대금은 보통예금 계좌로 이체하다.

2. 다음의 거래요소 중 차변에 올 수 있는 거래요소는 무엇인가? 〈전산회계 2급, 2023〉

① 수익의 발생　　② 비용의 발생
③ 자산의 감소　　④ 부채의 증가

3. 다음 중 계정의 잔액 표시가 잘못된 것을 고르시오. 〈전산회계 2급, 2023 수정〉

①

현　금	
1,500원	

②

단기차입금	
	1,500원

③

자본금	
	1,500원

④

임대료(수익)	
1,500원	

4. 다음의 분개장 기록 내역 중 시산표 작성을 통해 항상 자동으로 발견되는 오류만을 모두 고르면? 〈국가직 9급, 2021〉

> ㄱ. 기계장치를 ₩800,000에 처분하고, '(차) 현금 ₩800,000 / (대) 기계장치 ₩80,000'으로 분개하였다.
> ㄴ. 건물을 ₩600,000에 처분하고, '(차) 현금 ₩600,000 / (대) 건물 ₩600,000'으로 분개하였다.

ㄷ. 토지를 ₩300,000에 처분하고, '(차) 토지 ₩300,000 / (대) 현금 ₩300,000'으로 분개하였다.
ㄹ. 신입사원과 월 ₩500,000에 고용계약을 체결하고, '(차) 급여 ₩500,000 / (대) 미지급비용 ₩500,000'으로 분개하였다.

① ㄱ ② ㄱ, ㄹ ③ ㄱ, ㄴ, ㄷ ④ ㄱ, ㄴ, ㄷ, ㄹ

5. 20×1년도 시산표 상의 차변합계액은 ₩70,000이고 대변합계액은 ₩79,500이었다. 다음의 오류사항을 반영한 후 시산표 상 차변합계액은? 〈경영지도사, 2020 수정〉

- 단기차입금 ₩4,500을 차변에 잘못 기록하였다.
- 당해 연도 중 급여로 지급된 ₩5,000을 광고비 계정으로 기입하였다.
- 비품 잔액 ₩18,500을 누락하였다.

① ₩65,500 ② ₩70,500
③ ₩79,500 ④ ₩84,000
⑤ ₩84,500

6. 시산표를 작성하는 중 차변합계와 대변합계가 일치하지 않은 것을 발견하였다. 이와 관련하여 시산표상 차변합계와 대변합계가 일치하지 않는 원인은? 〈국가직 7급, 2020〉

① ₩50,000의 매입채무를 현금으로 상환하면서 분개를 누락하였다.
② ₩30,000의 토지를 외상으로 구입하면서 분개는 정확하게 하였지만, 원장으로 전기할 때 토지 계정 대신 건물 계정 차변에 ₩30,000, 미지급금 계정 대변에 ₩30,000으로 전기하였다.
③ [(차)매출채권 ₩35,000 /(대)매출 ₩35,000]의 분개를 원장으로 전기할 때 매출채권 계정 차변에 ₩53,000, 매출 계정 대변에 ₩35,000으로 전기하였다.
④ 건물 수선비를 현금 지급하면서 차변에 건물 ₩10,000, 대변에 현금 ₩10,000으로 분개하였다.

제2장 주관식 문제

1. 남경호 씨는 아파트 등에 경비서비스를 제공하는 주식회사 안심경비를 설립하여 1개월간 운영하였다. 4월에 발생한 (주)안심경비의 거래 내역은 다음과 같다.

4월 1일	1인 주주 남경호는 경비서비스를 제공하는 주식회사 안심경비의 설립등기를 완료하였으며 회사통장을 개설하여 5,000만원을 입금함.
4월 3일	사무실에서 사용할 책상, 의자, 컴퓨터 등 비품의 구입을 위해 현금 600만원을 지급하고, 필기구, 종이 등 소모품 구입으로 현금 30만원을 지불함.
4월 4일	추가 자금을 조달하기 위해 은행에서 현금 2,000만원을 1년 만기, 매달 초 이자지급(연이자율 6%, 첫 이자지급은 5월 1일)의 조건으로 차입함.
4월 9일	행복아파트와 4월 16일부터 1년간의 경비서비스 제공계약을 체결하고 경비서비스 제공의 대가로 하루당 50만원을 받기로 함.
4월 13일	경비직원 4명을 (주)안심경비 직원으로 채용함.
4월 16일	행복아파트에 대한 경비서비스 제공을 시작함.
4월 30일	행복아파트로부터 15일간 경비서비스에 대한 대가로 750만원을 수령함.
4월 30일	경비직원 4명과 남경호 본인의 4월 급여로 500만원을, 4월 사무실을 임차한 대가로 100만원을, 4월 사무실의 수도 및 전기 사용료(수도광열비)로 12만원을 각각 현금으로 지급함.

1) 위의 거래를 날짜별로 분개하시오.

2) 4월 말 현금 계정의 잔액을 계산하시오.

3) 4월 30일의 시산표를 작성하시오.

2. (주)스타자동차클리닝의 4월 거래 내역은 다음과 같다. 아래 물음에 답하시오.

4월 1일	자동차의 실내 클리닝서비스를 제공하는 주식회사의 설립등기를 완료하고, 회사통장을 개설한 후 5,000만원을 입금함.
4월 2일	출장서비스를 위해 중고차(차량운반구)를 현금 1,850만원에 구입하고, 청소에 사용될 고온스팀청소기계(기계장치) 3대를 총 1,500만원에 한 달 후 지급하는 조건으로 구입함(미지급금 계정을 사용).
4월 3일	사무실에서 사용할 책상 등 비품의 구입을 위해 현금 900만원을 지급하고, 필기구, 종이 등 사무용품 구입으로 현금 20만원을 지불함.
4월 4일	추가 자금의 조달을 위해 은행으로부터 현금 500만원을 1년 만기, 연이자율 6%, 매달 초 이자지급의 조건으로 차입함.
4월 7일	클리닝서비스에 사용될 소모품 구입을 위해 50만원을 지급함.
4월 30일	4월 한 달간 총 50대의 자동차에 실내 클리닝서비스를 제공하여 700만원의 현금을 수령함.
4월 30일	직원의 4월 월급으로 400만원을, 4월 사무실 임차료로 100만원을, 4월 한 달간 자동차 유류비로 20만원을 모두 현금으로 지급함.

1) 위의 거래를 날짜별로 분개하시오.

2) 4월 말 현금 계정의 잔액을 계산하시오.

3) 4월 30일의 시산표를 작성하시오.

3. 본 장에서는 (주)클린업의 4월 거래를 분개하고 시산표를 작성하였다. 아래는 그 다음 달인 5월의 거래내역이다. 아래 물음에 답하시오.

5월 1일	차입금 1,000만원에 대한 4월 이자로 5만원을 현금으로 지급함.
5월 2일	필기구, 종이 등 소모품 구입으로 20만원을 현금으로 지불함.
5월 10일	직원 3명과 함께 A식당에서 저녁식사를 하고 30만원을 현금으로 지불함(복리후생비로 처리).
5월 20일	행복아파트 관리소장과 B식당에서 식사를 하고 10만원을 현금으로 지불함(접대비로 처리).

5월 31일　행복아파트로부터 5월 청소서비스에 대한 대가로 현금 1,200만원을 수령함.
5월 31일　5월 급여로 800만원, 임차료로 100만원, 수도 및 전기료로 15만원을 모두 현금으로 지급함.

1) 위의 거래를 날짜별로 분개하시오.
2) 5월 말 현금 계정의 잔액을 계산하시오(61쪽 〈표 2.1〉 현금 계정의 4월 말 잔액을 참조할 것).

4. 다음은 주식회사가 아닌 개인기업 베스트클리닝의 4월 거래내역이다. 다음 물음에 답하시오.

4월 1일　김수정은 세무서에서 베스트클리닝이라는 상호명으로 사업자등록을 신청하고, 은행에서 사업자계좌를 개설한 후 그 계좌에 3,000만원을 입금함.
4월 2일　물세탁기, 건조기, 드라이클리닝기계를 2,000만원에 현금으로 구입하고, 세탁에 사용될 소모품을 현금 50만원에 구입함.
4월 3일　자금을 추가로 조달하기 위해 은행에서 현금 500만원을 1년 만기, 4.8% 연이자율, 매달 초 이자지급의 조건으로 차입함.
4월 4일　홍보를 위해 광고전단의 제작을 의뢰하고 현금 48만원을 지급함.
4월 30일　4월 한 달간 세탁서비스로 400만원의 현금을 수령함.
4월 30일　4월 임차료로 100만원을, 수도 및 전기료로 40만원을 현금으로 지급하고, 소유주 김수정에게 현금 100만원을 지급함.

1) 위의 거래를 날짜별로 분개하시오.
2) 4월 말 현금 계정의 잔액을 계산하시오.
3) 4월 말의 시산표를 작성하시오.

5. 다음은 6월 말 (주)스마일이 총계정원장의 계정별 잔액을 바탕으로 작성한 시산표이다. 잘못된 곳을 찾아 수정하시오.

시산표

20×1년 4월 30일

(주)스마일 (단위: 천원)

차 변	계정과목	대 변
2,354	현 금	
2,562	급 여	
13,000	단기차입금	
112,211	기계장치	
	자본금	86,000
	임차료	1,000
520	소모품	
	비 품	15,280
73	이자비용	
35,420	용역수익	
	수도광열비	420
166,140	합 계	102,700

실제 기업 사례 문제

1. 다음은 부동산 임대업체인 (주)와이에이치컨설팅의 2022년 말 시산표이다(단위: 천원).

차 변	계정과목	대 변
80,241	현 금	
585	부가세대급금	
47,536,855	토 지	
10,542,845	건 물	
63,806	차량운반구	
5,000	임차보증금	
	미지급금	80,003
	부가세예수금	44,845
	단기차입금	2,450
	장기차입금	45,724,420
	임대보증금	400,000
	자본금	11,994,662
	임대료수입	770,589
	관리비수입	299,207
	이자수익	272
	공과금수입	23,032
	잡이익	29,285
6,761	여비교통비	
5,817	접대비	
4,433	통신비	
51,565	수도광열비	
1,511	전력비	

120,029	세금과공과금	
6,016	보험료	
2,659	차량유지비	
67,648	지급수수료	
141,873	건물관리비	
731,118	이자비용	
3	잡손실	
59,368,765	합 계	59,368,765

1) 자산 계정과목을 모두 고르시오.

2) 부채 계정과목을 모두 고르시오.

3) 임차보증금과 임대보증금의 차이는 무엇인지 인터넷 검색을 통해 답해보시오.

4) 수익 계정과목 중 가장 큰 것은 무엇이고, 왜 그런지 답해보시오.

5) 비용 계정과목 중 가장 큰 것은 무엇이고, 왜 그런지 답해보시오.

제3장

회계순환과정 II

3.1 결산수정분개

3.2 수정후시산표

3.3 재무제표의 작성

3.4 회계순환과정

<보론> 마감분개

(주)현대중공업 – 조선소도 없이 주문부터 받다

정주영은 국내에서 외화를 벌 수 있는 조선소 설립을 평소 구상하고 있던 차에 포항제철의 철을 대량으로 소비해 줄 사업으로 조선소 육성을 계획했던 정부와 박정희 대통령의 강한 권고로 1970년 조선소 설립을 추진하였다. 선박 건조의 경험은 없지만 각종 건설공사의 경험을 토대로 철판을 잘라 용접하고 내연기관은 도면대로 제자리에 설치하면 된다는 긍정적인 마음가짐으로 사업을 시작하였다. 한편, 조선소에 필요한 대형 기계장치의 설치를 위해서는 차관(외국에서 차입)이 필수적인데 경험 부족을 이유로 미국과 일본의 금융기관은 차관을 거절하였다.

유럽으로 간 정주영은 영국의 선박 엔지니어링 회사인 A&P 애플도어사와 기술협조 계약을 체결하고, 교육을 위해 인력을 영국의 조선소에 파견하였으나 영국 바클레이즈은행은 차관에 별다른 반응을 보이지 않았다. A&P 애플도어사의 롱바톰 회장으로부터 한국의 상환능력과 잠재력이 믿음직스럽지 않다는 말을 듣자 정주영은 당시 500원짜리 지폐를 꺼내 거북선을 소개하고, 한국은 이미 1500년대에 철갑선을 만들었으며 영국의 조선 역사보다도 오히려 300년 앞섰음을 언급해 그를 설득하였고, 바클레이즈은행에 제출할 추천서를 받을 수 있었다.

바클레이즈은행은 차관에 승인하였으나 영국 수출신용보증국은 조선소를 짓기 전에 배 주문을 먼저 받아 오면 차관을 최종 승인하겠다고 하였다. 롱바톰 회장의 도움으로 그리스 선주 리바노스를 만나 앞으로 조선소를 만들 울산 백사장 사진, 지도, 26만톤급 유조선 도면만으로 약속을 못 지키면 계약금에 이자를 물어주고 배에 하자가 있으면 인수를 거부해도 좋다고 설득하여 유조선 2대의 주문을 받아내고 마침내 차관 도입에 성공하였다.

이후 부지 매입과 동시에 조선소와 유조선의 건설을 함께 진행하였다. 경험 부족으로 온갖 시행착오 끝에 최단 시일 내에 조선소와 유조선 2척을 건조하였고, 리바노스로부터 자기가 본 선박 중 최고라는 찬사를 받았다. 1973년 오일쇼크로 인한 유류 물동량 감소로 유조선 3척이 인수 거부되자 정주영은 (주)아세아상선(현재 (주)HMM, 구 (주)현대상선)을 설립하고 해운업에도 진출하였다.

참고문헌: 이 땅에 태어나서(정주영, 1998 솔), 영원한 도전자 정주영(허영섭, 2015, 나남)

3.1 결산수정분개

한 달 동안 발생한 회계상 거래를 분개하고, 전기한 후 월말이 되면 시산표를 작성한다. 그다음으로 그 달에 발생한 수익과 비용 중 누락된 부분을 반영하고 자산과 부채를 정확하게 표기하기 위해 추가적인 분개를 하게 되는데 이를 **결산수정분개**(adjusting entries)라고 한다.[1] 결산수정분개의 예로는 감가상각, 미지급이자, 사용한 소모품에 대한 분개 등이 있다.

1) 감가상각비

(주)클린업은 4월 2일 청소기계와 비품의 취득에 대해 기계장치와 비품의 증가, 현금의 감소에 해당하므로 차변에는 기계장치와 비품, 대변에는 현금으로 기록하였다. 기계와 비품은 구입 이후 계속 사용되고 있으나 기계와 비품의 사용에 대한 비용은 별도로 인식하지 않았기 때문에 취득 시에도, 그리고 사용 중인 기간에도 기계와 비품의 사용에서 발생하는 비용이 전혀 반영되지 않는 문제가 발생한다.

회계에서는 기계, 비품, 건물, 차량 등과 같이 1년을 초과하여 사용하는 자산은 그 자산의 취득원가에서 사용 후 처분가치를 차감한 금액을 사용기간에 걸쳐 합리적인 방법으로 나누어 비용 처리하는데 이를 **감가상각**(depreciation)이라 한다. 역사적으로 감가상각을 처음으로 사용한 것은 19세기 영국의 철도회사들이다.[2] 철로와 역의 건설, 기관차의 구매에는 엄청난 투자가 필요한데 이를 모두 비용으로 처리하면 이익이 나지 않아 철도회사에 투자한 주주들에게 배당할

1) 월별 재무제표의 작성이 필요 없고, 분기 또는 반기 또는 연도 재무제표의 작성으로 충분하다면 결산수정분개는 분기 또는 반기 또는 연도 말에 이행한다.

2) 田中靖浩, 『회계의 세계사』 (위즈덤하우스, 황선종 역, 2019), pp.150-152.

수가 없었다. 철로, 역, 기관차는 장기간 사용하므로 취득원가를 사용기간 동안 나누어 비용 처리하면 이익이 나고 주주에게 배당하는 것이 가능하였다.

연도별 감가상각비를 계산하는 가장 간단한 방법은 취득원가에서 사용 후 처분가치(**잔존가치**)를 차감한 금액을 사용기간(**내용연수**)로 나누어 계산하는 것이다.[3] (주)클린업은 기계와 비품을 5년간 사용할 계획이고, 5년 후에는 모두 폐기하여 잔존가치가 0이라고 가정하면 기계장치와 비품에 대한 월 감가상각비는 아래와 같이 계산된다.

1. 기계장치

- $1\text{년 감가상각비} = \dfrac{\text{취득원가}-\text{잔존가치}}{\text{내용연수}} = \dfrac{600\text{만원}-0}{5} = 120\text{만원}$

- $\text{월 감가상각비} = \dfrac{1\text{년 감가상각비}}{12\text{개월}} = \dfrac{120\text{만원}}{12} = 10\text{만원}$

2. 비 품

- $1\text{년 감가상각비} = \dfrac{\text{취득원가}-\text{잔존가치}}{\text{내용연수}} = \dfrac{300\text{만원}-0}{5} = 60\text{만원}$

- $\text{월 감가상각비} = \dfrac{1\text{년 감가상각비}}{12\text{개월}} = \dfrac{60\text{만원}}{12} = 5\text{만원}$

(주)클린업은 위와 같이 산출된 기계장치와 비품의 감가상각비를 4월 말 결산수정분개 시에 다음과 같이 분개한다.

날 짜	차변 (왼쪽)		대변 (오른쪽)	
4월 30일	기계장치감가상각비	100,000	기계장치감가상각누계액	100,000
	비품감가상각비	50,000	비품감가상각누계액	50,000

기계장치감가상각비 10만원은 비용이므로 자본의 감소에 해당하여 차변에

3) 이를 정액법이라고 하는데 이 방법 외에도 정률법 등이 있다. 감가상각 방법은 제7장 비유동자산에서 상세히 다룬다.

기록한다. 그리고 기계장치의 사용으로 가치가 감소하므로 자산의 감소를 나타내기 위해 대변에 기계장치 10만원으로 분개한다고 생각하기 쉽다. 그러나 기계장치를 대변에 10만원으로 기록할 경우 기계장치 계정과목의 잔액은 취득시 차변에 기록한 600만원에서 10만원만큼 감소한 590만원이 되고, 기계장치 590만원을 재무상태표에 표시할 경우 기계장치의 취득원가가 원래 얼마인지, 그리고 지금까지 기계장치에 대한 감가상각비를 얼마나 인식했는지를 알 수 없게 된다.

회계기준에서는 정보이용자에게 더 유용한 정보를 제공할 수 있도록 기계장치, 비품, 건물 등 1년을 초과하여 사용하는 자산의 취득원가는 그대로 살리되 이들 자산에 대한 누적 감가상각비를 별도로 보여줄 수 있도록 **감가상각누계액**(accumulated depreciation)이라는 새로운 계정과목을 사용할 것을 규정하고 있다. 위에서 대변에 기록한 기계장치감가상각누계액은 기계장치의 장부상 가치(장부가)를 줄이는 역할을 하기 때문에 **자산차감계정**(contra asset account)이라고 불리고 자산의 감소에 해당하므로 대변에 기록된다.

기계장치와 비품, 그리고 기계장치감가상각누계액과 비품감가상각누계액은 재무상태표에서 아래와 같이 표시된다. 기계장치와 비품을 단순히 590만원과 295만원으로 표기할 때와 비교하면 기계장치와 비품의 취득원가 600만원과 300만원, 그리고 누적 감가상각금액 10만원과 5만원을 모두 알 수 있고, 이를 통해 기계장치와 비품의 장부가(=취득원가-감가상각누계액)가 각각 590만원과 295만원임을 알 수 있으므로 더 유용한 정보를 제공하는 것이다.[4)]

4) 다음 달인 5월 말의 재무상태표에는 기계장치 600만원, 비품 300만원, 기계장치감가상각누계액은 20만원, 비품감가상각누계액은 10만원으로 표시되고, 따라서 기계장치와 비품의 장부가는 각각 580만원과 290만원이 된다. 한국채택국제회계기준(K-IFRS)을 채택하는 상장기업은 재무상태표 상에 감가상각대상자산에서 감가상각누계액을 차감한 금액(순액)만 표기하고, 감가상각대상자산의 취득원가와 감가상각누계액은 재무제표의 주석에 별도로 표기하는 경우가 많다.

자 산	
기계장치	6,000,000
기계장치감가상각누계액	(100,000)
비 품	3,000,000
비품감가상각누계액	(50,000)

2) 이자비용

(주)클린업은 4월 3일 은행으로부터 1,000만원을 차입하면서 차입금에 대한 이자는 연이자율 6%로 매달 초에 지급하기로 약속하였다. 이자지급은 은행으로부터 돈을 빌려 쓴 것에 대한 대가로서 비용에 해당한다. 여기서 차입금에 대한 첫 이자지급일은 5월 1일이고, 지급액은 5만원이다[(1,000만원×0.06)÷12개월]. 그런데 5월 1일 이자지급액은 5월 1일에 분개되지만 5월에 발생한 이자가 아니고 4월 한 달 동안의 이자에 해당한다. 따라서 4월 말 결산수정분개 시에 이자는 아직 현금으로 지급되지 않았지만 4월 한 달의 이자는 기간의 경과에 따라 발생한 것이므로 아래와 같이 **이자비용**(interest expense)을 인식하는 수정분개를 해 준다.

날 짜	차변 (왼쪽)		대변 (오른쪽)	
4월 30일	이자비용	50,000	미지급이자	50,000

비용은 자본의 감소이므로 이자비용을 차변에 기록하고, 4월 말 현재 발생한 이자를 지급하지 않았기 때문에 현금 5만원을 지급할 의무가 생긴 것이므로 부채의 증가를 대변에 기록한다. 구체적인 부채의 계정과목으로는 **미지급이자**(interest payable)를 사용한다. 만약, 이자를 다음 달 초가 아니라 당월 말에 현금으로 지급한다면 위의 분개에서 대변은 현금 5만원이 되었을 것이다.[5)]

---

5) 5월 1일 이자 5만원을 현금으로 지급할 때는 (차변) 미지급이자 5만원, (대변) 현금 5만원으로 분개한다. 미지급이자를 차변에 분개한 것은 부채의 감소에 해당하기 때문이며, 이자

3) 소모품비

4월 2일 구입한 소모품 10만원은 필기구, 종이 등으로 사무실의 운영과 함께 일부가 소진되었을 것이므로 그 소비량을 파악하여 결산수정분개 시에 소모품비로 비용 처리하는 것이 필요하다. 결산수정분개 시에 구입한 소모품이 모두 사용되었음을 확인하였다면, 소모품을 0으로 줄이기 위한 수정분개로 아래와 같이 자산인 소모품의 감소를 대변에, 그리고 **소모품비**(supplies expense)라는 비용을 차변에 기록한다.[6)]

날 짜	차변 (왼쪽)		대변 (오른쪽)	
4월 30일	소모품비	100,000	소모품	100,000

3.2 수정후시산표

(주)클린업이 4월 말 위의 세 가지 결산수정분개를 기록하고 전기한 후 회계전산시스템은 〈표 3.1〉과 같이 시산표를 다시 한 번 작성한다. 결산수정분개 후 작성되기 때문에 결산수정분개 전에 작성되는 '시산표'와 달리 '수정후시산표'라고 부른다.

〈표 3.1〉의 수정후시산표와 제2장 〈표 2.2〉 시산표를 비교하면, 〈표 2.2〉의 시산표에 기계장치감가상각비, 비품감가상각비, 이자비용, 소모품비가 추가되었고, 기계장치감가상각누계액과 비품감가상각누계액이라는 자산차감계정과 미지급이자라는 부채계정이 추가되었다.[7)] 그리고 시산표에 있던 소모품 계정은

비용은 4월 30일에 이미 인식했으므로 이자지급일에 이자비용을 또 인식해서는 안 된다.

6) 실무에서는 소모품의 취득 금액이 적고 중요하지 않기 때문에 편리를 위해 취득시점에 모두 소모품비로 비용처리하는 방법을 많이 사용한다.

7) 수정후시산표와 구분하기 위해 〈표 2.2〉와 같이 결산수정분개가 반영되지 않은 시산표를 수정전시산표라고 부르기도 한다.

표 3.1 (주)클린업의 4월 수정후시산표

수정후시산표

20×1년 4월 30일

(주)클린업 (단위: 원)

차 변	계정과목	대 변
31,850,000	현 금	
6,000,000	기계장치	
	기계장치감가상각누계액	100,000
3,000,000	비 품	
	비품감가상각누계액	50,000
	미지급이자	50,000
	단기차입금	10,000,000
	자본금	30,000,000
	용역수익	6,000,000
4,000,000	급 여	
1,000,000	임차료	
50,000	전력비	
100,000	기계장치감가상각비	
50,000	비품감가상각비	
50,000	이자비용	
100,000	소모품비	
46,200,000	합 계	46,200,000

잔액이 0이 되어 삭제되었다. 수정후시산표에서도 차변합계 4,620만원은 대변합계 4,620만원과 일치한다.

3.3 재무제표의 작성

1) 손익계산서

결산수정분개가 끝나고 수정후시산표가 완성되면 재무제표를 작성할 수 있다. 재무제표 중 가장 먼저 작성하는 것은 손익계산서이다. 손익계산서는 기업의 특정 기간 동안 발생한 수익과 비용, 그리고 총수익에서 총비용을 차감한 순이익을 보여준다. (주)클린업의 4월 한 달 동안의 손익계산서를 약식으로 작성하면 〈표 3.2〉와 같다.

표 3.2 (주)클린업의 4월 손익계산서

손익계산서 20×1년 4월 1일부터 4월 30일까지 (주)클린업		(단위: 원)
수 익:		6,000,000
용역수익	6,000,000	
비 용:		5,350,000
급 여	4,000,000	
임차료	1,000,000	
전력비	50,000	
감가상각비	150,000	
이자비용	50,000	
소모품비	100,000	
당기순이익		650,000

맨 아랫줄에 있는 당기순이익에서 당기(當期)는 이번 기간을 의미하는 것으로 당기순이익은 이번 4월 한 달 동안 발생한 수익에서 비용을 차감한 금액임을 뜻하고, (주)클린업의 4월 재무적 경영성과를 나타낸다. 결산수정분개를 통

하여 기중에는 포함되지 않던 감가상각비, 이자비용, 소모품비가 추가로 반영되었다.

(주)클린업은 4월 한 달 동안의 영업을 통하여 수익(=600만원)이 비용(=535만원)을 65만원 초과하였다. 이러한 결과는 다음에 작성할 재무상태표 상에도 4월 한 달 동안 주주의 몫(즉, 자본)이 65만원 증가한 것으로 나타난다.

2) 재무상태표

손익계산서 다음으로 작성되는 재무상태표는 해당 기업의 회계기간 말 현재 자산, 부채, 자본에 해당하는 모든 계정의 잔액을 표시한다. (주)클린업의 4월 30일자 재무상태표를 약식으로 작성한 〈표 3.3〉를 보면 '재무상태표'라는 타이틀 아래에 회계기간 종료일의 날짜인 '20×1년 4월 30일'이 표기되어 있다. 이는 회계기간('20×1년 4월 1일부터 4월 30일까지')이 표기되어 있는 손익계산서와 차이가 있다. 손익계산서는 회계기간 동안 발생한 수익과 비용을 나타내는데 반해 재무상태표는 회계기간 말 시점의 계정별 잔액을 표시하기 때문이다.

표 3.3 (주)클린업의 4월 말 재무상태표

재무상태표 20×1년 4월 30일 (주)클린업			(단위: 원)
자 산:		**부 채:**	
현 금	31,850,000	미지급이자	50,000
기계장치	6,000,000	차입금	10,000,000
기계장치감가상각누계액	(100,000)	**부채총계**	10,050,000
비 품	3,000,000		
비품감가상각누계액	(50,000)	**자 본:**	
		자본금	30,000,000
		이익잉여금	650,000
		자본총계	30,650,000
자산총계	40,700,000	**부채 및 자본총계**	40,700,000

〈표 3.3〉의 재무상태표를 보면, (주)클린업은 총 4,070만원의 자산을 보유하고 있고 부채총계가 1,005만원, 자본총계가 3,065만원이다. 이를 통하여 자산 중 25%(=1,005만원÷4,070만원)는 은행으로부터의 차입금을 재원으로 취득한 것이고, 나머지 75%의 자산은 주주의 출자와 4월 한 달 동안 영업에서 발생한 이익을 재원으로 취득한 것이다. 이를 달리 표현하면, (주)클린업의 자산 4,070만원 중 1,005만원은 미래에 채권자(은행)에게 지급되어야 하므로 채권자 몫이고, 나머지 3,065만원은 주주 몫이다.

여기서 〈표 3.1〉 수정후시산표와 〈표 3.3〉 재무상태표를 비교하면 [그림 3.1]과 같이 수정후시산표의 자산과 부채의 모든 계정과 자본의 자본금 계정은 그 잔액이 재무상태표에도 그대로 표시되어 있다. 그러나 수정후시산표에는 없던 자본의 **이익잉여금**(retained earnings)이 재무상태표 상의 자본에 65만원으로

그림 3.1 수정후시산표와 재무상태표 간의 관계

수정후시산표

20×1년 4월 30일

(주)클린업 (단위: 원)

계정과목	차 변	대 변
현 금	31,850,000	
기계장치	6,000,000	
기계장치감가상각누계액		100,000
비 품	3,000,000	
비품감가상각누계액		50,000
미지급이자		50,000
단기차입금		10,000,000
자본금		30,000,000
용역수익		6,000,000
급 여	4,000,000	
임차료	1,000,000	
전력비	50,000	
감가상각비	150,000	
이자비용	50,000	
소모품비	100,000	
합 계	46,200,000	46,200,000

재무상태표

20×1년 4월 30일

(주)클린업 (단위: 원)

자 산:		부 채:	
현 금	31,850,000	미지급이자	50,000
기계장치	6,000,000	단기차입금	10,000,000
기계장치감가상각누계액	(100,000)		
비 품	6,000,000	자 본:	
비품감가상각누계액	(50,000)	자본금	30,000,000
		이익잉여금	650,000
자산총계	40,700,000	부채 및 자본총계	40,700,000

표시되어 있다. 이 65만원은 수익에서 비용을 차감하고 남은 금액, 즉 당기순이익으로 당기순이익만큼 자본의 이익잉여금이 증가함을 알 수 있다.

앞서 수익은 자본(주주 몫)의 증가에 해당하고, 비용은 자본의 감소라고 언급하였다. 따라서 회계기간 동안 수익이 비용보다 65만원이 더 크다면 회계기간 말에 자본총계는 기초 잔액보다 65만원만큼 증가해야 한다. 이 증가분이 누적되는 자본 계정이 이익잉여금이다.

재무상태표 상에 당기순이익을 자본에 포함해야 하는 이유를 [그림 3.1]을 통해서 설명하면, [그림 3.1]의 수정후시산표에서 차변의 합은 자산과 비용으로 구성되고, 대변의 합은 부채, 자본, 수익으로 구성되며 양쪽이 일치하므로 다음 식이 성립한다.

자산 + 비용	= 부채 + 자본 + 수익
자산	= 부채 + 자본 + 수익 − 비용
자산	= 부채 + 자본 + 당기순이익

따라서 재무상태표의 작성 시에 당기순이익만큼 자본을 증가시켜야 양쪽의 합이 일치하고, 당기순이익은 재무상태표 상에 자본의 이익잉여금에 포함된다.

이익잉여금은 자본의 계정과목으로 당기순이익이 발생하면 증가하고 당기순손실(즉, 비용이 수익을 초과한 경우)이 발생하면 감소한다. 또한 사업을 통하여 발생한 이익을 현금 등의 형태로 주주에게 지급하는 것을 **배당**(dividend)이라고 하는데 배당의 경우에도 이익잉여금은 감소한다. 따라서 이익잉여금은 주식회사의 설립이후 발생한 누적 손익(= 이익 − 손실)에서 주주에게 배당하고 남은 금액이라는 의미가 되며 **유보이익**이라고도 불린다.

(주)클린업의 경우에 다음 달인 5월에도 당기순이익이 65만원 발생하고 배당이 없다면 5월 말 재무상태표 상의 이익잉여금은 4월 말의 이익잉여금 잔액인 65만원에서 다시 65만원을 더한 130만원이 될 것이다.

3) 자본변동표

재무제표 중 자본의 변동내역을 상세히 보여주는 것이 자본변동표이다. 자본은 주주의 출자, 당기순이익의 발생, 주주에 대한 배당 등으로 증가 또는 감소할 수 있다. 물론 손익계산서를 통하여 당기순이익(손실)만큼 자본이 변동할 것으로 짐작할 수 있으나 당기순이익(손실)이 아닌 다른 이유로 자본이 증가 또는 감소하였다면 외부투자자는 그 상세한 원인을 알 수 없다. 따라서 자본변동표를 통하여 그 상세 내역을 제공하는 것이다. 특히 주주에 대한 배당은 비용이 아니므로 손익계산서에 나타나지 않고 자본변동표에서 그 내역을 확인할 수 있다.

〈표 3.4〉는 4월 초부터 4월 말까지 (주)클린업의 자본 계정인 자본금과 이익잉여금이 주주의 출자와 당기순이익에 의해 증가하였음을 보여주고 있다.

표 3.4 (주)클린업의 4월 자본변동표

자본변동표

20×1년 4월 1일부터 4월 30일까지

(주)클린업 (단위: 원)

과 목	자본금	이익잉여금	총 계
20×1.4.1 (기초자본)	0	0	0
소유주의 출자	30,000,000		30,000,000
당기순이익		650,000	650,000
20×1.4.30 (기말자본)	30,000,000	650,000	30,650,000

4) 현금흐름표

네 번째이자 마지막 보고서인 현금흐름표는 기업의 현금 유입 및 유출 내역을 영업활동, 투자활동, 재무활동으로 나누어 보여준다. 여기서 **영업활동 현금흐름**(cash flows from operating activities)은 기업의 주된 수익창출활동에서 발생한 현금 유입과 유출을 뜻하는데 (주)클린업의 경우는 청소서비스의 제공을 통한 수익창출이 주된 활동이므로 청소서비스와 관련된 현금의 유입과 유출을 보여준다.

투자활동 현금흐름(cash flows from investing activities)은 기업의 영업활동을 유지, 성장시키기 위한 활동 또는 여유자금을 이용하여 금융상품, 다른 기업의 주식 등을 취득하는 활동에서의 현금 유입과 유출을 의미한다. **재무활동 현금흐름**(cash flows from financing activities)은 소유주의 출자, 은행으로부터의 차입 및 상환 등 사업자금의 조달과 관련된 현금의 유입과 유출을 뜻한다.

〈표 3.5〉는 제2장 〈표 2.1〉의 현금 계정에 나타난 현금의 유입과 유출 자료를 토대로 작성한 4월의 현금흐름표이다. 제2장의 〈표 2.1〉 현금 계정의 차변은 현금의 유입을, 대변은 현금의 유출을 보여주는데, 각 항목을 빠짐없이 영업활

표 3.5 (주)클린업의 4월 현금흐름표

현금흐름표 20×1년 4월 1일부터 4월 30일까지 (주)클린업		(단위: 원)
Ⅰ. 영업활동 현금흐름		850,000
행복아파트로부터 유입된 현금	6,000,000	
소모품 공급자에 대한 현금유출	(100,000)	
종업원에 대한 현금유출	(4,000,000)	
기타 영업비(임차료, 전력비) 지급	(1,050,000)	
Ⅱ. 투자활동 현금흐름		(9,000,000)
기계, 비품의 취득	(9,000,000)	
Ⅲ. 재무활동 현금흐름		40,000,000
소유주의 출자	30,000,000	
단기차입금의 증가	10,000,000	
Ⅳ. 현금의 증가		31,850,000
Ⅴ. 기초의 현금		0
Ⅵ. 기말의 현금		31,850,000

동, 투자활동, 재무활동으로 구분하여 현금흐름표에 포함한다.

손익계산서를 통하여 (주)클린업은 4월 동안 65만원의 당기순이익이 발생했음을 알 수 있었다. 따라서 (주)클린업이 청소서비스 제공을 통하여 당기순이익 65만원만큼의 현금이 (주)클린업으로 순유입되었을 것으로 생각하기 쉽다. 그러나 〈표 3.5〉 현금흐름표 상의 영업활동 현금흐름에 표기되어 있듯이 당기순이익 65만원보다 20만원이 많은 85만원의 현금이 영업활동의 결과로 순유입되었다. 당기순이익이 영업활동 현금흐름과 다르다는 점은 현금흐름표를 재무제표의 하나로서 의무적으로 작성하게 요구하는 이유 중의 하나이다.

현실에서는 최근 회계연도에 당기순이익이 발생했음에도 불구하고 현금 부족으로 부채를 만기에 상환하지 못해 도산하는 이른바 **흑자도산**이 종종 일어난다. 따라서 당기순이익이 기업의 경영성과를 나타내는 좋은 측정치이지만 그것으로 충분하지 않으므로 영업활동 현금흐름을 보여주는 현금흐름표를 작성하도록 의무화하여 투자자에게 제공하는 것이다.

그러면 위에서 당기순이익 65만원과 영업활동 현금흐름 85만원 간의 20만원의 차이가 생긴 원인은 무엇일까? 첫 번째 이유는 손익계산서 상에 비용으로 계상된 감가상각비 15만원은 현금 지출이 없는 비용이다. 기계와 비품 구입비 900만원은 투자활동 현금지출에 표기되지만 감가상각비는 실제로 현금이 사외로 지출되는 것은 없으므로 영업활동 현금흐름은 당기순이익보다 15만원이 더 많다.

두 번째로, (주)클린업이 이자를 아직 현금으로 지급하지 않았으나 비용에는 5만원 이자비용을 반영하였다. 따라서 영업활동 현금흐름은 당기순이익보다 5만원이 더 많다. 이러한 차이를 요약하면 〈표 3.6〉과 같다.

표 3.6 영업활동 순현금흐름과 당기순이익의 차이

당기순이익	650,000
1) 현금지출이 없는 감가상각비	+ 150,000
2) 현금지출이 없는 이자비용	+ 50,000
영업활동 현금흐름	850,000

〈표 3.5〉 (주)클린업의 현금흐름표는 영업활동뿐만 아니라 투자활동과 재무활동의 현금흐름 내역을 보여준다. (주)클린업은 투자활동 현금지출로 기계와 비품의 취득이 있고, 재무활동 현금유입으로 주주의 출자와 은행으로부터의 단기 차입이 있음을 알 수 있다.

영업활동, 투자활동, 재무활동으로부터의 현금흐름 합이 양수이면 해당 기간 동안 현금이 증가한 것이고, 합이 음수이면 현금이 감소한 것이 된다. (주)클린업은 영업활동, 투자활동, 재무활동 현금흐름이 각각 85만원, (900만원), 4,000만원으로 합은 3,185만원이 되고, 이는 'IV. 현금의 증가'에 표기되어 있다. (주)클린업은 4월 1일 개업하였으므로 기초의 현금은 0이며, 4월 현금의 증가 3,185만원으로 인해 기말의 현금잔액은 3,185만원이 된다. 이 금액은 〈표 3.3〉 재무상태표 상의 현금 잔액과 일치한다.

3.4 회계순환과정

자산, 부채, 자본의 각 계정은 당기 말의 잔액이 다음 기간으로 계속 이어지므로 **영구계정**(permanent accounts)이라고 불린다. 반면, 수익, 비용, 배당금 계정은 당기 말의 잔액이 차기로 이어지면 잔액이 누적되므로 해당 기간에 발생한 수익, 비용, 배당의 금액을 나타내지 못한다. 따라서 회계전산시스템은 재무제표의 작성이 완료되면 다음 기간을 위해서 수익, 비용, 배당금의 잔액을 모두 0으로 맞추는 분개를 진행하는데 이를 **마감분개**(closing entries)라고 한다.

수익과 비용 계정의 잔액은 모두 당기순이익(손실)의 산출에 포함되어 최종적으로 자본의 이익잉여금을 증가(감소)시키고, 배당금은 그만큼 이익잉여금을 감소시키기 때문에 잔액을 0으로 맞추더라도 대차 균형에 영향을 미치지는 않는다. 영구계정과는 달리 마감분개로 잔액을 0으로 맞추는 계정을 **임시계정**(temporary accounts)이라고 한다. 구체적인 마감분개의 내용은 〈보론〉에서 설명

그림 3.2 회계순환과정

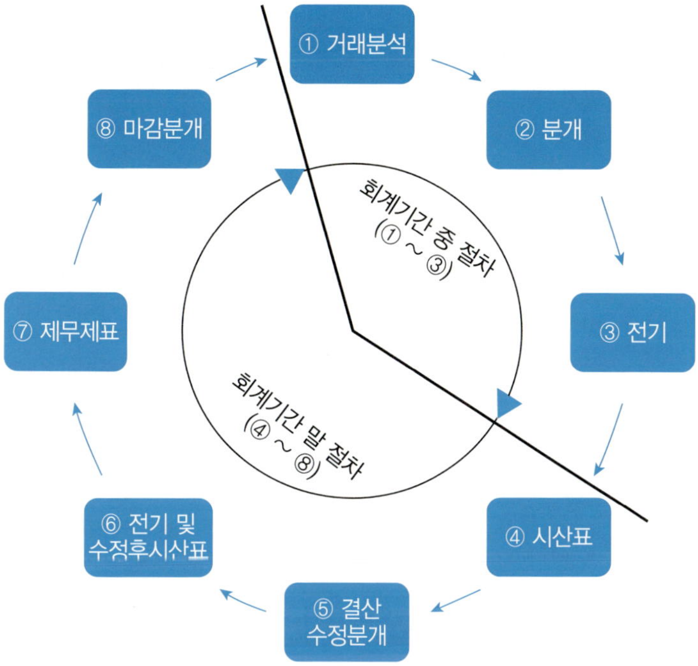

한다.

지금까지 (주)클린업의 창업부터 한 달간의 영업 후 4월의 재무제표를 작성하기까지의 과정을 설명하였다. 다음 달인 5월이 시작되면 5월의 거래를 분개하고, 회계전산시스템은 이를 전기하여 총계정원장의 각 계정별로 잔액을 산출하며 월말이 되면 결산수정분개를 통하여 수익과 비용을 추가로 인식한 뒤 재무제표를 작성하고 마감분개를 하는 순서가 반복된다. [그림 3.2]는 이러한 반복 과정을 시각적으로 보여주는데 이를 **회계순환과정**(accounting cycle)이라고 한다.

전자공시시스템

전자공시시스템(DART, Data Analysis, Retrieval and Transfer System)은 상장법인 등이 공시서류를 인터넷으로 제출하고, 투자자 등 이용자는 제출 즉시 인터넷을 통해 조회할 수 있도록 금융감독원이 구축한 종합적 기업공시시스템이다. 누구든 원하는 장소에서 언제든지 금융감독원에 제출된 공시서류를 인터넷주소(dart.fss.or.kr)에 접속하여 볼 수 있다.

상장기업의 재무제표는 '정기공시'의 '사업보고서'를 선택하여 검색한 후 검색된 사업보고서의 'III.재무에 관한 사항'에서 열람 및 엑셀파일로 다운로드가 가능하다. 사업보고서는 재무제표 이외에도 회사의 개요, 사업의 내용, 회계감사인의 감사의견 등 기업과 관련된 다양한 정보를 포함하고 있다. 한편, 외부감사 대상 기업의 재무제표는 '외부감사 관련'의 '감사보고서'를 선택하여 검색하면 열람할 수 있다.

보론 마감분개

〈표 3.7〉은 본문에 나온 (주)클린업의 4월 거래에 대한 마감분개를 단계별로 보여준다.

표 3.7 (주)클린업의 4월 말 마감 분개

단계	차 변		대 변	
①	용역수익	6,000,000	집합손익	6,000,000
②	집합손익	5,350,000	급 여	4,000,000
			임차료	1,000,000
			전력비	50,000
			기계감가상각비	100,000
			비품감가상각비	50,000
			이자비용	50,000
			소모품비	100,000
③	집합손익	650,000	이익잉여금	650,000

첫 번째 단계는 수익계정의 잔액을 0으로 맞추는 단계이다. 용역수익 계정은 잔액 6,000,000원이 대변에 위치해 있으므로 최종 잔액을 0으로 맞추기 위해서는 〈표 3.7〉의 ①과 같이 차변에 6,000,000원을 분개하는 것이 필요하다. 이때 대변은 동일한 금액 6,000,000원을 **집합손익**(income summary)이라는 새로운 계정에 기록한다.

두 번째 단계는 비용계정의 잔액을 0으로 맞추는 단계이다. 비용계정의 잔액을 0으로 맞추기 위해서는 비용의 잔액은 차변에 위치하므로 〈표 3.7〉의 ②와 같이 대변에 모든 비용의 계정과목과 잔액을 기록하고, 차변에는 비용의 총합계를 집합손익 계정에 기록한다.

마지막 단계는 집합손익의 잔액을 0으로 맞추는 단계이다. 집합손익은 [그림 3.3]과 같이 마감분개 ②까지를 전기하면 차변 합계는 5,350,000원, 대변 합계는 6,000,000원으로 대변 잔액이 650,000원이다. 따라서 잔액을 0으로 만들기 위해서는 차변에 650,000원이 필요하다. 여기서 650,000원은 총수익 6,000,000원에서 총비용 5,350,000원을 차감한 것으로 당기순이익에 해당한다. 당기순이익은 이익잉여금을 증가시키므로 〈표 3.7〉 마감분개 ③의 대변에는 이익잉여금 650,000원을 기록한다.

그림 3.3 마감분개의 전기

용역수익

①	6,000,000		6,000,000

집합손익

②	5,350,000	①	6,000,000
③	650,000		

이익잉여금

		③	650,000

급 여

	4,000,000	②	4,000,000

임차료

	1,000,000	②	1,000,000

전력비

	50,000	②	50,000

기계감가상각비

	100,000	②	100,000

비품감가상각비

	50,000	②	50,000

이자비용

	50,000	②	50,000

소모품비

	100,000	②	100,000

이미 작성한 본문의 〈표 3.3〉 재무상태표 상에 이익잉여금은 650,000원으로 표기되어 있는데 마감분개를 통해 총계정원장의 이익잉여금 계정도 비로소 [그림 3.3]과 같이 잔액이 대변 650,000원이 된다.[8)]

결국, 마감분개를 통하여 수익과 비용의 잔액은 모두 0이 되고 수익이 비용을 초과하면(당기순이익이 발생하면) 이익잉여금 계정을 증가시키고, 비용이 수익을 초과하면(당기순손실이 발생하면) 이익잉여금 계정을 감소시킨다.[9)]

---

8) 만약, 총비용이 총수익을 초과한다면 집합손익 계정은 차변 잔액이 남게 되고 집합손익 계정을 0으로 맞추는 마감분개③은 대변 집합손익, 차변 이익잉여금의 형태가 된다. 즉, 비용이 수익을 초과하여 당기순손실이 발생하면 집합손익의 잔액을 0으로 맞추면서 당기순손실만큼 이익잉여금을 줄이는 분개를 수행한다.

9) 회계기간 중 배당금의 지급이 확정되어 배당금 계정의 잔액(차변)이 있다면 마감분개의 마지막 단계로서 배당금 잔액을 대변에, 이익잉여금을 차변에 기록함으로써 배당금 계정의 잔액도 0으로 맞춘다.

요 약

1. 회계기간에 발생한 수익과 비용 중 누락된 부분을 반영하기 위해 회계기간 말에 추가적인 분개를 하게 되는데 이를 결산수정분개라고 한다.

2. 감가상각이란 기계, 비품, 차량, 건물 등과 같이 1년을 초과하여 사용하는 자산의 취득원가에서 잔존가치를 차감한 금액을 사용기간 동안 합리적인 방법으로 나누어 비용으로 처리하는 것을 말한다.

3. 수정후시산표는 결산수정분개 후 작성하는 시산표로서 이를 바탕으로 재무제표를 작성한다.

4. 재무제표는 먼저, 손익계산서를 작성하여 당기순이익을 산출하고, 산출한 당기순이익에서 배당금을 차감한 금액을 자본의 이익잉여금에 반영하여 재무상태표를 작성한다.

5. 마감분개는 재무제표의 작성이 완료된 후 다음 기간을 위해서 수익, 비용과 같은 임시계정의 잔액을 모두 0으로 맞추는 분개이다.

6. 회계기간 중 발생한 거래를 분개하고, 이를 전기하여 원장의 각 계정 별로 잔액을 산출하며 회계기간이 종료하면 결산수정분개를 통해 수익과 비용을 추가로 인식한 뒤 재무제표를 작성하고 끝으로 마감분개를 수행하는 순서가 회계기간마다 반복된다. 이러한 일련의 과정을 회계순환과정이라고 한다.

7. 〈보론〉 마감분개의 첫 번째 단계는 모든 수익계정의 잔액을 0으로 만들기 위해 각 수익계정을 잔액만큼 차변에 기록하고, 집합손익 계정을 수익의 합계만큼 대변에 기록한다. 두 번째 단계는 모든 비용계정의 잔액을 0으로 만들기 위해 각 비용계정을 잔액만큼 대변에 기록하고, 집합손익 계정을 비용의 합계만큼 차변에 기록한다. 마지막 단계는 집합손익의 잔액을 이익잉여금 계정으로 이전하는 것으로 집합손익 계정의 잔액이 대변(차변)에 있을 경우 집합손익을 잔액만큼 차변(대변)에 기록하고 이익잉여금을 같은 금액만큼 대변(차변)에 기록한다.

O×퀴즈 아래 문장이 옳으면 o, 틀리면 ×로 답하고 틀린 곳은 올바르게 고치시오.

1. 감가상각이란 1년을 초과하여 사용하는 자산은 시간이 지날수록 사용으로 인해 가치가 하락하므로 정확하게 가치하락만큼을 측정하여 비용으로 인식하는 것이다.

2. 회계기간 중 발생한 이자비용에 대한 결산수정분개가 누락된다면 비용과 부채가 과소 계상된다.

3. 재무상태표는 수정후시산표에 나오는 자산, 부채, 자본의 모든 계정과목 잔액을 그대로 표기하여 작성한다.

4. 현금흐름표 상의 영업활동 현금흐름은 손익계산서 상의 당기순이익과 일치한다.

5. 현금흐름표 상에서 영업활동 현금흐름, 투자활동 현금흐름, 재무활동 현금흐름을 모두 더해서 양수(+)이면 회계기간 동안 현금이 증가했음을 의미하고, 음수(−)이면 현금이 감소했음을 의미한다.

6. 이익잉여금은 당기순이익이 발생하면 증가하고 당기순손실이 발생하면 감소하며 주주에 대한 배당이 결정되면 증가한다.

7. 감가상각에 대한 결산수정분개는 비용과 부채를 증가시킨다.

8. 재무제표 작성 후 자산, 부채, 자본 계정은 당기 말의 잔액이 다음 기간의 기초 잔액으로 옮겨지지만, 수익과 비용 계정은 당기 말의 잔액이 다음 기간의 기초 잔액으로 옮겨지지 않는다.

9. 자산, 부채, 자본의 각 계정은 당기 말의 잔액이 다음 기간으로 계속 이어지는 임시계정이다.

10. 자본변동표는 자본을 변동시키는 주주의 출자, 당기순이익(손실), 주주에 대한 배당을 포함한다.

11. 〈보론〉 재무제표 작성 후 마감분개를 통해 수익과 비용의 각 계정과 배당금 계정의 잔액은 0으로 맞춰진다.

12. 〈보론〉 당기순이익이 발생하고 배당이 없을 경우 마감분개를 통하여 최종적으로 총계정원장의 이익잉여금 계정은 당기순이익만큼 차변이 증가한다.

회계 용어 초성퀴즈

• 다음의 용어 설명을 보고 초성에 맞는 회계용어가 무엇인지 답하시오.

	용어 설명	용어 초성
1	재무상태표의 자본 항목으로 당기순이익 중 주주에게 배당으로 지급하지 않고 사내에 유보된 누적 금액	ㅇㅇㅇㅇㄱ
2	1년을 초과하여 사용하는 자산에 대해 취득원가에서 잔존가치를 차감한 금액을 사용기간에 걸쳐 합리적인 방법으로 비용 처리하는 절차	ㄱㄱㅅㄱ
3	회계기간 동안 기업의 영업 · 투자 · 재무 활동으로부터 유입 또는 유출된 현금 내역을 보여주는 재무 보고서	ㅎㄱㅎㄹㅍ
4	회계기간마다 기업에서 발생한 경제적 거래를 기록하고 회계기간 말에 관련 정보를 재무제표의 형태로 작성하는 반복적인 과정	ㅎㄱㅅㅎㄱㅈ
5	자산, 부채, 자본, 수익, 비용의 계정별 거래 내역과 잔액을 볼 수 있는 회계 장부	ㅊㄱㅈㅇㅈ
6	기업에서 발생한 경제적 거래를 날짜별로 기록하는 회계 장부	ㅂㄱㅈ
7	상장기업 등이 공시서류를 인터넷으로 제출하고, 투자자 등 이용자는 즉시 인터넷을 통해 조회할 수 있도록 금융감독원이 구축한 종합적 기업공시시스템	ㅈㅈㄱㅅㅅㅅㅌ
8	개성 지방의 상인들이 사용해 왔던 우리나라 고유의 복식부기법	ㅅㄱㅅㄷㅊㅂㅂ
9	회계기간 동안 발생한 자본의 변동 내역을 상세히 보여주는 재무 보고서	ㅈㅂㅂㄷㅍ
10	해당 자산의 취득시점부터 현재까지 인식한 감가상각비의 총액으로 재무상태표 상에 자산 차감으로 표시되는 계정	ㄱㄱㅅㄱㄴㄱㅇ

제3장 객관식 문제

1. (주)한국은 20×1년 12월 초 현금 ₩1,000,000을 정기예금(연 이자율 6%, 1년 만기, 이자는 만기 일시지급 조건)에 가입하고, 20×1년 말 결산 시 정기예금에 대한 이자수익을 장부에 기록하지 않았다. 이러한 기말수정분개 누락이 20×1년 말 자산과 20×1년 12월 당기순이익에 미치는 영향을 바르게 연결한 것은? 〈지방직 9급, 2023〉

	자 산	당기순이익
①	₩5,000 과소계상	₩5,000 과소계상
②	₩5,000 과대계상	₩5,000 과대계상
③	₩60,000 과소계상	₩60,000 과소계상
④	₩60,000 과소계상	₩60,000 과대계상

2. (주)한국은 보험료 지급 시 전액을 자산으로 회계처리하여 20×1년 재무상태표상 기초와 기말 선급보험료는 각각 ₩200,000과 ₩310,000이다. 20×1년 중 보험료를 지급하면서 자산으로 회계처리한 금액이 ₩1,030,000이라면, 20×1년 포괄손익계산서상 보험료 비용은? 〈국가직 9급, 2022〉

① ₩520,000　② ₩920,000
③ ₩1,030,000　④ ₩1,140,000

3. 다음 수정분개를 반영하지 못할 경우 재무상태와 손익에 미치는 영향으로 올바른 것은? (법인세 효과는 없는 것으로 가정) 〈지방직 9급, 2021 수정〉

• 종업원급여 미지급액	₩20,000
• 선급보험료 중 경과하여 실현된 금액	₩20,000
• 소모품 중 사용된 부분	₩20,000
• 차입금 이자 미지급액	₩20,000

① 당기순이익 ₩60,000 과소 계상　② 비용은 ₩80,000 과대 계상
③ 부채는 ₩40,000 과소 계상　④ 자산은 ₩20,000 과대 계상

4. (주)한국의 다음 기말 조정사항에 대한 수정분개가 당기순이익에 미치는 영향(증가 또는 감소)이 나머지 셋과 다른 것은? 〈국가직 9급, 2020 수정〉

① 당기 12월 2일에 1년 만기 정기예금에 가입하였으나 결산일까지 이자 수령일이 도래하지 않아 이자 ₩10,000 관련 회계처리는 하지 않았다.

② 비품에 대한 당기 감가상각비 ₩30,000을 회계처리 하지 않았다.

③ 당기 12월 1일에 소모품을 ₩50,000에 현금으로 구입하고 자산으로 인식하였다. 기말 결산일에 미사용 소모품 ₩20,000이 남아 있음을 확인하였다.

④ 당기 12월 1일에 은행으로부터 현금을 차입하였으나 결산일까지 이자 지급일이 도래하지 않아 이자 ₩30,000 관련 회계처리는 하지 않았다.

5. (주)한국의 20×1년 말 소모품 관련 총계정원장은 다음과 같다.

현 금			
		12.1	₩100,000

소모품			
12.1	₩100,000	12.31	₩80,000

소모품비			
12.31	₩80,000		

(주)한국의 20×1년 회계처리에 관한 설명으로 옳지 않은 것은? 〈국가직 9급, 2023 수정〉

① 소모품과 관련하여 비용으로 인식한 금액은 ₩80,000이다.

② 소모품 관련 수정분개는 '(차)소모품비 ₩80,000 (대)소모품 ₩80,000'이다.

③ 기말 소모품 잔액은 ₩80,000이다.

④ 12월 1일 소모품 구입 시 지출한 현금 ₩100,000을 전액 자산으로 처리하였다.

제3장 주관식 문제

1. 다음은 4월 초에 설립된 (주)안심경비의 4월 말 시산표이다.

시산표

20×1년 4월 30일

(주)안심경비 (단위: 원)

차 변	계정과목	대 변
65,080,000	현 금	
300,000	소모품	
6,000,000	비 품	
	단기차입금	20,000,000
	자본금	50,000,000
	용역수익	7,500,000
5,000,000	급 여	
1,000,000	임차료	
120,000	수도광열비	
77,500,000	합 계	77,500,000

1) 4월 말 결산수정분개를 위한 추가정보는 아래와 같다. 필요한 결산수정분개를 하시오.

- 600만원에 구입한 비품의 내용연수는 5년이고, 잔존가치는 0이다.
- 4월 중 30만원에 구입한 소모품은 4월 말 현재의 절반 정도가 남아있다.
- 4월 초 차입한 2,000만원은 매달 초 이자지급 조건(연 이자율은 6%)이고, 첫 이자는 5월 1일이다.

2) 4월 말의 수정후시산표를 작성하시오.

3) 손익계산서, 재무상태표, 자본변동표, 현금흐름표를 각각 작성하시오.

2. 다음은 4월 초에 설립된 (주)스타자동차클리닝의 4월 말 시산표이다.

시산표

20×1년 4월 30일

(주)스타자동차클리닝 (단위: 원)

차 변	계정과목	대 변
28,600,000	현 금	
700,000	소모품	
18,500,000	차량운반구	
15,000,000	기계장치	
9,000,000	비 품	
	미지급금	15,000,000
	단기차입금	5,000,000
	자본금	50,000,000
	용역수익	7,000,000
4,000,000	급 여	
1,000,000	임차료	
200,000	유류비	
77,000,000	합 계	77,000,000

1) 4월 말 결산수정분개를 위한 추가정보는 아래와 같다. 필요한 결산수정분개를 하시오.
   - 자동차, 기계장치, 비품의 취득원가는 각각 1,850만원, 1,500만원, 900만원이고, 내용연수는 모두 5년, 잔존가치는 자동차만 50만원이고 나머지는 0이다.
   - 4월 초 차입한 500만원은 매달 초 이자지급 조건(연 이자율은 6%)이고, 첫 이자는 5월 1일이다.
   - 4월 말 현재 소모품은 10만원 정도가 남아있다.

2) 4월 말의 수정후시산표를 작성하시오.

3) 손익계산서, 재무상태표, 자본변동표, 현금흐름표를 각각 작성하시오.

3. 제2~3장에서는 (주)클린업의 4월 거래를 분개하고 재무제표를 작성하였다. 다음은 (주)클린업이 그다음 달인 5월 말에 작성한 시산표이다.

시산표 20×1년 5월 31일 (주)클린업 (단위: 원)		
차 변	계정과목	대 변
34,050,000	현 금	
200,000	소모품	
6,000,000	기계장치	
	기계장치감가상각누계액	100,000
3,000,000	비 품	
	비품감가상각누계액	50,000
	단기차입금	10,000,000
	자본금	30,000,000
	이익잉여금	650,000
	용역수익	12,000,000
300,000	복리후생비	
100,000	접대비	
8,000,000	급 여	
1,000,000	임차료	
150,000	수도광열비	
52,800,000	합 계	52,800,000

1) 5월 말의 결산수정분개를 위한 추가정보는 아래와 같다. 필요한 수정분개를 하시오.
   - 기계장치와 비품의 감가상각과 차입금의 이자에 관한 내용은 본문의 4월과 동일함.
   - 5월 말 현재 소모품의 절반 정도가 남아있다.

2) 5월 말의 수정후시산표를 작성하시오.

3) 손익계산서와 재무상태표를 각각 작성하시오.

4. 다음은 4월 초에 설립된 주식회사가 아닌 개인기업인 베스트클리닝의 4월 말 시산표이다.

시산표

20×1년 4월 30일

베스트클리닝 (단위: 원)

차 변	계정과목	대 변
15,620,000	현 금	
500,000	소모품	
20,000,000	기계장치	
	단기차입금	5,000,000
	자본금	30,000,000
1,000,000	인출금	
	서비스수익	4,000,000
480,000	광고선전비	
1,000,000	임차료	
400,000	수도광열비	
39,000,000	합 계	39,000,000

1) 4월 말 결산수정분개를 위한 추가정보는 아래와 같다. 필요한 수정분개를 하시오.
   - 총 2천만원에 구입한 기계장치의 내용연수는 5년이고, 잔존가치는 20만원이다.
   - 4월 초 차입한 500만원은 매달 초 이자지급 조건(연 이자율은 4.8%)이고, 첫 이자는 5월 1일이다.
   - 4월 말 현재 소모품은 10만원 정도가 남아있다.

2) 4월 말의 수정후시산표를 작성하시오.

3) 손익계산서와 재무상태표를 각각 작성하시오(개인기업의 경우 법인기업과는 달리 당기순이익(손실)은 자본금을 증가(감소)시키고, 인출금은 자본금을 감소시킴).

5. 다음은 (주)남대문의 20×1년 6월 30일 현재 주요 계정의 잔액이다.

현　금	₩8,200,000
소모품	65,000
기계장치감가상각누계액	400,000
장기차입금	1,000,000
미지급이자	50,000

(주)남대문의 수정분개를 위한 추가 자료는 다음과 같다.

① 6월 한 달 동안 소비한 소모품은 23,000원이다.

② 기계장치에 대한 감가상각비는 월 10,000원이다.

③ 위의 장기차입금은 20×1년 1월 2일 연이자율 12%로 은행으로부터 차입하였다. 이자는 매년 초 현금으로 지급한다.

1) 위의 정보를 이용하여 20×1년 6월 30일에 필요한 수정분개를 하시오(매월 말 결산).

2) 수정분개 후 현금, 소모품, 기계장치감가상각누계액, 장기차입금, 미지급이자의 잔액을 구하시오.

6. 다음은 컴퓨터 수리업체인 (주)컴퓨터119의 20×1년 12월 31일 수정후시산표이다. 아래 물음에 답하시오(법인세비용은 없는 것으로 가정).

수정후시산표

20×1년 12월 31일

(주)컴퓨터119　　(단위: 천원)

계정과목	차　변	대　변
현　금	88,000	
비　품	214,000	
비품감가상각누계액		30,000
미지급이자		2,000
장기차입금		100,000
자본금		148,000
이익잉여금(20×1.12.1.)		7,000

용역매출(수익)		282,200
급 여	121,000	
임차료	90,000	
보험료	7,000	
수도광열비	6,000	
광고선전비	24,000	
감가상각비	5,000	
이자비용	5,200	
여비교통비	9,000	
합 계	569,200	569,200

1) 20×1년 12월의 손익계산서를 작성하시오(20×1년 12월 1일~12월 31일).

2) 20×1년 12월 말 재무상태표를 작성하시오.

7. (주)강동기업의 수정분개 전 당기순이익은 124,000,000원이다. 수정분개 전과 후의 계정잔액은 다음과 같다. 수정분개 후 당기순이익은 얼마인가?

	수정분개 전	수정분개 후
미지급급여	0	1,000,000
비품감가상각누계액	4,000,000	4,400,000
미지급이자	200,000	250,000
소모품	300,000	100,000

8. 다음은 (주)영재교육의 20×1년 6월 말 결산수정분개 후 총계정원장에 나타난 계정별 잔액이다. 아래 물음에 답하시오.

(단위: 백만원)

계정과목	잔 액	계정과목	잔 액
자본금	900	수강료수익	13,000
현 금	?	비품감가상각비	300
임차료	1,600	단기차입금	800
급 여	1,800	비품감가상각누계액	300
지급수수료	850	강사용역비	7,580
이익잉여금(20×1.6.1.)	500	비 품	3,000

1) 수정후시산표를 작성하고, 현금 잔액을 산출하시오.
2) 손익계산서를 작성하시오.
3) 재무상태표를 작성하시오.

9. 다음은 20×1년 강승엽 씨가 창업한 실내 스크린야구장에 관한 내용이다. 아래 물음에 답하시오.

최근 프로야구에서 은퇴한 강승엽 씨는 실내 스크린야구장의 개업을 희망하고 있다. 마침 비슷한 시기에 함께 은퇴한 박호준, 이재상 씨와 함께 스크린야구의 인기에 대해 서로 공감하였고 급기야 함께 창업을 하는데 동의하였다.

4월 1일	강승엽 씨는 그동안 모아온 사업자금 1억원을, 박호준, 이재상 씨는 각각 5천만원을 회사통장을 개설하여 납입하였다.
4월 2일	법무사를 통하여 '홈런스크린야구'라는 상호로 주식회사 설립 등기신청을 의뢰하였고, 법무사수수료로 50만원, 등록세, 교육세 등 공과금으로 130만원을 현금으로 지불하였다. 창업한 '홈런스크린야구'의 대표이사는 강승엽 씨로 정했고 스크린야구장의 실질적인 운영을 맡았다.
4월 3일	강승엽 씨는 추가 자금 조달을 위해 주거래은행에서 연 6% 이자율에 3년 만기로 4,000만원을 차입하였다(이자는 매 분기 말에 지급). 또한 같은 날 미리 봐 두었던 건물의 임차를 위해 임차보증금으로 4,000만원을 건물소유주에게 지급하였다.
4월 4일	강승엽 씨는 스크린야구 기계 공급업체와 기계 2대를 1억 3,200만원에 구입하는 계약을 체결하였다.
4월 30일	스크린야구장 내에 설치할 냉난방기, 냉장고 등 비품을 현금 1,300만원에 취득하였고, 스크린야구장의 실내장식과 내부 장치(모두 '시설장치'로 처리)를 위한 공사를 완료한 후 인테리어 업체에 2,100만원을 현금으로 지급하였다. 개업에 맞추어 강승엽 씨는 스크린야구장의 광고를 위하여 광고전단의 제작과 배부를 의뢰하였고, 그 비용으로 현금 50만원을 지불하였다. 스크린야구장의 예약과 정리, 회계를 맡을 여사원으로는 인터넷 채용사이트를 통하여 직장경험이 있는 김새별 양을 채용하였다.
4월 30일	스크린야구 기계가 설치 완료되어 현금 1억 3,200만원을 지불하였다.

야구배트, 헬멧 등(모두 '기구'로 처리)의 구입에 현금 600만원을 지급하였고, 소모품으로 사용될 야구공, 장갑, 종이컵 등은 한 달 예상 사용분을 들여왔고 이에 대한 구입비 30만원을 현금으로 지급하였다. 마지막으로 4월 임차료 200만원을 현금으로 지급하였다.

5월 1일 드디어 개업일이다. 낮 시간에는 주로 인근 중학교와 고교생들이 주로 왔고, 퇴근 시간 이후는 근처 회사에 근무하던 회사원들이 방문하였다.

5월 30일 영업은 예상대로 순조롭게 진행되었고, 5월 말이 가까워지자 강승엽 씨는 다음 달에 사용할 야구공, 장갑 등 소모품 40만원어치를 5월 30일에 추가로 주문하고 대금은 현금으로 지급하였다(5월 소모품은 거의 다 소진됨).

5월 31일 영업종료 후 강승엽 씨는 혼자 남아 5월 한 달간의 수익과 비용을 결산해 보았다. 5월의 총수익(매출수익)은 1,200만원이었고, 모두 현금으로 회수하였다. 비용으로는 5월의 임차료로 200만원을 현금으로 지급했고, 여사원 급여 100만원, 대표이사 강승엽 씨의 급여 300만원, 전기 및 수도 요금 30만원을 현금으로 지급하였다.

강승엽 씨는 5월 순이익이 전체 수익 1,200만원에서 임차료 200만원, 총급여 400만원, 공과금 30만원을 뺀 570만원으로 판단하고 흐뭇한 기분으로 집으로 돌아왔다. 그러나 다음 날 회계결산의 경험이 있는 여사원과의 대화 도중 자신의 계산이 잘못되었음을 깨달았다. 여사원은 강승엽 씨에게 스크린야구 기계 등의 내용연수와 잔존가치를 물었고, 그 결과 기계장치, 비품, 시설장치, 기구의 5월 감가상각비가 각각 200만원, 11만원, 17만원, 25만원임을 알게 되었다.

1) 4월에 발생한 거래를 모두 분개하시오.
2) 4월 말에 필요한 결산수정분개를 하고, 4월 말의 수정후시산표를 작성하시오.
3) 4월 손익계산서를 작성하시오(단, 법인세비용은 생략할 것).
4) 4월 말 기준 (주)홈런스크린야구의 재무상태표를 작성하시오.
5) 5월에 발생한 거래를 모두 분개하시오.
6) 5월 말에 필요한 결산수정분개를 하고, 5월 말의 수정후시산표를 작성하시오.
7) 5월 손익계산서를 작성하시오(단, 법인세비용은 생략할 것).
8) 5월 말 기준 (주)홈런스크린야구의 재무상태표를 작성하시오.

실제 기업 사례 문제

1. 비상장 외감대상기업의 재무제표는 전자공시시스템(dart.fss.or.kr)에서 회사명을 입력한 후 '외부감사관련'의 '감사보고서'를 선택하고, 검색하면 열람할 수 있다. 전자공시시스템에서 K-IFRS를 채택하는 (주)케이티텔레캅의 2022년 감사보고서를 검색하여 다음과 같은 손익계산서를 찾은 후 아래 물음에 답하시오.

제 17(당) 기　2022년 1월 1일부터 2022년 12월 31일까지
제 16(전) 기　2021년 1월 1일부터 2021년 12월 31일까지

케이티텔레캅 주식회사　(단위: 백만원)

과　목	제 17 기		제 16 기	
Ⅰ. 영업수익		516,434		511,001
Ⅱ. 영업비용		(502,924)		(503,761)
Ⅲ. 영업이익		13,510		7,240
Ⅳ. 영업외손익		(6,424)		(2,077)
금융수익	3,789		4,062	
금융비용	(8,297)		(6,925)	
기타영업외수익	971		4,455	
기타영업외비용	(2,887)		(3,669)	
Ⅴ. 법인세비용차감전순이익		7,086		5,163
Ⅵ. 법인세비용		(2,819)		(1,178)
Ⅶ. 당기순이익		4,267		3,985

1) (주)케이티텔레캅 재무제표 주석을 참조하여 (주)케이티텔레캅의 영업수익이 구체적으로 무엇으로 구성되어 있는지 답하시오.

2) (주)케이티텔레캅 재무제표 주석을 참조하여 (주)케이티텔레캅의 영업비용 중 가장 비중이 큰 항목 5개는 무엇이고, 2021년도와 비교할 때 영업비용 중 금액

이 가장 크게 증가한 항목 5개는 무엇인가?

3) (주)케이티텔레캅 재무제표 주석을 참조하여 (주)케이티텔레캅의 금융수익과 금융비용이 구체적으로 무엇으로 구성되어 있는지 답하시오.

4) (주)케이티텔레캅 재무제표 주석을 참조하여 (주)케이티텔레캅의 기타영업외수익과 기타영업외비용이 구체적으로 무엇으로 구성되어 있는지 답하시오.

5) (주)케이티텔레캅 재무제표 주석에서 (주)케이티텔레캅의 주식을 가장 많이 보유하고 있는 최대주주는 누구이고, 보통주의 지분율은 얼마인지를 찾아 답하시오.

2. 상장기업의 재무제표는 전자공시시스템(dart.fss.or.kr)에서 회사명을 입력한 후 '정기공시'의 '사업보고서'를 선택하고, 검색하면 열람할 수 있다. 전자공시시스템에서 상장기업 (주)NICE평가정보의 2022년 사업보고서를 검색하여 다음과 같은 손익계산서를 찾은 후 아래 물음에 답하시오.

제 39 기 2022년 1월 1일부터 2022년 12월 31일까지
제 38 기 2021년 1월 1일부터 2021년 12월 31일까지

나이스평가정보주식회사 (단위: 백만원)

과 목	제 39 기	제 38 기
영업수익	415,024	422,968
영업비용	343,369	351,477
종업원급여비용	101,524	96,175
감가상각비	18,721	16,810
지급수수료	145,853	160,773
외주용역비	34,975	36,180
광고선전비	20,328	22,380
기타영업비용	21,968	19,158
영업이익(손실)	71,655	71,491
금융수익	2,826	1,413
금융비용	573	454
기타영업외수익	3,393	1,819
기타영업외비용	2,450	2,276

과 목	제 39 기	제 38 기
법인세비용차감전순이익	74,851	71,994
법인세비용	21,736	19,392
당기순이익(손실)	53,115	52,601

1) 2022년 영업이익이 영업수익에서 차지하는 비율을 계산하여 전년보다 몇 퍼센트(%) 포인트 증가하였고, 이는 몇 퍼센트 증가한 것인가?
2) 2022년 영업이익이 전년보다 증가한 이유는 무엇인가?
3) 2022년 영업비용이 전년보다 감소한 가장 큰 이유는 무엇인가?
4) 2022년 기타영업비용 중 가장 금액이 큰 항목은 무엇인지 재무제표 주석을 참조하여 답하시오.
5) 2022년 금융수익과 금융비용은 구체적으로 무엇으로 구성되어 있는지 재무제표 주석을 참조하여 답하시오.
6) 2022년 기타영업외수익과 기타영업외비용이 전년보다 증가한 이유는 각각 무엇인지 재무제표 주석을 참조하여 답하시오.

제4장

상품매매기업의 회계

(주)현대자동차 – 한국 최초의 고유 모델, 포니

1940년 '아도서비스'라는 자동차 정비공장으로 본격적인 사업을 시작한 정주영은 자동차의 국내 생산을 위해 1967년 말 현대자동차를 설립하였다. 미국 Ford사와 기술 제휴계약을 체결하고, 밤낮없이 공장 건설에 매진하여 1968년 11월 드디어 첫 차인 코티나를 생산하기 시작하였다. 그러나 태풍에 의한 홍수 피해와 자동차의 품질 문제 등으로 어려움을 겪었고, 기술이전에 소극적인 Ford사와의 제휴도 결렬되었다.

정주영의 동생 정세영의 주도로 현대자동차는 당시 모두가 불가능하다는 독자적인 모델의 개발에 착수하였다. 영국의 자동차회사에서 부사장을 지낸 조지 턴블을 기술책임자로 영입하고, 이탈리아 이탈디자인사의 젊은 디자이너 주지아로에게 신규 모델(포니)의 디자인을 의뢰하였다. 엔진과 변속기 제작을 위해 일본 미쓰비시와 기술협조계약을 체결하였고, 미쯔비시로 연수를 떠나기 전부터 일본어로 된 기술서적을 외우다시피하여 파견된 직원들은 밤잠을 설쳐가며 기술을 배우는 열정을 보여주었다.

전 국민 공모를 통하여 신차 이름을 포니(pony, 조랑말)로 결정하고, 1974년 이탈리아 토리노에서 열린 국제자동차박람회에 포니를 출품하였다. 결과는 대성공, 신선한 디자인으로 크게 주목을 받았고 현지 언론도 한국이 자동차공업국의 대열에 진입했다고 보도하였다. 약 1년간의 까다로운 테스트를 성공적으로 마치고, 1976년 1월에 드디어 포니의 생산을 개시하였다. 포니는 멋진 디자인으로 생산 첫해 국내 시장점유율 1위(43%)를 달성하였고, 처음으로 에콰도르에 6대를 수출하는 쾌거를 이루었다.[1] 당시 미쓰비시와 기술제휴로 생산하던 엔진은 1991년 국산화를 이루어냈고, 지금은 미쓰비시가 현대가 개발한 엔진을 구입할 정도로 기술력이 크게 발전하였다.

1984년부터 캐나다로의 포니 수출에 성공한 현대자동차는 1986년부터는 자동차의 본고장인 미국으로 '엑셀'의 수출을 개시하여 첫해 18만 6천대, 1987년 26만대를 판매하는 놀랄만한 성과를 이룩하였다. 현대자동차는 1998년 법정관리에 있던 기아자동차를 인수하였는데 이는 1997년 외환위기 이후 산업 분야에서의 가장 성공적인 M&A로 거론되고 있다.[2]

현대·기아자동차는 2022년 총 680만5천대를 판매하여 글로벌 완성차 시장에서 판매 순위 3위를 달리고 있다.[3] 현대자동차는 포니를 생산하기 시작한 1976년 이후 2022년까지 총 1억 1,610만대의 자동차를 생산했는데, 이 중 42.2%인 4,888만대를 국내시장에, 나머지 57.8%인 6,705만대를 해외시장에 판매하였다.[4]

참고문헌: 이 땅에 태어나서(정주영, 1998 솔), 영원한 도전자 정주영(허영섭, 2015, 나남), 미래는 만드는 것이다(정세영, 2000, 행림출판)

---

1) 김상수 기자, "〔책갈피 속의 오늘〕 1976년 포니 첫 수출" 동아일보, 2007년 7월 26일; 정준호 기자, '현대차, 포니 6대로 시작한 수출… 40년 만에 2,363만대' 한국일보, 2016년 11월 1일.
2) 박용범, 최승진, 강두순 기자, "역대 최고 M&A는 현대차 기아차인수" 매일경제신문, 2012년 4월 23일.
3) 김보경 기자, "현대차그룹 완성차 '빅3' 됐다…작년 글로벌 판매 첫 3위," 연합뉴스, 2023년 3월 15일.
4) 2022년 현대자동차 사업보고서 II. 사업의 내용.

제2장과 제3장은 청소서비스를 제공하는 (주)클린업을 대상으로 거래의 분개에서 재무제표 작성까지의 과정을 살펴보았다. 본 장에서는 제조업체로부터 완성품을 매입하여 고객(개인 또는 다른 기업)에게 되파는 것을 주된 영업으로 하는 상품매매기업을 다룬다. 상품매매기업의 회계는 서비스를 제공하는 기업과는 달리 제조업체로부터 완성품을 매입하는 거래와 매입한 완성품을 고객에게 판매하는 거래에 대한 회계처리가 필요하다.

4.1 상품의 기록

기업이 판매할 목적으로 다른 기업으로부터 구입하는 완성품을 회계에서는 **상품**(merchandise)이라고 한다.[5] 상품의 회계처리에서 중요한 점은 상품을 구입하는 시점에는 자산으로 기록하고, 상품이 판매되면 상품을 제거하고 **매출원가**(cost of goods sold)라는 비용으로 처리한다는 점이다.

예를 들면, 이번 달 초에 상품 100개를 개당 1만원에 구입을 하였다면, 우선 상품 100만원(= 100개×10,000원)을 자산으로 기록한다. 그리고 이번 달 말까지 80개가 팔렸다면 팔린 상품 80만원(= 80개×10,000원)을 제거하면서 손익계산서 상에 비용으로 80만원의 매출원가를 인식하며, 팔리지 않은 상품 20만원(= 20개×10,000원)은 재무상태표 상에 상품이라는 자산으로 표기한다.

여기서 기업이 매출원가를 정확하게 계산하기 위해서는 회계기간 중 구입한 상품의 수량과 단가, 그리고 판매된 상품의 수량을 파악해야 한다. 대부분

5) 기업이 스스로 사용할 목적으로 구입한 완성품은 1년 이내 소모되는 물품이면 소모품 또는 사무용품으로, 1년 넘게 사용하는 물품이면 비품, 차량운반구, 기계장치, 기구 등으로 기록된다.

의 기업들이 상품을 구입하고 판매하는 시점에 들어오고 나가는 상품의 수량을 바코드와 스캐너 등을 이용하여 계속 기록한다. 회계에서는 상품의 매입과 매출이 발생할 때마다 시간순으로 상품의 수량과 단가를 계속 기록하여 판매된 상품의 수량, 기말에 남아있는 수량을 결정하는 방법을 **계속기록법**(perpetual inventory system)이라고 한다.[6)]

아래에서는 제약회사로부터 각종 의약품을 구입하여 병원 또는 약국에 판매하는 의약품 도매기업인 (주)헬스팜의 4월 상품 거래내역을 토대로 상품 거래의 분개를 살펴보기로 한다.

4월 5일	(주)헬스팜은 독감백신A 450개를 제조업체 K제약으로부터 개당 10,000원에 외상으로 구입함.
4월 10일	S병원에 독감백신A 400개를 개당 15,000원에 외상 판매함.
4월 15일	독감백신A 550개를 K제약으로부터 개당 10,000원에 외상으로 구입함.
4월 28일	A병원에 독감백신A 500개를 개당 15,000원에 외상 판매함.

4.2 상품 거래의 분개

(주)헬스팜은 4월 5일 제약회사로부터 외상으로 독감백신A 450개를 개당 10,000원에 구입하였다. 회사와 회사 간의 거래는 흔히 외상으로 이루어지는 경우가 많다. 상품매매기업의 입장에서는 상품을 외상으로 구입하였다가 고객에게 팔아서 획득한 현금으로 제조업체에게 지불할 수 있다는 장점이 있다. 제

6) 상품의 수량파악이 불가능하거나 고비용 등의 문제로 계속기록법을 사용하지 않는 경우는 **실지재고조사법**(periodic inventory system)을 사용한다. 실지재고조사법은 상품의 구입 시에만 수량과 단가를 기록하고, 회계기간 말에 남아있는 상품의 수량은 실사를 통하여 파악하며, 회계기간 중 팔린 상품의 수량은 기초수량에 당기 매입수량을 더한 후 남아있는 수량을 차감하여 산출한다. 실지재고조사법에 따른 분개는 제4장 〈보론〉에서 다룬다.

약회사도 외상거래로 현금을 바로 받지는 못하지만 현금거래보다 더 많은 물건을 팔아 매출수익을 늘릴 수 있다는 장점이 있다. 일반적으로 회사 간의 외상매입은 보통 상품 구매 후 30일~90일이 지나서 현금으로 결제된다.

4월 5일의 상품 외상구매를 분개하면 자산인 상품의 증가는 차변에, 외상구매로 앞으로 지불해야 할 의무가 발생하므로 이에 대한 부채 계정인 **매입채무**(accounts payable)의 증가는 대변에 기록한다. 만약, 현금을 지불하고 구입한다면 현금의 감소이므로 현금 450만원(= 450개 × 10,000원)을 대변에 기록할 것이다.

4월 15일의 상품 외상구매도 아래와 같이 동일하게 분개하며 상품과 매입채무는 550만원(= 550개 × 10,000원)으로 기록한다. 또한 (주)헬스팜은 분개 시에 상품의 종류와 수량 및 단가, 그리고 매입채무에 대한 사후 관리를 위해 거래처와 지급만기에 관한 정보를 별도로 회계전산시스템에 입력한다.

날 짜	차 변		대 변	
4월 5일	상 품	4,500,000	매입채무	4,500,000
4월 15일	상 품	5,500,000	매입채무	5,500,000

(주)헬스팜은 4월 10일 S병원에게 독감백신A 400개를 개당 15,000원에 외상으로 판매하였다. 우선, 판매에 대한 회계처리는 판매로 인한 **매출수익**(sales)과 판매한 상품에 대한 매출원가(cost of goods sold)를 각각 별도로 분개하는 방법을 사용한다. S병원에 대한 판매로 (주)헬스팜은 매출수익이 600만원(= 400개 × 15,000원) 발생하고, 앞으로 현금 600만원을 수취할 권리를 획득하였다.

회계에서는 주된 영업활동에서 외상매출로 인해 장래 현금을 수취할 권리를 **매출채권**(accounts receivable)이라고 부르며 자산에 해당한다. 따라서 외상판매 거래는 매출채권이라는 자산의 증가와 매출이라는 수익의 발생, 즉 자본의 증가에 해당한다. 이를 분개하면 아래와 같이 자산인 매출채권은 차변에, 매출(수익)은 대변에 기록한다.[7]

---

7) 판매에 대한 분개의 경우 매출수익 600만원에서 매출원가 400만원을 차감하면 매출로 인한

날 짜	차 변		대 변	
4월 10일	매출채권	6,000,000	매출(수익)	6,000,000
	매출원가	4,000,000	상 품	4,000,000
4월 28일	매출채권	7,500,000	매출(수익)	7,500,000
	매출원가	5,000,000	상 품	5,000,000

한편, 판매한 독감백신A는 개당 10,000원에 구입하였으므로 매출원가는 400만원(= 400개×10,000원)이다. 매출원가에 대한 분개는 매출원가는 비용에 해당하고 비용은 자본의 감소이므로 차변에 매출원가 400만원으로, 판매된 상품은 보유하던 자산의 감소이므로 대변에 상품 400만원으로 기록한다.

4월 28일의 상품 외상판매도 동일한 방법으로 분개하며 매출과 매출채권은 750만원(= 500개×15,000원), 매출원가와 상품은 500만원(= 500개×10,000원)으로 기록한다. 판매할 때마다 매출원가를 계산하여 함께 분개하는 것은 현실적으로 어려운 일이다.[8] 따라서 판매시점에는 매출에 대한 분개만 하고 상품에 대한 출고 정보는 별도로 기록해 두었다가 회계기간 말에 회계기간 중 판매된 상품에 대한 매출원가를 일괄적으로 한 번에 분개하는 방법이 많이 사용된다.

앞서 소개한 계속기록법은 상품의 매입(입고) 시 매입수량과 매입단가, 그리고 상품의 판매(출고) 시 판매수량과 판매단가에 대한 정보를 계속적으로 기록한다. 이러한 날짜별 상품의 매입과 판매에 대한 장부를 **상품수불부**(stock ledger)라고 하는데 계속기록법을 사용하여 (주)헬스팜의 상품수불부를 작성한

이익은 200만원이다. 따라서 분개를 (차변) 매출채권 600만원, (대변) 상품 400만원, (대변) 매출이익 200만원으로 하는 방법도 고려해 볼 수 있다. 그러나 현행 회계기준은 매출수익과 매출원가를 각각 총액으로 표기하는 방법을 사용한다. 왜냐하면 총액으로 수익과 비용을 별도로 분개하면 투자자에게 전체 매출규모와 매출원가가 매출수익에서 차지하는 비율에 대한 정보도 함께 제공할 수 있기 때문이다.

8) 기업이 ERP(Enterprise Resource Planning, 전사적 자원관리)와 같이 재고관리, 생산관리, 인사관리, 회계 등을 통합한 전산시스템을 도입하여 사용하고 있다면 매출 발생과 동시에 판매된 상품에 대한 매출원가의 산출이 가능하므로 판매시점에 매출원가에 대한 분개가 가능하다.

표 4.1 상품수불부–독감백신A

날짜	적 요	입 고			출 고			재고수량
		수 량	매입단가	금 액	수 량	판매단가	금 액	
4.1	기초재고	0		0				0
4.10	매 입	450	10,000	4,500,000				450
4.15	매출–S병원				400	15,000	6,000,000	50
4.20	매 입	550	10,000	5,500,000				600
4.25	매출–A병원				500	15,000	7,500,000	100
	합 계	1,000		10,000,000	900		13,500,000	

예는 〈표 4.1〉과 같다.

계속기록법에 의해 〈표 4.1〉과 같은 상품수불부가 작성된다면 회계기간 중 팔린 수량은 총 900개, 이에 대한 매출원가는 900만원(= 900개×10,000원)임을 알 수 있고, 이를 회계기간 말에 한 번에 분개할 수 있다. 〈표 4.1〉의 마지막 행에서 회계기간 중 총입고수량은 1,000개이고, 총출고수량은 900개이므로 4월 말에 남아 있는 재고수량은 100개이다.

계속기록법을 사용하면 기중 어느 때나 상품수불부를 통하여 상품의 종류별 재고수량을 쉽게 파악할 수 있다. 그 결과 상품의 추가 매입이 필요한 때를 알 수 있게 되고, 적정 재고수량을 유지할 수 있다는 장점이 있다.

한편, 〈표 4.1〉의 상품수불부 상의 재고수량은 장부상 수량일 뿐 도난, 파손, 실수 등으로 (주)헬스팜이 4월 말에 실제로 100개의 상품을 보유하고 있다는 보장은 없다. 이에 대한 확인을 위해 상품매매기업은 정기적으로 상품 재고수량에 대한 실사를 수행하고, 만약 장부상의 수량과 일치하지 않는다면 그 차이만큼 상품을 줄이고 **재고자산감모손실**(loss from inventory shrinkage)이라는 비용을 추가로 인식한다.[9)]

9) 만약 (주)헬스팜이 실사한 결과 기말 재고수량이 98개라면, 다음과 같이 분개한다. (차변) 재고자산감모손실 2만원, (대변) 상품 2만원(= 2개×1만원)

4.3 상품매매기업의 회계순환 사례

지금까지 상품매매기업의 상품 매입과 매출에 관한 회계처리에 대해 설명하였다. 아래에서는 의약품 도매업체인 (주)헬스팜의 4월 거래를 분개하고, 결산수정분개를 거쳐 재무제표를 작성해 보도록 한다. 계속기록법으로 상품의 회계처리를 하는 (주)헬스팜의 4월 거래내역은 아래와 같다.

4월 1일	주주 강인호 씨는 (주)헬스팜이라는 회사명으로 의약품 유통기업의 주식회사 설립등기를 완료하고, 은행에서 회사통장을 개설한 후 그 계좌에 3,000만원을 입금함.
4월 2일	사무실 임차를 위해 보증금 2,000만원(임차기간 2년)과 4월 임차료 100만원을 현금으로 지급하고, 화재보험료로 1년 치 48만원을 현금으로 지급함.
4월 3일	책상, 의자 등 비품 600만원을 구입하고 한 달 후에 지급하기로 함. 비품은 5년간 사용할 예정이며 사용 후 폐기할 예정임.
4월 4일	자금을 추가로 조달하기 위해 은행에서 현금 1,000만원을 1년 만기, 연이자율 6%, 매달 초 이자지급의 조건으로 차입함.
4월 5일	독감백신A 450개를 K제약으로부터 개당 10,000원에 한 달 후 지급하는 조건으로 외상 구입함.
4월 10일	S병원에 독감백신A 400개를 개당 15,000원에 한 달 후 지급받는 조건으로 외상 판매함.
4월 15일	독감백신A 550개를 K제약으로부터 개당 10,000원에 한 달 후 지급하는 조건으로 외상 구입함.
4월 28일	A병원에 독감백신A 500개를 개당 15,000원에 한 달 후 지급받는 조건으로 외상 판매함.
4월 29일	4월 급여 350만원과 4월 전력비 10만원을 현금으로 지급함.

1) 거래의 분개

위의 거래에 대한 날짜별 분개는 〈표 4.2〉와 같다.

표 4.2 (주)헬스팜의 4월 거래 분개

날짜	차변		대변	
4월 1일	현 금	30,000,000	자본금	30,000,000
4월 2일	임차보증금 임차료	20,000,000 1,000,000	현 금	21,000,000
4월 2일	선급보험료	480,000	현 금	480,000
4월 3일	비 품	6,000,000	미지급금	6,000,000
4월 4일	현 금	10,000,000	단기차입금	10,000,000
4월 5일	상 품	4,500,000	매입채무	4,500,000
4월 10일	매출채권 매출원가	6,000,000 4,000,000	매 출 상 품	6,000,000 4,000,000
4월 15일	상 품	5,500,000	매입채무	5,500,000
4월 28일	매출채권 매출원가	7,500,000 5,000,000	매 출 상 품	7,500,000 5,000,000
4월 29일	급 여 전력비	3,500,000 100,000	현 금	3,600,000

4월 2일 사무실 임차를 위해 지급한 보증금 2,000만원은 임차기간 만료 시 사무실의 소유주로부터 되돌려 받는 금액이므로 자산에 해당한다. 따라서 2,000만원은 자산인 **임차보증금**(leasehold deposit paid) 계정에 차변으로 기록하고, 월임차료 100만원은 비용인 임차료 계정으로 차변에 분개한다.

또한 4월 2일 지불한 화재보험료 48만원은 4월 한 달 치 보험료가 아니라 1년 치를 미리 지급한 것이다. 따라서 만약 이를 (차변) 보험료 48만원으로 분개할 경우 1년 치의 보험료가 4월에 모두 비용으로 반영되고 나머지 기간에는 보험료가 반영되지 않는 문제가 발생한다.

따라서 우선 48만원을 선급보험료(prepaid insurance expense)라는 자산으로 인식하고 앞으로 12개월 동안 매월 말 결산수정분개를 통해 그 달의 보험료를 인식하는 방법을 사용한다. 이와 같이 현금을 미리 지급하여 앞으로 특정 서비스를 받을 권리를 보유하는 경우에 이를 자산으로 인식하며 이러한 예로서 선급보험료, 선급임차료 등이 있다.

4월 3일 비품의 취득에서 현금 600만원을 당일 지급하지 않고 한 달 후에 지급하기로 하였다. 회계에서는 매출과 직접적으로 관련되는 상품 또는 원재료의 외상구입으로 인한 채무는 매입채무 계정에, 그 외에 매출과 직접적으로 관련 없는 비품, 차량, 소모품 등의 외상구입으로 인한 채무는 미지급금(non-trade payable) 계정에 기록한다. 책상, 의자와 같은 비품의 취득은 비품을 판매하는 것을 목적으로 하는 기업을 제외하면 매출과 직접적으로 관련된 상품의 외상구입이 아니므로 미지급금 계정을 사용하고 부채의 증가이므로 대변에 기록한다.

4월 5일 독감백신A의 외상구입은 (주)헬스팜이 독감백신A를 자신이 사용할 목적으로 구입한 것이 아니라 다른 기업 또는 개인에게 되팔 목적으로 취득한 것이므로 (차변) 상품 450만원, (대변) 매입채무 450만원으로 분개한다. 4월 10일 독감백신A의 판매거래는 우선, 매출수익 600만원(= 400개×15,000원)에 대한 분개를 먼저 하고, 다음으로 매출원가 400만원(= 400개×10,000원)에 대해 분개한다.

〈표 4.2〉의 거래별 분개는 회계전산시스템에 의해 총계정원장의 각 계정으

표 4.3 (주)헬스팜 원장의 현금 계정 4월 거래내역

현 금			
4/1 주주 출자	30,000,000	4/2 임차보증금, 임차료 지급	21,000,000
4/4 은행 차입	10,000,000	4/2 1년 치 화재보험료 지급	480,000
		4/29 급여, 전력비 지급	3,600,000
4/30 차변 합계	40,000,000	4/30 대변 합계	25,080,000
4/30 계정잔액	14,920,000		

로 전기된다. 4월 말 시산표의 작성에 앞서 4월 거래 중 현금 계정에 전기된 거래내역과 잔액은 〈표 4.3〉과 같다. 차변 합계는 4,000만원, 대변 합계는 2,508만원으로 현금 계정은 차변 잔액 1,492만원을 갖는다.

월말에 실시하는 결산수정분개에 앞서 현금을 포함한 (주)헬스팜의 모든 계정별 잔액을 표시한 시산표는 〈표 4.4〉와 같다.

표 4.4 (주)헬스팜의 4월 말 시산표

시 산 표

20×1년 4월 30일

(주)헬스팜 (단위: 원)

차 변	계정과목	대 변
14,920,000	현 금	
13,500,000	매출채권	
1,000,000	상 품	
20,000,000	임차보증금	
480,000	선급보험료	
6,000,000	비 품	
	매입채무	10,000,000
	단기차입금	10,000,000
	미지급금	6,000,000
	자본금	30,000,000
	매 출	13,500,000
9,000,000	매출원가	
3,500,000	급 여	
1,000,000	임차료	
100,000	전력비	
69,500,000	합 계	69,500,000

2) 결산수정분개

4월 말 (주)헬스팜의 결산수정사항으로는 첫째, 비품에 대한 감가상각비, 둘째, 단기차입금에서 발생한 이자비용, 셋째, 4월 한 달 치 화재보험료의 인식을 위한 분개가 있다. (주)헬스팜의 결산수정분개는 〈표 4.5〉와 같다.

표 4.5 (주)헬스팜의 결산수정분개

날 짜	차 변		대 변	
4월 30일	비품감가상각비	100,000	비품감가상각누계액	100,000
4월 30일	이자비용	50,000	미지급이자	50,000
4월 30일	보험료	40,000	선급보험료	40,000

비품은 사용 후 폐기될 예정이므로 잔존가치가 0이고 내용연수는 5년이므로 1년 감가상각비는 120만원(= 600만원÷5년)이다. 이를 12개월로 나누면 한 달의 감가상각비는 10만원이 된다. 이자비용은 차입금 1,000만원에 연이자율이 6%이므로 연이자비용은 60만원이고 이를 12개월로 나누면 5만원이 된다.

마지막 수정분개는 4월 2일 1년 치로 지불한 화재보험료 48만원 중 한 달 치인 4만원(= 48만원÷12개월)만을 4월의 보험료를 인식하기 위한 것이다. 여기서 선급보험료 4만원을 대변에 기록함으로써 자산인 선급보험료는 4만원이 감소하여 잔액이 44만원이 되고, 4월 말 현재 앞으로 11개월 동안 화재보험 서비스를 받을 권리가 남아있음을 의미한다.

3) 수정후시산표

결산수정분개를 완료하고 작성한 (주)헬스팜의 수정후시산표는 〈표 4.6〉과 같다.

표 4.6 (주)헬스팜의 4월 말 수정후시산표

수정후시산표 20×1년 4월 30일 (주)헬스팜 (단위: 원)		
차 변	계정과목	대 변
14,920,000	현 금	
13,500,000	매출채권	
1,000,000	상 품	
20,000,000	임차보증금	
440,000	선급보험료	
6,000,000	비 품	
	비품감가상각누계액	100,000
	매입채무	10,000,000
	단기차입금	10,000,000
	미지급금	6,000,000
	미지급이자	50,000
	자본금	30,000,000
	매 출	13,500,000
9,000,000	매출원가	
3,500,000	급 여	
1,000,000	임차료	
100,000	전력비	
100,000	비품감가상각비	
50,000	이자비용	
40,000	보험료	
69,650,000	합 계	69,650,000

4) 재무제표의 작성

다음으로 〈표 4.6〉의 수정후시산표를 토대로 작성한 (주)헬스팜의 4월 손익계산서는 〈표 4.7〉과 같다. (주)헬스팜처럼 매출수익이 발생하는 경우, 〈표 4.7〉

표 4.7 (주)헬스팜의 4월 손익계산서

손익계산서 20×1년 4월 1일부터 4월 30일까지 (주)헬스팜 (단위: 원)		
매출액		13,500,000
매출원가		9,000,000
기초상품재고액	0	
당기상품매입액	10,000,000	
기말상품재고액	(1,000,000)	
매출총이익		4,500,000
판매관리비		4,740,000
급 여	3,500,000	
임차료	1,000,000	
전력비	100,000	
비품감가상각비	100,000	
보험료	40,000	
영업이익(손실)		(240,000)
기타수익		0
기타비용		0
금융수익		0
금융비용		50,000
이자비용	50,000	
법인세비용차감전순이익(손실)		(290,000)
법인세비용		0*
당기순이익(손실)		(290,000)

* 법인세비용은 없는 것으로 가정하였다.

과 같이 매출액으로부터 시작하여 매출총이익, 영업이익, 법인세비용차감전이익을 거쳐 당기순이익에 이르기까지 여러 단계를 거쳐 최종적으로 당기순이익을 산출하는 **다단계 손익계산서**(multi-step income statements)를 작성한다.

〈표 4.7〉의 손익계산서에서 매출원가 900만원은 4월 중에 판매된 독감백신 A 900개에 매입단가 1만원을 곱하여 산출한 것으로 〈표 4.1〉의 상품수불부의

상세 내역을 보면 4월 5일과 15일의 상품 매입액 450만원(= 450개×10,000원)과 550만원(= 550개×10,000원)을 더한 후 4월 말 상품재고액 100만원(= 100개×10,000원)을 차감한 금액과 같다.

일반적으로 다단계 손익계산서는 이러한 매출원가의 산출 내역을 〈표 4.7〉과 같이 (기초상품재고액 + 당기상품매입액−기말상품재고액)으로 보여준다.[10)11)] **매출총이익**(gross profit)은 매출액에서 매출원가를 차감하여 산출하는데 상품매매기업의 경우 매출총이익은 판매수량(900개)에 판매마진(= 상품판매가격−상품취득원가 = 15,000원−10,000원 = 5,000원)을 곱한 금액을 나타낸다.

〈표 4.7〉의 **판매관리비**(selling, general, and administrative expenses)는 판매비와 관리비를 뜻하는 것으로 판매비는 상품을 판매하는 과정에서 발생하는 비용이고, 관리비는 상품의 판매와 직접적인 관련은 없지만 회사의 운영과정에서 발생하는 비용을 의미한다. 광고선전비와 판매촉진비는 명확히 판매비로 구분할 수 있으나 급여, 임차료, 감가상각비와 같은 것은 판매비 또는 관리비로 모두 분류될 수 있다. 예를 들어, 급여의 경우 매장 판매사원의 급여는 판매비이고, 회계부서 또는 총무부서 직원의 급여는 관리비가 된다. 일반적으로 〈표 4.7〉과 같이 판매비와 관리비를 별도로 구분하지는 않고 판매관리비라는 제목하에 구체적인 비용항목을 보여준다.

영업이익(손실)은 매출총이익에서 판매관리비를 차감한 것으로 해당 기업의 주요 영업활동에서 발생한 이익(손실)을 나타낸다. 당기순이익은 해당 기간에 발생한 모든 수익과 비용을 포함하여 산출한 것이므로 주요 영업활동과는 관련 없는 비용(예를 들어, 재해손실)도 포함될 수 있다. 만약, 그렇다면 당기순이익은 해당 기업의 주요 영업활동에서 발생한 경영성과를 제대로 반영하지 못

10) K-IFRS를 적용하는 기업은 손익계산서 상에는 매출원가 금액만 표기하고, 재무제표의 주석에 상세 내역을 보여주는 경우도 많다.

11) 판매용 상품을 회사 직원들에게 제공하여 복리후생비로 처리할 경우 해당 상품을 매출원가에서 제외하기 위해 '타계정으로 대체'라는 항목이 추가되기도 한다. 이때는 다음 등식이 성립한다. 매출원가 = 기초상품재고액 + 당기상품매입액 − 타계정으로 대체 − 기말상품재고액.

할 수 있다.

영업이익(operating profit)은 이러한 단점을 보완하며 주요 영업활동에서의 경영성과를 나타낸다고 볼 수 있다. 일반적으로 손익계산서에 '영업이익(손실)'로 표기하고, 영업이익이면 금액을 양수로, 영업손실이면 금액을 괄호 안에 표기한다. 〈표 4.7〉에서는 매출총이익에서 판매관리비를 차감하면 −24만원이 되는데 영업이익(손실) (24만원)으로 표기하거나 영업손실 (24만원)으로 표기한다.

영업이익(손실) 이하에서는 **기타수익**(또는 **영업외수익**)과 **기타비용**(또는 **영업외비용**)을 보여주는데 기타수익(other revenues and gains)의 예로는 회사 소유의 사무실을 임대하여 획득한 임대수익, 다른 회사의 주식을 보유하여 배당금을 지급받음으로써 발생하는 배당금수익을 들 수 있다. 기타비용(other expenses and losses)의 예로는 예상치 못한 재해로 인해 발생한 손실을 나타내는 재해손실, 회사가 사용하던 자산을 처분하면서 발생한 손실인 자산처분손실을 들 수 있다. (주)헬스팜은 기타수익과 기타비용이 없으므로 생략하는 것도 가능하다.

기타수익과 기타비용 다음은 **금융수익**(financial income)과 **금융비용**(financial expenses)을 표시한다.[12] 금융수익과 금융비용의 대표적인 항목은 이자수익과 이자비용으로 이는 대표적인 자본조달과 관련된 수익과 비용이므로 별도로 표시하는 것이 기업의 경영성과를 판단하는데 도움을 준다. 예를 들어 차입을 통해 자금을 조달한 기업과 차입이 없는 기업의 경영성과를 비교할 때 차입을 통해 자금을 조달한 기업은 이자비용이 발생하므로 영업이익이 동일하더라도 이자비용의 크기에 따라 당기순이익은 더 작을 것이다.

따라서 손익계산서에서 금융비용을 별도로 표시하게 함으로써 차입에 따른 자금조달비용에 관한 정보를 보다 효율적으로 전달할 수 있고, 투자자는 이를 통하여 자금조달비용이 기업의 경영성과에 미치는 영향을 쉽게 파악할 수 있다.

---

12) K-IFRS가 아닌 일반기업회계기준을 사용하는 비상장기업은 금융수익과 금융비용을 별도로 표시하지 않고 금융수익은 영업외수익에, 금융비용은 영업외비용에 포함하여 손익계산서를 작성한다.

영업이익에서 기타수익과 금융수익을 더하고 기타비용과 금융비용을 차감하면 **법인세비용차감전순이익**(profit before taxes)이 산출된다. 그 다음으로 **법인세비용**(income taxes)이 표기되는데 법인세비용은 법인세비용차감전순이익에 법인세율을 곱하여 산출하는 것은 아니다. 우선, 법인세법이 인정하는 수익(**익금**이라고 함)과 비용(**손금**)에 따라 산출된 과세소득을 토대로 납부할 법인세를 산출하고, 회계기준과 법인세법의 차이를 조정하는 과정을 거친 후 손익계산서상에 표시할 법인세비용을 산출한다. 납부할 법인세의 계산, 회계기준과 법인세법의 차이조정은 **세무회계**(tax accounting) 과목에서 본격적으로 다룬다.

당기순이익(손실)은 법인세비용차감전순이익에서 법인세비용을 차감함으로써 산출된다. '당기순이익(손실)'로 표기하고 당기순이익이면 금액을 양수로, 당기순손실이면 금액을 괄호 안에 표기한다. 〈표 4.7〉에서 (주)헬스팜의 4월 영업손실은 24만원이고, 금융비용으로 이자비용 5만원이 더해져 법인세비용이 없다고 가정하면 4월의 당기순손실은 29만원이다.

〈표 4.8〉은 손익계산서 완성 이후 작성된 (주)헬스팜의 재무상태표이다.

금융회사를 제외한 대부분의 일반 기업은 재무상태표의 자산과 부채를 유동과 비유동으로 구분한다.[13] **유동자산**(current assets)은 주로 1년 이내에 현금으로 회수되거나 사용 등으로 소멸되는 자산이고, **비유동자산**(non-current assets)은 주로 1년을 초과한 후 현금으로 회수되거나 1년 넘게 사용하는 자산이다. 마찬가지로 **유동부채**(current liabilities)는 주로 1년 이내에 현금을 지급하거나 의무를 이행해야 하는 부채이고, **비유동부채**(non-current liabilities)는 주로 1년을 초과한 후 현금을 지급하거나 의무를 이행해야 하는 부채이다.[14]

---

13) K-IFRS를 적용하는 은행을 비롯한 금융회사는 자산과 부채를 유동/비유동으로 구분하는 방법보다는 유동성 순서에 따라 오름차순이나 내림차순으로 표시하는 유동성배열법을 주로 사용한다. 왜냐하면 이 방법이 유동/비유동 구분법보다 신뢰성 있고 더욱 목적적합한 정보를 제공하기 때문이다(K-IFRS 제1001호 문단 63).

14) 영업 관련 자산과 부채는 1년이 넘더라도 정상영업주기 이내라면 유동으로 구분한다. 여기서 **영업주기**는 영업활동을 위한 자산(원재료)의 취득시점부터 그 자산이 투입되어 완성된 제품이 판매되어 최종적으로 현금으로 회수되는 시점까지 소요되는 기간이다. 예를 들어

표 4.8 (주)헬스팜의 4월 말 재무상태표

재무상태표 20×1년 4월 30일 (주)헬스팜			(단위: 원)
자 산:		부 채:	
유동자산		유동부채	
현 금	14,920,000	매입채무	10,000,000
매출채권	13,500,000	미지급이자	50,000
상 품	1,000,000	미지급금	6,000,000
선급보험료	440,000	단기차입금	10,000,000
유동자산 합계	29,860,000	유동부채 합계	26,050,000
		부채총계	26,050,000
비유동자산			
임차보증금	20,000,000	자 본:	
비 품	6,000,000	자본금	30,000,000
비품감가상각누계액	(100,000)	이익잉여금(결손금)	(290,000)
비유동자산 합계	25,900,000	자본총계	29,710,000
자산총계	55,760,000	부채 및 자본총계	55,760,000

자산과 부채를 유동과 비유동으로 구분하는 이유는 유동자산과 유동부채를 비교함으로써 해당 기업의 단기채무 지급능력을 파악할 수 있고, 예상하지 못한 긴급 상황에서 기업의 현금동원능력을 파악할 수 있기 때문이다.

〈표 4.8〉에서 유동자산으로는 매출채권과 상품이 포함되어 있다. 모두 1년 이내에 현금을 회수할 예정이기 때문이다. 또한 선급보험료는 화재보험 서비스를 앞으로 11개월 받을 권리를 나타낸 것이므로 1년 이내에 소멸되므로 유동자산이다.

임차보증금은 앞서 4월 거래내역에서 임차기간이 2년이라고 했으므로 2년

와인 제조기업은 생산한 와인이 1년이 넘은 후에 판매될 예정이더라도 유동자산에 포함한다.

후에야 보증금을 돌려받을 수 있기 때문에 비유동자산으로 분류하고, 비품은 사용연수가 5년이므로 비유동자산이다.

한편, 매입채무는 통상 30일~90일이 지나서 현금 결제가 이루어지므로 유동부채이고, 미지급이자는 다음 달인 5월 초에, 그리고 비품을 외상으로 구입하여 발생한 미지급금은 한 달 후에 갚기로 했으므로 모두 유동부채이다. 단기차입금은 4월 4일 발생하였고 만기가 1년으로 다음 해 4월 4일에 상환된다. 따라서 4월 30일 현재 1년 이내에 갚아야 할 부채이므로 유동부채에 포함된다.

한편, 〈표 4.8〉 재무상태표 상의 자본에는 **결손금**(retained earnings deficit)이라는 계정이 나타난다. 결손금은 이익잉여금이 음수(−)일 경우 사용하는 회계 용어로 일반적으로 '이익잉여금(결손금)'으로 표기하고 이익잉여금이면 금액을 양수로, 결손금이면 금액을 괄호 안에 표기한다. (주)헬스팜은 4월 1일에 설립되었으므로 이익잉여금의 기초 잔액은 0이고, 4월에 당기순이익이 아닌 당기순손실이 발생했으므로 4월 말 현재 결손금 잔액은 29만원이 된다. (주)헬스팜은 자본총계가 2,971만원으로 자본금 3,000만원보다 작으므로 자본이 일부 잠식된 상태이다.

(주)헬스팜은 총자산 5,576만원 중 총부채가 2,605만원으로 자산의 46.7%($=\frac{2,605}{5,576}$)는 추후 채권자에게 지급될 부분이고, 나머지 53.3%는 주주 몫이다. 이를 달리 표현하면 총자산 중 46.7%는 부채를 원천으로 조달하여 취득하였고, 나머지 53.3%는 자본, 즉 주주의 몫(출자금과 유보이익)을 원천으로 하여 취득한 것이다.

〈표 4.9〉는 (주)헬스팜의 4월 자본의 변동내역을 보여주는 자본변동표이다. 4월 초 주주의 출자로 자본금이 3,000만원 증가하였고, 당기순손실 29만원으로 자본총계가 그만큼 감소하였음을 알 수 있다.

〈표 4.10〉은 (주)헬스팜의 현금 계정 〈표 4.3〉에 나타난 현금 유입과 유출 자료를 토대로 작성한 4월의 현금흐름표이다.

표 4.9　(주)헬스팜의 4월 자본변동표

자본변동표 20×1년 4월 1일부터 4월 30일까지 (주)헬스팜 (단위: 원)			
과 목	자본금	이익잉여금(결손금)	총 계
20×1.4.1 (기초자본)	0	0	0
주주의 출자	30,000,000		30,000,000
당기순손실		(290,000)	(290,000)
20×1.4.30 (기말자본)	30,000,000	(290,000)	29,710,000

표 4.10　(주)헬스팜의 4월 현금흐름표

현금흐름표 20×1년 4월 1일부터 4월 30일까지 (주)헬스팜 (단위: 원)		
Ⅰ. 영업활동 현금흐름		(5,080,000)
고객으로부터 유입된 현금	0	
종업원에 대한 현금유출	(3,500,000)	
기타 영업비(임차료, 보험료, 전력비) 지급	(1,580,000)	
Ⅱ. 투자활동 현금흐름*		(20,000,000)
임차보증금의 지급	(20,000,000)	
Ⅲ. 재무활동 현금흐름		40,000,000
소유주의 출자	30,000,000	
단기차입금의 증가	10,000,000	
Ⅵ. 현금의 증가		14,920,000
Ⅴ. 기초의 현금		0
Ⅵ. 기말의 현금		14,920,000

* 현금유출이 없는 투자활동으로 비품의 외상취득 600만원이 있다.

〈표 4.7〉에서 4월 손익계산서의 당기순이익(손실)은 (29만원)이었으나 〈표 4.10〉 현금흐름표의 영업활동 현금흐름은 (508만원)으로 상당한 차이를 보인다. 이러한 차이는 회계기준에 따른 수익과 비용의 인식이 현금의 유입과 유출을 기준으로 하지 않기 때문이다. 손익계산서 상에는 매출액이 1,350만원으로 표기되어 있으나 이는 전액 외상매출이기에 4월 말까지 매출로 인해 현금이 유입된 것은 없다.

마찬가지로 손익계산서 상의 매출원가는 900만원이나 외상으로 상품을 매입하였기에 4월 말까지 상품매입으로 현금이 지출된 것도 없다. 그 외에도 감가상각비 10만원은 실제로 현금이 사외로 유출된 것이 없는 비용이고, 이자비용 5만원도 아직 현금으로 지급하지 않았으며, 화재보험료는 1년 치로 48만원을 지불하였으나 비용에는 한 달 치인 4만원만 반영되었기에 차이가 발생한다. 이러한 차이를 요약하면 〈표 4.11〉과 같다.

표 4.11 영업활동 현금흐름과 당기순이익의 차이

당기순손실	− **290,000**
1) 현금 유입이 없는 매출수익	− 13,500,000
2) 현금 유출이 없는 매출원가	+ 9,000,000
3) 현금 유출이 없는 감가상각비	+ 100,000
4) 현금지출이 없는 이자비용	+ 50,000
5) 화재보험료 지출액 중 미반영 분	− 440,000
영업활동 현금흐름	− **5,080,000**

요약하면, 손익계산서 상의 수익과 비용은 현금의 유입과 유출과는 관계없이 수익과 비용이 해당 기간에 발생하였는가를 기준으로 반영되기에 당기순이익(또는 당기순손실)은 영업활동 현금흐름과 다르며 해당 기간 당기순이익이 났더라도 영업활동 현금흐름은 음수(−)일 수 있고, 당기순손실이 났더라도 영업활동 현금흐름은 양수(+)일 수 있다.

투자활동 현금흐름에는 임차보증금의 지급이 포함된다.[15] 비품의 구입도 투자활동에 해당하지만 외상으로 구입하였기에 4월 현금흐름표에는 나타나지 않고 5월 현금을 지급할 때 투자활동 현금유출에 반영된다. 재무활동 현금흐름에는 주주의 출자와 은행 차입으로 인한 현금유입이 포함되어 있다.

영업활동, 투자활동, 재무활동 현금흐름을 모두 합하면 1,492만원으로 이는 당기의 현금 증가액을 나타낸다. 4월 초에 회사가 설립되었으므로 기초 현금은 0이며 따라서 기말 현금은 1,492만원이다. 현금흐름표 상의 기말 현금 1,492만원은 〈표 4.8〉 재무상태표 상의 현금 잔액과 일치한다.

Accounting Articles in English

Don't Judge a Company by Its Net Profit Alone[16]

The net income or profit after tax (PAT) of a company determines its dividend payouts and is used to arrive at stock valuations. However, it is imperative that investors understand how a company arrives at its net income.

A company can be profitable at the PAT level but could be making losses at the operational level. The profitability of such companies is due to the presence of other income. Broadly, the total income of the company includes operational and nonoperational income. Operational income is generated by selling products and services and is reflective of the company's business strength. Non-operational income, also known as other income, includes revenue from rent, interest, dividends or foreign exchange gains. "While for the long term, the focus should be on core earnings, other income too has to be considered while arriving at the target

15) 월임차료 지급은 영업활동에 해당하나 임차 사용으로 인한 파손, 임차료 연체에 대한 보증금으로 지급한 임차보증금은 일종의 이자 없는 대여금으로 볼 수 있으므로 투자활동으로 분류하는 것이 타당하다.

16) Bhardwaj Sameer, 'Don't Judge a Company by Its Net Profit Alone', The Economic Times, April 16, 2018.

valuation of the company," says Chandresh Nigam, MD and CEO, Axis Mutual Fund.

In some companies, however, the non-operational income is temporary. The operational income in such companies, therefore, should have a much larger share in their total income. A gradual or a consistent fall in operational income implies that the demand for its goods or services is shrinking. Therefore, any stock selection analysis that disregards the operational performance of a company can be misleading. "If a company is unable to generate operating profits consistently, its ability to service stakeholders goes down. This will increase its cost of capital and affect its ability to raise money for growth. This, in turn, will erode the market value of the company in the long run," says Viraj Mehta, Head, PMS, and Fund Manager, Equirus Securities.

The consolidated results for the third quarter of 2017-18 show significant divergence between the operating and net profit margins of 15 companies with market-cap of more than Rs 500 crore.[17] These companies' operating profit margins have fallen during the quarter but their net profit margins have risen. The stock prices of these companies have witnessed extreme volatility during this period. These stocks could prove very risky as their companies' profitability is not funded by their core operations. Five of these companies' operational and net profit margins have been at variance for past five quarters (December 2017 to December 2018).

"Market rewards quality companies that demonstrate sustainable results over the long term. Conversely, laggards tend to be punished with lower valuations. Unless they can transform their business, most laggards are destined to remain underperforming stocks," says Nigam.

Let us look at the five largest companies that have shown divergence between operating and net profit margins in the third quarter of 2017-18.

---

17) Large amounts of Indian currency are often written in terms of crore. Rs 1 crore equals to 10,000,000 rupees. Here, Rs 500 crore means 5,000,000,000 rupees.

KIOCL: This is a state-owned enterprise with expertise in iron ore mining, filtration technology and pellets production. The company made an operating loss of Rs 7.1 crore as its expenditure overshot revenue by nearly 2%. But, helped by other income of Rs 31.1 crore, KIOCL made a net profit of Rs 12.9 crore for the quarter.

Sundaram Clayton: It manufactures aluminium and magnesium castings for the auto industry. The company's total expenditure for the third quarter of 2017-18 was 6% higher than its revenue. This resulted in an operating loss of Rs 25.9 crore. The other income of Rs 54.7 crore, however, helped the company generate net profit of Rs 0.97 crore.

HMT: The public sector company manufactures watches, tractors, printing machinery, metal forming presses, die casting and plastic processing machinery. Its financials reveal that the company's expenditure was 1.8 times its revenue during September to December 2017. The other income of Rs 4.2 crore helped it to report a net profit of Rs 0.55 crore (not including profits from discontinued operations).

DB Realty: This real estate development and construction company with a focus on residential, commercial and retail projects made an operating loss of Rs 95.9 crore in the third quarter of 2017-18. Other income of Rs 142.56 crore, however, helped DB Realty report net profit of Rs 23.2 crore.

Kirloskar Industries: Its businesses include wind power generation, investments—securities and real estate—and iron casting. The company generates a meagre revenue of Rs 0.87 crore compared to an expenditure of Rs 5.34 crore. Helped by other income of Rs 8.8 crore, the company managed to report net profit of Rs 2.3 crore.

보 론 실지재고조사법

계속기록법(perpetual inventory system)을 사용하기 위해서는 상품의 입고와 출고를 실시간으로 기록하고 그 기록이 재무회계 시스템과 연결되는 ERP(Enterprise Resourse Planning, 전사적 자원관리)와 같은 통합시스템의 도입이 필요하다. 이러한 시스템을 도입하지 않았거나 계속기록법의 실익이 적은 기업이 기말 상품의 수량과 금액, 매출원가의 산출에 사용하는 방법이 실지재고조사법(periodic inventory system)이다.

상품의 구입과 판매 시점에 들어오고 나간 상품의 수량과 단가를 모두 기록하는 계속기록법과는 달리 실지재고조사법은 상품의 구입 시에만 들어온 수량과 단가를 기록한다. 따라서 회계기간 말에 남아 있는 상품의 수량은 실사를 통하여 파악하며 회계기간 중에 팔린 상품의 수량과 매출원가는 다음과 같이 산출한다.

상품의 판매량 = 기초 상품수량 + 당기 상품매입수량 − 기말 상품수량 매출원가 = 기초 상품재고액 + 당기 상품매입액 − 기말 상품재고액

실지재고조사법은 매출원가를 파악하기 위해 당기 상품매입액의 집계가 필요하므로 상품의 구매 시에 구매금액을 **매입**(purchase) 계정에 기록한다. 그리고 기중 판매 시에는 판매된 수량을 별도로 기록하지 않기 때문에 매출원가에 대한 분개는 없다. 대신에 회계기간 말 결산시점에 매출원가를 산출하는 수정분개를 수행한다.

본문에서 소개한 계속기록법에 따른 분개와 실지재고조사법에 따른 분개를 비교하면 〈표 4.12〉와 같다.

표 4.12 계속기록법과 실지재고조사법의 분개 비교

	계속기록법	실지재고조사법
4/5 매입	(차) 상 품 4,500,000 (대) 매입채무 4,500,000	(차) 매 입 4,500,000 (대) 매입채무 4,500,000
4/10 판매	(차) 매출채권 6,000,000 (대) 매 출 6,000,000 (차) 매출원가 4,000,000 (대) 상 품 4,000,000	(차) 매출채권 6,000,000 (대) 매 출 6,000,000
4/15 매입	(차) 상 품 5,500,000 (대) 매입채무 5,500,000	(차) 매 입 5,500,000 (대) 매입채무 5,500,000
4/28 판매	(차) 매출채권 7,500,000 (대) 매 출 7,500,000 (차) 매출원가 5,000,000 (대) 상 품 5,000,000	(차) 매출채권 7,500,000 (대) 매 출 7,500,000
4/30 결산	분개 없음 (장부수량과 실사수량이 같을 경우)	(차) 매출원가 10,000,000 (대) 매 입 10,000,000 (차) 상 품 1,000,000 (대) 매출원가 1,000,000

〈표 4.12〉에 나타난 두 방법의 차이점을 보면, 먼저 4월 5일과 15일의 상품 매입 시에 실지재고조사법은 상품계정 대신에 매입계정을 사용한다. 다음으로 4월 10일과 28일의 상품 판매 시에 실지재고조사법은 매출원가에 대한 분개가 없다. 왜냐하면 판매 시에 출고수량을 기록하지 않기 때문에 매출원가를 알 수 없기 때문이다. 실지재고조사법의 매출원가에 대한 분개는 회계기간 말 결산수정분개에서 이루어진다. 매출원가는 기초 상품재고액과 기중 상품매입액을 더한 후 기말 상품재고액을 차감하여 산출한다.

먼저, 기초 상품은 모두 팔린 것으로 가정하여 〈표 4.13〉과 같이 기초 상품을 대변에 잔액만큼, 매출원가를 차변에 동일한 금액만큼 기록함으로써 기초 상품액을 매출원가로 이전하는 분개를 한다. 〈표 4.12〉에서는 기초 상품이 없기

표 4.13 실지재고조사법의 상품과 매입에 대한 결산수정분개

항목	차 변		대 변	
기초상품	매출원가	○○○	상 품	○○○
당기 매입	매출원가	○○○	매 입	○○○
기말상품	상 품	○○○	매출원가	○○○

때문에 기초상품에 대한 수정분개가 생략되었다.

다음으로 당기 매입액도 모두 팔린 것으로 가정하여 기중에 차변에 기록하였던 매입을 〈표 4.13〉과 같이 대변에 잔액만큼, 매출원가를 차변에 동일한 금액만큼 기록하여 당기 매입액을 매출원가로 이전한다. 〈표 4.12〉의 4월 30일 결산수정분개에서는 당기 매입액 10,000,000원을 매출원가로 이전하였다.

마지막으로 실사로 파악한 기말 상품재고액을 자산으로 인식하고 매출원가로부터 그만큼을 차감하기 위해 〈표 4.13〉과 같이 상품(기말)을 차변에 실사로 파악한 금액만큼 기록하고, 매출원가를 줄이기 위해 동일한 금액을 대변에 매출원가로 기록한다. 〈표 4.12〉의 결산수정분개 결과, 매출원가의 잔액은 차변 10,000,000원에서 대변 1,000,000원을 차감한 9,000,000원이 되고, 기말 상품은 1,000,000원이며, 당기 매입액은 모두 소멸된다.

한편, 계속기록법은 실사를 통해 파악한 실제 기말 상품재고액과 장부상의 기말 상품재고액을 비교해 볼 수 있는데 두 수치가 일치한다면 수정분개는 필요 없다. 그러나 실제 기말 상품재고액이 도난 등의 이유로 장부상의 기말 상품재고액보다 작다면 그 차이만큼을 재고자산감모손실로 인식하고 장부상 기말 상품재고액을 실제 액수로 맞춘다. 그러나 실지재고조사법은 장부상의 기말 상품재고액이 존재하지 않으므로 재고자산감모손실을 파악할 수 없고, 이러한 점은 실지재고조사법의 단점이다.

요 약

1. 판매할 목적으로 다른 기업으로부터 구입하는 완성품을 상품이라고 한다. 상품은 구입하는 시점에는 자산으로 기록하고, 상품이 판매되면 상품이라는 자산을 제거하고 매출원가라는 비용으로 처리한다.

2. 계속기록법은 상품의 매입(입고) 시 매입수량과 매입단가, 그리고 상품의 판매(출고) 시 판매수량과 판매단가에 대한 정보를 바코드와 스캐너 등을 이용하여 계속적으로 기록한다. 이러한 상품의 매입과 판매에 대한 기록은 상품수불부라는 날짜별 상품의 입출고 내역을 정리한 장부에 요약된다.

3. 상품수불부의 재고수량은 장부상 수량일 뿐 도난, 파손, 실수 등으로 실제로 그 수량의 상품을 보유하고 있다는 보장은 없으므로 이에 대한 확인을 위해 정기적으로 상품 재고수량에 대한 실사를 수행하고, 만약 장부상의 수량과 일치하지 않는다면 그 차이만큼 상품을 줄이고 비용(재고자산감모손실)을 추가로 인식한다.

4. 상품의 외상판매는 우선, 매출(수익)과 매출채권에 대한 분개를 먼저 하고, 다음으로 매출원가와 상품에 대해 분개한다. 일반적으로 매출수익은 판매 시에 분개하고, 매출원가는 판매 시에 분개하거나 상품수불부의 기록을 바탕으로 회계기간 말에 일괄적으로 분개한다.

5. 손익계산서는 매출액에서부터 시작하여 매출총이익, 영업이익, 기타수익과 기타비용, 금융수익과 금융비용, 법인세비용차감전순이익, 법인세비용을 거쳐 당기순이익에 이르기까지 여러 단계를 보여주는 다단계 손익계산서로 작성된다.

6. 금융회사를 제외한 대부분의 일반 기업은 재무상태표의 자산과 부채를 유동과 비유동으로 구분한다. 유동자산은 주로 1년 이내에 현금으로 회수되거나 사용에 의해 소멸되는 자산이고 그 외의 자산은 비유동자산이다. 마찬가지로 유동부채는 주로 1년 이내에 현금을 지급하거나 의무를 이행해야 하는 부채이고, 그 외의 부채는 비유동부채이다. 자산과 부채를 유동과 비유동으로 구분함으로써 해당 기업의 유동부채를 지급할 능력과 예상하지 못한 긴급 상황에서 기업의 현금 동원능력을 파악할 수 있다.

7. 자본변동표는 자본의 주요 계정이 기초부터 기말까지 어떤 이유로 변동하였는가를 보여준다. 주주의 출자는 자본금을 증가시키고, 당기순이익은 이익잉여금을 증가시키는 반면, 당기순손실과 주주에 대한 배당지급 결정은 이익잉여금을 감소시킨다.

8. 현금흐름표는 영업활동, 투자활동, 재무활동으로부터의 현금 유입과 유출을 보여준다. 손익계산서는 현금의 유입과 유출에 관계없이 수익과 비용의 발생을 기준으로 작성되기에 당기순이익이 발생한 기업도 현금이 부족한 상황이 발생할 수 있다. 경영성과와 현금흐름에 대한 상황을 파악하기 위해서는 당기순이익(손실)과 영업활동 현금흐름을 비교해 보는 것이 필요하다.

9. 〈보론〉 실지재고조사법은 상품의 매입 시에 계속기록법에서 사용하는 상품 계정 대신에 매입이라는 계정을 사용하고, 판매 시에는 매출원가에 대한 분개가 없다. 매출원가를 산출하기 위해 결산수정분개에서 먼저 기초 상품재고액과 당기 상품매입액을 매출원가로 이전하고, 다음으로 실사로 파악한 기말 상품재고액을 자산으로 인식함과 동시에 매출원가에서 차감하는 분개를 한다.

O×퀴즈 아래 문장이 옳으면 ○, 틀리면 ×로 답하고 틀린 곳은 올바르게 고치시오.

1. 계속기록법은 상품의 입고와 출고 시점에 수량, 매입단가, 판매가격 등을 기록하므로 상품의 판매 시점에 매출원가의 산출이 가능하다.

2. 상품의 외상판매 시 차변에는 매출채권, 대변에는 매출원가와 매출이익을 기록한다.

3. 상품의 외상매입에 대한 분개는 (차변) 매입채무, (대변) 상품이다.

4. 계속기록법을 사용할 경우, 판매수량, 기말 재고수량에 대한 파악이 상품수불부에서 가능하므로 회계기간 말 상품 재고수량에 대한 실사를 수행하지 않는다.

5. 기업의 매출과 직접적으로 관련된 상품 또는 원재료의 외상구입으로 인한 채무는 매입채무 계정에, 그 외 매출과 직접적으로 관련 없는 비품, 차량, 소모품 등의 외상구입으로 인한 채무는 미지급금 계정에 기록한다.

6. 회계기간 중에 보험료 1년 치를 미리 지급한 경우, 우선 선급보험료라는 자산으로 기록하고, 추후 기말 수정분개를 통하여 해당 기간 보험료를 인식하며 선급보험료를 그만큼 줄인다.

7. 일반적으로 상품매매기업의 매출원가와 기초상품재고액, 당기상품매입액, 기말상품재고액은 (매출원가 = 기말상품재고액 + 당기상품매입액 − 기초상품재고액)의 등식이 성립한다.

8. 영업이익(손실)은 매출액에서 매출원가와 판매관리비를 차감하여 산출한다.

9. 법인세비용은 법인세비용차감전순이익에 법인세율을 곱하여 산출한다.

10. 1년 이내로 되돌려 받는 임차보증금은 유동자산에 포함된다.

11. 결손금은 이익잉여금이 음수(-)일 경우 사용하는 회계용어로서 결손금이 있다면 당기 또는 그 이전에 당기순손실이 발생했음을 의미한다.

12. 주식회사에서 주주의 출자와 당기순이익의 발생은 모두 자본금을 증가시킨다.

13. 매출채권의 현금 회수에 대한 분개는 자산총계를 증가시킨다.

14. 매입채무를 현금으로 변제(갚음)한 것은 현금흐름표 상에 영업활동 현금흐름에 포함된다.

15. 〈보론〉 실지재고조사법에서 매출원가는 기초 상품재고액과 당기 상품매입액을 더한 후 실사로 파악한 기말 상품재고액을 차감하여 산출한다. 이는 결산수정분개에서 (차변) 상품(기초), 매입, (대변) 매출원가, 그리고 (차변) 매출원가, (대변) 상품(기말)의 형태로 기록된다.

제4장 객관식 문제

1. (주)한국의 수정전시산표상 수익총액은 ₩800,000이며 비용총액은 ₩500,000이다. 다음의 결산수정 사항을 반영할 경우, (주)시대산업의 당기순이익은? 〈국가직 9급, 2023 수정〉

- 당해 연도에 이자수익 ₩60,000이 발생하였으나 장부에 반영하지 않았다.
- 당해 연도에 발생한 급여 ₩80,000을 장부에 반영하지 않았다.
- 보험료 ₩120,000을 지급하면서 전액 자산으로 인식하였으나 이 중 다음 연도에 해당하는 금액은 ₩90,000이다.

① ₩190,000　② ₩250,000
③ ₩70,000　④ ₩130,000

2. 다음 (주)한국의 20×1년 말 재무상태표 자료를 이용한 이익잉여금은? 〈지방직 9급, 2022 수정〉

• 현　금	₩2,000	• 매출채권	₩2,200
• 미지급금	₩800	• 기계장치	₩14,000
• 상　품	₩3,000	• 기계장치감가상각누계액	₩5,000
• 매입채무	₩1,500	• 단기차입금	₩1,700
• 자본금	₩4,000	• 이익잉여금	?

① ₩8,200　② ₩9,000
③ ₩9,300　④ ₩14,300

3. 다음 (주)한국 2024년 재무자료를 이용한 당기순이익은? 〈지방직 9급, 2021 수정〉

• 기초 자산	₩16,000	• 기초 부채	₩8,000
• 기말 자산	₩21,000	• 기말 부채	₩9,000
• 주주 출자	₩2,000	• 현금 배당	₩1,000

① 당기순손실 ₩1,000　② 당기순이익 ₩2,000
③ 당기순이익 ₩3,000　④ 당기순이익 ₩4,000

4. (주)한국의 수정후시산표상 자산, 부채, 수익, 비용, 자본금 금액이 다음과 같을 때, 기초이익잉여금은? 〈국가직 9급, 2021 수정〉

계정과목	금 액	계정과목	금 액
매 출	₩120,000	현 금	₩130,000
매출원가	₩100,000	재고자산	₩200,000
급 여	₩50,000	매입채무	₩170,000
선급보험료	₩70,000	미지급금	₩50,000
미지급급여	₩80,000	매출채권	₩50,000
자본금	₩40,000	기초이익잉여금	?

① ₩40,000　② ₩110,000
③ ₩140,000　④ ₩300,000

5. 다음 자료를 이용하여 영업이익을 계산하면 얼마인가? 〈전산회계 2급, 2023〉

• 매출액	20,000,000원	• 복리후생비	300,000원
• 매출원가	14,000,000원	• 유형자산처분손실	600,000원
• 이자비용	300,000원	• 급 여	2,000,000원

① 2,800,000원　② 3,100,000원
③ 3,700,000원　④ 4,000,000원

제4장 주관식 문제

1. 다음은 소방용품 도매업체인 (주)안전유통의 상품 중 분말소화기에 대한 4월 상품수불부이다. ①~⑨에 들어갈 금액을 계산하시오.

날짜	적 요	입 고			출 고			재고 수량
		수량	매입단가	금액	수량	판매단가	금액	
4.1	기초재고	50	10,000	500,000				50
4.10	매 입	450	10,000	①				②
4.15	매출-Z건설				400	15,000	③	④
4.20	매 입	550	10,000	5,500,000				⑤
4.25	매출-X물산				500	15,000	7,500,000	⑥
	합 계	⑦		⑧	⑨		13,500,000	

2. 계속기록법을 사용하는 (주)태양유통의 상품계정 자료는 다음과 같다.

기초상품 수량	200개(단가 ₩1,000)
당기 매입 수량	300개(단가 ₩1,000)
당기 판매 수량	320개
기말상품 수량(재고실사 결과)	160개

1) 기말재고 실사 전의 매출원가와 기말상품재고액을 구하시오.
2) 재고자산감모손실을 계산하시오.
3) 재무재표에 표기할 매출원가와 기말상품재고액을 구하시오(재고자산감모손실은 정상적인 것으로 가정).
4) (주)태양유통이 계속기록법 대신 실지재고조사법을 사용한다고 가정하고 매출원가를 구하시오.

3. 본 장에서는 계속기록법을 사용하는 (주)헬스팜의 4월 거래를 분개하고 재무제표를 작성하였다. 아래는 그 다음 달인 5월의 거래내역이다. 아래 물음에 답하시오.

5월 1일	4월 4일 대출한 은행차입금의 4월 이자 5만원을 현금으로 지급함.
5월 2일	5월 임차료 100만원을 현금으로 지급함.
5월 3일	비품 외상 구입대금 600만원을 현금으로 지급하고, 사무실에서 사용할 소모품을 현금 20만원에 구입함.
5월 6일	독감백신A 제조업체 K제약에 외상 매입대금 450만원을 현금으로 지급함.
5월 10일	S병원으로부터 외상 매출대금 600만원을 현금으로 수령함.
5월 15일	독감백신A 제조업체 K제약에 외상 매입대금 550만원을 현금으로 지급함.
5월 16일	독감백신A 1,000개를 제조업체 K제약으로부터 개당 10,000원에 한 달 후 지급하는 조건으로 외상 구입함.
5월 25일	W병원에게 독감백신A 1,050개를 개당 15,000원에 한 달 후 지급받는 조건으로 외상 판매함.
5월 28일	A병원으로부터 외상 매출대금 750만원을 현금으로 수령함.
5월 31일	급여 350만원, 수도광열비 10만원을 현금으로 지급함.

1) 5월 거래를 날짜별로 분개하시오.
2) 5월 말 시산표에 나타날 현금 잔액을 현금 계정을 이용하여 산출하시오(현금의 기초잔액은 142쪽 〈표 4.8〉의 4월 말 재무상태표를 참조).
3) 5월 말 시산표를 작성하시오(계정별 기초잔액은 142쪽 〈표 4.8〉의 4월 말 재무상태표를 참조).
4) 5월 말에 필요한 결산수정분개를 수행하시오(5월 말 현재 소모품은 5만원어치 남아 있다).
5) 5월 말 수정후시산표를 작성하시오.
6) 5)번의 수정후시산표를 토대로 손익계산서, 재무상태표, 자본변동표와 현금흐름표를 작성하시오(법인세비용은 없는 것으로 가정).

4. 다음은 계속기록법을 사용하는 소방용품 도매업 (주)안전유통의 6월 거래내역이다. 아래 물음에 답하시오.

6월 1일	노인화 씨는 (주)안전유통이라는 회사명으로 소방용품 유통기업의 주식회사 설립등기를 완료하고, 은행에서 회사통장을 개설한 후 그 계좌에 5,000만원을 입금함.
6월 2일	사무실 임차를 위해 보증금 3,000만원(임차기간 2년)과 3월 임차료 100만원을 현금으로 지급하고, 화재보험료로 1년 치 60만원을 현금으로 지급함.
6월 3일	책상, 노트북 등 900만원의 비품을 구입하고 500만원은 현금으로 지급하고, 나머지는 한 달 후에 지급하기로 함. 비품은 5년간 사용할 예정이며 사용 후 폐기할 예정임.
6월 4일	자금을 추가로 조달하기 위해 은행에서 현금 2,000만원을 1년 만기, 연이자율 6%, 매달 초 이자지급의 조건으로 대출함.
6월 5일	분말소화기 600개를 제조업체 K기업으로부터 개당 15,000원에 한 달 후 지급하는 조건으로 외상 구입함.
6월 10일	Z건설에 분말소화기 500개를 개당 20,000원에 한 달 후 지급받는 조건으로 외상 판매함.
6월 15일	분말소화기 700개를 제조업체 K기업으로부터 개당 15,000원에 한 달 후 지급하는 조건으로 외상 구입함.
6월 28일	X물산에 분말소화기 600개를 개당 20,000원에 한 달 후 지급받는 조건으로 외상 판매함.
6월 30일	6월 급여 500만원과 6월 전력비 15만원을 현금으로 지급함.

1) 6월 거래를 날짜별로 분개하시오.

2) 6월 말 시산표에 나타날 현금 잔액을 현금 계정을 이용하여 산출하시오.

3) 6월 말 시산표를 작성하시오.

4) 6월 말에 필요한 결산수정분개를 수행하시오.

5) 6월 말 수정후시산표를 작성하시오.

6) 5)번의 수정후시산표를 토대로 손익계산서, 재무상태표, 자본변동표와 현금흐름표를 작성하시오(법인세비용은 없는 것으로 가정)

5. 다음은 신발 유통업체인 (주)슈퍼슈즈의 20×1년 12월 31일 수정후시산표에 나타난 계정잔액이다(법인세비용은 없고, 매출채권, 매입채무, 미지급이자는 3개월 이내 회수 또는 지급되며 장기차입금은 2년 후 상환하는 것으로 가정).

(단위: 천원)

현 금	462,000	장기차입금	1,000,000
자본금	450,000	임차료	77,000
비 품	1,040,000	보험료	65,000
수도광열비	5,000	급 여	1,760,000
매 출	8,075,000	미지급이자	4,000
광고선전비	200,000	이익잉여금	300,000
상 품	430,000	매출원가	5,632,000
차량운반구	380,000	차량운반구감가상각누계액	80,000
감가상각비	93,000	이자비용	55,000
비품감가상각누계액	350,000	여비교통비	72,000
매출채권	382,000	매입채무	394,000

1) 20×1년 12월의 다단계 손익계산서를 작성하시오(20×1년 12월 1일~12월 31일).

2) 20×1년 말 재무상태표를 작성하시오(유동과 비유동으로 구분할 것).

6. 운동기구 도매업체인 (주)건강유통의 20×1년 2월 말 재무상태표는 다음과 같다.

재무상태표

20×1년 2월 28일

(주)건강유통 (단위: 천원)

자 산		부 채	
I. 유동자산		I. 유동부채	
현 금	2,500	매입채무	2,500
매출채권	2,000	미지급이자	20
선급보험료	120	II. 비유동부채	
상 품	5,000	장기차입금	2,000
II. 비유동자산			
비 품	3,600	자 본	
비품감가상각누계액	(1,200)	I. 자본금	8,000
차량운반구	4,800	II. 이익잉여금	1,900
차량감가상각누계액	(2,400)		

20×1년 3월 중 (주)건강유통의 거래는 다음과 같다. 이 회사는 계속기록법을 사용한다(단위: 천원).

3/3 3월 임차료 ₩1,000을 현금으로 지급.
3/5 현금배당금 ₩1,000을 지급하기로 결정하고, 주주에게 현금으로 지급.
3/6 매출채권 ₩2,000을 현금으로 회수.
3/10 상품 ₩4,000을 외상으로 매입.
3/15 매입채무 ₩2,000을 현금으로 변제.
3/23 주요 고객인 (주)시대헬스 사장과 상담후 저녁식사비로 현금 ₩60을 지출.
3/25 상품을 (주)시대헬스에 총 ₩10,000에 외상 매출 (매출원가는 ₩7,000).
3/31 장기차입금에 대한 1월~3월의 3개월 이자 ₩30(매월 ₩10)을 현금으로 지급(장기차입금에 대한 이자는 매 분기 말에 지급).

3월 말 결산수정분개를 위한 추가정보는 다음과 같다(단위: 천원).

3월분 보험료는 2월 말 현금으로 지급한 1년 치 선급보험료에 포함되어 있다.
3월분 아르바이트생 급여 ₩600이 발생하였으나 3월 말 현재 아직 지급하지 않았고 4월 초에 지급할 예정이다.
3월분 비품과 차량운반구의 감가상각비는 각각 ₩100과 ₩200이다.

1) (주)건강유통의 3월 중 거래를 모두 분개하시오.
2) 3월 말에 필요한 결산수정분개를 기록하시오.
3) 3월의 당기순이익은 얼마인가? (법인세비용은 없는 것으로 가정)
4) 3월 말 현금 계정의 기말잔액은 얼마인가?

7. (주)세종문고의 20×1년 12월 말 수정전시산표와 결산정리사항은 다음과 같다. 아래 요구사항을 수행하시오(단, (주)세종문고는 계속기록법을 사용하고, 매월 말 결산수정 분개를 실시함).

시산표

20×1년 12월 31일

(주)세종문고 (단위: 백만원)

계정과목	차 변	대 변
현 금	1,800	
매출채권	7,500	
선급보험료	120	
상 품	3,000	
단기대여금	2,000	
건 물	12,000	
건물감가상각누계액		1,150
매입채무		4,600
단기차입금		7,350
미지급금		470
자본금		3,000
이익잉여금		9,750
매 출		11,080
매출원가	6,970	
급 여	620	
임차료	1,750	
지급수수료	760	
운반보관비	470	
소모품비	330	
이자비용	80	
합 계	37,400	37,400

〈결산정리사항〉

- 20×1년 12월 말 상품에 대한 실사결과 남아 있는 상품은 2,990백만원이다.
- 건물은 20×0년 1월 초에 취득하였고 정액법(내용연수 20년, 잔존가액 ₩0)으로 상각한다.
- 선급보험료는 20×1년 12월 초에 1년 치를 미리 지불한 것이다.
- 단기대여금에서 이자수익 발생하였으나 현금으로 수취하지 못한 금액이 5백만원이다.

1) 12월의 결산수정분개를 수행하시오.
2) 12월 말의 수정후시산표를 작성하시오.
3) 12월의 손익계산서를 작성하시오(법인세비용은 없는 것으로 가정).
4) 12월 말의 재무상태표를 작성하시오(매출채권, 미수이자, 매입채무, 미지급금은 3개월 이내 회수 또는 지급되는 것으로 가정) .
5) 〈보론〉 만약 (주)세종문고가 실지재고조사법을 사용한다면 달라지는 결산수정분개는 무엇인가?(기초 상품은 1,000백만원, 당기 매입액은 8,960백만원)

8. 아래 표는 (주)동대문이 사용하는 계정과목과 해당 번호를 나열한 것이다.

1. 현　금	11. 매입채무
2. 매출채권	12. 이자수익
3. 소모품	13. 용역매출
4. 미수이자	14. 감가상각비－비품
5. 선급보험료	15. 급　여
6. 비　품	16. 소모품비
7. 비품감가상각누계액	17. 보험료
8. 미지급급여	18. 이자비용
9. 미지급이자	19. 단기차입금
10. 선수용역매출	20. 자본금

20×1년 5월 31일 (주)동대문의 5월 한 달의 수정분개에 필요한 추가정보는 아래와 같다. 수정분개를 완성하기 위해 필요한 계정과목 번호와 금액을 빈 칸에 쓰시오(분개가 필요 없으면 '분개 없음'으로 표기할 것).

추가정보	차 변	대 변	금 액
예시) 단기차입금 관련 이자비용이 10,000원 발생하였으나 5월 말 현재 지급되지 못했다.	18	9	10,000
① 5월 초 1년 치 자동차보험료로 480,000원을 지급하였고, 선급보험료로 기록하였다.			
② 장부상 소모품의 잔액은 170,000원이고, 5월 말 현재 남아있는 소모품은 40,000원이다.			
③ 4월 말에 A사로부터 3개월 용역에 대한 대가로 2,700,000원을 미리 받았고, 5월 중에 용역의 1/3이 제공되었다. 5월 말 현재 관련 용역매출은 인식하지 않았다.			
④ 5월 말 현재 지급되지 않은 급여는 1,000,000원이다.			
⑤ 2020년 1월 초에 비품을 7,200,000원에 구입하였고, 1년 감가상각비는 240,000원이다.			
⑥ 5월 중 B사에 용역 제공을 완료하고, 5월 말 현재 받지 못한 금액이 2,000,000원이다. 5월 말 현재 관련 용역매출은 인식하지 않았다.			

실제 기업 사례 문제

1. 문구용품 도매업체인 비상장기업 (주)알파의 2022년도 감사보고서를 전자공시시스템(dart.fss.or.kr)에서 검색하여 손익계산서를 찾은 후 다음 물음에 답하시오.

1) 2022년 매출액은 2021년 대비 몇 퍼센트(%) 증가 또는 감소하였는가?
2) 손익계산서의 2022년 'II.매출원가'에서 매출원가 788억원은 구체적으로 어떻게 산출된 것인지 답하고, '3.타계정대체액'이 무엇을 뜻하는지 135쪽 각주11)을 참조하여 답하시오.
3) 2022년 판매관리비 중 가장 비중이 큰 항목 5개는 무엇이고, 2021년도와 비교할 때 판매관리비 중 금액이 가장 많이 증가한 항목 5개는 무엇인가? (전자공시시스템에 나타난 2022년 감사보고서의 손익계산서 영역을 복사하여 EXCEL에 붙인 후 계정과목별 변동을 계산)
4) 영업비용 중 급여, 퇴직급여, 복리후생비는 어떤 차이가 있는지 인터넷 검색을 통해 답을 찾아보시오.
5) 영업이익이 매출액에서 차지하는 비율과 당기순이익이 매출액에서 차지하는 비율은 2021년보다 각각 몇 퍼센트 포인트 증가 또는 감소하였는가?

2. (주)알파의 2022년도 감사보고서를 전자공시시스템(dart.fss.or.kr)에서 검색하여 재무상태표를 찾은 후 다음 물음에 답하시오.

1) (주)알파의 2022년 (부채총계÷자본총계)를 계산하고, 전기(2021년)와 비교해 보시오.
2) 유동자산의 '매출채권' 아래에 있는 '대손충당금'이 무엇인지 인터넷 검색을 통하여 찾아보시오.
3) 유동자산과 유동부채에 나오는 미수금, 선급금, 미지급금, 예수금, 선수금이 무엇인지 인터넷 검색을 통해 답을 찾아보시오.
4) (주)알파의 유형자산 중 토지와 건설중인자산을 제외하면 감가상각누계액이 존

재한다. 이는 토지와 건설중인자산은 감가상각이 적용되지 않는다는 의미인데, 그 이유가 무엇인지 생각하고 답해 보시오.

5) (주)알파의 자본총계가 전기 184억원에서 당기 208억원으로 증가한 원인이 무엇인지를 생각해 보고, (주)알파의 자본변동표를 통하여 확인해 보시오.

제5장

제조기업의 회계

유일한과 유한양행 – 기업이 얻은 이익은 그 기업을 키워 준 사회에 환원해야 한다

유일한은 1895년 평양에서 9남매 중의 장남으로 태어났다. 기독교 신자인 부친은 미국으로 두 명의 아이를 유학 보낼 수 있다는 선교사의 말을 듣고 아홉 살이던 유일한을 시대를 이끌 지도자로 키우기 위해 미국으로 유학을 보낸다. 미국 네브라스카주에서 독실한 기독교 자매의 따뜻한 보살핌 속에 초, 중, 고교를 마친 유일한은 학비를 벌기 위해 1년간 일한 후 미시간 대학에 입학하였다. 대학을 졸업한 후 GE에서 회계사로서 일하기도 했으나 재미 중국인에게 인기 있는 숙주나물을 판매하는 식품업을 시작하여 숙주나물 통조림을 개발하였다. 1922년 미국인 친구와 라초이 식품회사를 창업하였고, 주문이 밀려올 정도로 크게 성공하였다. 숙주나물의 원료인 녹두를 사기 위해 21년 만에 중국과 고국을 방문한 그는 당시 일제 치하의 비참한 현실을 목도하고 고국으로 돌아와 병들고 굶주린 동포들을 위해 봉사하겠다고 결심하였다.

라초이 식품회사의 주식을 매각한 자금으로 많은 의약품을 구입하여 중국인 아내와 함께 1926년 귀국하였다. 유한양행을 설립하여 당시 한국 제약업계를 지배하던 일본 업체에 맞서 미국의 의약품을 수입하여 판매하기 시작하였다. 3~4년 만에 회사를 급성장시킨 유일한은 한국의 특산품을 미국으로 수출하고 만주, 중국, 대만, 일본 지역까지 판매망을 구축하며 의약품의 국내 생산도 시작하였다. 제2차 세계대전과 한국전쟁에도 살아남은 유한양행은 건강한 국민, 병들지 않은 국민만이 주권을 누릴 수 있다는 유일한의 신념 하에서 양질, 염가의 제품을 생산하며 오늘에 이르고 있다.

유일한은 정당하며 정상적인 이윤 추구는 기업의 일차적인 목적이 되나 이윤은 사회를 위해 환원되어야 한다는 것이 그의 철학이었다. 좋은 제품을 만들어 국민에게 제공하고 양심적으로 세금을 납부하되 세금 이외의 다른 돈을 정부에 바쳐 그 대가로 어떤 도움을 받아서는 안 된다는 신념을 갖고 있었다. 1967년에 실시한 세무감사에서 유한양행에서는 어떠한 부정 수입과 부정 지출도 발견되지 않았고, 약품의 함량 미달도 없었다. 이를 계기로 유한양행은 정부로부터 동탑산업훈장을 받기도 했다.

국가에 실질적으로 도움이 되는 기술자를 육성하기 위해 3년간 전액 장학금을 지급하는 유한공고와 유한공업전문대학을 설립하였다. 유일한은 유한양행의 주식을 연세대와 보건장학회에 기증하였으며 서울시가 교량 건설을 위해 유한양행의 땅을 매입할 때에도 시가보다 훨씬 낮은 가격임에도 이의 없이 이를 수용하였다. 간부들의 권고로 미국 변호사인 아들에게 기업경영을 맡겨보았으나 경영에 관한 신념이 자신과 다르자 결국 전문경영인에게 유한양행을 맡기고 1969년 유일한은 아들과 함께 회사를 떠났다. 1971년 3월 유일한은 손녀에게 대학 학자금 1만 달러만을 남기고 자신이 소유한 땅과 주식은 모두 공익사업을 위해 기증한다는 유언장을 남기고 76세의 일기로 영면하였다.

참고문헌: 유일한의 생애와 사상(김형석, 2016, 올댓스토리), 유일한을 기억하다(민석기, 2015, 중앙북스)

5.1 제품제조원가

제2장부터 제4장까지는 용역(서비스)을 제공하는 기업인 (주)클린업과 상품을 구입하여 판매하는 상품매매기업인 (주)헬스팜의 회계처리에 대해 알아보았다. 본 장에서는 원재료를 구입하여 제품을 직접 생산한 후 판매하는 제조기업의 회계를 살펴보기로 한다.

제조기업의 회계가 서비스기업이나 상품매매기업과 다른 점은 생산하는 제품에 대한 **제조원가**(manufacturing cost)의 산출이 필요하다는 점이다.[1)] 제조원가를 모른다면 생산한 제품을 얼마의 금액으로 장부에 기록할 것인지를 알 수 없고, 제품이 판매되었을 때 매출원가도 파악할 수 없게 된다.

상품매매기업은 상품의 취득 시 매입단가를 알기 때문에 상품 매입단가를 이용하여 자산으로 인식한 뒤 판매시점에는 판매된 상품의 매입단가로 매출원가를 산출할 수 있다. 그러나 제조기업은 존재하지 않던 물건을 새로 만들어 내기 때문에 제품을 생산하는 과정에 들어간 모든 원가, 즉 제조원가의 집계가 필요하다. 아래에서는 양말을 생산하는 (주)뷰티풋의 사례를 이용하여 제조원가의 산출을 설명한다. (주)뷰티풋이 양말을 제작하는 과정은 다음과 같다.

1. 기획 – 양말을 디자인하고 색상과 소재를 결정
2. 원사 – 양말의 원재료인 원사(실)를 구입
3. 제직 – 원사를 투입, 제직기계를 사용하여 양말 형태로 천을 짜는 작업
4. 봉조 – 기계에서 나온 양말은 앞이 뚫려 있어 이 부분을 연결하는 작업
5. 가공 – 제작된 양말을 철로 된 양말 형틀에 끼워 스팀으로 다림질하는 작업
6. 포장 – 상표 부착 및 비닐 포장

---

1) **원가**란 제품 또는 서비스를 제공하기 위해 사용된 자원을 금액으로 측정한 것을 말한다.

(주)뷰티풋은 양말의 제작을 위해 원재료로써 원사가 필요하고, 단계별 양말의 제작과정에서 생산직원의 노동이 필요하다. 또한 제작과정에서 사용되는 제직기, 봉조기, 스팀다림기 등의 취득, 양말을 제작할 장소의 임차, 기계 작동을 위한 전기의 사용 등이 요구된다.

일반적으로 제조기업은 [그림 5.1]과 같이 제조원가를 **재료원가**(material cost), **노무원가**(labor cost), **제조경비**(overhead cost)로 나눈다.[2]

그림 5.1 제조원가와 비제조원가

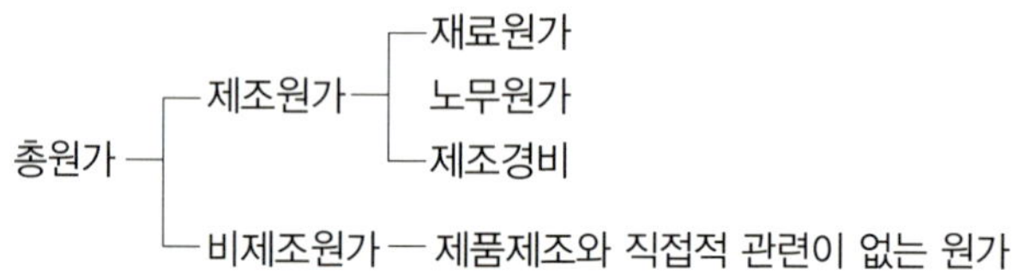

(주)뷰티풋의 경우, 재료원가는 사용된 원사의 원가를 포함하고, 노무원가는 양말의 생산에 참여한 생산직원들의 급여를 포함하며, 제조경비는 재료원가와 노무원가를 제외한 제조와 관련된 모든 원가로서 사용된 제직기, 봉조기, 양말스팀다림기의 감가상각비, 공장임차료, 공장에서 사용한 전력비 등을 포함한다. 한편, 제품의 제조와 직접적인 관련이 없는 사무직원의 급여, 사무실 비품의 감가상각비와 같은 원가는 **비제조원가**(non-manufacturing cost)로 분류한다.

제조원가는 발생 시 바로 비용으로 처리하지 않고 집계해 두었다가 제품의 완성 시 자산인 제품의 원가로 기록하고, 제품의 판매 시에 비로소 매출원가라는 비용으로 인식한다. 이와 반면에 비제조원가에 해당하는 판매비와 관리비는 발생한 기간에 모두 비용으로 처리한다.

따라서 제조원가의 집계를 위해서는 제조원가의 발생 시에 판매관리비의 계정과는 구분되는 별도의 계정을 사용하는 것이 필요하다. 예를 들어, 같은 급

2) 제조원가를 추적 가능성의 관점에서 직접재료원가, 직접노무원가, 제조간접원가(간접재료원가, 간접노무원가, 제조경비)로 나누기도 한다.

여라 하더라도 생산직원의 급여는 급여-노무원가로, 판매부서 또는 사무부서 직원의 급여는 급여-판관비로 서로 다른 계정과목을 사용하여 분개해야 한다.

5.2 제조기업의 회계순환 사례

아래에서는 (주)뷰티풋의 5월 거래를 이용하여 제조원가의 분개와 집계를 설명한다.

5월 1일	양만수 씨 등 주주의 총 5,000만원 현금 출자로 (주)뷰티풋을 설립함.
5월 2일	공장의 임차를 위해 임차보증금 3,000만원과 월임차료 현금 200만원을 지불함. 임차한 면적의 90%는 양말의 생산을 위해 사용하고, 나머지 10%는 회사 사무실로 사용할 계획임.
5월 2일	추가 자금 조달을 위해 은행에서 현금 2,000만원을 차입함(만기 1년, 연 이자율 6% 매달 초에 지급, 첫 이자지급은 6월 1일).
5월 3일	양말 제작을 위한 제직기, 봉조기, 스팀다림기 등의 기계(잔존가치 10%, 내용연수 5년)를 현금 2,000만원을 지급하여 구입하고, 사무실에서 사용할 책상 등 600만원의 비품(잔존가치 0, 내용연수 5년)을 한 달 후 지불하는 조건으로 구입함.
5월 4일	구입한 기계에 대해 화재손해보험에 가입하고 1년 치 보험료로 120만원을 현금으로 지불함.
5월 7일	양말의 제작에 사용될 원재료인 원사를 외상으로 500만원에 구입함.
5월 29일	공장직원과 사무직원의 급여로 각각 600만원과 500만원을 현금 지급함.
5월 30일	5월 한 달간의 전기요금으로 32만원(공장 30만원, 사무실 2만원)을 현금으로 지급함.
5월 31일	한 달간 원재료를 모두 소진하여 총 15,000켤레의 양말을 생산하였고, 미완성된 양말은 없음.
5월 31일	양말 12,500켤레를 K유통에 개당 1,600원에 외상으로 판매함.

1) 거래의 분개

(주)뷰티풋의 5월 거래를 분개하면 〈표 5.1〉과 같다.

표 5.1 (주)뷰티풋의 5월 거래 분개

날 짜	차 변		대 변	
5월 1일	현 금	50,000,000	자본금	50,000,000
5월 2일	임차보증금 임차료-제조경비 임차료-판관비	30,000,000 1,800,000 200,000	현 금	32,000,000
5월 2일	현 금	20,000,000	단기차입금	20,000,000
5월 3일	기계장치 비 품	20,000,000 6,000,000	현 금 미지급금	20,000,000 6,000,000
5월 4일	선급보험료	1,200,000	현 금	1,200,000
5월 7일	원재료	5,000,000	매입채무	5,000,000
5월 29일	급여-노무원가 급여-판관비	6,000,000 5,000,000	현 금	11,000,000
5월 30일	전력비-제조경비 전력비-판관비	300,000 20,000	현 금	320,000
5월 31일	매출채권	20,000,000	매 출	20,000,000

5월 2일의 월임차료 200만원을 현금으로 지급한 거래가 서비스기업이나 상품매매기업에서 발생했다면, (차변) 임차료 200만원으로 분개했을 것이다. 그러나 (주)뷰티풋은 임차한 공간의 90%를 양말의 생산을 위해 사용하므로 임차료 200만원 중 180만원은 제조원가의 제조경비로, 나머지 20만원은 제품의 제조와는 직접 관련이 없는 관리목적의 사무실로 사용하므로 판매관리비로 구분하는 것이 필요하다.

5월 4일에 지불한 화재보험료는 1년 치의 보험료를 미리 지급한 것이므로 우선 자산에 해당하는 선급보험료로 인식하고, 결산수정분개 시에 해당 월의 보험료를 인식한다. 5월 7일에 구입한 원재료는 아직 제품의 제조에 투입되지 않았으므로 원재료라는 자산으로 인식한다.

5월 29일에 지불한 급여는 생산직원과 사무직원의 급여를 구분하여 생산직원의 급여는 노무원가인 급여로, 사무직원의 급여는 판매관리비인 급여로 차변에 분개한다. 5월 30일에 지급한 전력비도 공장 사용분은 전력비-제조경비로, 사무실 사용분은 전력비-판관비로 분개한다.

5월 31일 양말 12,500켤레의 외상 판매에 대해서는 매출수익에 대한 분개를 먼저 하고, 판매된 양말의 매출원가에 대한 분개는 결산수정분개에서 제품의 제조원가를 파악한 후에 실시한다. 5월 31일 작성한 시산표는 〈표 5.2〉와 같다.

표 5.2 (주)뷰티풋의 5월 말 시산표

시산표

20×1년 5월 31일

(주)뷰티풋 (단위: 원)

차 변	계정과목	대 변
5,480,000	현 금	
20,000,000	매출채권	
1,200,000	선급보험료	
5,000,000	원재료	
30,000,000	임차보증금	
20,000,000	기계장치	
6,000,000	비 품	
	매입채무	5,000,000
	단기차입금	20,000,000
	미지급금	6,000,000
	자본금	50,000,000

차 변	계정과목	대 변
	매 출	20,000,000
1,800,000	임차료-제조경비	
6,000,000	급여-노무원가	
300,000	전력비-제조경비	
200,000	임차료-판관비	
5,000,000	급여-판관비	
20,000	전력비-판관비	
101,000,000	합 계	101,000,000

〈표 5.2〉 시산표에 나타난 5월 말 현금 잔액은 548만원이다. 현금과 관련된 분개가 모두 전기된 〈표 5.3〉의 현금 계정을 통해 현금 잔액이 548만원임을 확인할 수 있다.

표 5.3 (주)뷰티풋의 현금 계정

현 금			
5/1 주주 출자	50,000,000	5/2 임차보증금, 임차료 지급	32,000,000
5/2 은행 차입	20,000,000	5/3 기계 구입	20,000,000
		5/4 보험료 지급	1,200,000
		5/29 급여 지급	11,000,000
		5/30 전력비 지급	320,000
5/31 차변 합계	70,000,000	5/31 대변 합계	64,520,000
5/31 계정잔액	5,480,000		

5월에 발생한 거래를 지금까지 기록하였으나 기계장치의 감가상각비와 같은 일부 제조원가는 누락되어 있다. 아래에서는 결산수정분개를 통해 5월에 발생하였으나 아직 기록되지 않은 제조원가 및 비제조원가를 장부에 기록하고, 당기 총제조원가를 산출한다. 완성된 제품을 자산으로 인식하고, 판매된 제품

에 대해서는 매출원가를 인식하는 분개를 논의한다.

2) 결산수정분개

(주)뷰티풋의 5월 말 결산수정분개는 〈표 5.4〉와 같다.

표 5.4 (주)뷰티풋의 5월 말 결산수정분개

구분	차 변		대 변	
일반적 결산 수정분개	이자비용	100,000	미지급이자	100,000
	기계장치감가상각비-제조경비	300,000	기계장치감가상각누계액	300,000
	비품감가상각비-판관비	100,000	비품감가상각누계액	100,000
	보험료-제조경비	100,000	선급보험료	100,000
제조원가 집계	재공품	13,500,000	원재료	5,000,000
			급여-노무원가	6,000,000
			임차료-제조경비	1,800,000
			전력비-제조경비	300,000
			기계장치감가상각비-제조경비	300,000
			보험료-제조경비	100,000
제품완성	제 품	13,500,000	재공품	13,500,000
매출원가 반영	매출원가	11,250,000	제 품	11,250,000

일반적 결산수정분개에서 5월 2일에 빌린 차입금 2,000만원에 대한 이자비용 10만원(= 2,000만원×0.06÷12개월)을 차변에 기록하고, 아직 지급하지 않았으므로 대변에 미지급이자 10만원을 인식한다. 이자비용은 제품의 제조와는 직접적인 관련이 없으므로 비제조원가이다.

또한 감가상각비 중 제조와 관련이 있는 기계장치의 감가상각비는 제조원가로, 제조와 관련 없는 사무실 비품의 감가상각비는 판매관리비로 분개한다.

마지막 수정분개로 5월 4일 지급한 1년 치 보험료 120만원 중 5월 한 달 보험료인 10만원(= 120만원÷12개월)을 인식하고 선급보험료는 그만큼 줄인다. 위 보험료의 경우에도 제품 제작을 위한 기계의 보험료이므로 제조경비에 포함한다.

한편, 5월 한 달간 원재료를 모두 소진하여 양말 15,000켤레를 완성하였고, 그중 12,500켤레를 판매하였다. 앞서 제조원가는 재료원가, 노무원가, 제조경비로 구성된다고 설명하였는데 이 세 구성요소를 제품의 원가로 집계하기 위하여 각 구성요소별 발생 금액을 1차로 **재공품**(work in progress)이라는 자산 계정과목에 모으고, 제품이 완성되면 재공품에서 다시 **제품**(finished goods) 계정으로 옮기는 분개를 한다.

〈표 5.4〉의 재공품에 대한 분개를 보면 재공품의 장부가에 제조원가인 원재료(재료원가), 급여-노무원가, 제조경비(임차료, 전력비, 보험료, 기계장치감가상각비)가 포함되어 있다. 이어서 제품이 완성되면 재공품을 다시 제품으로 이동시킨다. (주)뷰티풋의 경우 5월 말 현재 모든 제품이 완성되었으므로 재공품 잔액 1,350만원을 모두 제품 계정으로 대체한다. 만약, 5월 말까지 재공품의 일부가 완성되지 못한 채로 남아 있다면 그만큼은 재공품의 잔액으로 남게 된다.

5월에 완성된 제품의 수량은 모두 15,000켤레이고 제품의 잔액은 1,350만원이므로 제품(양말)의 켤레당원가는 900원(= 13,500,000원 ÷ 15,000켤레)이다. 5월 31일 12,500켤레가 켤레당 1,600원에 판매되었으므로 매출은 2,000만원(= 12,500켤레 × 1,600원)이 되고, 판매된 제품의 매출원가는 1,125만원이다(= 12,500켤레 × 900원).[3)]

[그림 5.2]는 제조원가의 발생과 집계과정을 보여준다.

원재료는 구입 후 생산에 투입되면 재공품 계정으로 이동하고, 생산과정에서 발생한 노무원가와 제조경비도 재공품에 포함된다. 생산과정이 완료되면 재공품은 다시 제품 계정으로 이동한다. 그 후 제품이 판매되면 제품은 매출원가

3) 만약 (주)뷰티풋이 일반양말과 수면양말 두 개의 다른 유형의 양말을 생산한다면 유형별로 제조원가를 집계하고 각각의 켤레당원가를 별도로 산출한다. 제조원가 중 재료원가와 노무원가는 유형별 발생금액을 별도로 집계하고, 감가상각비, 임차료 등과 같은 제조경비는 유형별 발생금액의 파악이 어렵기 때문에 유형별 총노무시간 등을 배부기준으로 하여 전체 제조경비를 유형별로 배분한다. 이를 통하여 유형별 제조원가를 산출하고 유형별 수량으로 나누면 유형별 켤레당원가가 산출된다.

그림 5.2 제조원가의 발생과 집계과정

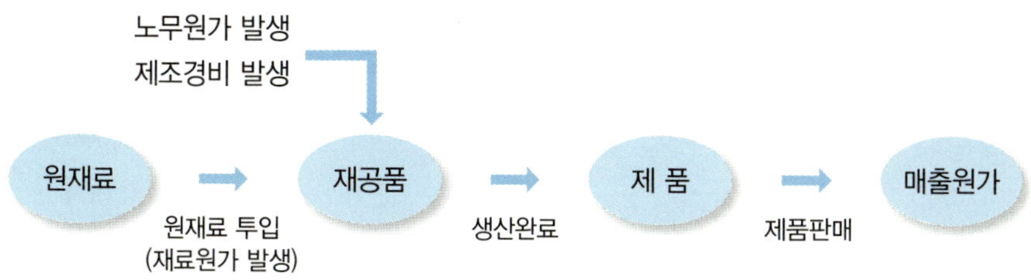

계정으로 이동한다.

3) 수정후시산표

〈표 5.4〉의 결산수정분개가 회계전산시스템에 의해 전기된 후 계정별 잔액을 나타낸 수정후시산표는 〈표 5.5〉와 같다.

표 5.5 (주)뷰티풋의 5월 말 수정후시산표

수정후시산표

20×1년 5월 31일

(주)뷰티풋 (단위: 원)

차 변	계정과목	대 변
5,480,000	현 금	
20,000,000	매출채권	
2,250,000	제 품	
1,100,000	선급보험료	
30,000,000	임차보증금	
20,000,000	기계장치	
	기계장치감가상각누계액	300,000
6,000,000	비 품	
	비품감가상각누계액	100,000

차 변	계정과목	대 변
	매입채무	5,000,000
	미지급금	6,000,000
	단기차입금	20,000,000
	미지급이자	100,000
	자본금	50,000,000
	매 출	20,000,000
11,250,000	매출원가	
5,000,000	급여-판관비	
200,000	임차료-판관비	
100,000	비품감가상각비-판관비	
20,000	전력비-판관비	
100,000	이자비용	
101,500,000	합 계	101,500,000

〈표 5.5〉의 수정후시산표에는 원재료와 재공품 계정이 나타나지 않는데 이는 원재료가 모두 제품의 생산에 투입되어 잔액이 0이고, 5월 말 현재 모든 제품이 완성되어 재공품의 잔액도 0이기 때문이다.

한편, 〈표 5.5〉의 수정후시산표에 나타난 제품의 잔액은 225만원이다. 〈표 5.6〉의 제품 계정에 표기된 것처럼 제품이 모두 완성되어 재공품 계정에서 제품 계정으로 유입된 금액이 1,350만원이고, 총 15,000켤레 중에서 12,500켤레가 판매되어 1,125만원(= 13,500,000원×12,500/15,000)이 매출원가로 이전되어 잔

표 5.6 (주)뷰티풋의 제품 계정

제 품					
5/31	재공품에서 이전	13,500,000	5/31	매출원가로 대체	11,250,000
5/31	차변 합계	13,500,000	5/31	대변 합계	11,250,000
5/31	계정잔액	2,250,000			

액이 225만원임을 확인할 수 있다.

4) 재무제표의 작성

〈표 5.5〉의 수정후시산표를 토대로 작성한 (주)뷰티풋의 손익계산서는 〈표 5.7〉과 같다.

표 5.7 (주)뷰티풋의 5월 손익계산서

손익계산서 20×1년 5월 1일부터 5월 31일까지 (주)뷰티풋 (단위: 원)		
매출액		20,000,000
매출원가		11,250,000
기초제품재고액	0	
당기제품제조원가	13,500,000	
기말제품재고액	(2,250,000)	
매출총이익		8,750,000
판매관리비		5,320,000
급 여	5,000,000	
임차료	200,000	
비품감가상각비	100,000	
전력비	20,000	
영업이익(손실)		3,430,000
기타수익		0
기타비용		0
금융수익		0
금융비용		100,000
이자비용	100,000	
법인세비용차감전순이익(손실)		3,330,000
법인세비용		0*
당기순이익(손실)		3,330,000

* 법인세비용은 없는 것으로 가정하였다.

제4장에서 소개한 상품매매기업은 〈표 4.7〉의 (주)헬스팜 손익계산서처럼 매출원가의 산출내역에서 기초상품재고액, 당기상품매입액, 기말상품재고액을 보여주었고, 아래의 등식이 성립하였다.

매출원가 = 기초상품재고액 + 당기상품매입액 − 기말상품재고액

제조기업은 〈표 5.7〉의 (주)뷰티풋 손익계산서와 같이 매출원가 산출내역에서 기초제품재고액, 당기제품제조원가, 기말제품재고액을 보여주고, 아래 등식이 성립한다.[4] 아래의 당기제품제조원가에는 5월에 발생한 재료원가, 노무원가, 제조경비가 모두 포함되어 있다.

매출원가 = 기초제품재고액 + 당기제품제조원가 − 기말제품재고액

(주)뷰티풋의 재무상태표는 〈표 5.8〉과 같다.

〈표 5.8〉의 재무상태표가 상품매매기업의 재무상태표와 다른 점은 상품 대신 제품이 유동자산에 포함되어 있다는 점이다. 만약, (주)뷰티풋이 원재료를 모두 소진하지 않고 일부가 남아 있거나 5월 말까지 일부 양말이 미완성인 상태로 남아 있다면 제품과 함께 원재료, 재공품도 유동자산에 포함될 것이다. 기업이 제조 및 판매의 목적으로 구입하여 회계기간 말 현재 보유하고 있는 원재료, 재공품, 상품, 제품 등을 통틀어 **재고자산**(inventory)이라고 한다.

〈표 5.9〉는 (주)뷰티풋의 자본변동표이다. 주주의 출자와 당기순이익의 발

---

4) 제품 생산의 원료로 구입한 원재료 중 일부를 외부에 판매한 경우 판매한 원재료의 매입단가가 매출원가에 추가되어야 하는데 이때 '타계정에서 대체'라는 항목이 추가된다. 또한 생산한 제품을 회사 직원들에게 제공하여 복리후생비로 처리할 경우 해당 제품을 매출원가에서 제외하기 위해 '타계정으로 대체'라는 항목도 추가된다. 이때 다음 등식이 성립한다. 매출원가 = 기초제품재고액 + 타계정에서 대체 + 당기제품제조원가 − 타계정으로 대체 − 기말제품재고액.

표 5.8 (주)뷰티풋의 5월 말 재무상태표

재무상태표

20×1년 5월 31일

(주)뷰티풋 (단위: 원)

자 산:		부 채:	
유동자산		유동부채	
현 금	5,480,000	매입채무	5,000,000
매출채권	20,000,000	미지급이자	100,000
제 품	2,250,000	미지급금	6,000,000
선급보험료	1,100,000	단기차입금	20,000,000
유동자산 합계	28,830,000	유동부채 합계	31,100,000
비유동자산		부채총계	31,100,000
기계장치	20,000,000		
기계장치감가상각누계액	(300,000)	자 본:	
비 품	6,000,000	자본금	50,000,000
비품감가상각누계액	(100,000)	이익잉여금	3,330,000
임차보증금	30,000,000		
비유동자산 합계	55,600,000	자본총계	53,330,000
자산총계	84,430,000	부채 및 자본총계	84,430,000

표 5.9 (주)뷰티풋의 5월 자본변동표

자본변동표

20×1년 5월 1일부터 5월 31일까지

(주)뷰티풋 (단위: 원)

과 목	자본금	이익잉여금	총 계
20×1.5.1 (기초자본)	0	0	0
소유주의 출자	50,000,000		50,000,000
당기순이익		3,330,000	3,330,000
20×1.5.31 (기말자본)	50,000,000	3,330,000	53,330,000

생으로 자본총계가 증가했음을 보여주고 있다.

〈표 5.10〉은 〈표 5.3〉의 현금 계정에 나타난 현금의 유입과 유출 자료를 토대로 하여 작성한 5월 현금흐름표이다.

표 5.10 (주)뷰티풋의 5월 현금흐름표

현금흐름표 20×1년 5월 1일부터 5월 31일까지 (주)뷰티풋		(단위: 원)
Ⅰ. 영업활동 현금흐름		(14,520,000)
고객으로부터 유입된 현금	0	
종업원에 대한 현금유출	(11,000,000)	
기타 영업비(임차료, 보험료 등) 지급	(3,520,000)	
Ⅱ. 투자활동 현금흐름		(50,000,000)
기계의 취득	(20,000,000)	
임차보증금의 지급	(30,000,000)	
Ⅲ. 재무활동 현금흐름		70,000,000
소유주의 출자	50,000,000	
단기차입금의 증가	20,000,000	
Ⅳ. 현금의 증가		5,480,000
Ⅴ. 기초의 현금		0
Ⅵ. 기말의 현금		5,480,000

〈표 5.7〉의 손익계산서에 나타난 (주)뷰티풋의 5월 당기순이익은 333만원이지만 〈표 5.10〉 현금흐름표의 영업활동 현금흐름은 −1,452만원에 이르러 무려 1,785만원의 큰 차이를 보인다. 이러한 차이의 가장 큰 원인은 판매가 외상으로 이루어져 현금 유입이 전혀 없기 때문이다. 반면, 급여, 임차료, 보험금의 지급은 현금으로 결제되었기에 영업활동의 현금흐름은 음수로 나타난 것이다. (주)뷰티풋의 영업활동 현금흐름은 매출채권이 현금으로 회수되는 다음 달부터는 개선될 것으로 예상된다.

요 약

1. 제조원가는 재료원가, 노무원가, 제조경비로 구성된다.

2. 양말를 제조하는 기업의 경우, 재료원가는 사용된 원사의 원가를 포함하고, 노무원가는 양말의 생산에 참여한 생산직원들의 급여를 포함하며, 제조경비는 재료원가와 노무원가를 제외한 제조와 관련된 모든 원가로서 제품의 생산에 사용된 기계장치의 감가상각비, 공장임차료, 공장에서 사용한 전력비 등을 포함한다.

3. 제품의 제조와 직접적인 관련이 없는 사무직원의 급여, 사무실의 비품감가상각비와 같은 원가는 비제조원가로 분류하고, 발생한 기간에 모두 비용으로 처리한다.

4. 급여, 임차료, 감가상각비 등의 경우 제품의 생산과 관련이 있느냐에 따라 제조원가와 판매관리비로 구분되므로 제조원가의 집계를 위해서는 동일한 계정과목에 대해서도 제조원가와 판매관리비로 구분하여 별도의 계정을 사용하는 것이 필요하다.

5. 제조기업의 결산수정분개에서 제조원가인 재료원가, 노무원가, 제조경비는 생산에 투입되거나 비용이 발생할 경우, 1차로 재공품이라는 계정과목에 집계하고, 제품이 완성되면 재공품에서 다시 제품계정으로 이전한다. 제품이 판매되면 판매된 제품을 제거하고, 그만큼을 매출원가로 인식한다.

6. 판매되지 않고 남은 제품, 사용하지 않고 남은 원재료, 재공품은 재고자산으로 재무상태표 상의 유동자산에 표기된다.

7. 일반적으로 상품매매기업의 손익계산서에 표기된 매출원가는 (매출원가 = 기초상품재고액 + 당기상품매입액 − 기말상품재고액)의 등식이 성립하고, 제조기업의 손익계산서에 표기된 매출원가는 (매출원가 = 기초제품재고액 + 당기제품제조원가 − 기말제품재고액)의 등식이 성립한다.

O×퀴즈 아래 문장이 옳으면 ○, 틀리면 ×로 답하고 틀린 곳은 올바르게 고치시오.

1. 제조원가는 재료원가, 노무원가, 제조경비로 구성된다.

2. 제조원가 중 제조경비는 생산에 사용된 기계장치의 감가상각비, 공장임차료, 공장에서 사용한 전력비, 사무직원의 급여, 사무실 비품의 감가상각비 등을 포함한다.

3. 같은 감가상각비라 하더라도 생산에 사용된 기계나 생산과 관련된 차량의 감가상각비는 제조경비의 감가상각비로, 판매부서 또는 관리부서에서 사용하는 비품의 감가상각비는 판매관리비의 감가상각비로, 각각 서로 다른 계정과목을 사용하여 분개한다.

4. 제조업체가 임차한 건물의 80%를 제품의 생산을 위해 사용하고 나머지 20%는 일반 관리목적으로 사용한다면 임차료의 80%는 제조원가의 제조경비로, 나머지 20%는 영업외비용으로 구분한다.

5. 원재료는 생산에 투입되면 제품으로 이동하고 제품이 판매되면 매출원가로 이동한다.

6. 원재료 중 투입되고 남은 부분, 제품으로 완성되지 않은 재공품, 판매되지 않고 남은 제품은 모두 재무상태표의 재고자산에 포함된다.

7. 일반적으로 제조기업의 손익계산서에 표기된 매출원가는 (매출원가 = 기초제품재고액 + 당기제품제조원가 − 기말제품재고액)의 등식이 성립한다.

8. 당기 제조원가는 수정후시산표 상에 모두 매출원가에 포함된다.

9. 제조기업의 수정후시산표에는 원재료가 나타나지 않는다.

10. 제조기업이 인식한 감가상각비의 총액은 손익계산서의 판매관리비에 포함된 감가상각비를 모두 더하면 된다.

11. 자본변동표는 자본 증감의 원인이 되는 주주의 출자, 당기순이익(손실), 주주로의 배당 등의 사항을 포함한다.

12. 현금흐름표의 투자활동 현금흐름은 기계 및 비품의 취득, 임차보증금의 지급, 주주의 출자, 차입금의 증가 등을 포함한다.

13. 제조기업은 결산수정분개 후 재공품의 기말잔액이 항상 0이 된다.

회계 용어 초성퀴즈

• 다음의 용어 설명을 보고 초성에 맞는 회계용어가 무엇인지 답하시오.

	용어 설명	용어 초성
1	제조원가 중 재료원가와 노무원가를 제외한 나머지 원가	ㅈㅈㄱㅂ
2	다단계 손익계산서에서 매출액에서 매출원가를 차감한 금액으로 양수(+)인 경우	ㅁㅊㅊㅇㅇ
3	원재료는 제조공정에 투입되었으나 기말 현재 제품으로 완성되지 않은 재고자산	ㅈㄱㅍ
4	이익잉여금의 잔액이 음수(−)일 경우 이익잉여금을 일컫는 용어	ㄱㅅㄱ
5	상품의 매입과 매출이 발생할 때마다 시간 순서대로 상품 수량의 증감을 계속 기록하여 판매된 상품의 수량과 기말에 남아있는 상품의 수량을 결정하는 방법	ㄱㅅㄱㄹㅂ
6	실제 재고자산의 수량이 장부상의 수량보다 부족한 경우 부족한 재고자산 금액만큼을 기록하는 비용 계정	ㅈㄱㅈㅅㄱㅁㅅㅅ
7	각 상품의 매입(입고)과 판매(출고) 시에 수량과 단가를 시간순으로 기록하는 회계 장부	ㅅㅍㅅㅂㅂ
8	상품의 매입 시에만 수량과 단가를 기록하고, 기말 남아있는 상품의 실사를 통해 파악한 수량으로 기간 중 판매된 상품의 수량을 결정하는 방법	ㅅㅈㅈㄱㅈㅅㅂ
9	다단계 손익계산서에서 매출액에서 매출원가와 판매관리비를 차감한 금액으로 음수(−)인 경우	ㅇㅇㅅㅅ
10	재무상태표에서 주로 1년 이내에 현금으로 회수되거나 사용 등으로 소멸되는 자산	ㅇㄷㅈㅅ

제5장 객관식 문제

1. 제조기업인 (주)한국의 20×1년 다단계손익계산서 자료를 이용하여 영업손익을 계산하면? 〈국가직 9급, 2019 수정〉

계정과목	금 액	계정과목	금 액
매출액	₩100,000	이자비용	₩5,000
이자수익	₩10,000	매출원가	₩70,000
감가상각비	₩10,000	종업원급여	₩5,000
기부금	₩10,000	광고선전비	₩5,000

① 영업이익 ₩10,000　　② 영업손실 ₩10,000
③ 영업이익 ₩20,000　　④ 영업손실 ₩20,000

2. 20×1년 초 설립한 (주)한국의 20×1년 말 수정전시산표는 회계기록상 계정잔액의 오류가 없었음에도 불구하고 차변 합계와 대변 합계가 일치하지 않았다.

계정과목	차 변	대 변
현 금	200	
매 출	300	
매출채권	500	
건 물	1,000	
미지급금		200
재고자산	200	
선급보험료		50
자본금		1,000
소모품	30	
차입금		500

계정과목	차 변	대 변
매입채무	50	
임차료	30	
급 여	40	
합 계	2,350	1,750

위의 수정전시산표 상의 오류와 다음 결산조정사항을 반영한 후 (주)한국의 20×1년 말 수정후시산표 상 차변 합계는? 〈국가직 9급, 2020 수정〉

- 20×1년 말 현재 보유하고 있는 소모품은 ₩10이다.
- 차입금의 차입일은 20×1년 7월 1일, 연 이자율 4%, 만기 1년이고, 이자는 차입원금 상환 시 일시 지급한다(20×1년 이자 발생에 대한 수정분개는 아직 없었음).

① ₩2,050 ② ₩2,060
③ ₩2,070 ④ ₩2,090

3. (주)한국은 당기에 다음과 같은 오류를 발견하고, 장부 마감 전에 이를 수정하였다. 오류수정 전 당기순이익이 ₩100,000이라고 할 때, 오류수정 후 당기순손익은? 〈지방직 9급, 2019 수정〉

- 당기 7월 1일 수령한 선수임대료 ₩120,000을 전액 임대료수익으로 계상하였다. (임대기간은 당기 7월 1일부터 차기 6월 30일까지이다)
- 당기 발생 미지급급여 ₩100,000을 누락하고 인식하지 않았다.
- 당기 발생 미수이자 ₩40,000을 누락하고 인식하지 않았다.

① 당기순이익 ₩0 ② 당기순이익 ₩80,000
③ 당기순손실 ₩20,000 ④ 당기순손실 ₩100,000

4. (주)한국은 20×1년 7월 1일 창고를 임대하고 1년분 임대료 ₩300,000을 현금 수령하여 임대료수익으로 회계처리하였다. (주)한국이 임대료와 관련하여 기말 수정분개를 하지 않은 경우, (주)한국의 재무제표에 미치는 영향에 대한 설명으로 옳은 것은? (단, 기간은 월할 계산한다) 〈국가직 9급, 2023〉

① 부채와 당기순이익이 모두 과대계상된다.
② 부채는 과소계상되고 당기순이익은 과대계상된다.
③ 자산과 당기순이익이 모두 과소계상된다.
④ 자산은 과소계상되고 당기순이익은 과대계상된다.

5. 제조원가에 대한 다음 설명 중 틀린 것은?

① 감가상각비는 모두 제조경비에 포함된다.
② 원재료는 제조에 투입되면 재공품 계정으로 이전되고, 재공품은 제품이 완성되면 제품 계정으로 이전된다.
③ 제조원가는 재료원가, 노무원가, 제조경비의 합이다.
④ 기말 현재 미완성된 제품이 있다면 수정후시산표는 재공품을 포함한다.

제5장 주관식 문제

1. 다음은 제조원가의 집계를 위한 결산수정분개를 앞둔 (주)고려산업의 시산표 중 일부이다. 아래에 나타난 원재료의 80%가 제조공정에 투입되었고, 월말에 미완성된 제품은 없으며, 제품의 90%가 판매되었다.

(단위: 천원)

계정과목	잔 액	계정과목	잔 액
원재료	20,000	임차료-판관비	500
급여-노무원가	15,000	이자비용	900
임차료-제조경비	4,000	접대비-판관비	120
전력비-제조경비	110	감가상각비-제조경비	3,000
급여-판관비	150	전력비-판관비	100

1) (주)고려산업의 월말 결산수정분개에서 재공품으로 이전(대체)되는 항목들은 무엇이고, 합계는 얼마인가?
2) (주)고려산업의 이번 달 손익계산서에 나타나는 매출원가는 얼마인가?
3) (주)고려산업의 이번 달 손익계산서에 나타나는 판매관리비의 합계는 얼마인가?
4) (주)고려산업의 이번 달 말의 재무상태표에 나타나는 재고자산에 포함되는 것은 무엇이고 합계는 얼마인가?

2. (주)드림의 본사와 제조공장은 같은 곳에 소재하고 있다. 다음은 20×1년 3월 중에 발생한 비용에 대한 자료이다. (주)드림은 매월 말에 미완성된 재공품은 없고, 3월 중 제품의 90%가 판매되었다.

공장직원 급여	70,000,000
본사 사무직원 급여	50,000,000
기타 제조 관련 비용	10,000,000
감가상각비(공장 60%, 본사 40%)	50,000,000

전력비(공장 80%, 본사 20%)	30,000,000
광고비	5,000,000
이자비용	2,000,000
원재료 제조공정 투입액	34,000,000
원재료 기말재고액	3,000,000

1) 재료원가, 노무원가, 제조경비를 구하시오.

2) 당기 총제조원가를 구하시오

3) 손익계산서에 표기되는 매출원가를 구하시오(제품의 기초재고액은 0으로 가정).

4) 손익계산서에 표기되는 판매관리비를 구하시오.

5) 재무상태표에 표기되는 재고자산은 얼마인가?

3. 다음은 (주)율도인쇄소의 5월 거래내역이다. 아래 물음에 답하시오.

5월 1일	주주 홍길동 씨의 3,000만원 현금 출자로 (주)율도인쇄소를 설립함.
5월 2일	인쇄기계(잔존가치 200만원, 내용연수 5년)의 구입비용으로 현금 2,000만원을 지급함.
5월 3일	자금을 추가로 조달하기 위해 은행에서 현금 1,000만원을 차입함(만기 1년, 연이자율 6% 매달 초에 지급).
5월 4일	종이, 잉크 등 인쇄제품 제작을 위한 원재료를 구입하는데 현금 200만원을 지급함.
5월 7일	율도인쇄소의 인터넷 광고를 위해 포털업체에 현금 100만원을 지급함.
5월 20일	카탈로그 제작을 의뢰한 업체 사장과 상담 후 저녁식사비로 현금 6만원을 지출함.
5월 28일	카탈로그를 제작하여 공급한 후 제작대금으로 현금 700만원을 수취함.
5월 31일	인쇄소 임차료 100만원, 직원급여 300만원, 아르바이트생 급여 50만원을 각각 현금으로 지급함(인쇄소는 80%가 인쇄제품 제작을 위한 공간으로, 20%는 사무업무용으로 사용하고, 직원은 인쇄업무를, 아르바이트생은 사무업무를 전담함).

1) 5월 거래를 날짜별로 분개하시오. 단, 매출원가에 대한 분개는 4)번 결산수정분개에서 수행하시오.
2) 5월 말 시산표에 나타날 현금 잔액을 현금 계정을 이용하여 산출하시오.
3) 5월 말 시산표를 작성하시오.
4) 5월 말에 매출원가에 관한 분개를 포함한 필요한 모든 결산수정분개를 하시오(5월 말 현재 인쇄제품의 제작을 위한 원재료는 50만원어치가 남아 있고 인쇄제품은 모두 완성되었으며 전부 고객에게 전달되었다).
5) 5월 말 수정후시산표를 작성하시오.
6) 5)번의 수정후시산표를 토대로 손익계산서, 재무상태표, 자본변동표와 현금흐름표를 작성하시오.

4. 다음은 (주)웰빙천연비누의 7월 거래내역이다. 아래 물음에 답하시오.

7월 1일	주주의 5,000만원 현금 출자로 (주)웰빙천연비누를 설립함.
7월 2일	제조공장의 임차를 위해 임차보증금 3,000만원과 월임차료 현금 100만원을 지불함. 임차한 면적의 80%는 비누의 제조를 위해 사용하고, 나머지 20%는 사무실로 사용할 계획임.
7월 3일	비누제조기계(잔존가치 200,000원, 내용연수 5년)와 사무실에서 사용할 컴퓨터, 책상, 의자 등(잔존가치 0원, 내용연수 5년)을 각각 한 달 후 지급하는 조건으로 500만원과 420만원에 구입함.
7월 4일	비누베이스, 향료 등 150만원의 원재료를 외상으로 구입함.
7월 30일	비누제조직원과 판매담당직원의 7월 급여로 400만원과 200만원을 현금으로 지급함. 7월의 전기요금 50만원(공장 45만원, 사무실 5만원)을 현금으로 지급함. 천연비누 광고료 50만원을 현금으로 지급함.
7월 31일	7월 한 달 동안 원재료의 90%를 투입하여 천연비누 10,000개를 제작하였고 그중 9,000개를 개당 1,000원에 현금으로 판매하였다(미완성 비누는 없음).

1) 7월 거래를 날짜별로 분개하시오(매출원가에 대한 분개는 제외).
2) 7월 말 시산표에 나타날 현금 잔액을 현금 계정을 이용하여 산출하시오.
3) 7월 말 시산표를 작성하시오.

4) 7월 말에 매출원가에 관한 분개를 포함한 필요한 모든 결산수정분개를 하시오.

5) 7월 말 수정후시산표를 작성하시오.

6) 5)번의 수정후시산표를 토대로 손익계산서, 재무상태표, 자본변동표와 현금흐름표를 작성하시오(법인세비용은 없는 것으로 가정).

5. 본 장에서는 (주)뷰티풋의 5월 거래를 분개하고 재무제표를 작성하였다. 아래는 그다음 달인 6월의 거래내역이다. 다음 물음에 답하시오.

6월 1일	은행차입금 2,000만원에 대한 월이자 10만원을 현금으로 지급.
6월 2일	양말의 원재료인 원사를 한 달 후 700만원을 지급하는 조건으로 구입.
6월 2일	6월 임차료로 현금 200만원을 지급(임차 면적의 90%는 양말 제조에, 나머지 10%는 회사 사무실로 사용).
6월 3일	운영자금 부족으로 주주인 양만수 씨가 추가로 현금 1,000만원을 출자함.
6월 4일	5월 비품의 외상 구입으로 발생한 미지급금 600만원을 현금으로 지급.
6월 7일	5월 외상매입금 500만원을 현금으로 지급.
6월 10일	제품의 홍보를 위해 포털사이트에 광고료로 현금 50만원을 지급.
6월 20일	마케팅 교육을 위해 유료 세미나에 참가비 6만원을 내고 직원이 참석.
6월 28일	K유통의 외상매출금 2,000만원을 현금으로 수령.
6월 29일	공장직원, 사무직원의 급여로 각각 600만원과 500만원을 현금으로 지급. 6월 전기요금으로 43만원(공장 40만원, 사무실 3만원)을 현금으로 지급.
6월 30일	원재료의 90%를 소진하여 총 20,000켤레의 양말을 생산하였고, 미완성된 양말은 없음.
6월 30일	5월 제품재고 2,500켤레와 6월 제품 17,500켤레를 모두 개당 1,600원에 한 달 후 받는 조건으로 판매함.

1) 6월 거래를 날짜별로 분개하시오.

2) 6월 말 시산표에 나타날 현금 잔액을 현금 계정을 이용하여 산출하시오(현금의 기초잔액은 183쪽 〈표 5.8〉의 5월 말 재무상태표를 참조).

3) 6월 말 시산표를 작성하시오(계정별 기초잔액은 183쪽 〈표 5.8〉의 5월 말 재무상태표를 참조).

4) 6월 말에 필요한 결산수정분개를 수행하시오.

5) 6월 말 수정후시산표를 작성하시오.

6) 5)번의 수정후시산표를 토대로 손익계산서와 재무상태표를 작성하시오(법인세 비용은 없는 것으로 가정).

6. 다음은 (주)제일모자의 8월 거래내역이다. 아래 물음에 답하시오.

8월 1일	주주 3인의 총 9,000만원 현금 출자로 (주)제일모자를 설립함.
8월 2일	공장의 임차를 위해 임차보증금 5,000만원과 월임차료 현금 250만원을 지불함. 임차한 면적의 80%는 모자의 생산을 위해 사용하고, 나머지 20%는 회사 사무실로 사용할 계획임.
8월 2일	자금의 추가 조달을 위해 은행에서 현금 3,000만원을 차입함(만기 1년, 연이자율 3% 매달 초에 지급).
8월 3일	모자 제작을 위한 재봉틀 등 기계(잔존가치 10%, 내용연수 5년)를 현금 4,000만원을 지급하여 구입하고, 사무실에서 사용할 책상 등 480만원의 비품(잔존가치 0, 내용연수 5년)을 한 달 후 지불하는 조건으로 구입함.
8월 4일	구입한 기계에 대한 1년 화재보험료로 120만원을 현금 지불함.
8월 7일	모자의 제작에 사용될 원재료인 원단과 모자부품을 한 달 후 1,000만원을 지급하는 조건으로 구입함.
8월 29일	공장직원과 사무직원의 급여로 각각 900만원과 500만원을 현금으로 지급함.
8월 30일	8월 한 달간의 전기요금으로 33만원(공장 30만원, 사무실 3만원)을 현금으로 지급함.
8월 31일	한 달간 원재료를 90% 소진하여 총 4,000개의 모자를 생산하였고, 미완성된 모자는 없음.
8월 31일	모자 3,800개를 K유통에 개당 8,000원에 한 달 후 받는 조건으로 판매함.

1) 8월 거래를 날짜별로 분개하시오(매출원가에 대한 분개는 제외).

2) 8월 말 시산표에 나타날 현금 잔액을 현금 계정을 이용하여 산출하시오.

3) 8월 말 시산표를 작성하시오.

4) 8월 말에 매출원가에 관한 분개를 포함한 필요한 모든 결산수정분개를 하시오.

5) 8월 말 수정후시산표를 작성하시오.

6) 5)번의 수정후시산표를 토대로 손익계산서, 재무상태표, 자본변동표와 현금흐름표를 작성하시오(법인세비용은 없는 것으로 가정).

7. 다음은 (주)남도김치의 9월 거래내역이다. 아래 물음에 답하시오.

9월 1일 주주 3인의 총 3억원 현금 출자로 (주)남도김치를 설립함.

9월 2일 제조공장의 임차를 위해 임차보증금 1억원과 월임차료 현금 200만원을 지불함. 임차한 면적의 80%는 김치의 생산을 위해 사용하고, 나머지 20%는 사무실로 사용할 계획임.

9월 3일 김치의 제조는 절단, 절임, 세척, 탈수, 양념버무림, 발효, 포장 공정을 거쳐 완성된다. (주)남도김치는 김치 제조에 필요한 절단기, 절임탱크, 세척기, 양념혼합기, 포장기 등 1억5천만원 어치의 기계를 5천만원은 현금으로 지급하고, 나머지 1억원은 한 달 후에 지급하는 조건으로 취득함(총 잔존가치 1,500만원, 내용연수 5년). 또한 완성된 김치의 배달에 사용할 트럭(잔존가치 200만원, 내용연수 5년)과 사무용 비품(잔존가치 0원, 내용연수 5년)을 각각 2,000만원과 240만원에 현금으로 구입함.

9월 4일 김치의 원재료인 배추, 무, 마늘, 고춧가루 등을 총 350만원에 현금으로 구입함.

9월 5일 원재료를 투입하여 김치 제조를 시작함.

9월 15일 제조한 김치를 S대학교의 교내식당에 납품하고, 한 달 후에 750만원을 받기로 함.

9월 16일 김치의 원재료를 총 400만원에 한 달 후 지급하는 조건으로 외상 구입함.

9월 29일 제조한 김치를 (주)헬스팜의 사내식당에 납품하고 현금 700만원을 수취함.

9월 30일 제조직원과 사무직원의 급여로 500만원과 200만원을 현금으로 지급함. 9월의 전기 및 수도요금 30만원(공장 25만원, 사무실 5만원)이 발생하였으나 아직 지급하지 않음.

9월 30일 9월 한 달 동안 원재료를 모두 투입하였고 김치는 모두 완성되었으며 제조한 김치의 80%를 판매함.

1) 9월 거래를 날짜별로 분개하시오(매출원가에 대한 분개는 제외).
2) 9월 말 시산표에 나타날 현금 잔액을 현금 계정을 이용하여 산출하시오.
3) 9월 말 시산표를 작성하시오.
4) 9월 말에 매출원가에 관한 분개를 포함한 필요한 모든 결산수정분개를 하시오.
5) 9월 말 수정후시산표를 작성하시오.
6) 5)번의 수정후시산표를 토대로 손익계산서, 재무상태표, 자본변동표와 현금흐름표를 작성하시오(법인세비용은 없는 것으로 가정).

8. 다음은 제조업체인 (주)세계화학의 20×1년 12월 31일 수정후시산표에 나타난 계정 잔액이다.

(단위: 천원)

계정과목	잔 액	계정과목	잔 액
현 금	250,000	매입채무	974,000
자본금	400,000	임차료	240,000
비 품	150,000	보험료	21,000
법인세비용	39,000	급 여	1,265,000
매 출	6,240,000	미지급금	84,000
광고선전비	655,000	이익잉여금	1,698,000
재고자산	680,000	매출원가	3,630,000
차량운반구	350,000	차량운반구감가상각누계액	300,000
감가상각비	91,000	이자비용	30,000
비품감가상각누계액	120,000	여비교통비	98,000
매출채권	1,235,000	장기차입금	516,000
기계장치	2,862,000	기계장치감가상각누계액	1,264,000

1) 20×1년 12월의 다단계 손익계산서를 작성하시오(20×1년 12월 1일~12월 31일).
2) 20×1년 말 재무상태표를 작성하시오(유동과 비유동으로 구분할 것. 매출채권, 매입채무, 미지급금은 3개월 내로 회수 또는 지급할 예정).

9. 다음은 제조업체인 (주)동대문전자의 20×1년 3월 31일 수정후시산표에 나타난 계정 잔액이다.

계정과목	잔 액	계정과목	잔 액
현 금	340,000	장기차입금	500,000
자본금	1,480,000	임차료	570,000
운송비	152,000	보험료	90,000
비 품	1,840,000	제 품	580,000
수도광열비	360,000	급 여	1,210,000
매 출	10,502,000	매입채무	212,000
광고선전비	240,000	이익잉여금	81,000
비품감가상각비	50,000	매출원가	7,268,000
매출채권	222,000	이자비용	68,000
법인세비용	90,000	미지급금	92,000
비품감가상각누계액	300,000	재공품	87,000

1) 20×1년 3월의 다단계 손익계산서를 작성하시오.

2) 20×1년 3월 말의 재무상태표를 작성하시오(유동과 비유동으로 구분할 것. 매출채권, 매입채무, 미지급금은 3개월 내로 회수 또는 지급하고, 장기차입금은 2년 후 상환할 예정).

실제 기업 사례 문제

1. 비상장 모자 제조기업인 (주)유풍의 2022년도 감사보고서를 전자공시시스템(dart.fss.or.kr)에서 검색하여 손익계산서를 찾은 후 다음 물음에 답하시오.

1) 손익계산서의 'II.매출액'에서 '제품매출액'과 '상품매출액'은 어떤 차이가 있는지 말해 보시오.
2) 상품매출원가가 제품매출원가보다 35배 이상 크다는 것이 의미하는 바가 무엇인지 생각해 보고, (주)유풍의 주석에서 상품을 주로 어느 회사로부터 구입하는지 찾아보시오.
3) 판매관리비에 포함된 '세금과공과'와 '법인세비용'과는 어떻게 다른지 생각해 보고 인터넷 검색을 통해 답을 확인해 보시오.
4) 영업외수익 중 '수수료수익'은 누구를 상대로 왜 발생한 것인지 재무제표 주석8을 보고 답하시오.
5) 영업외비용 중 '매출채권처분손실'이 무엇인지 주석5를 보고 생각해 본 후 인터넷 검색을 통하여 답을 찾아 확인해 보시오.
6) 영업외수익과 영업외비용에 포함된 외화환산이익과 외화환산손실은 왜 발생하는지 재무제표 주석15를 보고 답하시오.

2. 전자공시시스템에서 비상장 모자 제조기업 (주)유풍의 2022년도 재무상태표를 찾은 후 다음 물음에 답하시오.

1) (주)유풍의 (부채총계÷자본총계)를 계산하고, 전기(2021년)와 비교해 보시오.
2) 유동자산의 단기대여금, 유동성장기대여금, 미수금, 투자자산의 장기대여금에 대해 재무제표 주석8과 주석15를 통해 알 수 있는 사실은 무엇인지 말해 보시오.
3) 유형자산 중 감가상각을 하지 않는 자산은 무엇인지 재무제표 주석9를 참조하여 답하시오.
4) (주)유풍이 2022년에 단기차입금으로 신규 대출한 금액과 상환에 사용된 금액을 현금흐름표의 재무활동 현금흐름에서 찾아보시오.

5) 비유동부채의 퇴직급여충당부채는 종업원들에게 퇴직금을 지급할 의무를 금액으로 나타낸 것이다. 현재 (주)유풍은 퇴직급여충당부채의 지급으로 사용할 별도의 자산을 얼마나 확보하고 있는지 재무제표 주석14에서 답을 찾아보시오.
6) (주)유풍이 2022년 주주에게 지급한 현금배당금은 얼마인지 현금흐름표를 보고 답하시오.

제6장

재무제표 분석

6.1 재무비율
6.2 재무제표 분석 사례 Ⅰ
6.3 재무제표 분석 사례 Ⅱ
6.4 듀퐁분석
6.5 기업의 성장주기

이병철과 삼성그룹 – 사업보국(事業報國), 기업을 일으켜 나라에 은혜를 갚는다

경남 의령군 정곡면 중교리의 비교적 유복한 집안에서 태어난 이병철은 열 살 때부터 진주, 서울을 거쳐 동경 와세다대학으로 유학을 떠났으나 각기병으로 대학을 졸업하지 못한 채 귀향하였다. 2년 정도의 공백기 끝에 사업을 하기로 결심하고, 1936년 마산에서 정미소마다 사람들이 줄을 서서 기다리는 것을 본 후 정미소를 설립하여 크게 성공하였다. 그러나 중일전쟁의 발발로 은행 대출금을 갚기 위해 그동안 매입한 토지와 정미소까지 모두 매각하여 원점으로 돌아왔다.

1938년 한반도와 중국의 여러 도시를 둘러본 그는 물자가 부족한 현실을 보고 한반도와 만주를 오가는 무역업을 하기로 결심하고 대구에 삼성상회를 설립하였다. 돈이 제법 모이자 조선양조를 인수하였고, 해방 후 1948년에는 서울에서 무역회사인 삼성물산을 설립하였다. 1년 만에 국내 7위의 무역업체로 성장하였으나 한국전쟁으로 모든 것을 잃고 1.4후퇴 때 대구로 피난을 떠났다. 양조장 사업을 맡긴 직원들로부터 생각지도 못했던 사업자금 3억원을 받은 이병철은 부산에서 다시 삼성물산을 세웠다.

무역업의 성공을 바탕으로 이병철은 제지, 설탕, 페니실린을 국내에서 직접 생산하는 제조업을 시작하여 해외 수입을 대체하기를 희망하였다. 그러다 설탕을 제조하는 것이 비교적 단시간에 진출할 수 있음을 깨닫고 제일제당을 설립하였다. 일본에서 주요 기계를 들여오되 국내 기술진으로 생산설비를 조립하였다. 우여곡절 끝에 공장을 완성하고 시운전을 하였으나 설탕은 나오지 않고 검은 물만 나와 이를 해결하고자 3일 동안이나 씨름하였다. 지나가던 공장의 한 용접공이 원료를 너무 많이 넣는 것 아니냐는 말을 듣고 원료를 줄여서 넣었더니 드디어 하얀 설탕이 나오기 시작하였다.

제당사업의 성공을 바탕으로 이병철은 이번에는 수입에 의존하던 양복지를 국내에서 생산하기 위해 제일모직을 설립하였다. 독일에서 기계를 들여왔지만, 국내 기술자들을 최대한 활용하여 조립하였고, 불철주야 노력한 결과 6개월 만에 공장을 완공하였다. 이병철은 사람들을 만날 때면 제일모직 제품을 항상 입었고, 점차 품질에 대한 입소문이 퍼져 외국산 양복지를 대체하였으며 영국으로 수출하는 쾌거를 달성하였다.

그 후 일본 전자산업의 급속한 발전에 영향을 받아 1969년에 삼성전자를 설립하였다. 또한 중화학공업으로 진출하기 위해 1974년에 화학섬유의 원료를 생산하는 삼성석유화학을 설립하였고, 1977년에는 조선소를 인수하여 삼성중공업과 방위산업업체인 삼성정밀을 각각 설립하였다. 1983년 고심 끝에 반도체 사업의 과감한 투자를 결정하였고 적자인 상황에서도 투자를 계속하여 64KD램, 256KD램, 1메가D램의 개발에 성공하였다. 이병철은 삼성전자가 반도체 사업에서 첫 흑자를 내기 직전 해인 1987년에 별세하였다.

참고문헌: 호암자전(이병철, 2014, 나남), 너의 이름보다는 너의 꿈을 남겨라(박은몽, 2010, 명진출판), 이병철처럼(박시온, 2012, FKI미디어)

지금까지 복식부기의 원리를 바탕으로 서비스기업, 상품매매기업, 제조기업의 회계처리와 재무제표를 작성하는 방법을 학습하였다. 본 장에서는 정보이용자의 입장에서 기업이 작성한 재무제표를 분석하고 해석하는 방법을 논의한다.

6.1 재무비율

재무비율(financial ratio)은 재무제표의 특정 항목을 서로 대비하여 경제적 의미가 있는 지표로 나타낸 것으로 자료를 얻기 쉽고 산출 과정도 어렵지 않아서 널리 이용되고 있다.

재무비율은 기업의 안정성, 효율성, 수익성 등에 관한 다양한 정보를 제공하여 이해관계자들의 의사결정을 돕는다. 특히, 규모가 서로 다른 여러 기업의 재무제표를 비교하기 위해서는 재무제표상의 특정 회계정보를 그대로 사용하기보다는 규모를 나타내는 회계정보로 나눈 값, 즉 비율을 사용하는 것이 타당하다.

재무비율 분석(fianncial statement analysis)은 기업 간의 재무비율을 비교하여 해당 기업의 상대적 경영성과와 재무상태를 평가하거나 과거 비율과 비교하여 추세를 분석하는 것으로, 이를 통해 기업의 경영이 개선되고 있는지 여부를 파악할 수 있다.

그러나 재무비율은 재무제표의 회계정보를 근간으로 하므로 만약 재무제표 자체의 신뢰성이 낮을 경우 분석결과는 의미를 잃게 된다. 또한 여러 가지 재무비율 중 특정 비율이 우월한 것은 아니므로 상황에 맞는 재무비율을 계산하여 분석 목적에 맞게 사용해야 한다. 회계처리의 다양성이나 기업 고유의 특성도 재무비율 분석의 비교가능성을 침해할 수 있다.

재무비율은 〈표 6.1〉과 같이 재무 건전성과 이자 지급능력을 측정하는 **안정성 비율**(safety ratio), 단기채무 지급능력을 나타내는 **유동성 비율**(liquidity ratio), 기업의 수익력과 연관된 **수익성 비율**(profitability ratio), 경영 규모 및 기업활동의 성장 정도를 보여 주는 **성장성 비율**(growth ratio), 그리고 자산운용의 활동성을 평가하는 **효율성 비율**(efficiency ratio)로 분류된다.

1) 안정성 비율

안정성 비율은 기업의 재무 건전성, 즉 해당 기업이 자금조달을 위해 부채를 사용하는 정도를 평가하는 **레버리지비율**(leverage ratio)과 부채에 대한 이자 지급능력을 나타내는 **커버리지비율**(coverage ratio)로 나뉜다.

레버리지 비율은 대표적으로 부채자산비율과 부채비율이 있다. **부채자산비율**(debt to asset ratio)은 **부채구성비율**(또는 타인자본구성비율)이라고도 불리고, 총부채를 총자산으로 나누어 계산하며 타인자본 의존도를 측정한다. **부채비율**(debt to equity ratio)은 부채총계를 자본총계로 나누어 계산하며 부채와 자본의 구성비율을 나타낸다. 부채비율이 100%이면 부채와 자본이 1:1이라는 것으로 자산의 절반이 채권자 몫이라는 의미이고, 부채비율이 200%이면 부채가 자본의 2배로 자산의 $\frac{2}{3}$가 채권자 몫이라는 의미가 된다.

실무에서는 기업의 부채비율이 200%를 초과하면 부채비율이 높은 것으로 평가한다. 은행과 같은 채권자의 입장에서는 부채비율이 높은 기업일수록 원금이 회수되지 않을 가능성, 즉 원금회수위험이 높기 때문에 대출을 꺼리게 된다. 기업의 입장에서는 부채비율이 높을 경우, 추가적인 자금조달이 어려울 수 있고 자금조달이 가능하더라도 채무불이행 가능성이 상대적으로 높기 때문에 높은 이자를 지급해야 한다.

또한 부채비율이 높으면 차입금도 많을 것이므로 차입금에서 발생하는 이자비용으로 인해 경영성과가 좋지 않을 가능성이 커진다. 특히, 불경기나 예상치 못한 금융위기가 발생한다면 지불할 이자비용은 정해져 있는데 영업은 부진

표 6.1 주요 재무비율의 분류와 계산공식

분류	재무비율	계산공식	의 미
안정성	부채자산비율 (부채구성비율)	$\frac{\text{부채총계}}{\text{자산총계}}$	총자산 대비 부채의 상대적 크기
	부채비율	$\frac{\text{부채총계}}{\text{자본총계}}$	자본 대비 부채의 상대적 크기, 재무위험
	이자보상비율	$\frac{(\text{당기순이익}+\text{법인세비용}+\text{이자비용})}{\text{이자비용}}$	이자 지급능력
유동성	유동비율	$\frac{\text{유동자산}}{\text{유동부채}}$	단기채무 지급능력
	당좌비율	$\frac{\text{당좌자산}}{\text{유동부채}}$	단기채무 지급능력
수익성	매출액총이익률	$\frac{\text{매출총이익}}{\text{매출액}}=1-\frac{\text{매출원가}}{\text{매출액}}$	매출 대비 매출총이익의 크기
	매출액 영업이익률	$\frac{\text{영업이익}}{\text{매출액}}$	매출 대비 영업이익의 크기
	매출액세전순이익률	$\frac{\text{법인세비용차감전순이익}}{\text{매출액}}$	매출 대비 법인세비용 차감전순이익의 크기
	매출액순이익률	$\frac{\text{당기순이익}}{\text{매출액}}$	매출 대비 당기순이익의 크기
	자기자본이익률	$\frac{\text{당기순이익}}{\text{평균자본총계}}$	자기자본 1원 투입대비 당기순이익의 크기
	총자산이익률	$\frac{\text{당기순이익}}{\text{평균총자산}}$	총자산 1원 투입대비 당기순이익의 크기
성장성	매출액성장률	$\frac{\text{당기 매출액}-\text{전기 매출액}}{\text{전기 매출액}}$	매출액의 증감 정도
효율성	총자산회전율	$\frac{\text{매출액}}{\text{평균총자산}}$	자산 1원 대비 매출액의 크기
	매출채권회전율	$\frac{\text{매출액}}{\text{평균매출채권}}$	회계기간 중 매출채권이 현금화되는 속도
	매출채권회수기간	$\frac{365}{\text{매출채권회전율}}$	매출채권이 현금화되는 기간

분류	재무비율	계산공식	의 미
	재고자산회전율	$\frac{\text{매출원가}}{\text{평균재고자산}}$	회계기간 중 재고자산이 매출로 소진되는 속도
	재고자산보유기간	$\frac{365}{\text{재고자산회전율}}$	재고자산이 판매되는 평균 기간

하게 되므로 부채비율이 낮은 기업에 비해 타격이 클 수밖에 없다.[1)]

부채비율은 부채의 상대적 수준을 알려주지만 해당 기업이 이자를 지급할 능력이 있는지에 관한 정보는 제공하지 않는다. 부채비율이 높더라도 이자지급능력이 충분하다면 큰 문제는 없을 것이다. **이자보상비율**(interest coverage ratio)은 커버리지 비율의 대표적인 지표로서 기업의 이자 지급능력을 나타내며 이자비용차감전세전이익(= 당기순이익 + 법인세비용 + 이자비용)을 이자비용으로 나누어 산출한다. 이자보상비율이 높을수록 이자비용을 감당할 수익이 많음을 의미한다.

2) 유동성 비율

유동성 비율은 기업의 단기채무 지급능력을 나타내는 비율이다. 대표적인 유동성 비율로 **유동비율**(current ratio)은 유동자산을 유동부채로 나누어 산출한다. 유동비율이 1보다 작다는 것은 유동부채가 유동자산보다 큼을 의미하므로 추가적인 자금 조달이 필요할 수 있음을 의미한다.

부채비율이 낮은 경우는 유동비율이 1보다 작더라도 차입금을 추가로 조달할 수 있으므로 크게 문제가 되지는 않는다. 그러나 부채비율이 높고 유동비율이 1보다 작다면 차입금을 추가로 조달하기 쉽지 않은 상태에서 1년 이내에 상환할 부채가 유동자산보다 큰 상황이므로 재무적 곤경에 처할 수 있다.

---

1) 은행, 증권, 보험사와 같은 금융회사는 고객들의 예금, 투자금, 보험료 등이 부채로 인식되기 때문에 부채비율이 다른 산업보다 현저히 높은 특징이 있다.

한편, 유동자산을 구성하고 있는 항목들의 유동성이 모두 동일하지 않다. 유동자산 중에서 현금으로 전환하는 데 걸리는 시간이 긴 재고자산은 유동성이 상대적으로 낮다. 또한 재고자산은 현금화되지 못할 가능성도 있고, 재고자산 청산 시에는 매각손실의 위험이 크다. 따라서 재고자산을 제외한 유동자산, 즉 **당좌자산**을 유동부채로 나눈 값을 유동비율의 보조비율로 사용하는데 이를 **당좌비율**(quick ratio 혹은 acid-test ratio)이라고 한다.

당좌비율이 1 이상이면 유동부채를 초과하는 당좌좌산을 보유하고 있는 것으로 단기채무 지급능력이 있는 것으로 해석할 수 있다. 당좌비율은 특히 경기에 민감하거나 진부화 위험이 높은 재고자산을 보유하고 있는 기업의 단기채무 지급능력을 평가할 때 유용하게 사용될 수 있다.[2)]

3) 수익성 비율

수익성 비율은 기업의 이익창출능력을 보여주는 비율이다. 다단계 손익계산서 상에 단계별로 나타나는 매출총이익, 영업이익, 법인세비용차감전순이익, 당기순이익을 매출액으로 나누면 각각 **매출액총이익률**(gross profit margin), **매출액영업이익률**(operating profit margin), **매출액세전순이익률**(pretax profit margin), **매출액순이익률**(net profit margin 또는 return on sales)이 된다.

매출액순이익률만으로도 기업의 상대적 수익성 측정이 가능하다. 그러나 매출액으로 나눈 네 개의 수익성 비율을 모두 산출하여 직전 기간과 비교하면 매출액순이익률의 변동에 가장 큰 영향을 준 요인이 어느 단계에서 발생했는가를 파악할 수 있다.

한편, **자기자본이익률**(ROE, return on equity)은 당기순이익을 평균자본총계로 나눈 것으로 자기자본 대비 이익의 상대적 크기를 나타낸다. 여기서 평균자본총계는 기초 자본총계와 기말 자본총계를 더한 후 2로 나누어 산출한다. **총자**

---

2) 2008년 2월 도산한 (주)우영은 2007년 3분기 말 유동비율은 1.17이었으나 당좌비율은 0.46에 불과하였다.

산이익률(ROA, return on asset)은 당기순이익을 평균자산총계로 나눈 것으로 총자산 대비 이익의 상대적 크기를 나타낸다. ROE와 ROA는 결국 분모에서만 차이가 나기 때문에 만약 부채가 0이라면 ROE와 ROA는 일치한다.

영업을 위해 투입된 자금은 자기자본(자본)뿐만 아니라 타인자본(부채)도 있으므로 ROA는 이들을 구분하지 않고 경영자의 입장에서 전체 투입된 자본 대비 얼마의 이익이 난 것인가를 측정한 것이다. 반면, ROE는 투입한 자본에서 타인자본은 제외하고 주주의 입장에서 자기자본만을 사용하여 산출한 것으로 이익을 배당하지 않고 회사 내부에 유보하여 재투자할 경우 이후 얼마의 이익을 낼 수 있는가를 예측하는데 유용한 정보이다.[3)]

4) 성장성 비율

성장성 비율은 개별 계정의 기간별 증가 또는 감소의 상대적 크기를 측정한 비율이다. **매출액성장률**(sales growth ratio)은 당기 매출액에서 전기 매출액을 차감한 후 전기 매출액으로 나누어 산출하며 전기 대비 당기 매출액이 얼마나 증가 또는 감소하였는가를 나타낸다.

5) 효율성 비율

효율성 비율 또는 활동성 비율(activity ratio)은 기업의 영업활동에 투입된 자산이 얼마나 효율적으로 수익 창출에 사용되고 있는가를 나타내는 비율이다. **총자산회전율**(asset turnover)은 매출액을 평균총자산으로 나눈 값으로 보유한 자산 1원당 어느 정도의 매출이 창출되는지를 나타낸다. 총자산 대비 매출액이 클수록 자산이 효율적으로 사용되고 있음을 뜻한다. 총자산회전율은 총자산이익률(ROA)을 결정짓는 중요한 요소이다. ROA는 앞서 설명했듯이 당기순이익을

---

3) 은행, 증권, 보험사와 같은 금융회사는 주석1)에서 설명하였듯이 부채의 규모가 커서 자기자본이 상대적으로 매우 적은 특징이 있다. 따라서 금융기관의 수익성 측정은 ROE보다는 ROA가 보다 적합하다(이민주. 『대한민국 업종별 재무제표 읽는 법』(스프링, 2011), p.79, 82).

평균총자산으로 나눈 값으로, 이는 다시 매출액순이익률과 총자산회전율의 곱 ($\frac{당기순이익}{매출액} \times \frac{매출액}{평균총자산}$)으로 나타낼 수 있다. 총자산회전율이 높을수록, 즉 자산이 효율적으로 사용되어 매출액을 더 많이 창출할수록 ROA가 높아진다.

총자산회전율을 각 자산 항목별로 산출하면 보다 세부적인 회전율을 분석할 수 있다. **매출채권회전율**(accounts receivable turnover)은 매출액을 평균매출채권으로 나눈 값이다. 이 비율을 엄격하게 계산하기 위해서는 현금 매출과 신용 매출을 구분하여 신용 매출액만을 사용해야 하지만 두 금액이 따로 공시되지 않으므로 일반적으로 총매출액을 사용한다. 매출채권회전율이 높다는 것은 매출채권이 현금화되는 속도가 빠르다는 의미이다. 1년에 해당하는 365일을 매출채권회전율로 나눈 값을 **매출채권회수기간**(days in accounts receivable)이라고 하는데 이는 매출채권이 현금으로 회수되는 평균 기간을 뜻한다. 매출채권회수기간이 짧을수록 기업은 매출채권에 대한 현금 회수 능력이 높다는 의미가 된다. 매출채권회수기간을 기업의 매출 및 신용정책과 함께 분석하여 매출 전략과 신용관리의 효율성을 평가할 수 있다.

재고자산회전율(inventory turnover)은 매출원가를 평균재고자산으로 나누어 계산한다. 이 비율이 높다는 것은 재고가 신속하게 판매되고 있다는 것을 뜻한다. 365일을 재고자산회전율로 나누면 **재고자산보유기간**(days in inventory)이 산출된다. 재고자산보유기간은 재고자산이 판매되기까지 평균적으로 소요되는 기간을 나타낸다. 재고자산보유기간은 기업의 재고자산 관리 정책과 밀접한 관련이 있으며 재고자산보유기간을 기초로 하여 기업이 과도한 재고를 보유하고 있는 것인지, 혹은 재고가 충분하지 못한 것인지를 평가할 수 있다. 과도한 재고는 재고유지비용을 높이고, 부족한 재고는 기업의 현재와 미래의 매출에 부정적인 영향을 끼친다.

매출채권회전율과 재고자산회전율 등의 재무비율은 산업마다 크게 다르므로 일률적으로 분석에 사용하기보다는 산업평균이나 경쟁기업과 비교하여 분석하는 것이 일반적이다. 또한 기업 내에서는 비율의 연도별 추세를 파악하는 것도 중요하다.

6.2 재무제표 분석 사례 I

〈표 6.2〉와 〈표 6.3〉은 상장 화학섬유회사인 (주)대한화섬의 2020~2022년 포괄손익계산서와 재무상태표이다.[4)]

표 6.2 (주)대한화섬의 2020~2022년 포괄손익계산서 (단위: 천원)

	2022년	2021년	2020년
매출액	150,864,212	117,346,875	86,893,259
매출원가	136,289,759	106,283,041	77,516,380
매출총이익	14,574,454	11,063,834	9,376,879
판매비와관리비	8,191,492	7,906,967	6,378,251
영업이익(손실)	6,382,962	3,156,867	2,998,628
기타이익	3,504,484	1,002,517	5,756,642
기타비용	8,659,992	2,836,702	3,725,187
금융수익	11,019,179	5,651,956	4,879,581
금융비용	1,970,953	470,905	1,353,204
관계기업 손익에 대한 지분	13,487,998	23,084,845	14,981,567
법인세비용차감전순이익(손실)	23,763,677	29,588,578	23,538,026
법인세비용(수익)	(9,675,407)	5,212,256	7,335,005
당기순이익(손실)	33,439,084	24,376,322	16,203,021

* 당기순이익 이하 기타포괄손익과 총포괄손익 부분은 생략함.

4) 상장기업 등이 적용하는 K-IFRS는 손익계산서에 당기순손익뿐만 아니라 **총포괄손익**(comprehensive income)도 보여주기 때문에 손익계산서를 **포괄손익계산서**(statements of comprehensive income)라고 부른다. 총포괄손익은 당기순손익보다 넓은 의미의 이익 또는 손실을 뜻하는 것으로 당기순손익에 **기타포괄손익**(other comprehensive income)을 더하여 산출한다. 기타포괄손익은 손익에 해당하나 기업의 경영성과를 나타내는 당기순손익에 포함시키기에는 적합하지 않은 항목들이 포함된다(예를 들면, 기타포괄손익-공정가치 측정 금융자산 평가손익, 해외사업환산손익 등).

표 6.3 **(주)대한화섬의 2020~2022년 말 재무상태표** (단위: 천원)

	2022년	2021년	2020년
자 산			
Ⅰ. 유동자산	90,420,133	80,352,961	60,474,827
(1) 현금및현금성자산	52,594,375	44,338,004	40,024,326
(2) 단기금융상품	50	50	50
(3) 매출채권	16,988,502	17,493,249	10,770,729
(4) 기타채권	1,175,476	1,796,634	524,229
(5) 재고자산	18,999,206	15,673,871	8,677,121
(6) 기타유동자산	662,523	1,051,153	451,193
(7) 당기법인자산	0	0	27,179
Ⅱ. 비유동자산	746,344,399	827,466,681	661,831,359
(1) 장기금융상품	2,000	2,000	2,000
(2) 관계기업투자주식	282,191,688	282,441,719	246,686,472
(3)기타포괄손익-공정가치금융자산	357,756,656	435,440,491	306,981,420
(4) 투자부동산	80,773,649	79,195,358	79,320,631
(5) 유형자산	17,580,724	20,148,758	18,664,761
(6) 무형자산	2,611,114	5,270,914	5,270,914
(7) 사용권자산	5,013,716	4,967,211	4,904,632
(8) 장기기타채권	414,622	0	0
(9) 기타비유동자산	231	231	527
자산총계	836,764,532	907,819,642	722,306,185
부 채			
Ⅰ. 유동부채	46,727,337	27,264,559	14,787,663
(1) 매입채무	8,959,894	10,153,936	4,906,681
(2) 기타채무	31,108,077	8,187,631	5,972,239
(3) 단기차입금	4,968,458	6,340,974	2,707,547
(4) 미지급법인세	843,985	463,786	0
(5) 유동리스부채	402,952	743,524	678,827
(6) 기타유동부채	443,972	1,374,708	522,370
Ⅱ. 비유동부채	76,052,528	138,506,307	100,311,460

	2022년	2021년	2020년
(1) 장기기타채무	6,000	24,973,544	24,484,591
(2) 확정급여부채	0	4,913	98,630
(3) 이연법인세부채	75,881,391	112,609,881	74,006,981
(4) 비유동리스부채	39,266	426,930	1,014,000
(5) 기타비유동부채	125,871	491,038	707,257
부채총계	122,779,865	165,770,866	115,099,123
자 본			
Ⅰ. 자본금	6,640,000	6,640,000	6,640,000
Ⅱ. 자본잉여금	1,894,400	1,894,400	1,894,400
Ⅲ. 기타자본조정	(11,091,315)	(11,091,315)	(11,091,315)
Ⅳ. 기타자본	218,270,121	279,126,057	168,009,881
Ⅴ. 이익잉여금	498,271,461	465,479,635	441,754,096
자본총계	713,984,667	742,048,776	607,207,062
자본과부채총계	836,764,532	907,819,642	722,306,185

위의 자료를 이용하여 산출한 주요 재무비율은 〈표 6.4〉와 같다. 먼저, (주)대한화섬의 2022년 부채자산비율은 14.67%로 부채가 자산의 14.67%를 차지한다. 부채비율은 17.20%로 전기의 22.34%보다 5.14% 포인트 하락했고 상장제조기업의 중간값 71.84%와 비교하면 매우 낮은 수준이다.

2022년의 이자보상비율은 40.23배로 이자비용차감전세전이익이 이자비용의 40배를 초과하므로 이자를 지급할 수 있는 여력이 충분하다. 그러나 2021년의 이자보상비율 81.06보다는 대폭 감소했는데 이는 2022년 이자비용이 당기순이익보다 상대적으로 더 증가했기 때문이다. 2022년의 유동비율은 1.94, 당좌비율은 1.53으로 유동부채를 상환할 충분한 유동자산과 당좌자산을 보유하고 있다.

2022년 매출액영업이익률은 4.23%로서 전기의 2.69%와 비교하면 상승했고, 매출액순이익률도 전기 20.77%에서 당기에는 22.17%로 소폭 증가하였다. 한편, ROE는 4.59%로 전기의 3.61%에 비하여 27.15%[=(4.59−3.61)÷3.61] 증가했고, ROA도 2.99%에서 3.83%로 28.09% 상승했는데, 분자인 당기순이

표 6.4 (주)대한화섬의 2021~2022년 주요 재무비율

재무비율		2022년	2021년	2022년 상장 제조기업 중간값
안정성	부채자산비율	14.67%	18.26%	41.89%
	부채비율	17.20%	22.34%	71.84%
	이자보상비율	40.23	81.06	3.98
유동성	유동비율	1.94	2.95	1.60
	당좌비율	1.53	2.37	1.15
수익성	매출액총이익률	9.66%	9.43%	19.58%
	매출액영업이익률	4.23%	2.69%	3.94%
	매출액세전순이익률	15.75%	25.21%	3.40%
	매출액순이익률	22.17%	20.77%	2.69%
	ROE	4.59%	3.61%	4.49%
	ROA	3.83%	2.99%	2.45%
성장성	매출액성장률	28.56%	35.05%	13.21%
효율성	총자산회전율	0.17	0.14	0.73
	매출채권회전율	8.75	8.30	7.49
	매출채권회수기간	41.71일	43.96일	48.70일
	재고자산회전율	7.86	8.73	7.05
	재고자산보유기간	46.43일	41.81일	51.81일

익이 상대적으로 더 증가했기 때문이다.

2022년 매출액성장률은 28.56%로 매출액이 전기보다 28.56% 증가하였다. 사업보고서의 'II. 사업의 내용 2. 주요 제품 및 서비스'에 따르면 주요 제품인 폴리에스터의 판매가격 상승이 매출 증가의 주요 원인인 것으로 보인다.

매출채권회전율은 2022년에 8.75로서 전기의 8.30과 비슷한 수준으로 기업의 현금 회수능력에 큰 변화가 없음을 의미한다. 매출채권회수기간으로 판단할 때 (주)대한화섬이 매출채권을 현금으로 회수하는 데 약 42일이 소요되고 있다.

재고자산회전율은 2021년의 8.73에서 2022년 7.86으로 하락하였다. 이는 매출액이 2021년부터 크게 증가했기 때문으로 매출 증가를 예상하여 원재료, 제품 등의 수량을 늘렸기 때문일 것으로 추측된다. 2022년 재고자산보유기간으로 볼 때 2022년 (주)대한화섬이 원재료를 구입하여 제품을 제조한 후 판매하기까지 약 46일이 소요되었다.

6.3 재무제표 분석 사례 II

〈표 6.5〉와 〈표 6.6〉은 철근을 제조하는 상장기업인 (주)대한제강의 2020~2022년 연결포괄손익계산서와 연결재무상태표이다. **연결재무제표**(consolidated financial statements)는 지배기업(모회사)과 종속기업(자회사)의 관계가 형성되는 경우 지배기업과 종속기업을 하나의 경제적 실체로 보아 작성하는 재무제표이다.[5] K-IFRS는 연결재무제표를 주 재무제표로 작성하고, 지배기업만의 재무제표는 **별도재무제표**(separate financial statements)라 부른다.[6]

〈표 6.5〉와 〈표 6.6〉의 자료를 이용하여 산출한 (주)대한제강의 주요 재무비율은 〈표 6.7〉과 같다. 먼저, (주)대한제강의 2022년 부채자산비율은 34.58%로 부채가 자산의 1/3 정도를 차지한다. 부채비율은 52.86%로 전기의 71.12%보다 18.26% 포인트 하락하였고, 2022년 상장 제조기업의 부채비율 중간값 71.84%보다 낮은 수준이다.

2022년의 이자보상비율은 63.01로 이자비용차감전세전이익이 이자비용의 63배를 초과하므로 이자를 지급할 수 있는 여력이 충분하다. 2022년의 유동비

---

5) 지배관계의 성립을 판단할 때에는 주로 다른 기업의 주식을 50% 초과하여 보유하는지 여부로 판단한다. 연결재무제표에는 종속기업의 자산, 부채, 자본, 수익, 비용, 현금흐름이 포함된다.

5) 종속기업이 없는 기업이 작성하는 재무제표는 **개별재무제표**라 부른다.

표 6.5 (주)대한제강의 2022년 연결포괄손익계산서 (단위: 백만원)

	2022년	2021년	2020년
매출액	2,141,616	2,030,305	1,096,135
매출원가	1,847,584	1,757,140	960,572
매출총이익	294,032	273,166	135,562
판매비와관리비	78,653	71,365	53,756
영업이익(손실)	215,380	201,801	81,807
기타수익	19,257	14,056	35,748
기타비용	50,813	11,401	47,072
금융수익	10,765	7,161	3,176
금융비용	8,929	2,876	4,128
지분법손익	10,112	11,481	1,356
법인세비용차감전순이익(손실)	195,771	220,221	70,887
법인세비용	58,164	56,540	17,807
당기순이익(손실)	137,607	163,681	53,080

* 당기순이익 이하 기타포괄손익과 총포괄손익 부분은 생략함

표 6.6 (주)대한제강의 2022년 말 연결재무상태표 (단위: 백만원)

	2022년	2021년	2020년
자 산			
비유동자산	474,572	421,186	363,628
유형자산	314,332	290,912	280,219
사용권자산	9,277	7,826	12,427
영업권 이외의 무형자산	4,601	5,055	4,886
투자부동산	5,796	5,866	6,206
관계기업에 대한 투자자산	62,804	51,473	29,917
매출채권 및 기타채권			61
당기손익-공정가치 측정 금융자산	4,071	10,583	10,252

	2022년	2021년	2020년
기타포괄손익-공정가치 측정 금융자산	40,717	33,433	3,224
순확정급여자산	11,118	541	0
기타비유동금융자산	8,835	4,861	3,135
기타비유동자산	1,305	47	383
이연법인세자산	11,713	10,590	12,918
매각예정자산			73,548
유동자산	745,925	811,252	507,685
재고자산	170,140	169,306	91,726
매출채권 및 기타유동채권	201,710	245,014	177,477
당기손익-공정가치 측정 금융자산	19,011	233,015	141,731
기타포괄손익-공정가치 측정 금융자산	2,002	6	
기타유동금융자산	81,746	7,512	8,751
기타유동자산	2,951	3,685	14,598
현금및현금성자산	268,365	152,713	73,401
자산총계	1,220,497	1,232,438	944,861
자 본			
자본금	24,647	24,647	24,647
자본잉여금	27,032	27,032	27,032
기타자본구성요소	−79,498	−15,088	−29,390
기타포괄손익누계액	323	−1,014	−5,235
이익잉여금(결손금)	735,551	614,096	477,562
비지배지분	90,393	70,536	53,763
자본총계	798,447	720,208	548,378
부 채			
비유동부채	31,561	24,826	22,138
사채및장기차입금	21,958	14,750	5,050
퇴직급여부채	99	233	4,189
기타비유동금융부채	5,244	3,338	7,257

	2022년	2021년	2020년
기타비유동부채	4,003	4,132	3,803
이연법인세부채	257	2,374	1,840
매각예정부채			16,579
유동부채	390,489	487,404	357,765
매입채무 및 기타유동채무	231,954	336,691	264,792
단기차입금	30,655	24,111	10,726
유동성장기사채 및 차입금	3,542	12,452	21,550
당기손익-공정가치 측정 금융부채	12,169	2,954	540
기타유동금융부채	22,986	42,640	26,676
기타유동부채	46,794	24,333	17,813
당기법인세부채	42,388	44,224	15,669
부채총계	422,050	512,230	396,483
자본과부채총계	1,220,497	1,232,438	944,861

율과 당좌비율은 각각 1.91과 1.47로 유동부채를 상환할 충분한 유동자산과 당좌자산을 보유하고 있다.

2022년 매출액총이익률은 13.73%로 전기보다 0.28% 포인트 상승하였고, 매출액영업이익률도 2022년 10.06%로 전기보다 소폭 상승하였다. 따라서 (주)대한제강의 2022년 주요 영업활동의 수익성은 2011년보다 다소 개선되었다.

그러나 매출액세전순이익률은 9.14%로 전기의 10.85%보다 오히려 1.71% 포인트 하락하였고, 매출액순이익률도 전기 8.06%에서 당기에는 6.43%로 1.64% 포인트 하락하였다. 그렇다면 전체적인 수익성은 2021년보다 오히려 악화되었다고 볼 수 있는데 이러한 결과의 원인은 어디서 발생하는 것인가?

(주)대한제강의 2022년 포괄손익계산서를 보면, 영업이익 아래에 있는 기타비용이 508억원으로 전기의 114억보다 크게 증가하였다. 연결재무제표 주석 26의 기타비용 상세 내역을 보면 기타비용 중 잡손실이 2022년 463억원으로 2021년의 79억보다 많이 증가하였는데 이는 공정거래위원회로부터 부과된 과

표 6.7 (주)대한제강의 2021~2022년 주요 재무비율

재무비율		2022년	2021년	증 감
안정성	부채자산비율	34.58%	41.56%	-6.98%p
	부채비율	52.86%	71.12%	-18.26%p
	이자보상비율	63.01	175.50	-112.49
유동성	유동비율	1.91	1.66	0.25
	당좌비율	1.47	1.32	0.16
수익성	매출액총이익률	13.73%	13.45%	0.28%p
	매출액영업이익률	10.06%	9.94%	0.12%p
	매출액세전순이익률	9.14%	10.85%	−1.71%p
	매출액순이익률	6.43%	8.06%	−1.64%p
	ROE	18.12%	25.81%	−7.68%p
	ROA	11.22%	15.04%	−3.82%p
성장성	매출액성장률	5.48%	85.22%	−79.74%p
효율성	총자산회전율	1.75	1.86	−0.11
	매출채권회전율	9.59	9.61	−0.02
	매출채권 회수기간	38.07일	37.98일	0.09일
	재고자산회전율	10.89	13.46	−2.58
	재고자산 보유기간	33.53일	27.11일	6.42일

* 연결재무제표 주석에서 확인한 2022년의 이자비용은 3,157백만원이고 2021년의 이자비용은 1,262백만원이다.

징금 때문이라고 설명한다.

따라서 (주)대한제강은 2022년 영업활동에서의 경영성과는 2021년보다 개선되었으나 예상하지 못한 일회성 과징금으로 인해 전체적인 수익성은 하락했다고 볼 수 있다. 이처럼 기업의 수익성 비율분석에 있어 매출액순이익률과 같이 당기순이익으로 산출한 비율만으로 분석하면 일회성 영업외손익이 있을 경우 경영성과를 잘못 해석할 수 있다. 그러므로 다단계 손익계산서를 이용하여 매출액총이익률, 매출액영업이익률, 매출액세전순이익률, 매출액순이익률을 순차적으로 비교함으로써 당기순이익에 영향을 미친 일시적 항목의 유무를 파악하는 것이 필요하다.

한편, ROE는 2022년 18.12%로 전기의 25.81%보다 하락하였고, ROA도 15.04%에서 11.22%로 하락하였다. 이는 분자인 당기순이익은 전기보다 감소했고 분모인 평균자본총계와 평균자산총계는 모두 증가했기 때문이다.

2022년 매출액성장률은 5.48%로 매출액이 전기보다 증가하였다. 사업보고서의 'IV. 이사의 경영진단 및 분석의견'에 따르면 제품의 평균 판매가격 상승이 매출액 증가의 주요 원인으로 설명하고 있다. 그러나 매출액성장률은 전기의 85.22%보다는 하락하였다.

매출채권회전율은 2022년에 9.59로서 전기의 9.61과 비슷한 수준으로 기업의 현금 회수능력에는 변동이 없다. 매출채권회수기간으로 판단할 때 (주)대한제강이 매출채권을 현금으로 회수하기까지는 약 38일이 걸린다.

재고자산회전율은 2021년의 13.46에서 2022년 10.89로 하락하였다. 이는 재고자산이 2021년부터 증가했기 때문인데 2021년 사업보고서의 'IV. 이사의 경영진단 및 분석의견'을 참고로 할 때 재고자산의 증가는 원자재, 부재료의 단가 상승과 매출 증가를 예상한 원재료, 제품 등의 수량 증가가 원인일 것으로 추측된다. 2022년 재고자산 보유기간으로 볼 때 (주)대한화섬이 원재료를 구입하여 제품을 제조한 후 판매하기까지 약 34일이 소요된다.

6.4 듀퐁분석

듀퐁분석(Dupont analysis)이란 자기자본이익률(ROE)을 구성하는 요소별로 나눠 분석하는 경영분석기법으로, 미국의 대표적 화학업체인 듀퐁사가 고안 및 개발한 재무분석 기법이다. 구체적으로 듀퐁분석은 ROE를 매출액순이익률, 총자산회전율, 그리고 **자기자본승수**(equity multiplier)의 세 가지 구성 항목으로 나눈다.

$$ROE = \frac{순이익}{매출액} \times \frac{매출액}{총자산} \times \frac{총자산}{자기자본} = 매출액순이익률 \times 총자산회전률 \times 자기자본승수$$

매출액순이익률은 수익성을 나타내고, 총자산회전율은 자산 사용의 효율성을 나타낸다. 자기자본승수는 $\frac{자산총계}{자본총계}$로 산출되는데 식을 변형하면 레버리지 운용 정도, 즉, 부채(타인자본)의 사용 비율을 나타낸다.

$$\frac{자산총계}{자본총계} = \frac{부채총계 + 자본총계}{자본총계} = (부채비율 + 1)$$

듀퐁분석에 따르면 ROE를 높이기 위해 수익성을 높이거나 자산 사용의 효율성을 높이는 것이 필요하고, 만약 기업이 부채를 사용할 경우 부채로 인해 이자비용이 증가하지만 부채로 조달한 자금을 투자하여 이자비용을 능가하는 수익을 달성한다면 전체적으로 ROE에 긍정적인 영향을 줄 수 있음을 의미한다.

한편, 총자산이익률(ROA)도 매출액순이익률과 총자산회전율로 분해할 수 있다.

$$ROA = \frac{순이익}{매출액} \times \frac{매출액}{자산총계} = 매출액순이익률 \times 총자산회전률$$

ROA를 매출액순이익률과 총자산회전율로 분해하면, 기업의 자산 대비 순이익률이 어떠한 부분에서 영향을 받았는지를 분석할 수 있다. ROA를 향상시키기 위해서 경영자는 판매가격의 인상이나 비용의 절감을 추진하는 방법을 추구할 수도 있고, 총자산회전율을 높이기 위해 자산투자액을 절감하는 방안을 선택할 수도 있다.

즉, ROA가 낮은 이유가 낮은 수익성 때문인지, 혹은 기업의 시설투자에 들인 노력에 비해 매출액이 낮은 것인지를 파악하여 대책을 마련할 수 있다. 수익성도 더 세분화하여 분석하면, 재료원가가 높은 것인지 혹은 노무원가의 부담이 큰 것인지 등의 원인을 살펴볼 수 있다.

매출액순이익률과 총자산회전율 중 어느 요인이 총자산이익률의 결정에 더 큰 작용을 하는지는 산업, 기업별로 다르다. 경쟁적인 산업에서는 수익성을 높이기 어려우므로 자산회전율이 더 중요하고, 독점적 산업에 속한 기업은 매출액순이익률을 높여 ROA를 향상시키려고 할 것이다.

동일한 유통산업에서도 〈표 6.8〉과 같이 백화점을 운영하는 (주)신세계는 고급 제품을 소량 판매하는 전략으로 매출액순이익률은 높지만 총자산회전율은 낮고, 대형할인점을 운영하는 (주)이마트는 박리다매 전략으로 매출액순이익률은 낮지만, 총자산회전율은 높은 경향을 보인다.

표 6.8 2022년 유통산업의 ROA 듀퐁분석

	ROA	매출액순이익률	총자산회전율
(주)신세계	3.91%	7.01%	0.5582
(주)이마트	3.13%	3.44%	0.9103

* ROA와 총자산회전율의 계산에 평균자산총계를 사용함.

6.5 기업의 성장주기

발생주의를 기반으로 한 회계기준은 재무상태표와 손익계산서의 작성만을 요구하여 왔지만, 현금흐름의 분석에 대한 중요성이 점차 대두되어 미국은 1988년부터, 한국은 1994년부터 현금흐름표를 작성하여 공시하도록 의무화하였다. 손익계산서 상에 이익이 나더라도 현금흐름이 원활하지 않아 부도의 위기를 맞는 등, 손익계산서만을 가지고 기업활동을 분석하는 것은 한계가 있다. 따라서 재무상태표, 손익계산서와 더불어 현금흐름표를 분석하여 현금의 유입과 유출을 영업·투자·재무활동으로 나누어서 분석하는 것이 필요하다.

한편, 기업의 영업·투자·재무활동으로부터의 현금흐름은 기업의 성장주기

그림 6.1 기업의 성장단계와 현금흐름

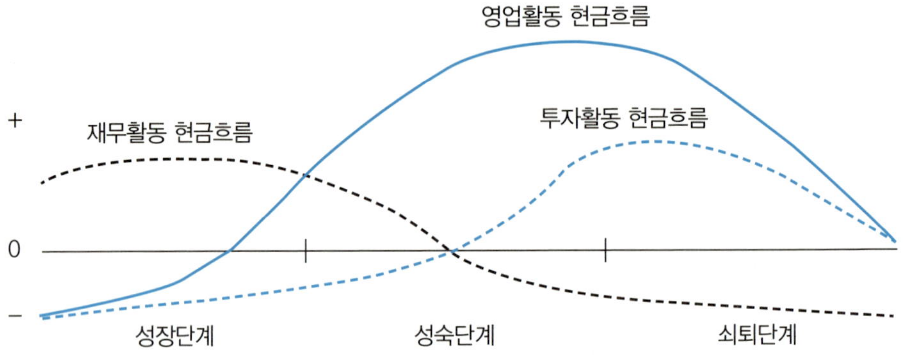

와 밀접한 관계가 있다. 설립 초기의 기업은 [그림 6.1]과 같이 성장단계에 있는 기업으로서 생산설비 등을 위한 유형자산에 대한 투자로 인해 투자활동으로 인한 현금의 유출이 크다. 또한 자금 조달 확보를 위해 장·단기 차입이 증가하고, 주주의 출자 등 재무활동으로부터의 현금 유입이 활발하다. 그러나 아직 영업활동으로부터의 현금 유입은 원활하지 않아 영업활동 현금흐름은 유입보다는 유출이 큰 경우가 대부분이다.

성숙단계에 접어든 기업은 영업활동으로 인한 현금의 순유입이 점차 증가하면서 안정적인 단계에 도달하고, 투자활동으로 인한 현금의 유출은 서서히 감소하는 추세에 접어든다. 추가적인 자금 조달의 필요성이 감소하므로 재무활동으로 인한 현금의 유입도 줄어든다. 부채를 상환하기 시작하고, 이익을 투자자들에게 배당으로 지급하는 등 재무활동 현금의 유출이 발생한다.

성숙단계를 지나 쇠퇴단계의 기업의 경우에는 영업활동은 원활하나, 매출액의 증가가 더 이상 쉽지 않고, 성장하고 있는 기업들과 경쟁해야 하므로 영업활동 현금의 순유입이 증가하지 않고 감소하는 추세이다. 투자활동의 경우에는 대규모의 설비투자보다는 생산능력을 유지하기 위한 유형자산의 유지 및 보수 비용이 주로 발생하고 투자자산 등의 처분으로 오히려 현금이 순유입되는 경향이 있다. 차입금 또는 사채의 상환, 주주에 대한 현금배당으로 재무활동 현금의 유출이 커지는 단계에 이른다. 이렇듯이, 현금흐름표의 영업·투자·재무 활동을 세부적으로 분석하면 기업의 성장단계를 추측할 수도 있다.

재무제표 분석 시에는 재무상태표와 손익계산서를 바탕으로 단순히 수익성, 유동성, 성장성 등의 지표만으로 기업을 분석할 것이 아니라 현금흐름표를 함께 분석하면서 기업의 성장주기, 산업·경제 상황 등의 다양한 요소를 고려하는 것이 필요하다.

Accounting Articles in English

Can A Company Pay Its Bills? Which Industries Have Strong Liquidity Ratios?[7)]

When a business offers credit to a favorite customer, loyalty and the desire to make the sale often play roles in the move. But one thing the financial crisis taught American businesses is that it's important to spot signs of financial sickness in transaction partners before that sickness infects your firm.

After all, if a customer can't pay its bills, your firm could be left short on cash, too. Accounting professionals, however, by a nearly 2-1 margin have said clients don't do nearly enough to ensure creditworthiness of customers, vendors and other potential partners before extending credit, according to a survey by Sageworks, a financial information company.

One way to assess the creditworthiness of transaction partners is to evaluate key financial metrics, such as the current ratio. The current ratio is one way to assess whether a company can meet its short-term obligations with what it has on hand. The ratio compares current assets, or assets that can quickly be converted into cash) to current liabilities (or obligations due in the next year) and indicates the firm's liquidity, according to Sageworks analyst Jenna Weaver. "It gives us a measure of

---

7) Biery Mary Ellen, 'Can a Company Pay Its Bills? Which Industries Have Strong Liquidity Ratios?', Forbes, December 7, 2014.

how liquid the company is," Weaver said.

Current assets include cash, accounts receivable (what is owed the company for products or services purchased) and inventory. Current liabilities include debts that must be repaid within a year and accounts payable (or what the company owes to others).

Sageworks conducted a financial statement analysis of privately held firms and found that industries with the highest current ratios for the Aug. 31-ended 12 months include land subdivision, death care services, grocery stores and activities related to real estate (such as property management and appraisals). Other industries making a list of 12 industries with high current ratios included clothing stores, gas stations, employment services and specialty food stores.

Business Types with Healthy Current Ratios-Last 12 Months

Industry	Metric	12 Months Ended 8/31/2014
2372-Land Subdivision	Current Ratio	5.5
8122-Death Care Services	Current Ratio	4.9
4451-Grocery Stores	Current Ratio	4.8
5313-Activities Related to Real Estate	Current Ratio	4.6
4481-Clothing Stores	Current Ratio	4.5
4453-Beer, Wine, and Liquor Stores	Current Ratio	4.3
4471-Gasoline Stations	Current Ratio	4.3
8123-Drycleaning and Laundry Services	Current Ratio	4.0
4452-Specialty Food Stores	Current Ratio	3.9
5613-Employment Services	Current Ratio	3.9
4461-Health and Personal Care Stores	Current Ratio	3.8
5616-Investigation and Security Services	Current Ratio	3.8

What constitutes a good current ratio can vary by industry, but generally you want to see a company with a current ratio that exceeds 1, because it means current assets match current liabilities, dollar for dollar.

Weaver cautioned, however, that looking at the current ratio alone may not give a clear picture of a company's liquidity. That's because the ratio can be affected by a number of factors that could vary by industry or business. A company in an industry that keeps more inventory on hand may have the same current ratio as a company in an industry that typically maintains large accounts receivable. But the latter type of company might be in a better position to satisfy obligations in a pinch because it may be easier to convert the receivables to cash than to sell the inventory at full value.

For example, death care services firms have generally higher levels of accounts receivables than some other industries, boosting the current assets portion of the ratio.

Other industries with some of the highest current ratios, such as clothing stores and specialty food stores, carry relatively large inventories. Again, that boosts the current assets side of the ratio. But a company's ability to sell those inventories quickly could vary by industry, and by how much of the inventory is finished goods (which are easier to sell quickly than are raw materials).

Land subdivision, the highest current ratio among industries analyzed by Sageworks, is a fairly unique industry in that those companies buy large tracts of land and subdivide them for sale, so land being used as inventory can boost the current assets portion of the current ratio. For many other industries, however, land is consider a long-term asset.

Specific businesses, too, may have factors that result in current ratios that are below 1—even if the business is generating a lot of cash from its normal operations.

Wal-mart Stores Inc. (NYSE: WMT), for example, in recent years has had a current ratio of around 0.9. "They have such a great ability to turn their inventories and collect their receivables quickly that it's not as imperative for them to have a current ratio above one," Weaver said. The retailing giant generated $23.3 billion in cash flow from operations in the fiscal year ended Jan. 31, 2014.

"Current ratio is one measure of a company's ability to stay solvent in the short term, but it's not everything," Weaver said. "It doesn't give the whole picture of a company's cash flow."

Looking at the current ratio, along with the quick ratio (which ignores inventory and other assets that might be more difficult to convert to cash quickly) and a firm's cash flow from operations, you can generate a pretty solid view of a company's ability to pay its bills, and these are metrics that lenders often examine in the loan approval process.

Looking at these ratios over time and in comparison to other businesses in the same industry provides the best gauge of a company's ability to satisfy near-term obligations. One thing to keep in mind as you evaluate a company's ratios relative to others in its industry and relative to previous years: A ratio that is too high could call into question its efficiency, since cash in the bank generally yields a lower return than do investments in new equipment, products or markets.

요 약

1. 규모가 서로 다른 두 기업의 재무제표를 비교하는데 흔히 사용되는 재무비율은 안정성, 유동성, 수익성, 성장성, 효율성 등의 비율로 분류된다.

2. 안정성 비율은 부채의 상대적 크기와 이자 지급능력을 보여줌으로써 해당 기업의 전반적인 재무상태와 장래에 차입금을 상환하지 못해 도산할 가능성을 평가한다. 부채비율, 이자보상비율이 대표적인 안정성 비율이다.

3. 부채비율은 일반적으로 부채총계를 자본총계로 나누어 계산하고, 이자보상비율은 이자비용차감전이익(= 당기순이익 + 법인세비용 + 이자비용)을 이자비용으로 나누어 계산한다.

4. 유동성 비율은 기업의 단기채무 지급능력을 평가하며 유동비율(= 유동자산 ÷ 유동부채)이 유동성 비율에 속한다.

5. 수익성 비율은 기업의 이익 창출능력을 평가한다. 매출액을 기준으로 한 수익성비율은 매출액총이익률, 매출액영업이익률, 매출액세전순이익률, 매출액순이익률이 있다. 그 외에도 영업을 위해 투입된 자기자본(자본) 및 타인자본(부채) 대비 얼마의 이익이 난 것인가를 측정하는 총사산이익률(ROA)과 타인자본은 제외하고 주주의 입장에서 자기자본만을 사용하여 산출한 자기자본이익률(ROE)이 수익성 비율에 속한다.

6. 성장성 비율은 계정별 전기 대비 당기의 증가 또는 감소를 보여준다. 매출액성장률이 대표적인 성장성 비율이다.

7. 효율성 비율은 투입된 자산이 얼마나 효율적으로 수익 창출에 사용되고 있는가를 평가하는 비율로서 총자산회전율, 매출채권회전율, 재고자산회전율 등이 있다.

8. 듀퐁분석은 ROE를 매출액순이익률, 총자산회전율, 자기자본승수의 세 가지 구성항목으로 나누어 어느 항목에 강점이 있는지 또는 어떤 항목에서 ROE 변동을 유발한 것인지를 분석하는 방법이다.

9. 성장단계 기업은 영업 및 투자활동 현금흐름의 순유출, 재무활동 현금흐름의 순유입을 보이고, 성숙단계 기업은 영업활동 현금흐름이 안정적인 순유입으로, 투자활동 현금흐름은 점차 순유입으로, 재무활동 현금흐름은 점차 순유출로 전환되며, 쇠퇴단계 기업은

영업 및 투자활동 현금흐름의 순유입은 감소하고, 재무활동 현금흐름의 순유출은 증가한다.

10. 총포괄손익은 당기순손익과 기타포괄손익의 합이다. K-IFRS는 당기순손익과 총포괄손익을 모두 포함한 손익계산서를 포괄손익계산서라고 부른다. 기타포괄손익은 손익에 해당하나 기업의 경영성과를 나타내는 당기순손익에 포함하기에는 적합하지 않은 항목들이 포함된다.

11. 연결재무제표는 지배기업(모회사)과 종속기업(자회사)의 관계가 형성되는 경우 지배기업과 종속기업을 하나의 경제적 실체로 보아 작성하는 재무제표이다. K-IFRS는 연결재무제표를 주 재무제표로 작성하고, 지배기업만의 재무제표는 별도재무제표라 부른다.

O×퀴즈 아래 문장이 옳으면 o, 틀리면 ×로 답하고 틀린 곳은 올바르게 고치시오.

1. 기업의 전반적인 재무 상태를 평가하는 대표적인 비율인 부채비율은 일반적으로 부채총계를 자산총계로 나누어 계산한다.

2. 이자의 지급능력을 나타내는 이자보상비율은 그 값이 클수록 이자 지급능력이 높음을 의미한다.

3. 유동비율은 그 값이 작을수록 단기부채를 갚을 능력이 큼을 의미한다.

4. ROA는 투입한 총자본에서 타인자본은 제외하고 자기자본만을 사용하여 산출한 것이다.

5. ROE는 이익을 배당하지 않고 회사 내부에 유보하여 재투자할 경우 장래에 얼마의 이익을 낼 수 있는가를 예측하는데 유용한 정보이다.

6. 매출총이익률은 매출원가가 매출액에서 차지하는 비중이 커질수록 증가한다.

7. 매출액영업이익률은 매출총이익률이 일정할 경우 매출액에서 판매관리비가 차지하는 비중이 작을수록 증가한다.

8. 매출액성장률은 전기에 5%이었고 당기는 7%로 산출되었다. 그렇다면 당기에 매출액성장률은 2% 증가한 것이다.

9. 매출채권회전율을 365일로 나누어 산출하는 매출채권회수기간은 매출채권이 현금으로 회수되는 평균 기간을 뜻하며 매출채권회수기간이 짧을수록 기업의 매출채권에 대한 현금 회수 능력이 높음을 의미한다.

10. 기타포괄손익은 총포괄손익에서 당기순손익을 제외한 것으로 K-IFRS는 당기순손익과 총포괄손익을 모두 포함한 손익계산서를 포괄손익계산서라고 부른다.

11. 주로 다른 기업의 주식을 50% 초과하여 보유함으로써 지배기업(모회사)과 종속기업(자회사)의 관계가 형성되는 경우 지배기업과 종속기업을 하나의 경제적 실체로 보아 작성하는 재무제표가 연결재무제표이다.

12. K-IFRS에서 종속회사(자회사)가 있는 기업의 주 재무제표는 연결재무제표가 아니라 지배기업만의 자산, 부채, 자본, 수익, 비용, 현금흐름으로 작성한 별도재무제표이다.

13. 쇠퇴단계에 접어든 기업은 영업활동으로 인한 현금의 순유입이 점차 감소하고, 투자활동으로 인한 현금은 주로 유입이 유출을 초과하며 재무활동으로 인한 현금은 주로 순유출이 발생한다.

14. 듀퐁분석은 ROA를 매출액순이익률, 총자산회전율, 자기자본승수로 나누어 분석하는 방법이다.

제6장 객관식 문제

1. (주)시대의 매출채권회전율은 8회이고 재고자산회전율은 10회이다. 다음 자료를 이용한 (주)시대의 매출총이익은? (단, 재고자산회전율은 매출원가를 기준으로 한다.) 〈지방직 9급, 2018〉

과 목	기 초	기 말
매출채권	₩10,000	₩20,000
재고자산	₩8,000	₩12,000

① ₩20,000 ② ₩16,000
③ ₩13,000 ④ ₩12,000

2. (주)한국의 현재 유동자산은 ₩100, 유동부채는 ₩200이다. 다음 거래가 (주)한국의 유동비율에 미치는 영향으로 옳지 않은 것은? 〈국가직 9급, 2020〉

① 토지를 ₩30에 취득하면서 취득 대금 중 ₩10은 현금으로 지급하고 나머지는 2년 후에 지급하기로 한 거래는 유동비율을 감소시킨다.
② 재고자산을 현금 ₩10에 구입한 거래는 유동비율에 영향을 미치지 않는다.
③ 단기차입금을 현금 ₩20으로 상환한 거래는 유동비율에 영향을 미치지 않는다.
④ 3년 만기 사채를 발행하고 현금 ₩30을 수령한 거래는 유동비율을 증가시킨다.

3. 유동비율이 150%일 때, 유동비율을 감소시키는 거래는? 〈국가직 9급, 2021〉

① 매출채권의 현금회수 ② 상품의 외상매입
③ 매입채무의 현금지급 ④ 장기대여금의 현금회수

4. (주)한국은 상품을 ₩500에 구입하면서 대금 중 ₩250은 현금으로 지급하고 나머지는 3개월 이내에 갚기로 하였다. 이 거래 직전의 유동비율과 당좌비율이 각각 200%, 100%라고 할 때, 이 거래가 유동비율과 당좌비율에 미치는 영향으로 옳은 것은? 〈국가직 9급, 2017〉

	유동비율	당좌비율		유동비율	당좌비율
①	감 소	감 소	②	변동 없음	감 소
③	감 소	변동 없음	④	변동 없음	변동 없음

5. (주)한국의 당기 매출은 외상거래만 있었다고 할 때, 다음 자료를 이용한 활동성비율 분석의 해석으로 옳지 않은 것은? (단, 활동성비율 계산 시 분모는 기초잔액과 기말잔액의 평균 금액을 이용하며, 1년을 360일로 계산한다). 〈국가직 9급, 2020〉

매출채권

기초	1,000	현금	47,000
매출액	50,000		

재고자산

기초	1,000	매출원가	25,000
매입채무	20,000		
현금	8,000		

① 매출채권회전율은 20회이다.
② 재고자산회전율은 12회이다.
③ 매출채권의 평균회수기간은 18일이다.
④ 재고자산의 평균판매기간은 36일이다.

6. 아래 표에는 A, B, C회사의 비율이다. B회사의 ROE는?

	A	B	C
매출액순이익률	0.03	0.05	0.08
총자산회전율	2.4	2.2	1.8
자기자본승수	2.6	2.4	2.0

① 5.280　② 0.264　③ 0.110　④ 0.120

실제 기업 사례 문제

1. 전자공시시스템(dart.fss.or.kr)에서 전자제품 유통업체인 상장기업 (주)롯데하이마트와 '전자랜드'라는 상호의 전자제품 유통점을 운영하는 비상장기업 (주)에스와이에스리테일의 2022년도 손익계산서와 재무상태표를 참조하여 아래 물음에 답하시오.
   1) 두 기업의 2022년 매출액총이익률, 매출액영업이익률, 매출액세전순이익률, 매출액순이익률을 구한 후 비율을 서로 비교해 보시오.
   2) 두 기업의 2022년 부채비율, 이자보상비율, 유동비율을 구한 후 서로 비교하고 각각의 재무 상태에 대해 서술해 보시오.
   3) 두 기업의 2022년 매출액성장률을 구한 후 서로 비교해 보시오.
   4) 두 기업의 2022년 ROE와 ROA를 구한 후 서로 비교하고, 각각의 수익성에 대해 서술해 보시오.

2. 다음은 백화점을 운영하는 (주)신세계와 대형마트를 운영하는 (주)이마트의 2021년과 2022년 연결재무상태표와 연결손익계산서에 나타난 주요 회계정보를 요약한 것이다. 아래 물음에 답하시오.

(단위: 백만원)

	(주)신세계		(주)이마트	
재무상태표	2022.12.31.	2021.12.31.	2022.12.31.	2021.12.31.
자산총계	14,348,412	13,644,511	33,201,722	31,242,082
부채총계	8,096,633	7,882,059	19,718,360	18,841,829
자본총계	6,251,779	5,762,451	13,483,362	12,400,253
손익계산서	2022년	2021년	2022년	2021년
매출액	7,812,755	6,316,436	29,332,414	24,932,681
영업이익	645,449	517,401	135,652	316,791
법인세비용차감전순이익	521,875	517,575	1,252,484	2,113,697
당기순이익	547,640	388,867	1,007,726	1,589,074

1) 두 기업의 2022년 매출액성장률을 계산하고, 비교해 보시오.
2) 두 기업의 2022년 총자산이익률(ROA)을 계산하고, 비교해 보시오.
3) 두 기업의 영업전략을 고려할 때 매출액순이익률 중 어떤 회사의 비율이 높을지 미리 생각해 보고, 실제로 계산하여 확인해 보시오.
4) ROA = (매출액순이익률×총자산회전율)이 성립하는데 그 이유를 설명하고, 위의 2)와 3)의 값을 고려할 때 두 기업 중 2022년 총자산회전율이 더 큰 기업은 어디인지 생각해보고 직접 계산하여 확인해 보시오.
5) 두 기업의 2022년 부채비율을 계산하시오.
6) 2022년의 [ROA×(1+부채비율)]을 계산한 후 2022년 ROE와 비교해 보시오. 두 비율이 유사한 값을 갖는다면 그 이유를 수식으로 설명해 보시오.
7) 6)번에서 [ROA×(1+부채비율)] = ROE가 성립하면 부채비율이 증가할 때 ROE도 증가한다고 말할 수 있는지 답해 보시오.

3. 전자공시시스템(dart.fss.or.kr)에서 브레이크 제조 상장기업인 (주)상신브레이크, (주)새론오토모티브, (주)KB오토시스의 2022년 사업보고서와 연결재무제표 및 연결재무제표 주석을 참조하여 다음 물음에 답하시오.

1) 세 기업의 2022년 자산총계와 매출액을 말하고, (주)새론오토모티브의 사업보고서 'II.사업의 내용'에서 세 기업의 시장점유율을 찾아보시오.
2) 세 기업의 매출액성장률을 계산한 후 비교하고, (주)상신브레이크의 사업보고서 'IV.이사의 경영진단과 분석의견'을 참조하여 (주)상신브레이크의 2022년 매출액, 영업이익, 당기순이익 변동의 원인을 서술하시오.
3) 세 기업의 부채비율, 유동비율, 이자보상비율을 계산한 후 세 기업의 안정성에 대해 비교해 보시오.
4) 세 기업의 2022년 매출액총이익률, 매출액영업이익률, 매출액세전순이익률, 매출액순이익률을 계산한 후 비교해 보시오.
5) 세 기업의 2022년 ROE와 ROA를 계산한 후 수익성을 비교해 보시오.

4. 전자공시시스템(dart.fss.or.kr)에서 내의류 제조 상장기업인 (주)BYC, (주)쌍방울, (주)좋은사람들의 2022년 사업보고서와 연결재무제표 및 연결재무제표 주석을 참조하여 다음 물음에 답하시오.

1) 세 기업의 2022년 자산총계와 매출액을 말하고, 연결재무제표 주석을 참조하여 자회사(종속회사)로는 어떤 회사가 있는지 답하시오.
2) 세 기업의 매출액성장률을 계산한 후 비교하고, (주)좋은사람들의 사업보고서 'Ⅳ. 이사의 경영진단과 분석의견'을 참조하여 매출액 변동의 원인을 서술하시오.
3) 세 기업의 부채비율, 유동비율, 이자보상비율을 계산한 후 세 기업의 안정성에 대해 비교해 보시오.
4) 세 기업의 2022년 매출액총이익률, 매출액영업이익률, 매출액세전순이익률, 매출액순이익률을 계산한 후 비교해 보시오.
5) 세 기업의 2022년 ROE와 ROA를 계산한 후 수익성을 비교해 보시오.

5. 다음은 유가증권시장 상장기업인 A, B, C, D, E의 재무제표 자료와 재무비율이다. 각 기업이 속한 산업을 다음 ①~⑤에서 올바르게 고르시오.

① 통신산업 ② 제약산업
③ 철강산업 ④ 식품산업
⑤ 게임, 정보서비스산업

총자산 대비 규모(%)	A	B	C	D	E
현금 및 현금성자산	21.95	0.77	12.96	6.77	0.98
매출채권	1.80	10.33	8.30	9.25	8.99
재고자산	0.57	8.59	9.69	1.95	1.53
기타유동자산	8.06	0.16	1.73	16.96	5.83
유동자산총계	32.39	19.86	32.68	34.93	17.33
유형자산	4.00	78.05	38.58	40.47	63.71
무형자산	40.61	0.22	20.28	8.32	0.49
기타비유동자산	23.00	1.87	8.46	16.28	18.47
비유동자산총계	67.61	80.14	67.32	65.07	82.67
자산총계	100.00	100.00	100.00	100.00	100.00
매입채무	0.33	3.22	5.51	3.83	4.97

총자산 대비 규모(%)	A	B	C	D	E
기타유동부채	21.61	14.01	34.55	25.61	9.15
단기부채	5.91	31.96	0.21	0.25	17.92
유동부채총계	27.85	49.18	40.27	29.69	32.04
장기부채	2.72	5.39	3.32	17.95	17.62
기타비유동부채	3.73	2.56	16.56	7.78	2.2
사 채	0.46	0	0.17	17.53	16.36
비유동부채총계	6.91	7.95	20.05	43.26	36.18
부채총계	34.76	57.13	60.32	72.95	68.22
자본금	0.49	5.53	1.37	25.73	19.82
이익잉여금	1.7	31.61	0.9	34.17	-29.81
자본총계	65.24	42.87	39.69	27.06	31.78
자본과부채총계	100.00	100.00	100.00	100.00	100.00
매출액 대비 규모(%)					
매출총이익률(%)	100.00	15.80	39.60	100.00	2.73
매출 대비 판관비(%)	93.26	7.64	48.46	95.27	8.95
매출 대비 급여(%)	22.40	2.51	17.99	16.33	2.27
매출 대비 연구개발비(%)	0.00	0.00	10.84	0.68	0.00
매출 대비 영업이익(%)	6.74	8.16	−8.86	4.73	−6.22
매출대비당기순이익(손실)(%)	−11.14	4.33	−13.67	2.75	−7.25
기타재무비율					
매출채권회전율	17.50	6.12	7.93	7.85	13.88
매출채권회수기간(days)	20.86	59.68	46.05	46.52	26.29
재고자산회전율	18.00	1.97	1.75	9.02	16.60
재고자산보유기간(days)	20.28	185.24	208.71	40.47	21.99

6. 다음은 국내 상장기업 A, B, C의 20×1년과 20×2년 현금흐름표이다. 기업 A, B, C의 기업성장주기를 추측하고 그 이유를 설명하시오.

(단위: 백만원)

기 업	기업 A		기업 B		기업 C	
연 도	20×1	20×2	20×1	20×2	20×1	20×2
영업활동으로 인한 현금흐름	63,738	79,445	(1,967)	(9,413)	41,228	67,313
당기순손익(법인세차감전순손익)	89,957	42,715	(26,998)	(1,254)	18,024	29,330
현금유출입이 없는 비용(수익)	30,633	104,108	22,575	(1,140)	42,678	71,149
영업활동으로인한자산및부채의변동	(21,676)	(24,200)	2,595	(6,219)	21	2,390
이자수취	2,250	5,728	166	268	590	1,345
이자지급	(2,307)	(6,897)	(320)	(766)	(5,778)	(7,031)
배당금수취	1,225	1,116	0	0	56	84
법인세환급	0	0	15	0	0	0
법인세납부	(36,344)	(43,125)	0	(302)	(14,363)	(29,954)
투자활동으로 인한 현금흐름	50,118	17,981	(7,518)	(22,148)	(57,299)	(113,967)
유형자산처분(취득)	73,347	(16,216)	(4,893)	(12,909)	(32,768)	(101,892)
무형자산감소(증가)	(3,148)	(1,357)	(341)	1,386	(2,360)	(1,682)
장단기금융자산의 감소(증가)	(38,489)	25,508	(1,331)	(1,740)	(16,882)	(8,475)
기타투자활동으로 인한 현금흐름	18,406	10,046	(953)	(8,885)	(5,289)	(1,918)
재무활동으로 인한 현금흐름	(107,866)	(34,789)	13,777	26,605	16,657	57,916
주식발행	0	0	4,135	7,477	0	0
비지배주지분의 변동	0	0	0	0	8,770	1,597
자기주식취득	0	0	0	(8)	(4,874)	(9,936)
단기금융부채의 증가(감소)	(86,837)	17,252	(1,705)	3,243	(3,535)	(56,027)
장기금융부채의 증가(감소)	126	(30,886)	11,559	15,893	16,296	122,282
배당금지급	(21,155)	(21,155)				
기타재무활동으로 인한 현금흐름	0	0	(212)	0	0	0
기타현금흐름	442	(13)	0	0	(173)	(73)
현금의 순증가	6,433	62,624	4,292	(4,956)	414	11,190
기초현금	75,450	81,883	1,018	5,310	111,040	111,454
기말현금	81,883	144,507	5,310	353	111,454	122,643

제7장

유동자산

7.1 현금및현금성자산
7.2 단기금융상품
7.3 매출채권
7.4 금융자산-기타 수취채권
7.5 기타유동자산
7.6 재고자산

삼성전자 – 한국은 몰라도 삼성은 안다

무역(삼성물산), 제당(제일제당), 모직산업(제일모직)에서 성공한 이병철은 1969년 신규사업으로 전자산업으로의 진출을 결심하고 삼성전자를 설립하였다. 일본의 산요전기와 라디오, TV 등 가전제품과 전자부품의 생산 합작사를, 일본 NEC와 브라운관 등의 생산 합작사를 설립하는데 합의하였다. 그러나 금성사(현 LG전자)를 비롯한 기존 전자업계는 국내 기술 보호라는 이유로 삼성전자의 전자산업 진출에 반대하고 정부는 제품 전량을 수출한다는 조건으로 삼성의 합작사 설립을 허가하였다.

설립 후 계속 적자를 보며 고전하던 삼성전자는 독자적인 생산과 그룹의 해외 판매망을 활용하는 체제로 전환하였다. 1973년 흑백 TV 52,000대의 수출과 국내 시판의 허용으로 1974년부터 흑자를 내기 시작하였고, 1975년 흑백 TV 10만대의 수출, 1978년 1억 달러 수출을 달성하였다. 컬러 TV의 생산을 위해 일본 업체와 기술제휴를 타진하였으나 거절당하고, 마쓰시다 전기의 컬러 TV 브라운관을 수입해 1주일만에 제품을 개발하여 비록 핵심부품은 수입이었으나 컬러 TV의 생산에 성공하였다. 국내 컬러 방송이 없는 상황에서도 파나마로의 첫 수출을 계기로 1977년 4만 3천대, 1978년 28만대의 수출을 달성하였다. 1980년 국내 컬러 방송 개시 이후 국내 판매량도 급증하였다.

삼성전자의 반도체 진출은 1974년 전자시계의 칩을 생산하던 한국반도체의 지분 50%를 인수하면서부터 시작하였다. 1976년 아들 이건희의 적극 지원으로 나머지 50% 지분도 인수한 후 사명을 삼성반도체로 변경하고, 전자기기용 트랜지스터와 IC(집적회로)의 개발에 성공하였다. 하지만 여전히 적자를 면하지 못한 상태에서 삼성전자와 합병되기도 하고 삼성반도체통신으로 분리되는 과정을 거친 후 1983년 이병철은 본격적인 반도체 사업으로의 진출을 공식적으로 선언한다. 미국에 있던 한인과학자들을 영입하고 기존의 국내 반도체 개발인력과 힘을 합쳐 64KD램의 개발에 성공하여 10년 이상이던 미국과 일본과의 기술격차를 3~4년으로 좁히게 된다. 그러나 64KD램의 가격 폭락으로 1984년 이래 누적적자가 1,159억원에 이르렀고 반도체사업을 적극 지원했던 이병철은 1987년 반도체사업이 흑자를 내기 전에 별세하였다.

한편, 국내 개발인력은 미국의 한인과학자 개발팀으로부터 256KD램 개발연수를 받은 후 불철주야 노력한 끝에 1메가D램, 4메가D램의 개발에 먼저 성공한다. 적자에도 과감한 투자를 계속한 삼성전자는 기존 업체들의 설비투자 감소로 64KD램, 256KD램, 1메가D램의 가격이 급등한 1988년에 1,649억원의 이익을 달성하였고, 1993년에는 드디어 메모리반도체 세계 1위에 등극하였다. 삼성전자는 1993년 이래 메모리반도체 세계 1위를 유지하고 있고, 2019년 D램 시장점유율 43.7%를 차지하고 있으며 세계 최초로 10나노급 3세대 DRAM을 개발하였다.[1)]

삼성전자는 휴대폰 시장에서 2011년 이래 2019년까지 글로벌 1위를 달리고 있다. 글로벌 TV 판매에서도 2006년부터 SONY를 제치고 1위에 올라선 후 현재까지 14년 연속으로 세계 1위를 달리고 있으며 2019년 글로벌 TV 판매 시장점유율은 30.9%에 이른다.[2)]

1) 2019년 삼성전자 사업보고서 II. 사업의 내용.

2) 2019년 삼성전자 사업보고서 II. 사업의 내용.

자산(assets)은 기업이 소유하고 있는 미래 경제적 효익이 유입될 것으로 기대되는 자원이다. 재무제표 작성일로부터 1년 이내 혹은 정상영업주기 이내에 미래 경제적 효익이 기업에 유입되는 자원은 **유동자산**(current assets)으로 분류하고, 그 외에는 **비유동자산**(non-current assets)으로 분류한다.[3] 유동자산의 예로는 〈표 7.1〉에 나오듯이 현금및현금성자산, 단기금융상품, 매출채권, 재고자산 등

표 7.1　(주)한국철강의 재무상태표–자산 부분

제 15 기　2022.12.31. 현재
제 14 기　2021.12.31. 현재

한국철강 주식회사　(단위: 원)

	제 15 기	제 14 기
자　산		
Ⅰ. 유동자산	636,918,811,253	612,203,146,825
(1) 현금및현금성자산	20,612,664,619	7,461,173,060
(2) 단기금융상품	339,932,347,958	325,325,151,650
(3) 매출채권	120,450,474,658	115,748,333,025
(4) 기타수취채권	3,539,542,013	1,367,271,900
(5) 기타금융자산	84,428,780,817	81,990,051,335
(6) 재고자산	67,682,038,527	80,145,514,448
(7) 기타유동자산	272,962,661	165,651,407
Ⅱ. 비유동자산	301,734,995,880	296,504,350,815
(1) 장기금융상품	10,900,000	10,900,000
(2) 기타수취채권	538,874,400	538,338,132
(3) 기타금융자산	9,969,852,240	13,097,244,020
(4) 유형자산	265,515,992,094	272,690,877,308
(5) 투자부동산	6,053,384,852	6,278,004,419
(6) 무형자산	56,236,928	56,236,928
(7) 관계기업투자	4,658,266,912	3,746,636,827
(8) 기타비유동자산	14,931,488,454	86,113,181
자산총계	938,653,807,133	908,707,497,640

이 있고, 비유동자산의 예로는 장기금융상품, 유형자산, 무형자산, 투자부동산 등이 있다.

본 장에서는 〈표 7.1〉의 (주)한국철강 재무상태표를 토대로 유동자산의 주요 계정을 살펴보며 비유동자산은 다음 장에서 논의한다.

7.1 현금및현금성자산

1) 현금및현금성자산

현금(cash)은 기업이 보유하고 있는 통화, 타인발행수표, 우편환과 즉시 현금 인출이 가능한 요구불예금 등을 포함한다. 타인발행수표의 예로는 고객의 요구에 따라 은행이 발행하는 자기앞수표와 기업이 당좌예금 계좌를 개설한 후 발행하는 당좌수표가 있다.

현금성자산(cash equivalents)은 현금 자체는 아니나 현금과 유사한 유동성을 보유한 자산을 의미한다. 구체적으로 현금성자산은 취득 당시 만기일이 3개월 이내이며 그 자체로 현금으로 쉽게 바뀔 수 있는 금융기관 예금상품 또는 수익증권을 의미한다.[4)]

현금성자산의 예로는 은행이 발행하고 제3자에게 양도할 수 있는 무기명 정기예금증서인 양도성예금증서(certificate of deposit, CD), 금융기관이 고객들에게 채권을 일정 기간이 지난 후에 재매입할 것을 약정하여 판매하는 환매조건

3) **정상영업주기**란 원재료 등을 취득하여 제품을 제조·판매한 후 대금을 회수까지 소요되는 기간을 말한다. 산업 대부분은 정상영업주기가 1년 이내이지만 조선, 건설 업종 등은 선박 건조, 아파트 건설에 1년이 넘게 걸리기 때문에 유동자산의 구분 시에 정상영업주기를 기준으로 한다. 예를 들면, 기말 현재 건조 중인 선박이 완성 시까지 18개월이 남았더라도 건조 중인 선박은 유동자산으로 분류된다.

4) **수익증권**이란 다른 사람에게 재산의 운용을 맡겨 그 이익을 얻는 권리를 표시한 증서를 말한다. 은행 또는 증권사에서 가입하는 펀드상품이 수익증권에 해당한다.

부채권(repurchase agreement, RP), 정기예금 중 취득 당시 만기가 3개월 이내인 상품과 고객들이 즉시 현금화할 수 있는 은행의 초단기 수익증권(money market fund, MMF), 종합금융사와 증권사가 고객들의 예탁금을 어음이나 채권 등에 운용한 후 수익을 배분하는 초단기 수익증권인 CMA(cash management account) 등이 있다.

기업은 보유하고 있는 현금과 현금성자산을 재무상태표에 표시할 때는 〈표 7.1〉과 같이 현금및현금성자산으로 표시한다. 〈예시 7.1〉에서 (주)한국철강의 재무제표 주석에 공시된 현금및현금성자산은 보유현금과 은행예금으로 구성되어 있음을 볼 수 있다.

〈예시 7.1〉 (주)한국철강의 2022년 재무제표 주석 공시–현금및현금성자산

가. 현금및현금성자산

재무상태표 상의 현금및현금성자산은 현금흐름표 상의 현금및현금성자산과 동일하며, 현금및현금성자산의 내역은 다음과 같습니다(단위: 천원).

구 분	2022.12.31.	2021.12.31.
보유현금	733	1,236
은행예금	20,611,932	7,459,937
합 계	20,612,665	7,461,173

기업이 보유한 은행예금 가운데 현금 인출에 제한이 있는 경우에는 해당 은행예금을 현금및현금성자산으로 분류할 수 없다. 〈예시 7.2〉에서 (주)한국철

〈예시 7.2〉 (주)한국철강의 2022년 재무제표 주석 공시–사용 제한금융상품

다. 사용이 제한된 장단기금융상품의 내역(단위: 천원)

구 분	2022.12.31.	2021.12.31.
장기금융상품		
당좌개설 보증 등	10,900	10,900

강은 당좌개설보증금이 인출에 제한이 있기 때문에 현금및현금성자산에 포함하지 않고, 장기금융상품으로 인식하고 있음을 볼 수 있다.

이와 같이 은행예금이 인출 제한 등의 사유로 현금및현금성자산으로 분류될 수 없는 경우에는 그 내용을 재무제표의 주석에 공시한다.

2) 당좌예금

기업은 현금의 보유 시에 발생할 수 있는 분실이나 도난 등을 예방하기 위해 적절한 통제를 실시한다. 가장 기본적인 통제의 방법으로는 현금의 수취 시에는 가능한 빨리 은행에 예금하고, 현금의 지급 시에는 현금이 아닌 계좌이체, 수표, 어음, 법인카드를 통해 지급하는 것을 들 수 있다.

기업이 현금의 적절한 관리를 위해 수표를 사용할 시에는 은행과 당좌계약을 맺고 **당좌예금**(checking account) 계좌를 개설한다. 기업은 당좌예금 개설 후 은행으로부터 당좌수표 용지를 교부받아 당좌수표를 발행할 수 있게 되며 현금거래로 인해 발생할 수 있는 보관 등의 불편함과 도난의 위험을 줄일 수 있다.[5)]

기업이 발행한 당좌수표는 거래 상대방이 수취한 당좌수표를 은행에 예금한 후 그 은행이 당좌수표 발행기업의 당좌예금 개설은행에 제시했을 때 지급된다. 다음의 예제에서 당좌예금의 개설과 지급에 대한 분개를 살펴본다.

예제 7.1

20×1년 3월 1일에 (주)서울산업은 시대은행에 당좌예금 계좌를 개설하고 해당 계좌에 현금 1,000,000원을 입금하였다. 20×1년 3월 5일에 (주)서울산업은 거래처에서 종이 등 소모품 300,000원을 구입하고 구입 대금으로 당좌예금 수표를 발행하여 지급하였다. 당좌예금과 관련된 거래를 분개하시오.

---

5) 당좌수표의 일평균 결제규모는 2022년 7.7조원으로 어음(약속어음과 전자어음)의 4.9조원보다 크다. 그러나 계좌이체, 법인카드의 사용 증가로 사용량이 계속 줄어들고 있다(2022년중 지급결제동향, 한국은행).

〈해답〉

날 짜	차 변		대 변	
20×1.3.1.	당좌예금	1,000,000	현 금	1,000,000
20×1.3.5.	소모품	300,000	당좌예금	300,000

만약 당좌예금을 개설한 은행에 당좌예금 잔액을 초과하는 금액의 당좌수표가 제시되어 지급이 요청되면 해당 수표에 대한 은행의 지급 거절, 즉 부도가 발생하게 된다. 기업은 부도의 위험에 대한 대책으로써 당좌예금 개설은행과 사전에 당좌예금 잔액을 초과하는 일정 금액의 지급 보증에 대한 약정을 체결한다. 이와 같이 사전에 체결된 약정에 의해 기업의 당좌예금 잔액을 초과하여 은행으로부터 지급된 금액을 **당좌차월**(overdraft)이라고 한다.

당좌차월 금액은 기업의 당좌예금 계좌에 잔고가 없는 상태에서 은행이 해당 금액을 지급한 것이므로 기업의 입장에서는 은행에 대한 부채(단기차입금)가 된다. 다음의 예제에서 당좌차월에 대한 분개를 살펴본다.

예제 7.2

20×1년 3월 1일에 (주)서울산업은 시대은행에 당좌예금 계좌를 개설하면서 500,000원을 한도로 하는 당좌차월 약정을 맺고 해당 계좌에 현금 1,000,000원을 입금하였다. 20×1년 3월 5일에 (주)서울산업은 거래처에서 소모품 1,200,000원을 매입하고 소모품 매입 대금으로 당좌예금 수표를 발행하여 지급하였다. 20×1년 3월 6일에 (주)서울산업은 당좌예금 계좌에 현금 1,500,000원을 입금하였다. 날짜별 거래를 분개하시오.

〈해답〉

날 짜	차 변		대 변	
20×1.3.1.	당좌예금	1,000,000	현 금	1,000,000
20×1.3.5.	소모품	1,200,000	당좌예금 당좌차월	1,000,000 200,000
20×1.3.6.	당좌차월 당좌예금	200,000 1,300,000	현 금	1,500,000

당좌차월이 발생한 후, 당좌예금 계좌에 입금이 이루어질 때는 먼저 당좌차월(부채)을 차감한 후에 당좌예금(자산)을 증가시키는 순서로 분개한다.[6)]

3) 은행계정조정표

기업의 당좌예금 잔액은 총계정원장의 당좌예금 계정에서 확인할 수 있으며 거래 은행이 파악하고 있는 당좌예금의 잔액과 일치해야 한다. 그러나 회계기간 말 기업의 당좌예금 계정의 잔액과 은행에서 작성한 은행거래내역서(bank statement)의 잔액을 서로 비교하면 동일 시점에 두 금액 간에 차이가 발생하는 경우가 일반적이다. 두 금액 간에 차이가 발생하는 이유는 기업과 은행의 기록 시간의 차이와 오류 때문이다.

먼저, 기업보다 은행의 기록이 늦어져 차이가 발생한 예로는 기업이 현금을 은행의 야간금고를 이용하여 입금하고 당일 총계정원장의 당좌예금 잔액을 증가시켰지만 은행은 그 다음 날 은행 측 당좌예금 잔액에 반영한 경우를 들 수 있다. 이때 기업은 총계정원장의 당좌예금 잔액을 즉시 증가시켰지만 은행 측 당좌예금 잔액에는 동일자에 반영되지 않는다.

다음으로 은행보다 기업의 기록이 늦어져 차이가 발생한 예로는 거래처 등이 기업의 당좌예금 계좌에 입금하여 은행 측 당좌예금 잔액은 증가하였으나 기업은 해당 사실을 통보받지 못하여 아직 기업 측 당좌예금 잔액을 증가시키지 못한 경우와 은행이 이자비용, 수수료 등을 당좌예금 계좌에서 인출하여 은행 측 잔액을 감소시켰으나 기업은 이를 알지 못하여 해당 금액을 아직 기업 측 당좌예금 잔액에서 차감하지 않은 경우를 들 수 있다.

기업 또는 은행에서 기록상의 오류가 있을 경우에도 기업의 당좌예금 잔액과 은행의 은행거래내역서 잔액 간에는 차이가 발생한다. 기업은 회계기간 말에 기업의 총계정원장 당좌예금 계정잔액과 은행의 은행거래내역서 금액 간에

6) 소모품 구입을 위해 발행한 수표 전액에 해당하는 1,200,000원을 모두 대변에 당좌예금으로 분개하고 월말 당좌예금이 대변 잔액이면 당좌차월로 대체하는 방법도 가능하다.

표 7.2 은행계정조정표 양식

은행계정조정표 ○○○○년 ○○월 ○○일 현재				
기업 측 잔액	○○○	불일치	은행 측 잔액	○○○
미통지 입금	+		은행미기록예금	+
받을어음의 추심	+		기발행미인출수표	−
이자비용, 수수료비용	−		기입오류	+/−
부도수표	−			
기입오류	+/−			
수정 후 기업 측 잔액	○○○	일치	수정 후 은행 측 잔액	○○○

차이가 발생하는 경우에 정확한 당좌예금 금액을 파악하기 위하여 〈표 7.2〉와 같은 **은행계정조정표**(bank reconciliation)를 작성하고 기업에게 필요한 수정분개를 실시한다.

기업측 총계정원장의 당좌예금 잔액에 대한 조정사항은 〈표 7.3〉과 같이 미통지 입금, 받을어음의 추심,[7)] 이자비용 및 수수료, 부도수표,[8)] 기업측 오류 등이 있다.

표 7.3 은행계정조정표-기업측 당좌예금 잔액의 조정 사항

조정 사항	구체 내용	은행계정조정표 상의 조정 방법
미통지입금	거래처 등으로부터 당좌예금 계좌에 입금된 내용을 기업이 알지 못하여 입금 처리하지 못함	기업이 당좌예금 계좌의 입금 처리를 하지 않았으므로 기업 측 잔액을 가산

7) **추심**(推尋)이란 은행이 수취인의 요청을 받아 어음, 수표 등의 대금을 대신 받아 주는 일을 말한다.

8) **부도수표**란 타 기업이 발행한 수표를 은행에 입금 의뢰했으나 은행 확인 결과 수표발행기업의 당좌예금 잔액이 부족하여 입금이 거부된 수표를 말한다.

조정 사항	구체 내용	은행계정조정표 상의 조정 방법
받을어음의 추심 (collection)	기업이 받을어음의 추심을 은행에 의뢰한 후 은행은 어음결제일에 대금을 수령하여 은행 측 당좌예금 잔액을 증가시켰으나 기업은 해당 사실을 알지 못하여 기업 측 잔액에 반영하지 못함	기업 측 당좌예금 잔액에 입금처리를 하지 않았으므로 기업 측 잔액을 가산
이자비용, 수수료	은행이 이자비용, 수수료 등을 당좌예금 계좌에서 인출하여 은행 측 잔액을 감소시켰으나 기업은 아직 해당 사실을 알지 못하여 기업 측 잔액에서 차감하지 못함	기업이 이자비용, 수수료로 인한 당좌예금 잔액을 줄이지 않았으므로 기업 측 잔액을 차감
부도수표 (bad checks)	타인발행수표의 부도가 발생하여 은행은 즉시 당좌예금 잔액을 차감하였으나 기업은 아직 부도사실을 알지 못하여 당좌예금 잔액에서 차감하지 못함	기업이 이미 입금 처리한 타인발행수표가 부도 처리되었으므로 기업 측 잔액을 차감
기업측 오류	기업의 당좌예금 기록에 오류가 있음	기업이 오류를 수정하기 위해 기업 측 잔액을 가산하거나 차감

한편, 은행 측 당좌예금 잔액의 조정사항은 〈표 7.4〉와 같이 은행 미기록 예금, 기발행 미인출 수표, 은행측 오류 등이 있다.

표 7.4 은행계정조정표-은행측 당좌예금 잔액의 조정 사항

조정 사항	구체 내용	은행계정조정표 상의 조정 방법
은행미기록 예금 (deposit-in-transit)	회계기간 말 기업이 거래처 등으로부터 수령한 현금을 은행의 야간금고를 이용하여 입금하고 당좌예금 잔액을 증가시켰지만 아직 은행의 잔액에는 동일자에 반영되지 못함	은행 측 잔액에 가산
기발행 미인출수표	기업이 당좌수표를 발행하여 거래상대방에게 지급하고 당좌예금 잔액을 감소시켰지만 아직 해당 수표	은행 측 잔액에서 차감

조정 사항	구체 내용	은행계정조정표 상의 조정 방법
(outstanding checks)	가 은행에서 인출되지 아니하여 은행 잔액에서 출금 처리되지 못함	
은행측 오류	은행의 기록에 오류가 있음	은행의 오류를 수정하기 위해 은행 측 잔액을 가산하거나 차감

다음 예제를 통해 은행계정조정표의 작성을 구체적으로 살펴본다.

예제 7.3

(주)부산물류는 20×1년 1월 31일 기업측 당좌예금 계정의 잔액이 1,000,000원인 반면, 동일 당좌예금 개설은행인 시대은행이 작성한 은행거래명세서 상의 당좌예금 잔액은 2,500,000원인 것을 알게 되었다. (주)부산물류는 두 잔액 간에 차이가 나는 원인을 분석하고 다음과 같은 내용을 발견하였다.

- (주)부산물류가 거래처A에게 20×1년 1월 29일에 발행하여 지급한 당좌수표 1,000,000원을 거래처A가 아직 은행에 입금하지 않았다.
- 20×1년 1월 30일 거래처B가 매입채무에 대한 지급으로 500,000원을 시대은행에 입금하였는데 (주)부산물류는 아직 이를 반영하지 않았다.

은행계정조정표를 작성하고 (주)부산물류에게 필요한 수정분개를 제시하시오.

〈해답〉

은행계정조정표

20×1년 1월 31일 현재

기업 측 잔액	1,000,000	은행 측 잔액	2,500,000
가산: 미통지입금	500,000	차감: 미인출수표	(1,000,000)
수정 후 기업 측 잔액	1,500,000	수정 후 은행 측 잔액	1,500,000

(주)부산물류가 해야 할 수정분개

날 짜	차 변		대 변	
20×1.1.31.	당좌예금	500,000	매출채권	500,000

조정이 이루어진 이후 (주)부산물류의 당좌예금 잔액과 시대은행의 당좌예금 잔액은 일치한다. (주)부산물류는 기업의 입장에서 수정이 필요한 사항에 대해서만 수정분개를 실시한다.

4) 소액현금(전도금)

기업은 거래의 편의성을 높이고 현금의 보유로 인한 분실이나 도난 등의 발생을 막기 위해 현금 대신 계좌이체, 당좌수표, 법인카드 등을 많이 이용한다. 그러나 기업의 각 부서의 운영에서 발생하는 교통비 등과 같은 소액의 지출은 현금을 사용하는 것이 더 편리할 수 있다. 기업의 각 부서별 소액현금 지출을 위해 회계부서로부터 일정한 금액의 현금을 미리 지급받아 필요시에 우선 지출하고 추후에 지출한 금액을 다시 회계부서로부터 보충 받는 제도를 **소액현금제도**(petty cash system)라고 부른다.

소액현금제도에서 부서별로 현금을 관리하는 직원은 소액의 현금 지출이 발생할 때 받았던 영수증을 모아두었다가 정기적 또는 보유현금이 줄어드는 시기에 관련 영수증을 회계부서에 제출하고 지출한 현금만큼을 회계부서로부터 받게 된다.

소액현금 계정은 부서에서 사용하는 현금이라는 의미로 현금 계정과는 별도로 구분하고 있으나 그 이외의 특성은 현금과 같다.

다음의 예제를 통하여 소액현금 거래의 분개를 살펴본다.

예제 7.4

(주)수원산업은 20×1년 1월부터 판매부서에서 소액현금제도를 운영하기로 하였다. 판매부서는 회계부서로부터 20×1년 1월 2일에 현금 500,000원을 받았다. 판매부서는 20×1년 1월 10일 교통비 50,000원을 지출하였고, 1월 15일 출장비 250,000원을 지출하였다. 20×1년 1월 31일 판매부서는 1월 10일과 15일의 지출과 관련한 영수증을 회계부서에 제출하고 300,000원의 현금을 받았다. 날짜별 거래를 분개하시오.

〈해답〉

날 짜	차 변		대 변	
20×1.1.2.	소액현금	500,000	현 금	500,000
20×1.1.31.	교통비 출장비	50,000 250,000	현 금	300,000

판매부서는 실제 지출이 발생한 20×1년 1월 10일과 15일에는 분개하지 않는다. 그 이유는 분개는 판매부서가 아닌 회계부서에서 이루어지기 때문이다. 따라서 회계부서는 판매부서가 지출 관련 영수증을 가지고 온 시점에 비용의 발생과 현금 감소를 분개한다.

5) 현금과부족

기업의 보유 현금과 관련하여 총계정원장의 현금 잔액과 실제 현금 보유액, 즉 현금 시재액 간에 차이가 발생하는 경우가 있다. 이러한 경우에는 총계정원장의 현금 잔액을 현금 시재액으로 맞추고, 확인되지 않은 금액은 일단 임시계정인 **현금과부족** 계정으로 분개한다.

총계정원장의 현금 잔액이 현금 시재액보다 큰 경우의 분개는 다음과 같다.

차 변		대 변	
현금과부족	○○○	현 금	○○○

총계정원장의 현금 잔액이 현금 시재액보다 작은 경우의 분개는 다음과 같다.

차 변		대 변	
현 금	○○○	현금과부족	○○○

이후 총계정원장의 현금 잔액과 현금 시재액 간의 차이가 발생하게 된 원인을 찾은 시점에 해당 내용을 분개하고 현금과부족 계정을 삭제한다. 만약 결산 시점까지 총계정원장의 현금 잔액과 현금 시재액 간 차이의 원인을 찾지 못한 경우는 해당 금액을 잡이익 또는 잡손실 계정으로 분개하고 현금과부족 계정을 삭제한다.

다음의 예제를 통해 현금과부족에 대한 구체적인 분개를 살펴본다.

예제 7.5

20×1년 6월 10일 (주)울산TEC는 총계정원장의 현금 잔액이 1,000,000원인 반면 현금 시재액이 750,000원임을 알게 되었다. 6월 말 (주)울산TEC는 250,000원의 차이에 대해 조사한 결과 거래처에 지급한 선급금 150,000원에 대한 분개가 누락되었음을 알게 되었다. 그러나 나머지 100,000원의 차이에 대한 발생 원인은 6월 말까지 밝혀내지 못했다. 6월 10일과 30일에 필요한 분개를 수행하시오.

〈해답〉

날짜	차 변		대 변	
20×1.6.10.	현금과부족	250,000	현 금	250,000
20×1.6.30.	선급금 잡손실	150,000 100,000	현금과부족	250,000

20×1년 12월 20일 (주)울산TEC는 총계정원장의 현금 잔액이 900,000원인 반면 현금 시재액이 1,100,000원임을 알게 되었다. 12월 말 (주)울산TEC는 200,000원의 차이를 조사한 후 거래처로부터 수령한 매출채권 회수액 90,000원에 대한 분개가 누락되었음을 알게 되었다. 하지만 나머지 110,000원의 차이에 대한 발생 원인은 12월 31일까지 밝혀내지 못했다. 날짜별 필요한 분개를 수행하시오.

〈해답〉

날짜	차 변		대 변	
20×1.12.20.	현 금	200,000	현금과부족	200,000
20×1.12.31.	현금과부족	200,000	매출채권 잡이익	90,000 110,000

7.2 단기금융상품

앞서 취득 당시 만기일이 3개월 이내이며 현금으로 쉽게 바뀔 수 있는 금융기관 예금상품 또는 수익증권은 현금성자산으로 분류한다고 설명하였다. 그렇다면, 취득 당시 만기가 3개월을 초과하는 경우는 어떻게 분류할까?

금융기관에서 취득한 예금상품 또는 수익증권 중 취득 당시 만기가 3개월이 넘고 1년 이내인 것은 일반적으로 단기금융상품으로 분류하고, 만기가 1년을 초과하는 경우는 장기금융상품으로 분류한다.

〈예시 7.3〉은 (주)한국철강의 장단기금융상품 내역을 보여주고 있다. 2022년을 기준으로 할 때 (주)한국철강의 단기금융상품은 전자단기사채와 기업어음으로 구성되어 있다.

〈예시 7.3〉 **(주)한국철강의 2022년 재무제표 주석 공시–장단기금융상품**

나. 장단기금융상품의 세부내역(단위: 천원)

구 분	2022.12.31	2021.12.31
단기금융상품		
ABSTB(자산담보부 전자단기사채)	214,490,485	193,626,927
ABCP(자산유동화 기업어음)	125,441,863	131,698,225
소 계	339,932,348	325,325,152
장기금융상품		
금융기관예치금	10,900	10,900

7.3 매출채권

매출채권(trade receivables)은 상품이나 제품의 판매, 용역의 제공 등과 같이 기업의 매출과 직접 관련이 있는 외상거래에서 발생하는 미래 현금을 수취할 권리를 말한다.

매출채권은 외상거래 시 상대방으로부터 현금의 지급일과 금액을 명시한 약속어음(notes)을 받은 경우에 사용하는 **받을어음**(notes receivable) 계정과 약속어음을 받지 않고 순수한 신용거래가 이루어진 경우에 사용하는 **외상매출금**(accounts receivable) 계정으로 나뉜다. 신용카드에 의한 외상매출은 실무에서는 **카드미수금**이라는 별도의 계정을 사용하는 경우가 많다. 카드미수금의 경우 카드매출 발생 시점으로부터 3일 정도 후에 신용카드회사로부터 수수료를 제외한 금액이 입금되므로 현금 회수기간이 매우 짧다.

회계기간 말 재무상태표를 작성할 때에는 받을어음 계정, 외상매출금 계정, 카드미수금 계정의 잔액을 모두 합하여 매출채권으로 표기한다.

1) 매출채권의 손상

외상매출 거래로 발생된 매출채권은 추후 현금으로 회수되지만 거래처의 도산 등으로 인해 미래에 현금을 모두 회수할 수 있다는 보장은 없다. 따라서 기업이 보유하고 있는 매출채권 가운데 미래에 회수 불가능할 것으로 예상되는 금액을 추정하고, 해당 금액을 **대손충당금**(또는 **손실충당금**, allowance for bad debts)이라는 자산차감계정에 기록함으로써 매출채권으로부터 유입될 현금을 실현 가능한 금액으로 줄이는 회계처리를 한다.

대손충당금에서 대손(貸損)의 의미는 빌려준 돈을 회수하지 못하여 발생한 손해라는 뜻으로 대손충당금은 외상판매 이후 현금을 회수하지 못할 것으로 예상되는 금액을 의미한다. 그리고 이로 인한 손실은 **대손상각비**(또는 **매출채권손상차손**, bad debt expense)라는 계정에 기록한다.

만약, 기업이 보유하고 있는 매출채권 중 일부가 미래에 현금으로 회수되지 못할 것으로 예상하면서도 대손충당금을 인식하지 않는다면 해당 매출채권으로부터 미래에 회수되는 금액을 과대 계상하게 되고, 이로 인해 왜곡된 정보를 외부에 전달할 수 있다. 따라서 기업은 회계기간 말 결산 시에 매출채권과 관련된 미래 대손 가능성을 평가하고, 예상되는 손실에 대해 대손충당금을 인식하는 결산수정분개를 다음과 같이 실시한다.

차 변		대 변	
대손상각비	○○○	대손충당금	○○○

위의 수정분개에서 매출채권 계정을 직접 감소시키지 않는 이유는 현금의 회수 가능성이 낮은 매출채권을 구체적으로 파악하기가 어렵고, 매출채권에 대

한 신용손실이 예상되는 것은 사실이지만 실제로 신용손실, 즉 대손이 아직 확정된 것은 아니기 때문이다. 이후 대손이 확정되는 시점에는 매출채권 계정을 직접 차감하게 된다.

대손충당금이 있는 매출채권을 재무상태표에 표기하는 방법으로는 매출채권 아래에 대손충당금을 차감하는 형식으로 표기하는 방법과 매출채권 총액에서 대손충당금을 차감하여 매출채권을 순액으로 표기하고 매출채권의 총액과 대손충당금은 재무제표의 주석에 공시하는 방법이 있다.

〈예시 7.4〉에서 보듯이 (주)대한화섬은 두 번째 방법을 사용하여 2022년 재무제표 주석에 2022년 말 매출채권 총액 17,111,669천원, 이에 대한 대손충당금 123,167천원, 매출채권 순액 16,988,502천원을 공시하고 있다.

〈예시 7.4〉 **(주)대한화섬의 2022년 재무제표 주석 공시–매출채권**

8. 매출채권 및 기타채권

(2) 매출채권은 대손충당금이 차감된 순액으로 재무상태표에 표시되었는 바, 당기말과 전기말 현재 대손충당금 차감 전 총액 기준에 의한 매출채권 및 관련 대손충당금의 내역은 다음과 같습니다(단위: 천원).

구 분	당기말	전기말
매출채권 총장부금액	17,111,669	17,540,579
대손충당금	(123,167)	(47,330)
매출채권 순장부금액	16,988,502	17,493,249

2) 대손추정과 대손확정

대손충당금의 구체적인 인식 절차는 먼저, 회계기간 말에 보유 중인 매출채권 전체로부터 예상되는 회수 불가능 금액, 즉 **기대신용손실**(expected credit loss)을 추정하고, 다음으로 기말 대손충당금의 최종 잔액이 추정한 기대신용손실과 같아질 수 있도록 대손충당금을 조정하는 것이다.

기대신용손실의 추정은 주로 **연령분석법**(aging method)을 사용한다. 연령분석법은 우선 보유중인 매출채권을 회계기간 말 현재 만기 경과일수를 기준으로 만기 도래 이전, 1~30일 연체, 31~90일 연체, 91~180일 연체 등과 같이 복수의 구간으로 나누고, 만기 경과일수가 작은 구간부터 큰 구간까지 순차적으로 높은 채무불이행률을 정한 후 구간별 매출채권 금액과 채무불이행률을 곱하여 구간별 기대신용손실을 추정한다.[9)]

여기서 구간별 채무불이행률은 과거의 매출채권 관련 대손 발생률과 미래의 전망 등을 고려하여 연령분석법을 실시하는 기업이 결정한다.

다음의 예제를 통하여 연령분석표의 작성에 대해 구체적으로 살펴본다.

예제 7.6

(주)창원물산은 20×1년 말 현재 100,000,000원의 매출채권을 보유 중이다. (주)창원물산은 아래의 연령분석표와 같이 매출채권을 만기 경과일수를 기준으로 5개의 구간으로 나누고, 과거의 매출채권 회수 경험과 미래의 전망을 고려하여 구간별 채무불이행률을 도출하였다. 구간별 매출채권 금액과 채무불이행률을 곱하여 기대신용손실을 구하고, 구간별 기대신용손실을 모두 합하여 20×1년 말 현재 매출채권 100,000,000원에 대한 총 기대신용손실 920,000원을 산출하였다.

경과기간	매출채권 장부금액	추정 채무불이행률(%)	기대신용손실
만기 도래 이전	70,000,000원	0.1	70,000원
1~30일 연체	15,000,000원	1	150,000원
31~90일 연체	10,000,000원	2	200,000원
91~180일 연체	4,000,000원	5	200,000원
180일 초과 연체	1,000,000원	30	300,000원
합 계	100,000,000원		920,000원

위의 예제에서 20×1년 말 (주)창원물산의 기대신용손실의 추정 전 대손충

9) 과거 매출채권의 신용손실 경험으로 볼 때 서로 다른 고객집단이 유의하게 서로 다른 손실 양상을 보인다면 전체 매출채권을 몇 개의 부문으로 분류한 후 각 부문별로 연령분석표를 작성한다. 매출채권을 분류하는 기준의 예로는 지역적 위치, 상품형태, 고객등급, 담보유무, 고객형태(도매상이나 소매상)를 들 수 있다(기업회계기준서 제1109호 '금융상품' B5.5.35).

당금 잔액이 700,000원(대변) 있다고 가정하면 20×1년 말 매출채권 대손추정의 수정분개는 다음과 같다.

날짜	차 변		대 변	
20×1.12.31.	대손상각비	220,000	대손충당금	220,000

여기서 주의할 점은 20×1년 말 매출채권의 대손추정 수정분개에서 인식하는 대손충당금 금액은 당기에 추정한 기대신용손실 총액인 920,000원이 아니라는 점이다. 대손추정 수정분개에서 인식하는 대손충당금 금액은 기존에 있는 대손충당금 계정의 잔액에 일정 금액을 가감하여 20×1년 말 기대신용손실 총액과 같아지도록 설정하는 것이다.

위의 예시에서는 대손 추정 직전 대손충당금 계정의 대변 잔액이 700,000원이 있으므로 최종적으로 대손충당금이 기대신용손실 총액인 920,000원이 되기 위해서는 220,000원만을 추가적으로 대손충당금으로 인식해야 한다.

대손충당금

차 변	대 변		
	대손 추정 전 잔액	700,000	
	당기 대손충당금 가산액	?	→ 920,000−700,000 = 220,000
	대손 추정 후 잔액	920,000	→ 총 기대신용손실

회계기간 말 대손추정에 대한 수정분개가 완료된 후 실제로 거래처 도산 등의 사유로 특정 매출채권의 회수가 불가능하게 된 경우에는 해당 매출채권을 장부로부터 제거하는 대손확정의 분개를 한다. 이때 매출채권의 대손으로 인한 신용손실은 과거 대손추정의 분개에서 이미 대손상각비로 인식했기 때문에 대손이 확정되어 매출채권을 제거하는 분개에서는 비용을 추가로 인식하지 않고 해당 매출채권과 기대신용손실의 추정치인 대손충당금을 감소시키는 분개를 한다.

위의 예제에서 만일 20×1년 말 결산 이후 20×2년 1월 15일에 (주)창원물산이 보유하고 있는 매출채권 중 100,000원이 특정 거래처의 도산으로 회수불능으로 확정되었다면 대손확정의 분개는 아래와 같이 매출채권의 감소를 대변에, 대손충당금의 감소를 차변에 분개한다.[10)]

날짜	차 변		대 변	
20×2.1.15.	대손충당금	100,000	매출채권	100,000

만약, 매출채권의 대손추정에 대한 결산수정분개 이후 대손이 발생하지 않고 매출채권이 대부분 회수될 경우에는 대손확정의 분개를 하지 않기 때문에 대손충당금이 감소하지 않고 유지될 것이다. 이러한 상황에서는 다음 회계기간 말 대손추정 분개 시에 대손충당금의 잔액이 많이 남아있기 때문에 그만큼 대손상각비를 적게 인식하게 된다.

만일 회계기간 말 기업이 추정한 미래 기대신용손실의 총액이 추정 전 대손충당금 잔액보다 작으면 어떻게 할 것인가? 현재의 대손충당금 잔액은 과거에 미래 기대신용손실을 추정하여 인식한 금액에서 이후 실제 대손 발생액을 차감한 것이다. 그런데 기말에 추정한 미래 기대신용손실 총액이 대손충당금 잔액보다 작다는 것은 과거에 미래 기대신용손실을 너무 높게 예상하였음을 의미한다.[11)]

따라서 이러한 경우는 기존 대손충당금의 잔액이 기말에 추정한 미래 기대신용손실과 일치하도록 대손충당금을 줄이기 위해 차변에 기록하고, 대변에는 같은 금액을 **대손충당금환입**이라는 수익 계정으로 인식한다.

---

10) 만약 대손확정 분개 이후 이미 제거한 매출채권의 일부 또는 모두가 회수되었다면 다음과 같이 대손확정 분개를 취소하고, 현금 회수의 분개를 해준다.

(차) 매출채권 ○○○　　　　(대) 대손충당금 ○○○
(차) 현 금 ○○○　　　　(대) 매출채권 ○○○

11) 전기 말 기대신용손실을 700,000원으로 추정하고 기말 대손충당금이 700,000원이 되도록 수정분개를 했다고 가정하자. 당기에 대손이 발생하지 않았고 당기 말에 추정한 기대신용손실은 550,000원이라면 기대신용손실이 대손충당금 잔액 700,000원보다 작으므로 전기에 기대신용손실을 너무 높게 추정했음을 의미한다.

위의 예제에서 만약 (주)창원물산의 20×1년 말 기대신용손실 추정 전 대손충당금의 잔액은 700,000원(대변)이고, 20×1년 말에 추정한 기대신용손실 총액이 550,000원이라면 대손추정의 수정분개는 다음과 같다.

날짜	차 변		대 변	
20×1.12.31.	대손충당금	150,000	대손충당금환입	150,000

3) 매출채권의 조기 회수

기업이 외상거래로 타 기업으로부터 약속어음을 받은 경우, 해당 어음을 만기 시점까지 보유한 후 만기일에 은행에 제시하여 현금을 수령할 수 있다. 그러나 자금이 필요하거나 어음 보관, 관리의 번거로움을 피하기 위해 만기 이전에 금융기관에 어음을 양도함으로써 현금을 조기에 회수할 수도 있다. 이와 같이 타 기업으로부터 받은 어음을 만기 도래 전에 은행 등의 금융기관에게 양도하고 할인수수료를 차감한 금액을 현금으로 수령하는 것을 **어음할인**이라고 한다.

그런데 어음 양도 후 어음의 만기일에 어음발행자가 어음에 명시된 금액을 어음양수인에게 지불하지 못하는 상황이 생길 수 있다. 이러한 경우를 대비하여 만기일에 현금을 회수하지 못한 어음양수인이 어음양도인에게 해당 금액의 지급을 요구할 권리, 즉 상환청구권(recourse)을 갖는지 여부를 미리 정하게 된다. 만약, 상환청구권이 없는 어음 양도의 경우에는 만기일에 현금이 회수되지 않더라도 어음양수인은 어음양도인에게 해당 금액의 지급을 요구할 수 없다.[12)]

기업은 어음할인과 같은 방식으로 외상매출금도 금융기관 등에 수수료를 차감한 현금을 받고 양도할 수 있는데 이러한 외상매출금의 양도는 **팩토링**(factoring)이라고 한다. 어음의 할인과 유사하게 팩토링도 만기에 현금이 지급되지 않을 경우를 대비하여 외상매출금 양수인의 상환청구권 보유 여부를 외상매출금 양도 시에 미리 정해 둔다.

---

12) 상환청구권 유무에 따른 어음할인의 회계처리는 제9장의 단기차입금 부분에서 상세히 다룬다.

7.4 금융자산-기타 수취채권

K-IFRS는 [그림 7.1]과 같이 **금융자산**(financial assets)을 일반적으로 현금, 다른 기업의 주식, 거래상대방에게서 현금을 수취할 계약상 권리 등으로 정의한다.[13] 여기서 거래상대방에게서 현금을 수취할 계약상 권리는 앞서 살펴본 현금성자산, 단기금융상품, 매출채권 이외에도 아래에서 설명하는 미수금, 미수수익, 대여금, 보증금 등과 같은 수취채권과 제8장 비유동자산에서 설명할 채무증권(국공채, 회사채)도 포함한다.

미수금(non-trade receivable)은 외상거래의 결과로 미래 현금을 수취할 권리를 갖게 된다는 면에서 매출채권과 유사하다. 그러나 매출채권이 상품이나 제

그림 7.1 금융자산의 분류

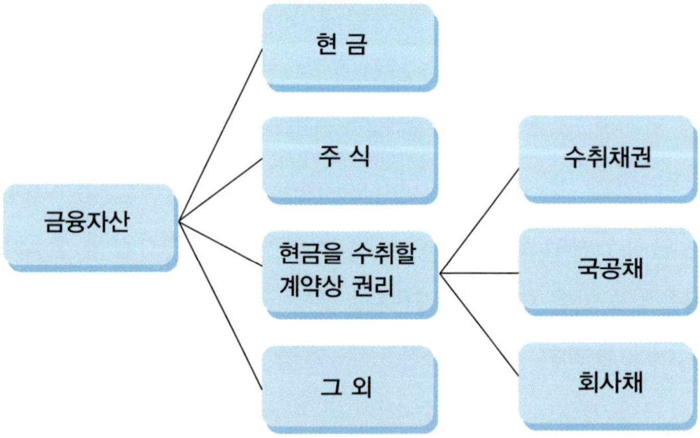

※ 수취채권: 매출채권, 미수금, 미수수익, 대여금, 보증금 등을 포함
※ 그 외: 국채지급어음, 파생금융자산 등

13) 금융자산은 현금, 다른 기업의 지분상품(주식), 거래상대방에게서 현금 또는 그 외 다른 금융자산을 수취할 계약상 권리(수취채권, 국공채, 회사채, 국채지급어음 등), 잠재적으로 유리한 조건으로 거래상대방과 금융자산이나 금융부채를 교환하기로 한 계약상 권리(파생금융자산) 등을 포함한다(기업회계기준서 제1032호 문단 10).

품의 판매, 용역의 제공 등과 같이 기업의 매출과 직접적으로 관련이 있는 외상거래에서 발생하는 반면, 미수금은 사용하던 기계나 차량 등의 외상매각과 같이 기업의 매출과는 직접적으로 관련이 없는 외상거래에서 발생한다는 점에서 차이가 있다.[14)]

미수수익(accrued revenues)은 기업이 회계기간 말 결산수정분개를 통하여 인식하는 수취채권이다. 임대, 대출 등의 거래로 기간 경과에 따른 수익이 발생했지만 아직 현금을 수령하지 못한 경우 미수수익을 인식하게 되며 대표적인 예로 미수이자, 미수임대수익[15)] 등이 있다.

대여금(loans)은 기업이 주주, 임원, 종업원, 관계회사, 외주업체 등에게 빌려준 금액으로서 미래 만기일에 현금을 수취할 권리이다. 대여금을 1년 이내에 회수할 예정인 경우에는 단기대여금으로, 1년 이후에 회수할 예정인 경우에는 장기대여금으로 분류한다.

보증금(deposit paid)은 기업이 거래상대방과 계약을 체결한 후 계약의 내용에 따라 보증 및 계약 이행을 목적으로 하여 지급한 금액으로서 계약이 만료되거나 계약이 이행된 후에는 현금으로 돌려받을 권리를 말한다. 보증금을 1년 이내에 회수할 예정인 경우에는 단기보증금으로, 1년 이후에 회수할 예정인 경우에는 보증금으로 기록한다.

〈예시 7.5〉는 (주)한국철강이 2022년 재무제표 주석에 공시한 기타수취채권의 상세 내역이다. (주)한국철강은 2022년을 기준으로 할 때 미수금, 미수수익, 보증금을 기타수취채권으로 보유하고 있다.

앞서 논의한 매출채권에서 미래 기대신용손실이 예상될 경우 대손충당금을 설정한 것과 동일하게 미수금, 미수수익, 대여금 등에 대해서도 미래 기대신용손실이 발생할 것으로 예상되는 경우에는 대손충당금을 설정한다.

---

14) 중고차매매기업이 중고차를 외상으로 판매한다면 매출채권으로 기록한다. 그러나 제조기업이 사용하던 트럭을 외상으로 매각한다면 미수금으로 기록한다.

15) 미수임대수익 대신 미수임대료라는 계정과목도 사용된다. 임대(賃貸)는 빌려준다는 의미이므로 임대료는 수익 계정이고, 임차(賃借)는 빌린다는 의미이므로 임차료는 비용 계정이다.

〈예시 7.5〉 (주)한국철강의 2022년 재무제표 주석 공시-기타수취채권

10. 기타수취채권 :
기타수취채권의 세부내역(단위: 천원)

구 분	2022.12.31.	2021.12.31.
유 동		
미수금	135,490	241,353
미수수익	3,404,052	1,118,159
대여금	–	7,760
소 계	3,539,542	1,367,272
비유동		
보증금	538,874	538,338

기타수취채권 중 손상되거나 연체된 자산은 없으며, 보유하고 있는 담보도 없습니다.

7.5 기타유동자산

지금까지 살펴본 유동자산은 현금및현금성자산과 수취채권을 포함하는 금융자산에 관한 것이었다. 그 외에 유동자산에 포함되는 비금융자산으로는 선급금, 선급비용 등이 있다.[16)]

선급금(advance payments)은 기업이 원재료나 상품 등 필요한 재화를 구입하거나, 제품의 외주가공을 위해 거래 상대방과 약정하고 미리 지불한 금액을 의미한다. 선급금을 지불한 결과 미래에 재화를 제공받을 권리를 갖게 되므로 선급금은 자산에 속한다. 앞서 살펴본 매출채권, 미수금, 미수수익, 대여금 등은 미래에 현금을 수령할 권리를 갖는 금융자산인 반면, 선급금은 미래에 재화를 제공받을 권리를 갖는 자산이라는 점에서 매출채권 등과는 달리 비금융자산으

16) 비금융자산은 미래에 재화 또는 용역을 제공받을 권리를 갖는 자산이라는 점에서 미래에 현금을 수령할 권리를 갖는 금융자산이라는 차이가 있다.

로 분류된다.

선급비용(prepaid expenses)은 현금을 미리 지불했고 추후에 현금을 받는 것이 아니라는 점에서 선급금과 유사하지만 주로 계약에 의해 미래 일정 기간 동안 지속적으로 임차, 보험 등의 서비스를 제공받는다는 점에서 선급금과 차이가 있다. 선급비용으로는 선급임차료와 선급보험료 등이 있으며 현금 지급시점에 선급비용이라는 자산으로 인식했다가 기간이 지남에 따라 회계기간 말 결산수정분개를 통하여 미리 인식한 선급비용을 줄이고 동시에 관련 비용을 인식한다.

아래의 〈예시 7.6〉은 (주)한국철강이 2022년 재무제표 주석에 공시한 것으로 2022년에 선급금과 선급비용을 기타유동자산으로 보유하고 있다.

〈예시 7.6〉 **(주)한국철강의 2022년 재무제표 주석 공시–기타 유동자산**

13. 기타자산 :

기타자산의 세부내역(단위: 천원)

구 분	2022.12.31.	2021.12.31.
	유 동	유 동
선 급 금	104,400	-
선급비용	168,563	165,651
계	272,963	165,651

7.6 재고자산

1) 재고자산의 정의와 종류

재고자산(inventory)은 정상적인 영업과정에서 판매를 위하여 보유 중이거나 생산 중인 자산, 생산이나 용역제공에 사용될 원재료나 소모품 등을 말한다. 재고자산은 상품, 제품, 반제품, 재공품, 원재료, 저장품, 미착품 등의 항목으로 구성된다.

상품(merchandise)은 판매를 목적으로 기업 외부로부터 완성품을 구입하여 보유하고 있는 재화를 말한다. **제품**(finished goods)은 기업이 자체적으로 또는 일부 외주로 가공하여 생산한 재화를 뜻하며, **반제품**은 일정 생산공정에서는 완성이 되었으나 다음 공정은 시작하지 않은 중간제품과 부분품을 의미한다. **재공품**(work-in-progress)은 일정 생산공정에 원재료 등이 투입되었으나 회계기간 말 현재 완성되지 않고 생산라인에 물려 있는 상태를 말한다. **원재료**(raw materials)는 제품의 생산 시에 투입되는 원자재를 의미하며, **저장품**(supplies)은 제품의 생산에 보조적으로 사용되는 소모성 재료로서 소모성 부품, 소모성 공구, 소모성 기구, 연료 등을 포함한다.

한편, 원재료 또는 상품 등을 해외로부터 수입하는 경우 구매기업은 수입물품의 운송을 위한 계약조건으로 선적지 인도조건과 도착지 인도조건 중 하나를 선택한다. **선적지 인도조건**(FOB(Free On Board) shipping point)은 〈표 7.5〉와 같이 해외의 판매기업이 물품을 생산하고 물품의 대금만 구매기업에게 청구하며, 국내로의 물품의 인도와 관련된 사항들은 구매기업이 해운회사와 직접 계약하고 운송을 의뢰한다. 이와는 달리, **도착지 인도조건**(FOB destination)은 해외의 판매기업이 물품의 생산뿐만 아니라 국내로의 운송도 함께 담당하게 되고, 구매기업에게 물품대금과 운송대금을 함께 청구한다.[17)]

회계기간 말 현재 구매기업이 해외로부터 선적지 인도조건으로 주문한 물품이 선적지에서 선적되었지만 도착하지 않은 경우, 이를 **미착품**(goods in transit)이라고 한다. 선적지 인도조건은 미착품의 법적소유권이 구매기업에 있

---

17) 예를 들어, 한국의 A기업이 베트남의 B기업으로부터 의류 한 컨테이너를 수입할 경우, A기업은 B기업에게 선적지 인도조건과 도착지 인도조건의 청구금액을 문의하고, B기업이 선적지 인도조건은 $10,000, 도착지 인도조건은 $11,000를 제시하였다고 가정하자. A기업은 해운회사에게 베트남에서 한국까지의 운송요금을 문의하고 가장 낮은 운임으로 $800를 제의받았다면, A기업은 선적지 인도조건이면 B기업에게 물품대금 $10,000, 해운회사에 운임으로 $800, 총 $10,800를 지불하면 되므로 도착지 인도조건인 $11,000보다 $200가 저렴하다. 따라서 A기업 선적지 인도조건을 택할 것이다. 만약, A기업이 해운회사로부터 받은 가장 낮은 운임이 $1,200라면 총 비용이 $11,200가 되어 도착지 인도조건($11,000)이 오히려 $200 싸게 되므로 도착지 인도조건을 택할 것이다.

표 7.5 선적지 인도조건과 도착지 인도조건

	미착품 법적 소유	운임 지불 주체*	특 징
선적지 인도조건	구매기업	구매기업	일반적으로 구매기업의 운임협상력이 더 큰 경우
도착지 인도조건	판매기업	판매기업	일반적으로 판매기업의 운임협상력이 더 큰 경우

* 운임지불주체(운임지불기업)는 해운회사에 운임을 지불하는 기업을 의미한다. 도착지 인도조건의 경우에는 판매기업이 물품대금에 운임이 포함된 금액을 구매기업으로부터 수령하여 해운회사에 지급하므로 실질적인 운임지불주체(운임지불기업)은 구매기업이다.

기 때문에 미착품은 구매기업이 인식하는 재고자산이다. 수입관련 비용, 즉 통관료, 입항료, 하역비, 보험료, 보관료도 미착품에 포함되며 미착품이 도착하면 상품 또는 원재료로 대체된다.

〈예시 7.7〉은 (주)한화에어로스페이스의 2022년 재무제표 주석에 공시된 재고자산 내역을 보여준다. (주)한화에어로스페이스는 재고자산으로 상품, 제품, 반제품, 재공품, 원재료, 저장품, 미착품을 보유하고 있다.

〈예시 7.7〉 (주)한화에어로스페이스의 2022년 재무제표 주석 – 재고자산

11. 재고자산

(1) 당기 및 전기말 현재 재고자산의 내역은 다음과 같습니다.

(단위: 천원)

구 분	당기말		
	취득원가	평가충당금	장부가액
상·제품	154,865,376	(871,088)	153,994,288
반제품	111,996,203	(663,691)	111,332,512
재공품	289,157,661	(1,718,568)	287,439,093
원재료	313,047,079	(16,835,399)	296,211,680
저장품	2,216,894	–	2,216,894
미착품	55,970,762	–	55,970,762
합 계	927,253,975	(20,088,746)	907,165,229

2) 재고자산의 기록방법(계속기록법과 실지재고조사법)

재고자산 거래를 기록하는 방법에는 앞서 제3장 상품매매기업에서 소개하였듯이 계속기록법과 실지재고조사법이 있다. 현재는 ERP(전사적 자원관리)의 보편적인 도입으로 재고자산의 기록에 드는 비용과 시간이 크게 감소하여 계속기록법을 사용하는 기업이 많다. 그러나 ERP를 도입하지 않았거나 계속기록법의 사용으로 인한 비용이 효익보다 큰 경우는 실지재고조사법을 사용한다.

아래의 (주)대구유통 사례를 통하여 두 가지 방법을 비교해 본다.

(주)대구유통은 단일 상품을 판매하는 기업으로 20×1년 3월의 거래 내역은 다음과 같다.

날 짜	거래 내용
3월 1일	3월의 기초상품은 100개이고 구입단가는 개당 2,000원이다.
3월 12일	상품 200개를 개당 2,000원에 외상으로 구입하였다.
3월 20일	상품 150개를 개당 3,000원에 외상으로 판매하였다.
3월 27일	상품 100개를 개당 2,000원에 외상으로 구입하였다.
3월 29일	상품 200개를 개당 3,000원에 외상으로 판매하였다.

* 3월 31일 실사 결과 기말상품의 수량은 50개인 것으로 나타났다.

먼저, **계속기록법**은 회계기간 중에 발생한 상품의 구입과 판매가 이루어질 때마다 상품 계정에 상품의 증감을 계속 기록하는 방법이다. 이를 위해서는 회계기간 중에 구입한 상품의 수량과 매입단가, 판매된 상품의 수량과 판매단가를 상품수불부에 기록해 두어야 한다.

위의 (주)대구유통의 거래를 계속기록법으로 분개하면 다음과 같다.

날 짜	차 변		대 변	
3월 12일	상 품	400,000	매입채무	400,000
3월 20일	매출채권	450,000	매 출	450,000
	매출원가	300,000	상 품	300,000

날짜	차 변		대 변	
3월 27일	상 품	200,000	매입채무	200,000
3월 29일	매출채권 매출원가	600,000 400,000	매 출 상 품	600,000 400,000

계속기록법으로 상품 거래를 기록할 경우 3월 31일의 상품 계정의 잔액은 얼마가 될 것인가? 아래의 상품 계정과 같이 3월 1일의 기초재고 200,000원(=100개 2,000원)에서 시작해서 3월 12일과 27일의 상품 구입을 차변에 기록하고 3월 20일과 29일의 상품 판매를 대변에 기록하면 100,000원의 차변 잔액을 갖게 된다.

보령약국의 계속기록법

(주)보령제약의 시작은 창업자 김승호가 1957년 서울 종로5가에 설립한 '보령약국'이다. 보령약국은 제품이 판매될 때마다 그 품목과 수량 그리고 가격을 그때그때 진표에 기입하여 확인해두는 '선표제'를 사용하였다. 약사의 처방이나 고객의 요청으로 약품을 반출할 때마다 약사에게 일정한 서식의 전표에다 그 내용을 기재하도록 하고, 관리 부서는 전표를 넘겨받아 영업방침에 맞게 판매가 되는지를 확인한 후 해당 약품을 창구로 내보내는 제도였다.

전표제를 도입으로 신속하고 정확한 재고 파악이 이루어져 잘 팔리는 약품과 그렇지 않은 약품이 금방 확인되었다. 전표제 도입 후 처음으로 실시한 재고정리에서 약효가 상실되어 쓸모가 없게 된 약품이 두 트럭분이나 나왔다고 한다. 이는 계획성 없는 무분별한 약품 반입이 많았음을 입증하는 단적인 예라고 할 수 있다. 보령약국의 이러한 전표제는 계속기록법에 해당하며 장부를 통해서 품목의 현재 남아있는 수량을 파악할 수 있어 효율적인 재고관리가 가능하다.

출처: 끝은 생각하지도 마(김승호, 2007년, 더북컴퍼니), p.43.

상 품

차 변		대 변	
기초재고	200,000	3/20	300,000
3/12	400,000	3/29	400,000
3/27	200,000		
차변합계	800,000	대변합계	700,000
계정잔액	100,000		

실지재고조사법은 회계기간 중에 발생한 빈번한 상품 판매 기록의 번거로움을 피하기 위해 상품의 구입 시에만 수량과 단가를 상품수불부에 기록한다. 상품 매입 시에는 일종의 비용계정인 **매입**(purchase) 계정에 매입금액을 기록하며, 상품의 판매 시에는 매출수익 관련 분개만을 수행한다.

이후 결산 시점에 남아있는 상품, 즉 기말상품은 실사를 통하여 파악하며, 회계기간 중에 팔린 상품(매출원가)은 기초상품과 당기 매입액의 합계에서 기말상품을 차감하여 산출한다.

위의 (주)대구유통의 거래에 대해 실지재고조사법을 이용한 분개는 다음과 같다.

날 짜	차 변		대 변	
3월 12일	매 입	400,000	매입채무	400,000
3월 20일	매출채권	450,000	매 출	450,000
3월 27일	매 입	200,000	매입채무	200,000
3월 29일	매출채권	600,000	매 출	600,000
3월 31일	매출원가	200,000	상 품(기초)	200,000
	매출원가	600,000	매 입	600,000
	상 품	100,000	매출원가	100,000

3월 12일과 27일에 매입한 상품은 상품계정이 아니라 임시계정인 매입계정으로 차변에 기록한다. 그리고 상품 매출 시에는 매출수익만을 기록하고 판매되는 상품과 매출원가에 대한 기록이 없다는 점에서 계속기록법과 차이가 있다.

실지재고조사법을 적용하는 경우, 결산시점에 실사를 통해 남아있는 상품을 파악한 후 수정분개를 해야 한다. 3월 31일의 분개에서 보듯이 먼저, 상품 계정의 기초 상품재고액 200,000원은 모두 팔린 것으로 간주하여 대변에 분개하고 차변에는 매출원가를 기입한다.

다음으로, 매입 계정의 잔액인 당기 상품매입액 600,000(= 400,000 + 200,000)원 역시 모두 팔린 것으로 간주하여 대변에 매입 600,000원으로 분개한 후 차변에는 매출원가를 기입한다. 이 과정을 통해 상품 계정과 매입 계정의 잔액은 0이 된다. 반면, 당기에 판매된 상품을 나타내는 매출원가는 잠정적으로 800,000원이 되는데 이 금액은 당기의 판매가능상품(기초상품과 당기 매입액의 합) 전액을 나타낸다.

마지막으로 재고자산의 실사를 통해 기말상품 50개를 확인한 후, 매입단가 2,000원을 곱한 금액인 100,000원을 차변에 상품 100,000원으로 기재함으로써 상품 계정이 정확한 기말 상품재고액을 표기하게 된다. 동시에, 100,000원은 판매되지 않은 상품이므로 대변에 매출원가 100,000원을 기재함으로써 매출원가를 그만큼 감소시켜 매출원가 계정이 정확히 판매된 상품의 원가인 700,000원이 된다.

실지재고조사법을 사용할 경우 총계정원장의 상품, 매입, 매출원가 계정은 다음과 같다.

상 품

차 변		대 변	
기초재고	200,000	3/31	200,000
3/31	100,000		
차변합계	300,000	대변합계	200,000
계정잔액	100,000		

매 입

차 변		대 변	
3/12	400,000	3/31	600,000
3/27	200,000		
차변합계	600,000	대변합계	600,000
계정잔액	0		

매출원가

차 변		대 변	
3/31	800,000	3/31	100,000
차변합계	800,000	대변합계	100,000
계정잔액	700,000		

3) 재고자산의 입출흐름에 대한 가정

위의 (주)대구유통 사례에서는 상품의 매입단가가 개당 2,000원으로 일정하게 유지되었다. 그러나 실제 거래에서는 동일 상품이라고 할지라도 매입단가가 매입시기, 수량 및 조건에 따라 다르게 결정되는 것이 일반적이다. 이와 같이 동일 상품의 매입단가가 다른 경우 상품의 판매 시점별로 판매된 상품의 정확한 개별 매입단가를 알기 어렵고, 따라서 매출원가를 정확하게 산출할 수 없게 되는 문제가 발생한다.

다음 사례는 위의 (주)대구유통 사례와 달리 상품 매입단가에 변동이 있는 경우를 가정한 것이다.

(주)광주유통은 단일 상품을 판매하는 기업으로 20×1년 3월의 거래 내역은 다음과 같다.

날 짜	거래 내용
3월 1일	3월의 기초상품은 100개이고 구입단가는 개당 2,000원이다.
3월 12일	상품 200개를 개당 2,090원에 외상으로 매입하였다.

3월 20일	상품 150개를 개당 3,000원에 외상으로 판매하였다.
3월 27일	상품 100개를 개당 2,120원에 외상으로 매입하였다.
3월 29일	상품 200개를 개당 3,000원에 외상으로 판매하였다.

위에서 3월 20일에 판매된 150개의 상품 매출원가를 산출해 보자. 만약 판매된 150개의 상품 가운데 기초상품이 50개, 3월 12일에 매입한 상품이 100개라면 3월 20일에 판매되는 상품의 매출원가는 309,000원[= (50개×2,000원) + (100개×2,090원)]이 된다. 하지만 3월 20일에 판매된 150개의 상품이 기초상품에서 몇 개가 판매되고 당기 매입상품에서 몇 개가 판매되었는지 정확한 수량을 알 수 없다면 정확한 매출원가의 계산은 불가능하게 된다.

이러한 문제를 해결하기 위해 현행 회계기준은 상품 입출흐름에 대한 가정을 기업이 선택할 수 있도록 허용하고 있으며 한국채택국제회계기준에서 허용하고 있는 상품 입출흐름에 대한 가정방법으로는 선입선출법과 가중평균법이 있다.

① 선입선출법

선입선출법(First-In First-Out)은 먼저 매입한 상품이 먼저 팔린다고 가정하는 것이다. 위의 사례에서 만약 (주)광주유통이 상품의 입출흐름에 대한 가정으로 선입선출법을 적용한다면 3월에 판매된 350개의 상품에 대한 매출원가와 남아 있는 50개 기말상품 금액은 다음과 같이 계산된다.

〈선입선출법을 이용한 3월의 매출원가 및 기말상품 계산〉

기초상품	200,000원 = 100개×2,000원
3월 12일 매입분	418,000원 = 200개×2,090원
3월 27일 매입분	212,000원 = 100개×2,120원

3월의 매출원가: 724,000원 = (100개×2,000원)+(200개×2,090원)+(50개×2,120원)
3월 말 기말상품: 106,000원 = 50개×2,120원

선입선출법은 매입한 순서에 따라 먼저 매입한 상품을 매출 시에 매출원가

로 반영한다. 따라서 (주)광주유통 사례에서는 3월 중에 판매된 상품 350개에 해당하는 매출원가의 계산에서 매입 시기에 따라 기초상품 200개, 3월 12일 매입분 100개, 3월 27일 매입분 50개를 순차적으로 적용하였다. 동시에 시기적으로 가장 최근 매입한 3월 27일 매입분 가운데 50개는 기말상품 금액이 된다.

② 가중평균법

가중평균법(Average Cost Method)이란 기업이 보유 상품의 가중평균 매입단가를 계산한 후 이를 보유 상품의 매입단가로 간주하여 매출원가를 산출하는 방식이다. 가중평균법에는 **이동평균법**(moving average method)과 **총평균법**(weighted average method)이 있다. 이동평균법은 상품의 판매가 발생하는 시기마다 상품의 가중평균 매입단가를 계산하여 매출원가를 구하는 방식이고, 총평균법은 기말에 한 번만 상품의 가중평균 매입단가를 산출하여 매출원가를 구하는 방식이다.

재고자산의 기록방법 중 계속기록법은 이동평균법과 총평균법을 모두 적용할 수 있지만[18] 실지재고조사법은 기말 실사를 통해 기말 재고수량 및 총판매량을 알 수 있게 되므로 이동평균법은 적용할 수 없고 총평균법만 적용할 수 있다.

위에서 (주)광주유통이 상품의 입출흐름에 대한 가정으로 총평균법을 적용한다면 3월에 판매된 350개 상품의 매출원가와 50개 기말상품 금액은 다음과 같이 계산된다.

〈총평균법을 이용한 3월의 매출원가 및 기말상품의 계산〉

3월 기준 판매가능상품 400개의 가중평균 매입단가

판매가능상품: 830,000원 = (100개×2,000원)+(200개×2,090원)+(100개×2,120원)

가중평균매입단가: 2,075원 = 830,000원 / 400개

3월의 매출원가: 726,250원 = 350개×2,075원

3월 말 기말상품: 103,750원 = 50개×2,075원

---

18) 계속기록법은 상품수불부에 상품의 입출에 따른 수량, 단가를 작성해 두기 때문에 판매 시마다 가중평균단가를 산출하는 이동평균법도 가능하고, 상품수불부의 기록을 토대로 회계기간 말에 가중평균단가를 한 번만 산출하는 총평균법도 가능하다.

만약 (주)광주유통이 상품의 입출흐름에 대한 가정으로 이동평균법을 적용한다면 3월의 매출원가와 기말상품 금액은 다음과 같이 계산된다.

〈이동평균법을 이용한 3월의 매출원가 및 기말상품의 계산〉

3월 20일 판매 시점 기준 판매가능상품 300개의 가중평균 매입단가
 판매가능상품: 618,000원 = (100개×2,000원)+(200개×2,090원)
 가중평균매입단가: 2,060원 = 618,000원 / 300개

3월 20일 판매된 150개의 매출원가: 309,000원 = 150개×2,060원
3월 20일 판매 후 잔여 상품 150개의 금액: 309,000원 = 150개×2,060원

3월 29일 판매 시점 기준 판매가능상품 250개의 가중평균매입단가
 판매가능상품: 521,000원 = (150개×2,060원)+(100개×2,120원)
 가중평균매입단가: 2,084원 = 521,000원 / 250개

3월 29일 판매된 200개의 매출원가: 416,800원 = 200개×2,084원
3월 29일 판매 후 잔여 상품 50개의 금액: 104,200원 = 50개×2,084원

3월의 매출원가: 725,800원 = (150개×2,060원)+(200개×2,084원)
3월 말 기말상품: 104,200원 = 50개×2,084원

총평균법과 이동평균법을 비교하면 먼저 이동평균법은 판매시기마다 해당 시점의 판매가능상품의 가중평균 매입단가를 구하게 되므로 판매 당시의 정확한 매입단가 계산이 가능하다는 장점이 있는 반면, 빈번한 가중평균 매입단가의 산출로 인해 총평균법과 비교할 때 상대적으로 많은 시간과 비용이 소요된다는 단점이 있다.[19)]

총평균법은 기말에 전체 판매가능상품을 대상으로 하여 가중평균 매입단가를 한 번 구하여 매출원가와 기말상품 금액을 산출하게 되므로 이동평균법에 비해 상대적으로 적용이 편리하다는 장점이 있다. 하지만 특정 판매 시점의 가중평균 매입단가 결정에 판매 이후 매입한 상품의 매입단가도 포함된다는 점에

19) ERP(Enterprise Resource Planning, 전사적 자원관리)를 도입한 기업의 경우에는 판매시점의 가중평균 매입단가를 통합전산시스템을 통하여 산출하게 되므로 이동평균법의 적용이 용이하다.

표 7.6 상품의 입출흐름에 대한 가정별 매출원가와 기말상품의 비교

입출흐름 가정	매출원가	기말상품	합 계
선입선출법	724,000	106,000	830,000
이동평균법	725,800	104,200	830,000
총평균법	726,250	103,750	830,000

서 비현실적이라는 지적이 있을 수 있다.

실제로 총평균법 적용시 3월 20일 판매된 150개의 매출원가는 311,250원(= 150개×2,075원)이 되는데 이때 적용되는 가중평균 매입단가 2,075원의 계산에는 판매일 이후인 3월 27일의 매입분 212,000원(100개×2,120원)도 포함되어 있다.

〈표 7.6〉은 (주)광주유통 사례에서 산출한 선입선출법, 이동평균법, 총평균법 적용 시의 매출원가와 기말상품 금액을 비교한다.

(주)광주유통의 사례에서 상품의 매입단가는 2,000원, 2,090원, 2,120원으로서 순차적으로 증가한다. 따라서 매출원가는 선입선출법, 이동평균법, 총평균법의 순서로 증가하며, 기말상품은 총평균법, 이동평균법, 선입선출법의 순서로 증가하고 있다. 이러한 결과는 상품 입출흐름에 대한 가정의 선택에 따라 매출원가와 기말상품 금액이 달라질 수 있음을 보여주는 것이다. 그러나 상품 입출흐름에 대한 가정은 자주 변경할 수 없고, 한번 결정하면 그 방법을 지속적으로 사용해야 한다.

③ 개별법

선입선출법과 가중평균법은 재고자산의 매입단가를 정확히 확인할 수 없는 경우에 재고자산 입출흐름에 대한 가정으로 사용된다. 이와는 달리 재고자산의 매입단가를 정확히 파악할 수 있다면 재고자산 입출흐름에 대한 가정 없이 매출원가와 기말상품을 계산할 수 있다. 이러한 방법을 **개별법**(specific identification method)이라고 한다. 실무에서 개별법은 주로 미착품에 사용된다. 미착품은 재고자산의 매입단가를 정확히 알 수 있고, 아직 판매되지 않았으므로 개별법을

적용하여 기말 재고액을 산출한다.

4) 재고자산의 감모손실과 평가손실

재고자산은 파손, 도난, 마모, 증발 등의 이유로 판매가능한 재고수량이 감소할 수 있다. 따라서 계속기록법을 사용하는 기업은 보유하고 있는 실제 재고자산 수량이 재고자산수불부 상의 재고수량과 일치하는지 여부를 정기적으로 검토해야 한다. 실지재고조사법을 사용하는 기업은 장부상의 기말 재고자산 수량 자체가 없어 실사를 하더라도 재고자산 보유수량의 감소 여부를 파악할 수 없다. 이는 실지재고조사법의 단점이기도 하다.

실제 재고자산의 수량이 장부상의 수량보다 부족한 경우를 재고자산의 감모라고 하며 부족한 재고자산 금액만큼을 재고자산에서 줄이고 같은 금액을 **재고자산감모손실**(loss from inventory shrinkage)이라는 비용으로 인식한다.

다음의 예제를 통하여 재고자산 감모손실의 분개를 살펴본다.

예제 7.7

위의 (주)광주유통 사례에서 재고자산의 회계처리 방법으로 계속기록법을 사용하고, 재고자산 입출흐름에 대한 가정으로 선입선출법을 적용한다면 3월의 매출원가는 724,000원이며 3월 말 기말 상품재고액은 106,000원이다. 만약 3월 말 재고자산에 대해 실사한 결과 기말상품 수량이 40개임을 알게 되었을 경우 필요한 분개를 제시하시오.

〈해답〉

날 짜	차 변		대 변	
3월 31일	재고자산감모손실	21,200	상 품	21,200

차변의 재고자산감모손실 21,200원은 장부 수량 대비 부족한 재고자산 10개에 구입단가 2,120원을 곱한 금액이다. 재고자산 감모의 금액은 향후 판매가 불가능하므로 재고자산 계정에서 바로 차감하고 해당 손실을 재고자산감모손실로 인식한다. 재고자산감모손실은 영업활동 과정에서 통상적으로 발생하는 것이라면 포괄손익계산서 작성 시에는 매출원가에 포함된다. 그러나 화재, 홍수와 같이 비정상적으로 발생한 재고자산감모손실은 영업외비용(기타비용)에 포함된다.

한편, 재고자산은 보유기간이 오래되거나 유행이 지날 경우 취득원가 이하로 팔 수 밖에 없는 경우가 발생할 수 있다. 이러한 상황임에도 재무상태표 상의 재고자산을 취득원가로 표기한다면 실제 순매각금액(= 판매가격−판매비용= 순실현가능가치)이 취득원가보다 낮기 때문에 재고자산의 가치를 과대 계상하는 문제가 발생한다.

따라서 기업은 회계기간 말에 취득원가보다 순매각금액이 낮은 재고자산이 있다면 양 금액 간의 차이를 **재고자산평가손실**(loss from decline in value of inventory)이라는 비용 계정으로 인식하고, **재고자산평가충당금**(allowance for decline in value of inventory)이라는 자산차감계정을 인식하는 수정분개를 한다. 실제 사례로 (주)GS칼텍스는 2022년 말 유가하락으로 121,009백만원의 재고자산평가손실을 인식하였다.

다음의 예제를 통하여 재고자산평가손실의 분개를 살펴본다.

예제 7.8

(주)성남전자는 컴퓨터를 매매하는 기업이다. 20×1년 3월 말 현재 (주)성남전자는 500,000원에 구입한 노트북 1대를 상품으로 보유하고 있다. 그런데 최근 신제품이 출시됨에 따라 (주)성남전자가 보유하는 노트북의 순매각금액은 400,000원이 될 것으로 예상된다. 20×1년 3월 말에 (주)성남전자에게 필요한 분개를 제시하시오.

〈해답〉

상품의 취득원가보다 순매각금액이 100,000원만큼 낮으므로 아래와 같은 수정분개를 한다.

날짜	차 변		대 변	
20×1.3.31.	재고자산평가손실	100,000	재고자산평가충당금	100,000

차변의 재고자산평가손실 100,000원은 보유한 상품과 관련하여 발생한 손실을 적시에 손익계산서에 반영하는 역할을 하고, 대변의 재고자산평가충당금 100,000원은 재고자산의 자산차감계정으로 재고자산의 장부금액을 순매각금액인 400,000원으로 줄여 주는 역할을 한다.

앞서 나왔던 〈예시 7.7〉 (주)한화에어로스페이스의 재고자산 상세 내역에는 재고자산평가충당금 20,088,746천원이 괄호 안에 표기되어 있어 자산차감계정임을 알 수 있다.

Accounting Articles in English

The factoring of Riyad Mahrez[20)]

Leicester City Football Club, the team which won the Premier League against all the odds in 2016, uploaded a new filing to Companies House on Friday.

The document highlights a trend in the upper echelons of football: transfer fee factoring. A common practice at industrial companies, factoring is where a bank effectively helps a supplier to get paid early, by lending against payments due from a customer.

In this case, the product being sold was Riyad Mahrez, in a £60m transfer of the player from Leicester City to Manchester City in August. Australian investment bank Macquarie, provided the factoring.

It was a lot of money for Leicester, who in the financial year to May 2017 recorded £80m of profit, according to their most recent accounts. As that year included Leicester's sole foray into the Uefa Champions League, which along with operatic theme music brings higher television revenues, it is likely 2018 profits were lower.

The club wasn't due to get all the of the £60m up front, however. The deal was structured in instalments, with Manchester City due to pay £36m in two £18m tranches, on 31 July 2019 and 2020, respectively.

Cue Macquarie, who have provided a secured borrowing facility against the £36m of receivables. Leicester gets access to the money up front, and Macquarie will receive the transfer fees directly from Man City.

---

20) Powel Jamie, 'The Factoring of Riyad Mahrez', Financial Times, November 12, 2018.

Typically in factoring the money received by a club is at a discount to the receivables due, so the funding party receives some compensation from taking on the repayment risk. Macquarie declined to comment, and no one at Leicester was available to comment. According to Richard Price of sports financiers New Century Finance, the discount is often in the 4 per cent to 5 per cent range.

In Man City's case, the risk of non-payment (and hence the fee) is likely to be lower than for many clubs due to the backing of Sheikh Mansour, the Abu Dhabi royal.

Transfer factoring has been commonplace in English football since the early 2000s, according to Price. Since then, transfer fees in English football have exploded, with rising television revenues and ticket prices often cited as reasons.

Yet arguably, factoring has also played a part. Stretching payments into the future has perhaps encouraged clubs to think they can pay more for players, and those selling to accept longer instalment plans in the knowledge an investor will turn the deal into an immediate payday.

So with television revenues set to rise for the foreseeable future, according to Deloitte, it seems a top in transfer fees is a still a long way off.

요 약

1. 현금은 기업이 보유하고 있는 통화, 타인발행수표, 우편환과 즉시 현금 인출이 가능한 요구불예금 등을 포함한다. 현금성자산은 취득당시에 만기일이 3개월 이내이며 그 자체로 현금으로 쉽게 바뀔 수 있는 금융기관 예금상품 또는 수익증권을 의미한다. 기업들은 재무상태표에 현금과 현금성자산을 합하여 현금및현금성자산으로 표기한다.

2. 기업은 현금의 적절한 관리를 위하여 주로 계좌이체, 당좌수표, 법인카드를 사용하며 당좌수표와 어음의 발행을 위해 은행에 당좌예금을 개설한다. 또한 기업은 부서 운영 등에서 발생하는 소액의 지출까지 모두 수표, 법인카드를 사용하기에는 어려움이 있으므로 회계부서로부터 일정액의 현금을 미리 지급받아 필요 시에 우선 지출하고 추후에 지출한 금액을 다시 회계부서로부터 보충 받는 소액현금제도를 사용한다.

3. 매출채권은 상품이나 제품의 외상판매와 같이 기업의 매출과 직접적으로 관련 있는 외상거래의 결과 미래 현금을 수취할 권리를 의미한다. 매출채권은 어음의 수취여부에 따라 받을어음과 외상매출금으로 나뉜다.

4. 매출채권 보유 시 회계기간 말에 주로 연령분석법을 이용하여 미래 예상회수불능액(기대신용손실)을 추정한다. 대손충당금은 자산차감계정으로 매출채권의 장부가를 줄이는 역할을 하고, 회계기간 말에 대손충당금의 기말잔액이 기대신용손실과 일치할 수 있도록 대손상각비와 대손충당금을 인식한다.

5. 어음할인이란 타 기업으로부터 받은 받을어음을 만기가 도래하기 이전 시점에 할인수수료를 차감한 금액을 현금으로 수령하고 은행 등의 금융기관에 양도하는 것을 의미한다. 기업은 어음할인과 같은 방식으로 외상매출금도 금융기관 등에 수수료를 제하고 양도할 수 있는데 이를 팩토링이라고 한다.

6. 미수금은 사용하던 기계나 차량 등의 외상매각과 같이 기업의 매출과는 직접적으로 관련이 없는 외상거래로부터 발생하는 미래 현금을 수취할 권리이다. 미수수익은 기업이 회계기간 말 결산수정분개의 결과로 발생하는 수취채권으로서 기간 경과에 따라 수익은 발생했으나 현금은 수령하기 전인 경우에 인식한다.

7. 대여금은 기업이 주주, 임원, 종업원, 관계회사, 외주업체 등 타 실체에게 현금을 빌려주고 미래 만기일에 현금을 수취할 권리이다. 보증금은 기업이 거래상대방과 체결한 계약에 따라 보증, 계약이행을 목적으로 지급된 금액으로 향후 현금으로 돌려받기 때문에

수취채권에 해당한다.

8. 선급금은 주로 필요한 재화를 구입하기 위해 다른 기업에게 미리 현금을 지불한 금액을 의미한다. 선급금은 미래에 현금이 아닌 재화를 제공받을 권리를 가지게 되는 자산이라는 점에서 매출채권 등과는 달리 비금융자산에 속한다. 선급비용은 현금을 미리 지급했다는 점에서 선급금과 유사하지만 주로 계약에 의해 일정 기간 동안 서비스를 제공받는다는 점에서 선급금과 차이가 있다.

9. 재고자산은 판매 또는 제품 제조를 목적으로 보유하고 있는 유동자산으로 상품, 제품, 원재료, 부재료, 재공품, 저장품, 미착품 등을 포함한다. 재고자산의 매출원가 산정과 관련하여 재고자산의 개별 매입단가를 정확히 파악하기 어려운 경우에 기업은 재고자산의 입출흐름에 대한 가정을 사용할 수 있다.

10. 선택 가능한 재고자산의 입출흐름에 대한 가정으로는 선입선출법, 이동평균법, 총평균법이 있다. 미착품과 같이 재고자산의 매입단가를 개별적으로 파악할 수 있는 경우에는 재고자산의 입출흐름에 대한 가정을 하지 않고 개별법을 적용한다.

11. 재고자산에 대한 정기적인 실사 후 실제 수량이 재고자산의 장부수량보다 적을 때는 재고자산감모손실을 인식하고, 회계기간 말 재고자산의 순매각금액이 취득원가보다 낮을 경우에는 그 차이만큼을 재고자산평가손실과 자산차감계정인 재고자산평가충당금으로 인식하여 재고자산의 장부가를 순매각금액으로 감소시킨다.

O×퀴즈 아래 문장이 옳으면 ○, 틀리면 ×로 답하고 틀린 곳은 올바르게 고치시오.

1. 현금성자산은 취득할 당시에 만기일이 1년 이내인 현금으로 쉽게 전환할 수 있는 금융상품을 말한다.

2. 당좌예금을 개설한 은행에 당좌예금 잔액을 초과하는 금액의 당좌수표가 제시되어 지급이 요청되면 은행은 예외 없이 해당 수표에 대해 지급을 거절하고 즉시 부도로 처리한다.

3. 기업의 부서 운영을 위한 소액 지출의 편의를 위해 회계부서로부터 일정액의 현금을 미리 지급받아 필요 시에 우선 지출하고, 추후에 지출한 금액을 회계부서로부터 보충받는 제도를 소액현금제도라고 한다.

4. 미수금은 상품 또는 제품의 판매, 용역의 제공 등 기업의 매출과 직접 관련이 있는 외상거래에서 발생하는 미래 현금을 수취할 권리이다. 반면, 미수수익은 사용하던 기계나 차량의 매각 등 기업의 매출과는 직접 관련이 없는 외상거래에서 발생하는 미래 현금을 수취할 권리를 의미한다.

5. 매출채권, 선급금, 대여금 등은 미래에 현금을 수령할 권리를 가지는 금융자산인 반면, 미수금은 미래에 재화 또는 용역을 제공받을 권리를 가지게 되는 자산이라는 점에서 매출채권 등과는 달리 비금융자산에 속하게 된다.

6. 선급금은 기업이 미래 시점에 원재료나 상품 등 필요한 재화를 제공받기로 거래상대방과 약정하고 미리 지불한 금액을 의미하며 선급비용은 선급임차료, 선급보험료 등과 같이 아직 제공되지 않은 서비스에 대해 미리 지급한 대가를 의미한다.

7. 재고자산은 판매 또는 생산을 목적으로 보유하는 재화로서 상품, 제품, 반제품, 재공품, 원재료, 저장품, 미착품 등의 항목을 포함한다.

8. 개별법은 기업이 재고자산의 매입단가를 개별적으로 파악할 수 있는 경우에 적용한다.

9. K-IFRS에서 재고자산의 입출흐름을 가정하는 방법으로는 선입선출법과 가중평균법이 있다. 가중평균법의 선택과 관련하여 기업이 실지재고조사법을 사용하는 경우에는 이동평균법을 적용하고, 계속기록법을 사용하는 경우에는 총평균법을 적용한다.

10. 기업이 보유하고 있는 재고자산은 파손, 도난, 마모, 증발 등의 이유로 감소할 수 있다. 실제 재고자산의 수량이 장부상의 수량보다 감소한 경우에는 감소한 재고자산 금액만큼을 재고자산에서 줄이고 같은 금액을 재고자산평가손실이라는 비용으로 인식한다.

11. 기업이 보유하고 있는 재고자산이 진부화 등의 이유로 향후 판매를 통해 거두게 되는 순매각금액이 해당 재고자산의 취득원가인 장부금액보다 낮아지는 경우를 재고자산의 감모라고 한다. 이 경우에 기업은 양 금액 간의 차이를 재고자산감모손실이라는 비용 계정으로 인식하고, 대변에는 재고자산평가충당금이라는 자산차감계정을 인식한다.

12. 재고자산의 매입단가가 지속적으로 하락하는 경우 기말 재고자산의 크기는 총평균법이 가장 크고, 이동평균법, 선입선출법의 순서로 점점 작아진다.

13. 매출채권의 회수불능이 예상되는 경우에는 해당 회수불능 예상금액에 대하여 손실(비용) 처리를 하고 대손충당금을 설정한다. 반면, 미수금과 대여금은 회수불능이 예상되는 경우에 매출채권과는 달리 실제 회수가 불가능한 것으로 확정되는 시점에 손실 처리한다.

14. 어음할인이란 타 기업으로부터 받은 어음을 만기가 도래하기 이전 시점에 할인수수료를 차감한 금액을 현금으로 수령하고 은행 등의 금융기관에 양도하는 것을 의미한다. 기업은 어음할인과 같은 방식으로 외상매출금도 금융기관 등에 수수료를 제하고 양도할 수 있는데 이를 팩토링이라고 한다.

15. 구매기업이 선적지 인도조건으로 주문한 물품이 회계기간 말 현재 선적지에서 선적되었지만 도착하지 않은 경우, 구매기업은 이를 미착품으로 기록하고 재고자산에 포함한다.

제7장 객관식 문제

1. 재무상태표에 현금및현금성자산으로 표시될 금액은? 〈국가직 9급, 2020 수정〉

- 우편환 ₩50,000
- 자기앞수표 ₩100,000
- 타인발행수표 ₩100,000
- 당좌개설보증금 ₩100,000
- 취득 당시 만기 120일인 양도성예금증서 ₩100,000

① ₩400,000　② ₩350,000　③ ₩300,000　④ ₩250,000

2. 20×1년 5월 말 (주)한국의 수정 전 당좌예금 장부잔액과 거래은행 측 수정 전 당좌예금 잔액이 일치하지 않는 원인은 다음과 같다. (주)한국의 수정 전 당좌예금 장부잔액이 ₩160,000일 때, 거래은행 측 수정 전 당좌예금 잔액은? 〈지방직 9급, 2023〉

- (주)한국이 거래은행에 입금처리한 수표 ₩30,000이 5월 19일에 부도처리되었으나, (주)한국에는 아직 통보되지 않았다.
- 거래처인 (주)서울이 상품 구입대금 ₩20,000을 (주)한국의 당좌예금계좌에 입금하였으나, (주)한국에는 아직 통보되지 않았다.
- 거래은행은 (주)한국의 20×1년 5월분 수수료 ₩40,000을 (주)한국의 당좌예금계좌에서 차감하였으나, (주)한국은 이를 모르고 있다.
- (주)한국이 기발행한 수표 ₩10,000이 아직 거래은행에 지급제시되지 않았다.
- (주)한국은 현금 ₩20,000을 당좌예금계좌에 입금하였으나, 거래은행에서는 아직 입금처리가 되지 않았다.

① ₩70,000　② ₩100,000　③ ₩160,000　④ ₩180,000

3. (주)한국의 재고자산과 관련한 자료가 다음과 같을 때, 홍수로 소실된 상품의 추정원가는? 〈국가직 9급, 2021〉

- 20×1년 1월 1일 기초상품재고액은 ₩250,000이다.
- 20×1년 7월 31일 홍수가 발생하여 ₩150,000의 상품만 남고 모두 소실되었다.
- 20×1년 7월 31일까지 당기상품매입액은 ₩1,300,000이다.
- 20×1년 7월 31일까지 당기매출액은 ₩1,200,000이다.
- (주)한국의 매출총이익률은 20%이다.

① ₩200,000 ② ₩260,000 ③ ₩440,000 ④ ₩590,000

4. 다음은 (주)한국의 20×1년 상품 매입 및 매출 관련 자료이다. 선입선출법을 적용할 경우, 20×1년도 기말재고자산과 매출총이익을 바르게 연결한 것은? (단, 재고자산 감모 및 평가손실은 발생하지 않았으며, 재고자산 수량결정은 계속기록법에 의한다). 〈국가직 9급, 2022〉

일 자	구 분	수 량	단 가
1월 5일	기초재고	20개	₩150
5월 1일	매 입	30개	₩200
7월 1일	매 출	25개	₩300
9월 1일	매 입	20개	₩180
11월 1일	매 출	25개	₩320

	기말 재고자산	매출총이익
①	₩3,000	₩5,900
②	₩3,000	₩6,500
③	₩3,600	₩5,900
④	₩3,600	₩6,500

5. (주)한국은 모든 매출이 외상으로 발생하는 회사이다. 당기 총매출액은 ₩800,000이며, 매출채권으로부터 회수한 현금유입액은 ₩600,000이다. 다음의 당기 매출채권 관련 자료를 사용하여 (주)한국이 인식할 당기 손상차손(대손상각비)은? 〈국가직 9급, 2021〉

	기 초	기 말
매출채권	₩500,000	₩450,000
손실충당금(대손충당금)	₩50,000	₩50,000

① ₩250,000　② ₩350,000　③ ₩450,000　④ ₩550,000

6. (주)한국의 20×1년 매출채권 관련 자료가 다음과 같을 때, 20×1년에 인식할 손상차손은? 〈지방직 9급, 2023〉

- 20×1년 초 매출채권에 대한 손실충당금 잔액은 ₩30,000이다.
- 20×1년 중 매출채권 ₩60,000이 회수불능으로 확정되었다.
- 20×1년 말 매출채권 잔액은 ₩500,000이며, 동 매출채권에 대하여 추정한 기대신용손실액은 ₩20,000이다.

① ₩20,000　② ₩30,000
③ ₩50,000　④ ₩60,000

제7장 주관식 문제

1. 다음은 (주)충남기계가 20×1년 12월 말 현재 보유하고 있는 자산의 일부이다. 아래 물음에 답하시오(단, 표에 기재된 만기는 취득시점의 만기를 의미함).

자산 내용	금 액	자산 내용	금 액
당좌예금	953,200	MMF	2,500,000
양도성예금증서(만기 3개월)	3,000,000	타 기업 발행 당좌수표	500,000
은행 자기앞수표	1,100,000	인출제한 당좌예금개설 보증금	8,000,000
타 기업 발행 어음(만기 1개월)	4,700,000	현금 시재액(보유 통화)	5,342,000
정기예금(만기 6개월)	4,860,000	대여금(만기 3개월)	3,400,000

1) 12월 말 (주)충남기계의 재무상태표에 나타날 현금 잔액은 얼마인가(현금성자산은 제외)?

2) 12월 말 (주)충남기계의 현금성자산 합계는 얼마인가?

2. (주)인천컨설팅의 당좌예금 거래는 아래와 같다. 20×1년 1월 2일, 2월 1일, 2월 10일, 2월 15일의 거래를 각각 분개하시오.

1/2	시대은행에 당좌예금 계좌를 개설하고 현금 10,000,000원을 입금하였으며 당좌차월 한도는 10,000,000원이다.
2/1	거래처에 컨설팅용역을 제공하고 수취한 현금 5,000,000원을 당좌예금 계좌에 입금하였다.
2/10	비품을 취득한 후 매입대금 20,000,000원을 당좌수표를 발행하여 지급하였다.
2/15	당좌예금 계좌에 현금 10,000,000원을 입금하였다.

3. (주)서해공업의 20×1년 3월 31일 총계정원장 상의 당좌예금 잔고는 400,000원이다. 같은 날 당좌예금 개설은행인 시대은행 인터넷뱅킹 상의 당좌예금 잔액은 920,000원이었다. (주)서해공업은 위의 두 잔액 간의 차이에 대하여 조사한 결과 다음과 같은 사실을 알게 되었다.

① (주)서해공업이 거래처A에 상품 구입 대금으로 20×1년 3월 15일에 발행하여 지급한 당좌수표 150,000원을 거래처A에서 20×1년 3월 31일까지 현금으로 수령하지 않았다.
② (주)서해공업이 거래처B로부터 상품 판매의 대가로 수령하여 20×1년 3월 31일에 야간금고로 입금한 수표 100,000원이 20×1년 3월 31일까지 시대은행의 계좌에 입금되지 않았다.
③ 시대은행이 20×1년 3월 30일에 (주)서해공업의 당좌차월 관련 이자비용 10,000원과 은행수수료 20,000원을 당좌예금 계좌로부터 인출하였으나 (주)서해공업은 해당 인출 내용을 알지 못하여 당좌예금 계정에 반영하지 않았다.
④ (주)서해공업의 거래처C는 (주)서해공업과의 외상거래에 대한 지급으로 20×1년 3월 29일에 500,000원을 온라인 입금하였는데 (주)서해공업은 해당 입금 내용을 알지 못하고 당좌예금 계정에 반영하지 않았다.

은행계정조정표를 작성하고 (주)서해공업이 해야 할 수정분개를 제시하시오.

4. 아래 사항과 관련하여 (주)전남실업의 20×1년 12월 31일 은행계정조정표를 작성하고, 필요한 수정분개를 수행하시오.

1) (주)전남실업의 12월 31일 당좌예금 잔액은 ₩11,183,200이고, 은행의 당좌예금 잔액은 ₩22,900,700이다.
2) (주)전남실업이 발행한 당좌수표 중 지급이 이루어지지 않은 금액은 ₩18,798,000이다.
3) (주)전남실업은 상품의 외상매입 대금을 갚기 위해 ₩10,100,600의 당좌수표를 발행하면서 그 금액을 장부에는 ₩10,600,100으로 기록하였다.
4) 거래처가 외상매입에 대한 지급으로 12월 29일 온라인으로 입금시킨 ₩1,370,000이 (주)전남실업에는 통지되지 않았다.

5) (주)전남실업이 거래처로부터 직접 받아 12월 31일 야간금고를 통해 입금한 당좌수표 ₩1,450,000이 아직 은행계좌에는 입금되지 않았다.

6) (주)전남실업은 부도로 반환된 타인발행수표 ₩7,500,000을 통보받지 못했다.

5. (주)동해수산은 20×1년부터 영업부서에서 소액현금제도를 운영하기로 하였다. 소액현금과 관련된 영업부서의 거래는 다음과 같다. 20×1년 1월 2일, 15일, 20일, 31일의 거래에 대하여 필요한 분개를 각각 수행하시오.

1/2	회계부서로부터 20×1년 1월 2일에 현금 500,000원을 받았다.
1/15	소액현금 관리 직원은 부서 직원의 접대비로 150,000원을 지출하였다.
1/20	소액현금 관리 직원은 부서 직원의 출장비로 100,000원을 지출하였다.
1/31	소액현금 관리 직원은 1월 15일과 20일의 지출과 관련한 영수증을 회계부서에 제출하고 250,000원의 현금을 수령하였다.

6. (주)경북건설은 20×1년 말 현재 100,000,000원의 매출채권을 보유하고 있다. (주)경북건설이 보유하고 있는 매출채권에 대하여 아래와 같이 연령분석표를 작성하고, 과거의 대손발생 경험과 미래의 전망을 고려하여 각 구간별 채무불이행률을 도출하였다.

경과기간	매출채권 장부금액	추정 채무불이행률(%)
만기 도래 이전	72,000,000원	0.2
1~30일 연체	15,000,000원	1
31~90일 연체	8,000,000원	3
91~180일 연체	4,000,000원	5
180일 초과 연체	1,000,000원	40
합 계	100,000,000원	

1) 위의 연령분석표를 이용하여 (주)경북건설의 20×1년 말 기준 매출채권에 대한 총기대신용손실을 구하시오.

2) 20×1년 말 기대신용손실 추정 전 대손충당금의 잔액이 1,000,000원(대변)이라고 할 때 20×1년 말 매출채권의 대손추정 관련 수정분개를 하시오.

3) 20×1년 말 기대신용손실 추정 전 대손충당금의 잔액이 1,200,000원(대변)이라고 할 때 20×1년 말 매출채권의 대손추정 관련 수정분개를 하시오.

4) 20×2년 1월 15일 외상거래가 있던 기업의 도산으로 600,000원의 매출채권에 대한 대손이 확정되었다고 가정할 때 필요한 분개를 수행하시오.

7. 20×1년 12월 31일에 (주)양산푸드가 기대신용손실을 추정하기 위해 작성한 매출채권의 연령분석표는 다음과 같다. 기대신용손실을 추정하기 전 매출채권 잔액은 10,000,000원, 대손충당금의 잔액은 135,000원(대변)이다. 다음 물음에 답하시오.

경과기간	채무불이행률(%)	장부금액
연체되지 않음	0.2	5,000,000
1~30일 연체	1	1,500,000
31~60일 연체	7	1,500,000
61~90일 연체	10	1,000,000
91일 초과 연체	25	1,000,000
합 계		10,000,000

1) 위의 연령분석표를 이용하여 총기대신용손실을 산출하시오.

2) 1)번에서 추정한 총기대신용손실을 토대로 20×1년 12월 31일 대손충당금에 대한 수정분개를 수행하시오.

3) 2)번의 수정분개 후 20×2년 1월 10일 외상매입거래를 했던 기업의 부도로 150,000원의 매출채권에 대한 대손이 확정되었다. 대손확정에 관한 분개를 수행하시오.

4) 만약, 2)번의 수정분개 후 20×2년 1월 15일에 외상매입거래를 했던 거래처의 연쇄부도로 총 800,000원의 매출채권에 대한 대손이 확정되었을 경우, 대손확정에 필요한 분개를 하고, 20×2년 1월 말 연령분석법에 의한 총기대신용손실이 550,000원이라고 가정하고 필요한 수정분개를 수행하시오.

5) 만약, 2)번의 수정분개 후 20×2년 1월 중에는 대손이 발생하지 않았을 경우, 20×2년 1월 말 연령분석법에 의한 총기대신용손실이 450,000원이라고 가정하고 필요한 수정분개를 수행하시오.

8. 다음은 (주)대성의 재무상태표에 포함된 자산 항목들이다. 금융자산에 속하는 항목을 모두 고르시오.

현금 및 현금성자산	단기대여금
선급보험료	미수수익
미수금	매출채권
상 품	선급금
비 품	보증금

9. 다음은 전자제품을 판매하는 (주)군포양판의 냉장고A형에 대한 20×1년 6월의 상품 수불부이다. 아래 물음에 답하시오. 평균단가 계산은 소수점 셋째자리에서 둘째자리로 반올림하시오.

날짜	적 요	입 고			출 고			재고 수량
		수량	매입단가	금액	수량	판매단가	금액	
6.1	기초재고	30	15,000	450,000				30
6.3	매 출				20	30,000	600,000	10
6.4	매 입	100	14,500	1,450,000				110
6.11	매 출				85	30,000	2,550,000	25
6.12	매 입	140	14,000	1,960,000				165
6.30	매 출				125	30,000	3,750,000	40
	합 계	270		3,860,000	230		6,900,000	

1) 상품의 입출에 대한 가정으로 선입선출법을 사용할 경우 6월의 매출원가와 기말상품액을 산출하시오.
2) 상품의 입출에 대한 가정으로 총평균법을 사용할 경우 6월의 매출원가와 기말상품액을 산출하시오.
3) 상품의 입출에 대한 가정으로 이동평균법을 사용할 경우 6월의 매출원가와 기말상품액을 산출하시오.

10. 다음은 (주)춘천리테일의 20×1년 3월 상품 입고 및 출고에 관한 자료이다. 아래 물음에 답하시오.

날 짜	적 요	수량(개)	매입/판매 단가(원)
3. 1	기초재고	100	100
3. 7	매 입	300	120
3.11	매 출	300	150
3.14	매 입	400	130
3.27	매 출	300	160
3.30	매 입	200	120
3.31	기말재고	400	

1) 상품의 입출흐름에 대한 가정으로 선입선출법을 사용할 경우 3월의 매출원가와 기말상품액을 산출하시오.
2) 상품의 입출흐름에 대한 가정으로 총평균법을 사용할 경우 3월의 매출원가와 기말상품액을 산출하시오.
3) 상품의 입출흐름에 대한 가정으로 이동평균법을 사용할 경우 3월의 매출원가와 기말상품액을 산출하시오.

11. (주)경산유통은 단일 상품을 판매하는 기업으로 다음은 (주)경산유통의 20×1년 3월의 상품거래 내용이다.

날 짜	거래 내용
3월 1일	3월의 기초상품은 100개이고 구입단가는 개당 200원이다.
3월 5일	상품 50개를 개당 300원에 외상으로 판매하였다.
3월 12일	상품 200개를 개당 240원에 외상으로 구입하였다.
3월 20일	상품 100개를 개당 300원에 외상으로 판매하였다.
3월 27일	상품 100개를 개당 290원에 외상으로 구입하였다.
3월 29일	상품 200개를 개당 300원에 외상으로 판매하였다.

* 3월 31일 실사 결과 기말상품의 수량은 50개인 것으로 나타났다.

1) 상품의 입출흐름에 대한 가정으로 선입선출법을 사용할 경우 3월의 매출원가와 기말상품액을 산출하시오.

2) 상품의 입출흐름에 대한 가정으로 총평균법을 사용할 경우 3월의 매출원가와 기말상품액을 산출하시오.

3) 상품의 입출흐름에 대한 가정으로 이동평균법을 사용할 경우 3월의 매출원가와 기말상품액을 산출하시오.

12. 위의 문제 11번의 내용과 관련하여 다음 물음에 답하시오.

1) 문제 11번에서 3월 31일 실사 결과 기말상품의 수량은 40개인 것으로 나타난 경우 필요한 분개를 하시오. 단, (주)경산유통은 상품의 입출흐름에 대한 가정으로 이동평균법을 사용하는 것으로 가정하시오.

2) 문제 11번에서 3월 31일 실사 결과 기말상품의 수량은 50개인 것으로 나타났고 상품 단위당 순매각금액은 280원인 것으로 나타났을 때 필요한 분개를 하시오. 단 (주)경산유통은 상품의 입출흐름에 대한 가정으로 선입선출법을 사용하는 것으로 가정하시오.

13. 다음은 계속기록법을 사용하는 (주)스타산업의 재고자산과 관련된 자료이다. 다음 물음에 답하시오.

기말 장부상 상품재고 수량 200개, 취득원가 개당 1,100원
기말 실제 상품재고 수량 180개, 순매각금액(순실현가능가치) 개당 1,000원

1) 재고자산감모손실을 인식하는 분개를 하시오.

2) 재고자산평가손실을 인식하는 분개를 하시오.

14. 다음은 (주)대한공업의 20×1년도 재무상태표 중 유동자산에 포함된 계정과목과 잔액의 자료이다. 아래 물음에 답하시오(단위: 백만원).

계정과목	잔 액	계정과목	잔 액
매출채권	300,000	선급금	31,000
매출채권-대손충당금	4,500	선급비용	3,000
미수금	67,000	현금및현금성자산	250,000
미수수익	4,000	대여금	20,000
재고자산	384,000	단기금융상품	12,000

1) 유동자산의 총계는 얼마인가?
2) 매출과 직접적으로 관련이 없는 외상매각에서 발생하여 미래에 현금을 회수할 권리에 해당하는 것은 무엇인가?
3) 임대기간의 경과로 임대수익은 발생했으나 현금을 수취하지 못한 경우 어느 계정과목에 해당 금액이 포함되는가?
4) 생산에 필요한 원재료를 구입하기 위해 다른 기업에게 미리 현금으로 지불한 경우 어느 계정과목에 해당 금액이 포함되는가?
5) 1년 치 자동차보험료를 미리 지불한 경우 어느 계정과목에 해당 금액이 포함되는가?
6) 은행 금융상품을 취득하였는데 취득 당시 만기일이 3개월 이내이면 어느 계정과목에 포함되는가?
7) 은행 금융상품을 취득하였는데 취득 당시 만기일이 3개월을 초과하고 1년 이내이면 어느 계정과목에 포함되는가?
8) 외상매출액 중 장래에 회수하지 못할 금액으로 추정한 금액은 얼마인가?
9) 위의 계정과목 중에서 K-IFRS의 금융자산 범주에 포함되는 항목을 모두 고르시오.

실제 기업 사례 문제

1. 다음은 (주)동원F&B의 2022년 말 재무상태표 중 유동자산에 관한 부분이다. 재무제표 주석을 참조하여 아래 물음에 답하시오

재무상태표

제 23 기 2022.12.31. 현재
제 22 기 2021.12.31. 현재

(단위: 원)

	2022.12.31.	2021.12.31.
자 산		
유동자산	596,584,895,916	435,532,407,626
현금및현금성자산	12,469,561,817	15,645,876,473
단기금융예치금	3,000,000,000	3,000,000,000
당기손익-공정가치측정금융자산	14,376,656,736	-
매출채권및기타채권	211,869,090,411	155,975,270,527
재고자산	353,017,899,451	258,840,541,602
기타유동자산	1,851,687,501	2,070,719,024

1) (주)동원F&B의 예금 가운데 인출에 제한이 있어 현금및현금성자산으로 인식하지 않은 금액이 있는지 설명하시오.
2) 매출채권및기타채권에서 기타채권은 무엇으로 구성되어 있는가?
3) 제23기 기준으로 매출채권및기타채권 총액에서 대손충당금이 차지하는 비율이 얼마인지 답하시오.
4) 재고자산은 구체적으로 어떤 계정과목을 포함하고 있는가?
5) 제23기 재고자산평가손실충당금이 재고자산 총액에서 차지하는 비율은 얼마인가?
6) 재고자산의 입출흐름에 대한 가정으로는 어떤 방법을 사용하고 있는가?
7) 기타유동자산을 구성하는 요소는 무엇인가?

2. 다음은 (주)제주항공의 2022년 말 재무상태표 중 유동자산에 관한 부분이다. 재무제표 주석을 참조하여 아래 물음에 답하시오.

재무상태표

제 18 기 2022.12.31. 현재
제 17 기 2021.12.31. 현재

(단위: 원)

	2022.12.31.	2021.12.31.
자 산		
유동자산	558,805,250,442	380,621,074,800
현금및현금성자산	195,340,563,195	284,891,014,868
단기금융자산	169,296,907,264	-
매출채권 및 수취채권	92,305,875,930	68,726,847,988
당기법인세자산	967,088,898	372,916,339
기타유동자산	83,784,580,522	13,946,175,079
재고자산	17,110,234,633	12,684,120,526

1) (주)제주항공의 현금및현금성자산은 무엇으로 구성되어 있는가?
2) 매출채권 및 수취채권은 무엇으로 구성되며 제18기를 기준으로 매출채권 총액과 손실충당금은 얼마인가?
3) 단기금융상품은 위에서 어느 항목에 포함되어 있는가?
4) 기타유동자산에 포함되는 항목은 무엇인가?
5) 재고자산은 무엇으로 구성되어 있는가?
6) 재고자산의 입출흐름에 대한 가정은 어떤 방법을 사용하는가?

제8장

비유동자산

8.1 유형자산
8.2 무형자산
8.3 투자자산

구인회와 LG그룹 - 남이 미처 안 하는 것을 선택하라

1907년 경남 진주시 지수면 승산리의 유교 집안 장남으로 태어난 구인회는 고향에서 협동조합을 운영한 경험을 바탕으로 1931년 진주에서 동생 구철회와 '구인회 포목상점'을 시작하였다. 첫해 큰 손실이 나고 땅을 담보로 돈을 빌리는 어려움을 겪었으나 사업은 점차 순조롭게 진행되었다. 그러나 1936년 남강의 대홍수로 다시 큰 피해를 보았지만 홍수가 난 뒤 풍년이 오고 옷감에 대한 수요가 급증한다는 경험을 바탕으로 신용으로 옷감을 구입하여 그해 가을에 크게 성공하였다.

해방 후 부산으로 옮긴 구인회는 화장품 판매사업이 성공하자 1947년 '락희화학공업사(현 LG화학)'를 설립하여 '럭키크림'을 자체적으로 제조하여 선풍적인 인기를 끌었다. 동생 구태회는 럭키크림의 깨지지 않는 뚜껑을 개발하는 과정에서 일본의 전문서적을 통해 플라스틱 제조법을 습득하였다. 구인회는 1952년 '동양전기화학공업사'를 설립하였고 사출성형기를 도입하여 국내 최초로 플라스틱 빗, 비눗갑, 칫솔 등 다양한 플라스틱 제품을 생산하였다. 다음으로는 치약의 제조에 도전하여 동생 구평회가 미국의 향료회사로부터 제조정보를 입수하여 1955년 국내 최초로 럭키치약을 출시하였고, 3년 만에 외제 치약을 물리치고 국내시장 1위에 올라서게 되었다.

1957년 하이파이 전축의 음향에 매료된 구인회는 전자제품의 국내 제조를 결심하고 임원들의 반대에도 불구하고 1958년 '금성사(현 LG전자)'를 설립하였다. 1959년에 국산 라디오를 개발하였지만 외제 상품에 막혀 판매에 어려움을 겪었으나 1961년 농어촌 라디오 보내기 운동에 라디오 5,000대를 기증하는 것을 계기로 판매량이 급증하였다. 금성사는 1961년 자동전화기, 1965년 냉장고, 1966년 흑백 텔레비전, 1968년 에어컨, 1969년 세탁기를 모두 국내 최초로 개발·생산하였다. 한편, 락희화학은 1966년 국내 최초로 합성세제 '하이타이'를 개발하였고, 입소문을 타고 인기상품이 되어 합성세제의 대명사가 되었다.

1965년 구인회는 새로운 사업으로 플라스틱의 원재료인 석유화학제품에 관심을 두고 궁극적으로는 석유를 여러 성분으로 분리하는 정유사업을 구상하였다. 그러나 당시 국가가 운영하던 정유회사가 있던 관계로 정부는 민간 정유사업을 허가하지 않았다. 이후 정부가 제2정유공장을 공모하게 되었고, 1967년 미국의 '칼텍스'와 합작으로 '호남정유'(현 GS칼텍스)를 설립하고 정유사업권을 획득하였다.

인화단결(人和團結, 사람들이 화합하여 마음과 힘을 한데 뭉침)을 경영이념으로 삼고, 근검절약하는 생활로 평생을 사업에 투신한 구인회는 1969년 63세의 일기로 별세하였다.

참고문헌: 비전을 이루려면 I - 연암 구인회(김영태, 2012, ㈜LG), 구인회처럼: 불모의 땅에서 개척자 정신으로(이경윤, 2013, FKI미디어)

8.1 유형자산

1) 유형자산의 정의와 종류

유형자산(property, plant and equipment)은 기업이 재화의 생산, 용역의 제공, 영업 또는 관리활동에 1년 넘게 사용할 목적으로 보유하는 물리적 형태가 있는 자산을 말한다.

유형자산은 영업상 유사한 특성과 용도를 기준으로 분류하는데, 개별 분류의 예로서 토지, 건물, 구축물, 기계장치, 차량운반구, 공구와기구, 비품, 건설중인자산 등을 들 수 있다. 유형자산의 종류와 구체적인 포함 대상은 〈표 8.1〉과 같다.

토지(land)는 공장부지, 건물부지 등과 같은 영구적 또는 반영구적 시설을 포함한다. 이와 달리 **구축물**(land improvement)은 토지 위에 설치된 토목설비나 공작물로서 포장도로, 보도, 상하수도 시설, 조경설비, 방벽, 주차장 등을 말한

표 8.1 유형자산의 종류

종 류	포함대상	비 고
토 지	공장부지, 건물부지, 임야 등	감가상각 없음
구축물	도로, 보도, 방벽, 상하수도, 조경설비, 주차장, 가로등	
건 물	공장, 사무용건물, 건물부속설비, 점포, 창고, 기숙사 등	
기계장치	기계, 운송설비(컨베이어)	
차량운반구	승용차, 트럭	
공구와기구	공구, 기구	
비 품	사무용비품, 가구, 컴퓨터, 전자제품	
건설중인자산	자체 사용목적으로 건설 중인 유형자산에 지출한 금액	감가상각 없음

다. 구축물을 토지와 분리하는 이유는 구축물은 토지와 달리 감가상각이 가능하기 때문이다.

건물(buildings)은 공장, 사무용 건물 등 건물과 함께 통신, 전기 등 건물 부속설비를 포함한다. **기계장치**(machinery)는 제품의 생산과 운송에 사용되는 기계와 컨베이어 등을 포함한다.[1] **건설중인자산**(construction in progress)은 자체 사용목적으로 건설 중인 유형자산에 지출한 금액으로서 재료원가, 노무원가, 건설경비를 포함하며 유형자산을 신규 취득하기 위해 지급한 계약금과 중도금도 포함한다.

2) 유형자산의 취득원가

유형자산의 최초 취득원가는 해당 유형자산을 경영자가 의도하는 방식으로 사용할 수 있게 되기까지 들어간 모든 원가를 포함한다. 회계기준에서 언급하고 있는 유형자산의 원가 구성 항목은 다음과 같다.[2]

- 관세 및 환급 불가능한 취득 관련 세금을 가산하고 매입할인과 리베이트 등을 차감한 구입가격
- 경영진이 의도하는 방식으로 자산을 가동하는데 필요한 장소와 상태에 이르게 하는 데 직접 관련되는 원가
- 자산을 해체, 제거하거나 부지를 복구하는 데 소요될 것으로 최초에 추정되는 원가

토지의 취득원가를 예로 들면, 토지의 매입가액뿐만 아니라 부동산중개료, 법무사수수료, 인지세, 소유권 이전 등기 시에 납부하는 각종 세금(취득세, 지방교육세, 농어촌특별세) 등이 포함된다. 그러나 경영진이 의도하는 방식으로 유형

1) 기업이 보유하고 있는 중요한 예비부품과 대기성 장비 및 수선용구 등의 항목으로 1년 넘게 사용할 것으로 예상되면 유형자산으로 분류하고 그렇지 않은 경우에는 재고자산으로 분류한다(기업회계기준서 제1016호 문단 8).

2) 기업회계기준서 제1016호 문단 16.

자산이 가동된 후 유형자산을 사용하거나 이전하는 과정에서 발생한 원가는 당기 비용으로 처리한다.

〈예시 8.1〉은 (주)한국철강의 2022년 재무제표 주석 공시 중 유형자산에 관한 내역으로 (주)한국철강은 유형자산으로 토지, 건물, 구축물, 기계장치, 차량운반구, 건설중인자산과 기타 유형자산을 보유하고 있다.

〈예시 8.1〉 (주)한국철강의 2022년도 재무제표 주석 공시-유형자산

가. 유형자산의 상세내역(단위: 백만원)

2022.12.31.	토 지	건 물	구축물	기계장치	차량 운반구	기타 유형자산	건설중 인자산	계
취득원가	137,896	101,989	23,015	484,436	5,556	10,523	232	763,647
감가상각누계액	–	(50,536)	(16,600)	(325,784)	(3,564)	(7,945)	–	(404,429)
손상차손누계액	–	(320)	(557)	(92,743)	(13)	(69)	–	(93,702)
순장부가액	137,896	51,133	5,858	65,909	1,979	2,509	232	265,516

3) 감가상각

감가상각(depreciation)이란 유형자산의 감가상각대상금액을 해당 자산의 내용연수 동안 체계적인 방법을 이용하여 비용으로 배분하는 것을 말한다. 내용연수 기간 동안 유형자산의 장부금액은 점차 감소하며 감소한 금액은 감가상각비로 비용화된다.

여기서 **감가상각대상금액**은 해당 유형자산의 취득원가에서 잔존가치를 차감한 금액이다. **잔존가치**(salvage value)는 해당 자산의 내용연수 종료시점에 처분으로 획득하는 금액에서 처분 부대원가를 차감한 금액의 추정치이다. **내용연수**(useful life)는 기업이 자산을 사용할 수 있을 것으로 예상하는 기간을 의미한다.

유형자산 중 토지와 건설중인자산은 감가상각을 하지 않는다. 토지는 내용연수를 무한대로 보기 때문이며, 건설중인자산은 해당 유형자산이 아직 사용할 준비가 되지 않았기 때문이다. 건설중인자산은 이후 유형자산이 완성되면 건물 등 타 계정으로 대체되어 감가상각을 실시하게 된다.

유형자산의 감가상각 방법으로는 정액법, 체감잔액법, 생산량비례법 등이 있다. **정액법**(straight-line method)은 감가상각대상 유형자산의 취득원가에서 잔존가치를 차감한 금액, 즉 감가상각대상금액을 내용연수로 나누어서 연도별 감가상각비를 산출한다. 따라서 해당 유형자산의 내용연수 동안 매년 동일한 금액을 감가상각비로 인식하는 특징이 있다.

체감잔액법(declining balance method)은 해당 유형자산의 내용연수 동안 감가상각금액이 점차 감소하는 방법으로서 **정률법**(constant percentage method), **연수합계법**(sum-of-the-years'-digits method) 등을 들 수 있다.

생산량비례법(units-of-production method)은 유형자산의 예상되는 총생산량 대비 각 연도의 실제 생산량의 비율을 이용하여 연도별 감가상각금액을 구하는 방법이다.

감가상각방법은 해당 자산의 미래 경제적 효익이 소비될 것으로 예상되는 형태를 가장 잘 반영하는 것을 선택해야 하며, 적어도 매년 사용 중인 감가상각방법이 적절한지 검토해야 한다. 만일 해당 유형자산에 내재된 미래 경제적 효익의 예상되는 소비형태가 유의적으로 달라졌다면 감가상각방법을 변경해야 한다.[3]

다음의 예제를 통해 감가상각방법의 기간별 감가상각비를 산출해 보도록 한다.

예제 8.1

(주)부천물산은 20×1년 1월 2일에 내용연수 4년, 잔존가치 4%인 기계장치를 100만원에 구입하였다. (주)부천물산이 해당 기계장치를 이용하여 생산하는 상품의 예상 총 생산량은 1,000개이며 매 회계연도의 실제 생산량은 20×1년도, 20×2년도, 20×3년도, 20×4년도에 각각 300개, 250개, 350개, 100개이다.

3) 기업회계기준서 제1016호 문단 60, 61.

① 정액법

먼저, 정액법은 감가상각대상금액을 내용연수로 나누어서 산출한 감가상각비를 각 연도에 동일하게 인식한다.

> **〈정액법〉**
>
> 연도별 감가상각비 = [감가상각 대상금액(취득원가 – 잔존가치)] ÷ 내용연수
> = (1,000,000 – 40,000) ÷ 4 = 240,000
>
> 따라서 20×1년도, 20×2년도, 20×3년도, 20×4년도에 매년 동일하게 240,000원씩 감가상각비를 인식한다.

② 정률법

다음으로 체감잔액법 가운데 정률법은 유형자산의 기초 장부가액에 매년 일정한 비율을 곱하여 연도별 감가상각비를 계산하게 된다. 여기에서 언급된 '매년 일정한 비율'을 감가상각률이라고 하는데 정률법을 위한 감가상각률은 다음과 같이 산출한다.

$$\text{감가상각률}^{4)} = 1 - \sqrt[n]{\frac{\text{잔존가치}}{\text{취득원가}}} \text{(여기서 } n = \text{내용연수)}$$

해당 연도의 감가상각비는 아래와 같이 기초 장부금액에 감가상각률을 곱하여 산출된다.

4) 취득원가를 C, 잔존가치를 S, 감가상각률을 r, 내용연수를 n이라 할 때,

	기초 장부가	감가상각비	기말 장부금액
1차 연도	C	$(C \cdot r)$	$C-(C \cdot r) = C \cdot (1-r)$
2차 연도	$C \cdot (1-r)$	$C \cdot (1-r) \cdot r$	$C \cdot (1-r) - C \cdot (1-r) \cdot r = C \cdot (1-r) \cdot (1-r)$ $= C \cdot (1-r)^2$
⋮	⋮	⋮	⋮
n차 연도	$C \cdot (1-r)^{n-1}$	$C \cdot (1-r)^{n-1} \cdot r$	$C \cdot (1-r)^{n-1} - C \cdot (1-r)^{n-1} \cdot r$ $= C \cdot (1-r)^{n-1} \cdot (1-r) = C \cdot (1-r)^n$

n차 연도 기말 장부가는 잔존가치와 일치해야 하므로 $C \cdot (1-r)^n = S$, 따라서 $r = 1 - \sqrt[n]{\frac{S}{C}}$

〈정률법〉

감가상각률: $1 - \sqrt[4]{(40{,}000/1{,}000{,}000)} = 0.5528$

감가상각비: 기초 장부금액 × 상각률

	기초 장부금액	감가상각비	감가상각누계액	기말 장부금액
20×1년도	1,000,000	552,800	552,800	447,200
20×2년도	447,200	247,212	800,012	199,988
20×3년도	199,988	110,553	910,565	89,435
20×4년도	89,435	49,435	960,000	40,000

연도별 감가상각비는 자산차감계정인 감가상각누계액 계정에 합산되며 예제에서 20×1년도의 감가상각비를 인식하는 분개는 다음과 같다.

날 짜	차 변		대 변	
20×1.12.31.	기계장치감가상각비	552,800	기계장치감가상각누계액	552,800

20×1년 말 기계의 장부금액은 최초 취득금액인 1,000,000원에서 감가상각비 552,800원을 차감한 447,200원이 된다. 20×2년의 감가상각비는 기초 장부금액 447,200원에 감가상각률을 곱한 247,212원이고, 기말 장부금액은 기초 장부금액 447,200원에서 20×2년 감가상각비 247,212원을 차감한 199,988원이다. 같은 방식으로 20×3년도의 감가상각비는 110,553원이고 기말 장부금액은 기초 장부금액 199,988원에서 20×3년도 감가상각비 110,553원을 차감한 89,435원이다.

내용연수의 마지막 연도는 기말 장부금액이 잔존가치와 일치해야 한다. 따라서 본 예제의 마지막 연도인 20×4년도의 감가상각비는 20×4년도 기초 장부금액인 89,435원에 감가상각률을 곱하여 구하지 않고, 20×4년도 기말 장부금액을 잔존가액인 40,000원으로 맞춘 후 기초 장부금액인 89,435원으로부터 잔존가액인 40,000원을 차감하여 49,435원을 산출한다.

③ 연수합계법

체감잔액법 중 연수합계법은 연도별 감가상각비를 계산함에 있어서 첫 번째 연도에는 가장 큰 연수(본 예제의 내용연수는 4년이므로 4), 그 다음 연도에는 다음으로 큰 연수(본 예제의 경우에는 3), 그 다음 연도에는 다음으로 큰 연수(본 예제의 경우에는 2), 그리고 최종 연도에는 가장 작은 연수인 1로 연도별 연수를 정한 후, 해당 연수를 연수들의 총 합계(본 예제는 10=1+2+3+4)로 나눈 비율을 감가상각률로 이용하여 감가상각비를 구하는 방법이다.

위의 방식으로 구한 연도별 상각률은 분자인 연수가 점점 작아지므로 순차적으로 작아지게 되고 따라서 감가상각대상금액에 연도별 감가상각률을 곱하여 구하게 되는 연도별 감가상각비도 연도가 지날수록 작아지게 된다.

〈연수합계법〉

20×1년도 감가상각률: $\frac{4}{(1+2+3+4)} = 0.4$

20×2년도 감가상각률: $\frac{3}{(1+2+3+4)} = 0.3$

20×3년도 감가상각률: $\frac{2}{(1+2+3+4)} = 0.2$

20×4년도 감가상각률: $\frac{1}{(1+2+3+4)} = 0.1$

감가상각비: 감가상각대상금액×감가상각률

20×1년도 감가상각비: 960,000×0.4 = 384,000원
20×2년도 감가상각비: 960,000×0.3 = 288,000원
20×3년도 감가상각비: 960,000×0.2 = 192,000원
20×4년도 감가상각비: 960,000×0.1 = 96,000원

연수합계법의 감가상각비 계산에서 한 가지 주의할 점은 연도별 감가상각비를 산출할 때 정률법처럼 기초 장부금액에 감가상각률을 곱하는 것이 아니라 감가상각대상금액에 감가상각률을 곱해야 한다는 점이다. 위의 연수합계법의 연도별 감가상각비 계산을 보면 모든 연도에서 기초 장부금액이 아닌 감가상각대상

금액을 사용하고 있음을 볼 수 있다.

체감잔액법에서 살펴본 정률법과 연수합계법은 모두 시간이 지남에 따라 연도별 감가상각비가 체감한다는 공통점이 있다. 그러나 정률법은 연도별 감가상각률이 동일하나 여기에 곱하여 주는 해당 연도의 기초 장부금액이 감소하여 감가상각비가 체감하는 반면, 연수합계법은 동일한 감가상각대상금액에 매년 감소하는 감가상각률을 곱하게 되어 감가상각비가 체감하게 된다는 차이점이 있다.

④ 생산량비례법

생산량비례법은 유형자산의 사용으로 예상되는 총생산량(또는 총사용량) 대비 실제 생산량(또는 사용량)의 비율을 이용하여 연도별 감가상각금액을 구하는 방법이다. 폐기물처리업체인 상장기업 (주)와이엔텍은 유형자산 중 매립장에 대한 감가상각으로 생산량비례법을 사용한다.

예제 8.1에서 생산량비례법을 사용할 경우 연도별 감가상각비는 다음과 같다.

〈생산량비례법〉

감가상각률 = 해당 회계연도의 실제 생산량 / 총 추정 생산량
감가상각비: 감가상각대상금액×감가상각률

20×1년도 감가상각비: 960,000×(300/1,000) = 288,000원
20×2년도 감가상각비: 960,000×(250/1,000) = 240,000원
20×3년도 감가상각비: 960,000×(350/1,000) = 336,000원
20×4년도 감가상각비: 960,000×(100/1,000) = 96,000원

[그림 8.1]은 (주)부천물산의 자료를 이용하여 정액법, 정률법, 연수합계법 및 생산량비례법에 따라 산출된 연도별 감가상각비의 추세를 그래프로 보여준다. 정액법은 매년 감가상각비가 동일하지만 체감잔액법인 정률법과 연수합계법은 내용연수 전반기에는 감가상각비가 정액법보다 크지만 후반기에는 감가상각비가 정액법보다 작아 시간이 경과함에 따라 감가상각비가 감소함을 보여

그림 8.1 4가지 감가상각방법의 연도별 감가상각비 비교

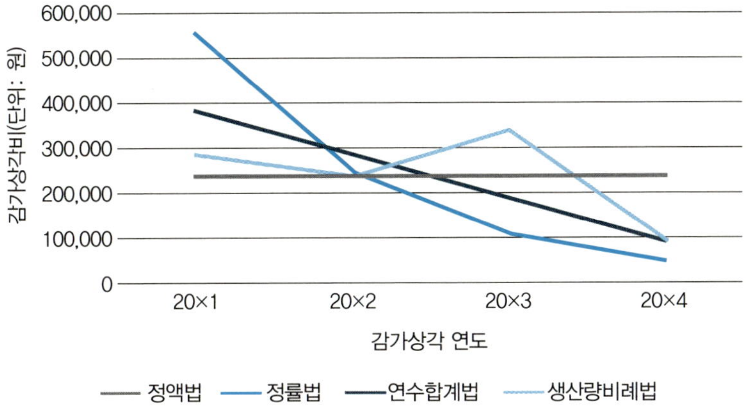

주고 있다. 생산량비례법은 해당 연도의 실제 생산량의 수준에 따라 결정된 감가상각비를 나타낸다.

〈예시 8.2〉는 (주)한국철강의 2022년 재무제표 주석 공시 중 유형자산의 상

〈예시 8.2〉 **(주)한국철강의 2022년도 재무제표 주석 공시-중요한 회계정책**

2.8 유형자산

유형자산은 원가에서 감가상각누계액과 손상차손누계액을 차감하여 표시됩니다. 역사적 원가는 자산의 취득에 직접적으로 관련된 지출을 포함합니다.

토지를 제외한 자산은 취득원가에서 잔존가치를 제외하고, 다음의 추정 경제적 내용연수에 걸쳐 정액법으로 상각됩니다.

과　　목	추정내용연수
건　물	21~50년
구축물	6~40년
기계장치	5~25년
차량운반구	4~6년
기타의 유형자산	4년

유형자산의 감가상각방법과 잔존가치 및 경제적 내용연수는 매회계연도 말에 재검토되고 필요한 경우 추정의 변경으로 조정됩니다.

세 내역이다. (주)한국철강은 토지와 건설중인자산을 제외한 유형자산에 대해 다양한 내용연수를 추정하고, 정액법으로 감가상각하고 있음을 알 수 있다.

4) 손상차손

기업은 보유하고 있는 유형자산에 손상의 징후가 있을 경우, 해당 자산에 대한 회수가능액을 추정한 후, 회수가능액이 장부금액보다 작은 경우에는 **손상차손**(impairment loss)을 인식한다. 손상 징후의 예로는 사용하던 기계에서 생산하는 제품을 단종하거나 영업환경의 변화로 사업경쟁력이 저하되거나 기술적 환경 변화로 자산이 진부해지는 경우 등을 들 수 있다.

자산의 **회수가능액**(recoverable amount)이란 해당 자산의 순공정가치와 사용가치 중 큰 금액을 의미한다. 여기서 **순공정가치**(fair value less costs to sell)는 독립된 당사자 간의 거래를 통해 해당 자산을 매각하고 수령한 매각대가에서 매각과 관련된 부대비용을 차감한 금액을 뜻하고, **사용가치**(value in use)는 해당 자산을 사용하여 얻게 되는 미래 경제적 효익의 현재가치를 의미한다.

손상차손은 손상된 금액만큼을 비용계정인 유형자산손상차손으로 차변에, 동일한 금액을 자산차감계정인 손상차손누계액으로 대변에 분개한다.

차 변		대 변	
유형자산손상차손	○○○	유형자산손상차손누계액	○○○

손상차손이 발생한 후 기업은 이전에 인식하였던 손상차손에 대한 변화의 징후가 있는가에 대해 지속적으로 검토해야 한다. 추가적으로 자산 손상의 징후가 있을 때는 손상차손을 인식하는 분개를 다시 하게 되며, 손상차손의 징후가 감소되거나 사라진 경우는 해당 자산의 회수가능액을 추정하고 추정 당시 동 자산의 장부금액을 초과하는 부분만큼 장부금액을 증가시키는 손상차손환입 분개를 다음과 같이 실시한다.

차 변		대 변	
유형자산손상차손누계액	○○○	유형자산손상차손환입	○○○

여기서 손상차손환입 결과 증가하는 장부금액은 이전에 손상차손을 인식하지 않았을 경우에 나타날 현재 시점의 장부금액을 초과할 수 없다.[5] 따라서 손상차손환입액을 산출할 때는 회수가능액과 손상차손이 없을 경우의 현재 시점의 장부금액을 비교하여 작은 금액을 택하여 현재의 장부금액과의 차이를 손상차손환입액으로 사용한다.

손상차손 = 현재 장부금액 – 회수가능액
여기서 회수가능액 = MAX(순공정가치, 사용가치)

손상차손환입 = MIN(회수가능액, 손상차손이 없을 경우 장부금액) – 현재 장부금액

다음의 예제를 통해서 유형자산의 손상차손과 손상차손환입의 분개를 살펴본다.

예제 8.2

(주)과천TEC는 20×1년 1월 2일 제품 생산을 위한 기계장치를 1,000,000원에 구입하였다. 해당 자산의 내용연수는 3년, 잔존가치는 100,000원이다. (주)과천TEC는 기계장치에 대해 정액법으로 감가상각을 실시하고 있다.
20×1년 12월 31일 생산하던 제품의 단종으로 기계장치의 순공정가치는 200,000원, 사용가치는 500,000원인 것으로 평가되었다.
20×2년 12월 31일 새로 출시된 제품의 생산에 동 기계장치를 사용할 수 있게 됨에 따라 순공정가치는 알 수 없고, 사용가치는 550,000원인 것으로 평가되었다.
20×1년 1월 2일, 20×1년 12월 31일, 20×2년 12월 31일의 분개를 하시오.

---

5) 그 이유는 손상차손환입의 결과 회수가능액에 근거하여 나타나는 새로운 장부금액이 이전에 손상차손을 인식하지 않았을 경우에 나타날 현재의 장부금액을 초과하게 되는 경우에는 해당 유형자산의 평가가 역사적원가가 아닌 공정가치를 따르는 것이 되기 때문이다. 역사적원가가 아닌 공정가치에 근거하여 유형자산의 장부금액을 평가하는 방법을 재평가법이라고 하는데 재평가법에 대한 구체 내용은 중급회계에서 다룬다.

〈해답〉

날짜	차 변		대 변	
20×1. 1. 2.	기계장치	1,000,000	현 금	1,000,000
20×1.12.31.	기계장치감가상각비 유형자산손상차손	300,000 200,000	기계장치감가상각누계액 기계장치손상차손누계액	300,000 200,000
20×2.12.31.	기계장치감가상각비 기계장치손상차손누계액	200,000 100,000	기계장치감가상각누계액 유형자산손상차손환입	200,000 100,000

20×1년 12월 31일에는 먼저 20×1년도에 해당하는 감가상각비를 인식한다. 20×1년도 기초 장부금액 1,000,000원에서 20×1년도 감가상각비 300,000원을 차감한 기말 장부금액은 700,000원이다. 동일 시점의 회수가능액은 사용가치가 순공정가치보다 크므로 사용가치 500,000원이다. 따라서 회수가능액이 기말 장부금액인 700,000원보다 200,000원 더 작기 때문에 200,000원만큼 손상차손을 인식한다.

20×2년 12월 31일에는 먼저 20×2년도에 해당하는 감가상각비를 인식한다. 20×2년도 기말 장부금액은 기초 장부금액 500,000원에서 20×2년도 감가상각비 200,000원[(500,000−100,000)÷2]을 차감한 300,000원이다. 동일 시점의 회수가능액인 550,000원과 손상차손이 없을 경우 나타날 장부금액인 400,000원[= 1,000,000 − (300,000×2)] 중 작은 금액인 400,000원과 현재 장부금액 300,000원의 차이인 100,000원을 손상차손환입으로 인식한다.

앞서 나왔던 〈예시 8.1〉 (주)한국철강의 유형자산에 대한 재무제표 주석 공시에는 감가상각누계액과 함께 손상차손누계액이 표기되어 있음을 볼 수 있다. 〈예시 8.3〉과 〈예시 8.4〉는 각각 (주)대한화섬과 (주)HMM의 2022년과 2019년 재무제표 주석 공시 중 손상차손과 관련된 부분이다. (주)대한화섬은 손상평가 수행 결과 유형자산에 대해 4,988백만원의 손상차손을 인식하였고, (주)HMM은 유형자산손상차손 107,389백만원과 손상차손환입 136,750백만원을 인식하고 있다.

〈예시 8.3〉 **(주)대한화섬의 2022년 재무제표 주석 공시-손상차손**

당사의 순자산 장부금액이 시가총액을 초과하여 손상징후가 있으므로 POLYESTER 부문 손상검사를 수행하였으며, 손상이 발생하였습니다. 회수가능액이 장부금액을 초과하는 개별자산을 제외하고 유형자산 4,988백만원, 사용권자산 28백만원, 총 5,016백만원을 손상차손 항목으로 계상하였습니다. 자산의 회수가능액은 외부 평가기관의 사용가치 추정액을 근거로 산정하였으며, 사용가치 추정에 사용된 할인율은 당기말 현재 당사의 가중평균자본비용(WACC)인 11.05%입니다.

〈예시 8.4〉 **(주)HMM의 2019년 재무제표 주석 공시-손상차손**

독립된 현금창출단위로 관리되고 있는 컨테이너부문 및 벌크선박은 해운업 경기침체 및 영업손실의 누적 등으로 손상검사가 수행되었으며, 컨테이너 선박에 대해 7,667백만원, 벌크선박에 대해 129,083백만원의 손상차손환입을 인식 및 벌크선박에 대해 107,389백만원의 손상차손을 인식하였습니다. 동 손상금액은 현금창출단위에 배분된 영업권이 존재하지 않았으므로 계상된 사용권자산인 선박에 배분되었습니다. 동 현금창출단위의 회수가능액은 사용가치 및 공정가치에 근거하여 산출되었으며, 손상차손은 기타비용으로 계상되었습니다. 사용가치 산정에 사용된 할인율은 9.60% 입니다. 한편 컨테이너 및 벌크 · 기타사업부문의 사용권자산 장부금액은 각각 2,177,958백만원 및 614,429백만원 입니다.

5) 유형자산의 제거

유형자산은 해당 자산을 처분하는 경우 또는 사용이나 처분을 통하여 미래 경제적 효익이 기대되지 않는 경우에 장부금액에서 제거한다. 유형자산의 제거 시에 발생하는 손익은 유형자산 처분 관련 매각대금과 해당 유형자산의 장부금액 간의 차이로 결정되며 유형자산처분손익으로 계상한다.[6)]

유형자산의 처분에 대한 구체적인 분개는 아래 예제와 같다.

---

6) 매각 관련 제반 비용이 발생하였다면 매각금액에서 해당 금액을 차감한 순매각금액과 유형자산 장부금액을 비교한다(기업회계기준서 제1016호 문단 67, 68, 71).

예제 8.3

(주)청주정밀은 20×0년 1월 2일 1,000,000원에 구입한 기계를 20×1년 1월 2일에 (주)청원산업에 현금 750,000원을 받고 처분하였다. (주)청주정밀은 해당 유형자산 관련 20×0년 말에 320,000원의 감가상각비를 계상하였다. 위 유형자산의 처분에 대해 분개하시오.

〈해답〉

(주)청주정밀은 20×0년에 320,000원의 감가상각비를 계상하였으므로 20×1년 1월 2일의 해당 유형자산의 장부금액은 680,000이다. 여기에서 주의할 점은 해당 유형자산의 장부금액 680,000원은 기계 계정의 차변 잔액 1,000,000원과 감가상각누계액 계정의 대변 잔액 320,000원으로 표시된다는 점이다. 따라서 기계의 장부금액 680,000원을 제거하기 위해서는 기계의 취득원가 1,000,000원과 기계감가상각누계액 320,000원을 함께 제거해야 한다. 처분과 관련한 분개는 다음과 같다.

날 짜	차 변		대 변	
20×1.1.2.	현 금	750,000	기계장치	1,000,000
	기계장치감가상각누계액	320,000	유형자산처분이익	70,000

8.2 무형자산

1) 무형자산의 정의와 종류

무형자산(intangible asset)은 기업이 재화의 생산, 용역의 제공, 영업활동 또는 관리활동에 사용할 목적으로 보유하는 물리적 실체는 없지만 식별가능한 비화폐성자산이다. 무형자산의 예로는 〈표 8.2〉와 같이 산업재산권, 라이선스, 프랜차이즈, 저작권, 컴퓨터소프트웨어, 회원권, 주파수이용권, 전속계약권, 개발비, 영업권 등이 있다.

특허권(patent)은 특허법에 근거한 독점적인 발명을 대상으로 하며, **실용신안권**은 실용신안법에 근거한 독점적인 고안을 대상으로 한다. 특허권과 실용신안권은 자연법칙을 이용한 기술적 사상의 창작이라는 점에서는 유사하지만 특허권은 높은 수준의 대발명에 해당하며 존속기간이 20년인 반면, 실용신안권은

표 8.2　무형자산의 종류

종 류		정 의	비 고
산업 재산권	특허권	특허법에 의한 독점적 발명(대발명)	내용연수 20년
	실용신안권	실용신안법에 의한 독점적 고안(소발명)	내용연수 10년
	디자인권	디자인보호법에 의한 독점적 디자인	내용연수 15년
	상표권	상표법에 의한 독점적 이름과 마크	내용연수 10년(갱신)
	상호권	특정 지역에서 사용하는 회사 이름	
라이선스		특정 사업 또는 제조기술, 특허, 상표 등의 사용에 대한 허가	
프랜차이즈		일정 지역에서의 사업권	
저작권		창작물에 대한 배타적인 권리	저작자 생존기간 + 사후 70년
컴퓨터소프트웨어		유상으로 구입한 컴퓨터소프트웨어	
회원권(시설이용권)		콘도, 골프장 등의 이용권	내용연수 비한정
주파수이용권		유상으로 할당받은 특정 주파수의 배타적 이용 권리	내용연수: 계약기간
전속계약권		특정 연예인이 계약기간 동안 소속 회사를 통해서만 활동을 하도록 유상으로 획득한 권리	내용연수: 계약기간
개발비		신제품의 개발 단계에서의 지출	연구단계 지출은 비용
영업권		인수합병 시 피인수기업의 순자산 공정가치를 초과하는 이전대가	식별 불가능

소발명에 해당하며 존속기간이 10년이다. 특허권을 획득한 예로는 대전 성심당의 튀김소보루 빵제조기술, 경주 황남빵의 팥빵제조기술을 들 수 있고, 실용신안권의 예로는 목욕수건으로 유명한 '이태리타올'을 들 수 있다.

디자인권(design right)은 물품의 색채나 형상 모양 또는 이들을 결합한 디자인에 대한 디자인보호법상의 권리이고 존속기간은 15년이다. **상표권**(trademark)은 본인이 만든 제품을 타인의 제품과 구별하기 위해 사용하는 마크(로고)와 이름(브랜드)에 대한 상표법 상의 권리이고 존속기간은 10년이며 갱신등록을 통해 반영구적으로 독점권을 가질 수 있다. 코카콜라 병모양과 칠성사이다의 캔용기

디자인, 애플의 아이폰 디자인은 디자인권의 대상이 되며, (주)삼성전자의 스마트폰 브랜드 '갤럭시'와 (주)LG전자의 고급 전자제품 브랜드 '시그니처', 나이키의 심벌로고는 상표권의 대상이 된다.

상호권은 회사 이름을 동일한 특별시, 광역시, 시, 군에서 사용할 수 있는 상법상의 권리이다. **라이선스**(license)는 유상으로 획득한 특정 사업 또는 제조기술, 특허, 상표 등의 사용에 대한 허가를 의미하며, **프랜차이즈**(franchise)는 특정 사업주체로부터 취득한 일정 지역에서의 독점사업권을 말한다.

저작권(copyright)은 저작권법에 따른 창작물에 대한 배타적인 권리를 의미하고, **컴퓨터소프트웨어**(computer software)는 컴퓨터 소프트웨어업자로부터 유상으로 구입한 소프트웨어 사용권이며 **회원권**(또는 **시설이용권**)은 콘도, 골프장 등을 이용할 수 있는 권리이다.

주파수이용권(Frequency usage rights)은 통신사업자가 정부로부터 경매를 통해 유상으로 특정 주파수를 할당받아 독점적으로 이용할 수 있는 권리를 의미한다. **전속계약권**은 연예기획사가 특정 연예인이 계약기간 동안 소속된 회사를 통해서만 활동하도록 유상으로 획득한 권리를 뜻한다.

개발비(development cost)는 신제품이나 신기술의 개발단계에서 발생한 지출에 해당하는 무형자산이다. 그리고 **영업권**(goodwill)은 다른 기업을 인수(acquisition) 또는 합병(merger)하는 경우 획득한 미래 경제적 효익을 창출하는 자산으로 다른 무형자산과는 달리 개별적으로 식별할 수 없다는 특징이 있다.[7)]

2) 무형자산의 취득원가

기업이 무형자산을 외부에서 개별적으로 취득하는 경우의 취득원가는 구입가격(매입할인과 리베이트를 차감하고 수입관세와 환급받을 수 없는 제세금 포함)과 자산을 의도한 목적에 사용할 수 있도록 준비하는데 직접 관련되는 원가이다.[8)]

---

7) **인수**는 다른 기업의 의결권 있는 주식을 과반수 획득하여 모회사와 자회사의 관계가 됨을 말하고, **합병**은 다른 기업과 자신의 기업을 합쳐 하나로 만듦을 의미한다. 인수 후에는 여전히 두 개의 기업이 존재하지만 합병 후에는 하나의 기업만 존재한다.

다음의 예제에서 무형자산의 취득원가에 대해 살펴본다.

예제 8.4

(주)안산전산은 고객 원격 지원 관련 소프트웨어를 취득하였다. (주)안산전산은 소프트웨어 취득과 관련하여 다음과 같은 비용을 지출하였다.

소프트웨어 구입가격	5,000,000
설치 과정에서 발생한 전문가 수수료	1,000,000
정상 작동 여부 검사를 위한 지출	500,000
소프트웨어 관련 교육훈련비	300,000
소프트웨어 설치와 직접 관련된 종업원 급여	800,000
고객 원격 지원 실시 관련 홍보원가	200,000

(주)안산전산은 소프트웨어 취득과정에서 50,000원의 매입할인을 받았다. 소프트웨어의 취득원가는 얼마인가?

〈해답〉

소프트웨어의 취득원가에는 구입가격 5,000,000원과 자산을 의도한 목적에 사용할 수 있도록 준비하는 데 직접 관련되는 원가, 즉 전문가 수수료 1,000,000원, 작동 여부 검사를 위한 지출 500,000원, 해당 무형자산 취득과 직접 관련된 종업원 급여 800,000원이 포함되고 구입 과정에서의 매입할인 금액인 50,000원은 차감된다.

소프트웨어 취득원가: 7,250,000원(= 5,000,000 + 1,000,000 + 500,000 + 800,000 − 50,000)

참고로, 무형자산 관련 교육훈련비, 새로운 제품 또는 용역의 홍보원가는 자산을 의도한 목적에 사용할 수 있도록 준비하는데 직접 관련되는 원가로 보기 어렵기 때문에 무형자산의 취득원가에 포함되지 않는다.

3) 영업권

영업권(goodwill)은 위에서 살펴본 개별 취득 무형자산과는 달리 개별적으로 인식할 수는 없지만 인수 또는 합병 등 사업결합에서 획득한 미래 경제적 효익을 창출하는 무형자산이다. 구체적으로 영업권의 취득원가는 사업결합의 대

---

8) **리베이트**(rebate)는 일종의 판매장려금 제도로서 판매자가 판매로 받은 대금의 일부를 사례금이나 보상금의 형식으로 구매자에게 되돌려 주는 것을 말한다.

가로 지불한 이전대가가 사업결합으로 인해 취득하는 식별할 수 있는 자산의 공정가치에서 부채의 공정가치를 차감한 금액, 즉 순자산의 공정가치보다 클 때 초과로 지불한 금액으로 인식한다.[9)]

사업결합의 대가로 지불하는 이전대가가 순자산의 공정가치보다 크다는 것만으로는 무형자산의 정의에 미흡하여 개별적인 무형자산으로 인식할 수는 없다. 그러나 순자산의 공정가치를 초과하는 대가의 지급은 인수하는 사업이 미래 경제적 효익을 창출할 수 있는 능력, 예를 들면 기술력, 고객 충성도, 시장점유율 등이 있다는 것을 의미하기 때문에 영업권이라는 무형자산으로 인식하는 것이다.

다음의 예제를 통하여 영업권과 관련된 회계처리에 대하여 알아본다.

예제 8.5

제조업체인 (주)전주산업은 20×1년 1월 2일에 유통업을 하는 (주)천안물류를 인수하고 사업결합의 이전대가로 1,000,000천원을 지불하였다. 20×1년 1월 2일 시점의 (주)천안물류의 재무상태표 상의 자산과 부채의 장부금액과 공정가치는 다음과 같다. (주)전주산업의 (주)천안물류 인수와 관련된 분개를 제시하시오.

(단위: 천원)

계정과목	공정가치	장부금액
선급보험료	50,000	50,000
차량운반구	120,000	100,000
토 지	380,000	200,000
건 물	400,000	300,000
매입채무	100,000	100,000
선수금	50,000	50,000

〈해답〉

(단위: 천원)

날짜	차 변		대 변	
20×1.1.2.	선급보험료	50,000	매입채무	100,000
	차량운반구	120,000	선수금	50,000
	토 지	380,000	현 금	1,000,000
	건 물	400,000		
	영업권	200,000		

(주)전주산업이 (주)천안물류에 사업결합의 대가로 지불한 이전대가인 1,000,000천원은 사업결합으로 인하여 취득할 수 있는 식별 가능한 자산의 공정가치(950,000천원)에서 부채의 공정가치(150,000천원)을 차감한 금액인 순자산의 공정가치(800,000천원)보다 200,000천원이 더 크다. 이와 같이 사업결합 시에 이전대가로 지불한 금액이 사업결합의 결과로 취득하게 되는 순자산의 공정가치를 초과할 경우, 해당 금액을 영업권으로 인식한다.

영업권 인식의 사례 - (주)이마트의 야구단 인수

(주)이마트는 2021년 2월 SK텔레콤이 보유한 SK와이번즈 프로야구단 지분 100%를 1,000억원에 인수하였다. 인수 당시 SK와이번즈의 자산과 부채의 공정가치는 각각 269억원과 210억원으로 순자산 공정가치는 59억원(=269억원 - 210억원)이다. 따라서 이마트는 SK와이번즈(현 SSG랜더스)의 인수로 941억원의 영업권을 인식하였다. 2022년 말까지 이마트는 야구단의 인수로 발생한 영업권에 대한 손상검사를 매년 실시했으나 손상징후가 발견되지 않아 손상차손은 인식하지 않았다.

4) 내부적으로 창출한 무형자산(개발비)[10)]

기업이 외부에서 개별적으로 취득하는 무형자산과는 달리 내부적으로 창출한 무형자산이 인식 기준을 충족하는지 평가하는 것은 쉽지 않다. 그 이유는 무형자산의 경우 미래 경제적 효익을 창출할 식별 가능한 자산이 존재하는지 유무와 시점을 파악하기 어렵고, 자산의 원가를 신뢰성 있게 결정하는 것이 어렵기 때문이다. 또한 경우에 따라서는 무형자산을 내부적으로 창출하기 위한 원가를 일상적인 경영 관리활동에서 발생하는 원가와 구별할 수 없는 경우도 있다.

이러한 이유로 내부적으로 창출한 무형자산을 인식하기 위해서 먼저 내부 무형자산의 창출 과정을 연구단계와 개발단계로 구분하고, 무형자산 인식에 대한 일반적인 규정과 함께 다음의 규정 및 지침을 추가적으로 적용한다.

내부 무형자산의 창출 과정 중 연구단계는 아직 미래 경제적 효익을 창출

10) 기업회계기준서 제1038호 문단 51~59.

할 무형자산이 존재함을 제시할 수 없는 상태로서, 연구단계에서 발생한 지출은 모두 발생기간에 비용으로 인식한다.[11]

다음으로 연구단계보다 더 진전되어 있는 개발단계에서는 발생한 지출이 미래에 경제적 효익을 가져올 가능성이 큰 경우에는 **개발비**라는 무형자산으로 인식하고, 그렇지 않은 경우는 비용으로 처리한다.[12][13]

〈예시 8.5〉는 (주)삼성전자의 2022년 사업보고서 'II. 사업의 내용'에 공시된 연구개발비용 내역이다. (주)삼성전자는 2021년 연구개발비용으로 총 22조

〈예시 8.5〉 (주)삼성전자의 연구개발비용의 회계처리

연구개발비용(단위: 백만원)

과 목		2022년	2021년
연구개발비용 계		24,919,198	22,595,434
회계처리	개발비 자산화(무형자산)	-	(193,708)
	연구개발비(비용)	24,919,198	22,401,726
연구개발비 / 매출액 비율		8.2%	8.1%

---

11) 연구단계의 예로는 ①새로운 지식을 얻고자 하는 활동, ②연구결과나 기타 지식을 탐색, 평가, 최종 선택, 응용하는 활동, ③재료, 장치, 제품, 공정, 시스템이나 용역에 대한 여러 가지 대체안을 탐색하는 활동과 ④새롭거나 개선된 재료, 장치, 제품, 공정, 시스템이나 용역에 대한 여러 가지 대체안을 제안, 설계, 평가, 최종 선택하는 활동 등을 들 수 있다(기업회계기준서 제1038호 문단 56).

12) 개발단계의 예로는 ①생산이나 사용 전의 시제품과 모형을 설계, 제작, 시험하는 활동, ②새로운 기술과 관련된 공구, 지그, 주형, 금형 등을 설계하는 활동, ③상업적 생산 목적으로 실현가능한 경제적 규모가 아닌 시험공장을 설계, 건설, 가동하는 활동, ④신규 또는 개선된 재료, 장치, 제품, 공정, 시스템이나 용역에 대하여 최종적으로 선정된 안을 설계, 제작, 시험하는 활동 등이 있다(기업회계기준서 제1038호 문단 59).

13) 개발비로 인식하기 위해서는 다음 6가지 조건을 모두 만족해야 한다. ①무형자산을 사용하거나 판매하기 위해 그 자산을 완성할 수 있는 기술적 실현가능성이 있고, ②무형자산을 완성하여 사용하거나 판매하려는 의도와 ③능력이 있으며, ④무형자산의 개발을 완료하고, 판매 및 사용하는데 필요한 기술적, 재정적 자원이 있고, ⑤무형자산이 미래 경제적 효익을 창출하는 방법을 제시할 수 있으며, ⑥개발단계에서 발생한 무형자산 관련 지출을 신뢰성 있게 측정할 수 있다(기업회계기준서 제1038호 문단 57).

5,954억원을 지출하였는데 이 중 0.9%에 해당하는 약 1,937억원을 무형자산의 개발비로 인식하였고, 나머지는 모두 당기 비용으로 처리하였고, 2022년은 총 24조 9,192억원의 연구개발비용을 모두 비용으로 처리하였다.

5) 무형자산의 상각

무형자산의 **상각**(amortization)이란 유형자산의 감가상각과 마찬가지로 무형자산의 상각대상금액을 해당 자산의 내용연수 동안 체계적인 방법을 이용하여 비용으로 배분하는 것을 말한다. 여기서 무형자산의 상각대상금액은 해당 무형자산의 취득원가에서 잔존가치를 차감한 금액을 의미한다.

무형자산 중 내용연수가 유한한 무형자산의 상각금액은 내용연수 동안 체계적인 방법으로 배분된다.[14] 무형자산의 상각방법은 자산의 경제적 효익이 소비될 것으로 예상되는 형태를 반영한 방법이어야 하며, 해당 무형자산의 경제적 효익이 소비되는 형태를 신뢰성 있게 결정할 수 없는 경우에는 정액법을 사용한다. 반면, 내용연수가 비한정인 회원권(시설이용권)과 같은 무형자산은 상각하지 않는다. 그리고 유형자산과 마찬가지로 무형자산도 매년, 또는 무형자산의 손상 징후가 있을 때에는 손상검사를 수행해야 한다.[15]

한편, 영업권의 내용연수, 즉 인수하는 사업의 미래 경제적 효익을 창출하는 기간을 추정하는 것은 자의적이고, 추정된 내용연수를 이용하여 이루어진 영업권상각비는 기업의 경영성과를 왜곡시킬 수 있다. 따라서 영업권은 특정 기간 동안 인위적으로 비용으로 상각하지 않고, 매년 영업권 손상검사를 통하여 영업권 손상이 발생한 때에만 영업권손상차손으로 처리한다.[16]

한편, 영업권은 손상차손환입을 인식하지 않는다. 왜냐하면 영업권은 사업

---

14) 기업회계기준서 제1038호 문단 97.

15) 기업회계기준서 제1038호 문단 107, 108.

16) 영업권 손상검사의 예를 들면, (주)롯데쇼핑은 2012년 인수한 (주)롯데하이마트의 가전유통업을 통한 장래 현금 회수가능액을 추정하고, 회수가능액이 (주)롯데하이마트의 순자산 장부가보다 작은 경우 영업권 손상이 발생한 것으로 판단하며, 그 차이를 우선적으로 영업권손상차손으로 처리한다.

결합의 경우만 인식하기 때문에 손상차손환입을 인식한다는 것은 내부적으로 창출한 영업권을 인식하는 셈이 되기 때문이다.

다음의 예제를 통해 무형자산 상각의 분개를 살펴본다.

예제 8.6

(주)남양주물산은 20×1년 1월 2일에 제조기술에 대한 특허권(내용연수 20년, 잔존가치 0)을 200만원에 변리사를 통해 취득하였다. (주)남양주물산은 해당 특허권을 정액법을 사용하여 상각하기로 결정하였다. 연도별 상각비와 이를 인식하는 분개를 하시오.

〈해답〉

연도별 상각비 = [상각대상금액(취득원가−잔존가치)] ÷ 내용연수
= (2,000,000−0) ÷ 20 = 100,000

따라서 20×1년도부터 매년 100,000원씩 특허권상각비를 아래와 같이 분개한다.

날 짜	차 변		대 변	
20×1.12.31.	특허권상각비	100,000	특허권상각누계액	100,000

6) 무형자산의 제거

무형자산은 해당 자산을 처분하는 경우 및 사용이나 처분을 통해 미래 경제적 효익이 기대되지 않는 경우 장부에서 제거한다. 무형자산의 제거 시에 발생하는 처분손익은 무형자산의 매각금액과 해당 무형자산의 장부금액 간의 차이로 결정되며 무형자산처분손익으로 계상한다.[17)]

아래의 예제를 통하여 무형자산의 제거에 대한 분개를 살펴본다.

예제 8.7

(주)남양주물산은 20×1년 1월 2일에 2,000,000원에 취득한 특허권을 20×3년 1월 2일에 현금 1,500,000원을 받고 처분하였다.
(주)남양주물산은 해당 무형자산 관련 20×1년 말과 20×2년 말에 매년 각각

---

17) 매각 관련 제반 비용이 있다면 매각금액에서 해당 금액을 차감한 순매각금액과 무형자산 장부금액을 비교한다(기업회계기준서 제1038호 문단 112, 113).

100,000원의 상각비를 계상하였다. 무형자산의 처분에 대해 분개하시오.

〈해답〉

(주)남양주물산이 20×1년부터 20×2년에 걸쳐 총 200,000원의 특허권상각비를 계상하였으므로 20×3년 1월 2일의 해당 무형자산의 장부금액은 1,800,000원이다. 따라서 특허권의 처분시에는 특허권 2,000,000원과 특허권상각누계액 200,000원을 제거하고 현금 1,500,000원을 수령하는 다음과 같은 분개를 실시한다. 무형자산의 장부금액인 1,800,000원과 수령한 현금 1,500,000원 간의 차액은 무형자산처분손실로 인식한다.

날짜	차 변		대 변	
20×3.1.2.	현 금	1,500,000	특허권	2,000,000
	특허권상각누계액	200,000		
	무형자산처분손실	300,000		

8.3 투자자산

일반기업회계기준은 장기적으로 투자 수익을 얻을 목적 또는 다른 기업을 지배할 목적으로 보유하고 있는 자산을 **투자자산**이라고 부른다. 투자자산은 기업이 경제적 효익의 창출을 위해 장기적으로 보유하는 자산이라는 점에서 유형자산 및 무형자산과 공통점이 있지만 유형자산과 무형자산이 해당 자산을 영업 및 관리활동에서 사용하는 반면, 투자자산은 투자수익 또는 타 기업의 지배를 위해 보유한다는 점에서 차이점이 있다. 대표적인 투자자산의 예로는 투자부동산과 유가증권을 들 수 있다.

1) 투자부동산

투자부동산은 기업이 임대수익이나 시세차익을 획득할 목적으로 보유하는 부동산을 의미한다.[18] 투자부동산은 기업이 보유하고 있는 유형자산 등 다른 자산과는 거의 독립적인 방식으로 현금흐름을 창출하기 때문에 부동산 중 유형자산으로 분류되는 자가사용 부동산과는 구별하여 표시한다.[19)]

투자부동산의 예로는 장기 시세차익을 얻기 위하여 보유하고 있는 토지, 장래 사용목적을 결정하지 못한 채로 보유하고 있는 토지, 미래에 투자부동산으로 사용하기 위하여 건설 또는 개발 중인 부동산 등이 있다.[20)]

〈예시 8.6〉은 (주)한국철강이 재무제표 주석에 공시한 투자부동산 내역을

〈예시 8.6〉 (주)한국철강의 투자부동산 관련 공시 내역(단위: 천원)

가. 투자부동산의 내역(단위: 천원)

구 분	2022.12.31.	2021.12.31.
취득원가	17,396,522	17,396,522
상각누계	(3,856,995)	(3,632,375)
손상누계	(7,486,142)	(7,486,142)
장부금액	6,053,385	6,278,005

나. 투자부동산의 변동 내역(단위: 천원)

구 분	2022년	2021년
기 초	6,278,005	6,018,584
감가상각	(224,620)	(221,712)
대체증감	–	481,133
기 말	6,053,385	6,278,005

다. 투자부동산에서 발생한 내역(단위: 천원)

구 분	2022년	2021년
임대수익	818,482	727,905
운영비용	252,657	242,646

18) 기업의 주된 영업이 임대사업이라면 임대를 위한 부동산은 유형자산으로 분류한다.

19) 기업회계기준서 제1040호 문단 7.

20) 기업회계기준서 제1040호 문단 8.

보여준다. (주)한국철강은 건물 중 일부를 유형자산이 아닌 투자부동산으로 분류하고 있으며, 해당 투자부동산을 이용하여 임대수익을 거두고 있다.

2) 유가증권

유가증권은 크게 **지분증권**(equity securities)과 **채무증권**(debt securities)으로 나뉜다. 지분증권은 다른 기업이 발행한 주식이고, 채무증권은 국가, 지방자치단체, 기업 등이 자금 조달을 목적으로 만기까지 원금과 이자를 지급할 것을 약속하고 발행하는 채권이다.

① 지분증권

지분증권은 **당기손익-공정가치 측정 금융자산**(financial assets measured at fair value through profit and loss), **기타포괄손익-공정가치 측정 금융자산**(financial asscts measured at fair value through other comprehensive income), **관계기업투자**(investments in associate)로 구분한다.

[그림 8.2]와 같이 기업이 다른 기업의 주식을 보유하면서 그 기업에 중대한 영향력을 행사할 수 없고 단기간 내에 매각을 통해 시세차익을 획득할 목적(단기매매목적)으로 보유하는 주식을 당기손익-공정가치 측정 금융자산(이하

그림 8.2 지분증권의 분류

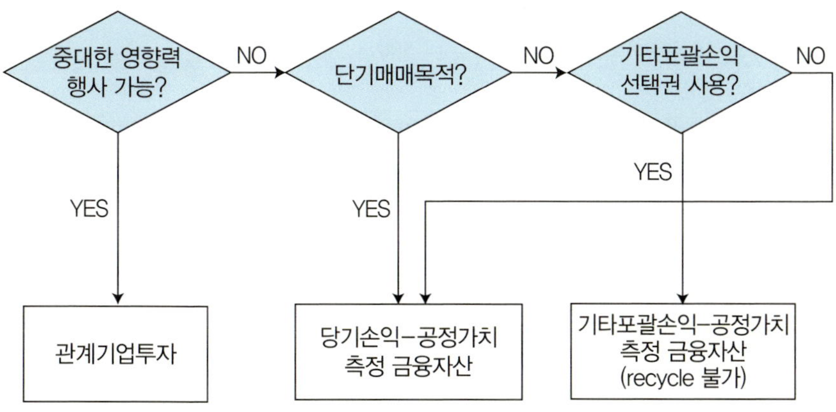

FVPL금융자산)으로 분류한다.

FVPL금융자산은 취득 시점 이후 결산일의 공정가치를 반영하고, 공정가치 변동으로 인한 평가손익은 당기 손익에 반영한다. 당기 손익에 반영한다는 것은 공정가치 변동으로 인한 평가손익이 포괄손익계산서 상의 기타수익 또는 기타비용에 포함되며 당기순손익(손실)을 증가 또는 감소시킨다는 것을 의미한다. 다음 예제를 통해서 FVPL금융자산의 평가손익을 구체적으로 살펴본다.

예제 8.8

(주)화성은 20×1년 12월 1일에 단기매매목적으로 유가증권시장에서 (주)안양정유의 주식 1주를 10,000원에 구입하였다. 20×1년 12월 31일 현재 (주)안양정유 주식의 연도 말 시가는 11,000원이다. 20×1년 12월 1일과 12월 31일의 필요한 분개를 제시하시오.

<해답>

날 짜	차 변		대 변	
20×1.12. 1.	FVPL금융자산	10,000	현 금	10,000
20×1.12.31.	FVPL금융자산	1,000	금융자산평가이익-PL[22]	1,000

여기서 금융자산평가이익-PL 1,000원은 손익계산서의 기타수익에 포함되어 당기순손익을 증가시킨다.
만약 20×1년 12월 말 (주)안양정유 주식의 연도 말 시가가 11,000원이 아니고 9,500원이라면 12월 말의 분개는 다음과 같다.

날 짜	차 변		대 변	
20×1.12.31.	금융자산평가손실-PL	500	FVPL금융자산	500

여기서 금융자산평가손실-PL 500원도 역시 손익계산서의 기타비용에 포함되어 당기순손익을 감소시킨다.

이와 같이 FVPL금융자산의 평가손익을 당기 손익에 반영하는 이유는 평가손익이 향후 단기간 내에 실현될 가능성이 높기 때문에 당기 손익에 반영하는

21) PL은 Profit과 Loss의 약자로 손익계산서에 포함됨을 의미한다.

것이 회계정보이용자들에게 더 유용한 정보를 제공하기 때문이다.

다음으로 기업이 타 기업이 발행한 주식을 보유하면서 그 기업에 중대한 영향력을 행사할 수 없고 단기매매 목적이 아닌 경우에는 해당 주식을 **기타포괄손익-공정가치 측정 금융자산**(이하, FVOCI금융자산)으로 분류하는 것을 선택할 수 있다.

FVOCI금융자산은 FVPL금융자산과 마찬가지로 취득 시점 이후 결산일의 공정가치를 해당 주식의 장부금액에 반영한다. 그러나 공정가치의 변동으로 인한 평가손익을 당기 손익에 포함하지 않고, 기타포괄손익으로 인식한다는 점에서 FVPL금융자산과 차이가 있다. 기타포괄손익으로 인식한다는 것은 당기순손익의 계산에는 영향을 미치지 않음을 의미한다.

다음 예제를 통해 FVOCI금융자산의 평가손익에 대해 살펴본다.

예제 8.9

(주)수성은 20×1년 12월 1일에 유가증권시장에서 (주)김해항공의 주식 1주를 10,000원에 취득하였다. (주)수성은 (주)김해항공에 중대한 영향력을 행사할 수 없고 취득목적이 단기매매가 아니며 FVOCI금융자산으로 분류하는 것을 선택하기로 했다. 20×1년 12월 말 현재 (주)김해항공 주식의 연도 말 시가는 11,000원이다. 20×1년 12월 1일과 12월 31일의 필요한 분개를 제시하시오.

〈해답〉

날짜	차 변		대 변	
20×1.12. 1.	FVOCI금융자산	10,000	현 금	10,000
20×1.12.31.	FVOCI금융자산	1,000	금융자산평가이익-OCI	1,000

여기서 20×1년 12월 말에 인식한 금융자산평가이익-OCI 1,000원은 기타포괄이익으로서 당기순손익에는 영향을 미치지 않고 재무상태표의 자본에 있는 기타포괄손익누계액을 증가시킨다.[23]

만약 20×1년 12월 31일 현재 (주)수성이 보유하고 있는 (주)김해항공의 주식의 연도말 시가가 9,500원일 경우에 20×1년 12월 31일의 분개는 다음과 같다.

22) 자본의 기타포괄손익누계액은 제11장 자본에서 상세히 다룬다.

날짜	차 변		대 변	
20×1.12.31.	금융자산평가손실-OCI	500	FVOCI금융자산	500

여기서 20×1년 12월 31일의 금융자산평가손실-OCI 500원도 당기순손익의 산출에는 포함되지 않는 기타포괄손실에 해당하며 재무상태표의 자본에 있는 기타포괄손익누계액을 감소시킨다.

FVOCI금융자산의 경우 평가손익을 당기 손익에 포함하지 않는 이유는 FVPL금융자산처럼 향후 단기간 내에 매도할 목적으로 보유하는 것이 아니므로 당기에 발생한 미실현 평가손익이 앞으로 단기간 내에 실현될 가능성이 크지 않기 때문이다. 또한 FVOCI금융자산의 장래 매도시기를 예측할 수 없고 그때까지 평가손익의 변동성이 크기 때문에 FVOCI금융자산의 당기 평가손익은 FVPL금융자산과 비교할 때 회계정보로서의 유용성이 상대적으로 낮다고 볼 수 있다.

지분증권을 취득시점에 FVOCI금융자산으로 분류하면 선택 시점 이후 분류의 변경은 불가능하고,[23] 처분 시에는 재무상태표 상의 자본에 남아있는 기타포괄손익누계액을 제거한 후 이를 자산처분손익으로 인식하는 것도 불가능하다(이를 'recycle 불가'라고 한다).[24]

한편, 기업이 다른 기업의 주식을 보유할 시에 그 기업에 중대한 영향력을 행사할 수 있는 경우, 즉 주로 지분율이 20%~50%인 경우는 **관계기업투자**로 분류한다. 관계기업투자는 결산일의 공정가치를 반영하지 않고, **지분법회계**(equity method)라는 특수한 회계를 적용한다.[25]

기업이 다른 기업의 발행 주식을 50%를 초과하여 보유하는 경우, 두 기

23) 기업회계기준서 제1109호 문단 5.7.5.

24) 자본 내에서 기타포괄손익누계액으로부터 이익잉여금으로의 이전은 허용된다(기업회계기준서 제1109호 문단 B5.7.1).

25) 지분법회계는 피투자기업이 당기순이익을 내는 경우에 투자기업은 피투자기업의 당기순이익 가운데 자사의 보유 지분율에 해당하는 금액을 지분법이익으로 인식한다는 특징이 있다. 상세한 내용은 고급회계에서 다룬다.

업은 지배회사(모회사)와 종속회사(자회사)의 관계가 성립한다. 이 경우, 지배기업은 종속기업의 자산, 부채, 자본, 수익, 비용을 포함하는 **연결재무제표**(consolidated financial statements)를 작성한다.

② 채무증권

채무증권은 **상각후원가 측정 금융자산**(financial assets measured at amortized cost), FVOCI 금융자산, FVPL금융자산으로 분류한다.

[그림 8.3]과 같이 다른 기업이 발행한 채무증권을 보유하는 목적이 만기까지 이자와 원금의 수취, 즉 계약상 현금흐름의 수취인 경우는 해당 채무증권을 **상각후원가 측정 금융자산**(이하, AC금융자산)으로 분류한다. AC금융자산은 보유목적이 만기까지 계약상의 현금흐름 수취이므로 해당 채무증권의 보유기간 중

그림 8.3 채무증권의 분류[26)]

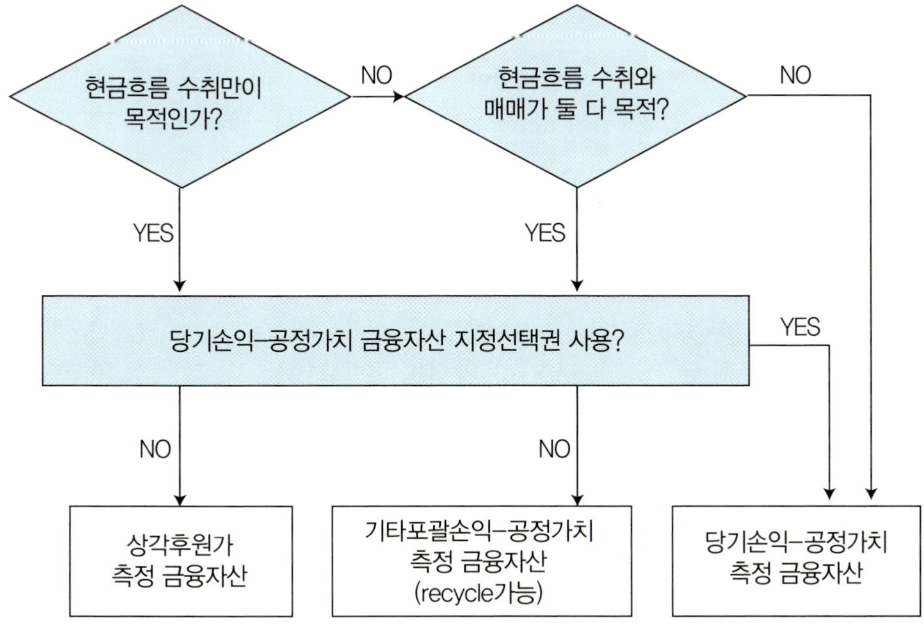

26) 채무증권도 시장이자율의 변경, 신용등급의 변경 등으로 공정가치가 변동될 수 있다.

에 발생한 공정가치의 변동을 장부금액에 반영하지 않는다.[27]

다음으로 채무증권의 보유목적이 계약상 현금흐름의 수취와 시세차익을 획득하기 위한 매도 둘 다인 경우에는 해당 채무증권을 FVOCI금융자산으로 분류하며, 그 외의 경우에는 FVPL금융자산으로 구분한다. 단, AC금융자산 또는 FVOCI금융자산에 해당하더라도 FVPL금융자산으로 분류하는 것이 더 목적 적합한 정보를 제공하는 것이라면 기업은 보유 채무증권을 FVPL금융자산으로 지정할 수 있다.[28]

다음 예제를 통해서 AC금융자산의 분개를 구체적으로 살펴본다.

예제 8.10

(주)영일제강은 20×1년 1월 2일에 만기까지 이자와 원금을 수취할 목적으로 (주)포항산업이 발행한 회사채 1개를 1,000,000원에 구입하였다. (주)포항산업이 발행한 회사채의 조건은 다음과 같다.

액면금액: 1,000,000원, 발행금액: 1,000,000원, 표시이자율: 연이자율 5%,
이자지급일: 매년 12월 31일, 발행일: 20×1년 1월 2일, 만기일: 20×3년 12월 31일

20×1년 12월 31일 현재 (주)영일제강이 보유하고 있는 (주)포항산업의 회사채의 연도 말 공정가치는 신용등급의 상승으로 1,010,000원이다. 20×1년 1월 2일과 12월 31일의 분개를 하시오.

〈해답〉

날 짜	차 변		대 변	
20×1. 1. 2.	AC금융자산	1,000,000	현 금	1,000,000
20×1.12.31.	현 금	50,000	이자수익	50,000

27) Ernst & Young Global Limited, 'Appling IFRS classification of financial instruments under IFRS 9' 2015 May.

28) 자산이나 부채가 서로 다른 기준에 따라 측정되거나 그에 따른 손익을 인식함으로 인해 측정이나 인식의 불일치(mismatch)가 발생할 수 있는데 이때 금융자산을 FVPL금융자산으로 지정하면 불일치를 제거하거나 유의적으로 줄이는 경우 최초 인식시점에 해당 금융자산을 FVPL금융자산으로 지정할 수 있다(기업회계기준서 제1109호 금융상품 문단 4.1.5). 단, 한번 지정하면 취소가 불가능하다.

(주)영일제강의 채무증권의 보유목적이 이자와 원금의 수취이므로 취득일에 AC금융자산으로 분류하고 20×1년 12월 말에 채무증권의 공정가치의 변동은 장부에 반영하지 않는다.

보유 채무증권을 FVPL금융자산으로 분류하는 경우는 FVPL금융자산으로 분류하는 지분증권의 경우와 마찬가지로 결산일의 공정가치를 장부금액에 반영하며, 공정가치 변동으로 인하여 발생한 평가손익을 당기 손익에 반영한다.

다음 예제를 통해 FVPL금융자산으로 분류된 채무증권의 평가손익을 살펴본다.

예제 8.11

(주)한미통상은 20×1년 1월 2일에 단기매매 목적으로 (주)평택기전이 발행한 회사채 1주를 1,000,000원에 구입하였다. (주)평택기전이 발행한 회사채의 조건은 다음과 같다.

액면금액: 1,000,000원, 발행금액: 1,000,000원, 표시이자율: 연이자율 5%(기대수익율과 일치), 이자지급일: 매년 12월 31일, 발행일: 20×1년 1월 2일, 만기일: 20×3년 12월 31일

20×1년 12월 31일 현재 (주)한미통상이 보유하고 있는 (주)평택기전의 회사채의 연도 말 공정가치는 신용등급의 상승으로 1,010,000원이다. 20×1년 1월 2일과 12월 31일의 분개를 하시오.

〈해답〉

날 짜	차 변		대 변	
20×1. 1. 2.	FVPL금융자산	1,000,000	현 금	1,000,000
20×1.12.31.	현 금	50,000	이자수익	50,000
	FVPL금융자산	10,000	금융자산평가이익-PL	10,000

여기서 금융자산평가이익-PL 10,000원은 손익계산서의 기타수익에 포함되므로 당기순손익을 증가시킨다.

만약 20×1년 12월 31일 현재 (주)한미통상이 보유하고 있는 (주)평택기전의 회사채의 연도 말 공정가치가 신용등급의 하락으로 995,000원인 경우 20×1년 12월 31

일의 분개는 다음과 같다.

날 짜	차 변		대 변	
20×1.12.31.	현 금	50,000	이자수익	50,000
	금융자산평가손실-PL	5,000	FVPL금융자산	5,000

금융자산평가손실-PL 5,000원은 기타비용에 포함되므로 당기순손익을 감소시킨다.

기업이 채무증권을 FVOCI금융자산으로 분류하는 경우에는 FVOCI금융자산으로 분류하는 지분증권과 마찬가지로 취득 시점 이후 결산일의 공정가치를 해당 채무증권의 장부금액에 반영하고 공정가치의 변동으로 인한 평가손익을 기타포괄손익으로 인식한다.

다음 예제를 통해 FVOCI금융자산으로 분류한 채무증권의 평가손익을 살펴본다.

예제 8.12

(주)한라통상은 20×1년 1월 2일에 (주)제주기업이 발행한 회사채 1주를 1,000,000원에 구입하였으며 (주)제주기업이 발행한 회사채를 FVOCI금융자산으로 분류하였다. (주)제주기업이 발행한 회사채의 조건은 다음과 같다.

액면금액: 1,000,000원, 발행금액: 1,000,000원, 표시이자율: 연이자율 5%(기대수익율과 일치), 이자지급일: 매년 12월 31일, 발행일: 20×1년 1월 2일, 만기일: 20×3년 12월 31일

20×1년 12월 31일 현재 (주)한라통상이 보유하고 있는 (주)제주기업의 연도 말 공정가치가 신용등급이 상승하여 1,010,000원이다. 20×1년 1월 2일과 12월 31일의 분개를 하시오.

〈해답〉

날 짜	차 변		대 변	
20×1. 1. 2.	FVOCI금융자산	1,000,000	현 금	1,000,000
20×1.12.31.	현 금	50,000	이자수익	50,000
	FVOCI금융자산	10,000	금융자산평가이익-OCI	10,000

여기서 금융자산평가이익-OCI 10,000원은 당기순손익의 산출에 포함되지 않는 기타포괄이익으로 재무상태표 자본의 기타포괄손익누계액을 증가시킨다.
만약 20×1년 12월 31일 현재 (주)한라통상이 보유하고 있는 (주)제주기업의 회사채의 연도 말 공정가치가 신용등급의 하락으로 995,000원인 경우 20×1년 12월 31일의 분개는 다음과 같다.

날 짜	차 변		대 변	
20×1.12.31.	현 금	50,000	이자수익	50,000
	금융자산평가손실-OCI	5,000	FVOCI금융자산	5,000

금융자산평가손실-OCI 5,000원은 당기순손익의 산출에 포함되지 않는 기타포괄손실로 재무상태표 자본의 기타포괄손익누계액을 감소시킨다.

채무증권을 FVOCI금융자산으로 분류하는 경우는 지분증권의 FVOCI금융자산과는 달리 처분 시에 재무상태표 자본에 남아있는 기타포괄손익누계액을

표 8.3 유가증권의 분류

구 분	세부 분류	기 준
지분증권	FVPL금융자산	주로 지분율이 20% 미만이고 단기매매목적으로 보유하거나 단기매매목적이 아니지만 취득 시에 FVOCI금융자산으로 선택하지 않은 경우
	FVOCI 금융자산	주로 지분율이 20% 미만이고 단기매매목적이 아니며 취득 시에 FVOCI금융자산으로 선택한 경우
	관계기업투자	주로 지분율이 20%~50%인 경우
채무증권	AC금융자산	보유 목적이 계약상 이자와 원금의 수취인 경우
	FVOCI 금융자산	보유 목적이 계약상 이자와 원금의 수취와 장래 매도 둘 다인 경우
	FVPL금융자산	AC금융자산과 FVOCI금융자산에 모두 속하지 않는 경우, 또는 AC금융자산 또는 FVOCI금융자산에 해당하지만 FVPL금융자산으로 지정한 경우

* 지분증권의 경우 지분율이 50%를 초과하면 지배기업 · 종속기업의 관계가 성립하여 지배기업은 연결재무제표를 작성한다.

제거하고 자산처분손익으로 인식하는 것이 가능하다(recycle 가능).

〈표 8.3〉은 지금까지 논의한 유가증권의 분류를 지분증권과 채무증권으로 나누어 보여준다.

〈예시 8.7〉은 (주)한국철강이 보유한 지분증권에 대한 내역을 보여주고 있다. 2022년 말을 기준으로 (주)한국철강은 FVOCI금융자산에 해당하는 지분증권을 보유하고 해당 지분증권은 다시 상장기업(시장성이 있는 지분증권)과 비상장기업(시장성이 없는 지분증권)으로 구성되어 있다.

〈예시 8.7〉 (주)한국철강의 2022년도 재무제표 주석 공시-FVOCI금융자산

나. 기타포괄손익-공정가치 측정 금융자산(단위: 천원)

구 분	2022.12.31.	2021.12.31.
〈시장성 있는 지분증권〉		
(주)BNK금융지주	8,393,599	10,847,113
STX중공업(주)	77,760	52,060
소 계	8,471,359	10,899,173
〈시장성 없는 지분증권〉		
교보생명보험(주)	1,498,493	2,168,229
(주)라보JAPAN	-	29,842
소 계	1,498,493	2,198,071
합 계	9,969,852	13,097,244

위 지분상품의 처분시에는 관련 기타포괄손익누계액은 이익잉여금으로 재분류되며 당기손익으로 재분류되지 않습니다.

〈예시 8.8〉은 (주)한국철강이 보유한 채무증권에 대한 내역이다. 2022년 말을 기준으로 (주)한국철강은 FVPL금융자산에 해당하는 전자단기채권을 보유하고 있다.

〈예시 8.8〉 (주)한국철강의 2022년도 재무제표 주석 공시-FVPL금융자산

가. 당기손익-공정가치 측정 금융자산

(1) 당기손익-공정가치 측정 금융자산(단위: 천원)

구 분	2022.12.31.	2021.12.31.
유동항목 전자단기채권(ABSTB) 등	84,428,781	81,990,051

〈예시 8.9〉는 (주)한국철강의 관계기업투자에 대한 내역을 보여주고 있다. (주)한국철강은 관계기업인 JINIL INTERNATIONAL INC의 지분 가운데 41%를 보유하고 있음을 볼 수 있다.

〈예시 8.9〉 (주)한국철강의 2022년도 재무제표 주석 공시-관계기업투자

17. 관계기업 투자 :

가. 관계기업의 내역(단위: 천원)

구 분	소재	유효 지분율	2022.12.31.			2021.12.31.		
			취득 원가	순자산 가액	장부금액	취득 원가	순자산 가액	장부금액
JINIL INTER-NATIONAL, INC.	미국	41%	105,198	4,658,267	4,658,267	105,198	3,746,637	3,746,637

기업명	소유지분율 (%)		주된 사업장	사용 재무제표일	관계기업 활동의 성격 등
	2022.12.31.	2021.12.31.			
JINIL INTERNATIONAL, INC.	41%	41%	미국	12월31일	(*)

(*) JINIL INTERNATIONAL, INC.은 회사에 원재료를 제공하고 있습니다.

요 약

1. 유형자산은 기업이 재화의 생산, 용역의 제공, 영업 또는 관리 활동에 사용할 목적으로 보유하는 물리적 형태가 있는 자산으로서 1년을 초과하여 사용할 것이 예상되는 자산을 의미한다. 유형자산의 예로서 토지, 건물, 구축물, 기계장치, 차량운반구, 공구와기구, 비품, 건설중인자산 등을 들 수 있다.

2. 유형자산의 취득원가에서 잔존가치를 차감한 금액을 내용연수에 걸쳐 합리적인 방법으로 비용 처리하는 것이 감가상각이다. 토지와 건설중인자산은 감가상각을 실시하지 않는다. 유형자산의 감가상각 방법으로는 정액법, 체감잔액법, 생산량비례법 등을 들 수 있다.

3. 정액법은 각 연도의 감가상각비를 유형자산의 취득원가에서 잔존가치를 차감한 금액, 즉 감가상각대상금액을 내용연수로 나누어서 산출하며 매년 동일한 금액을 감가상각비로 인식한다. 체감잔액법은 해당 유형자산의 연도별 감가상각금액이 점차 감소하는 상각방법으로 정률법과 연수합계법 등이 있다. 생산량비례법은 유형자산의 예상되는 총생산량 대비 실제 생산량의 비율을 이용하여 각 연도의 감가상각금액을 구하는 방법이다

4. 기업은 보유하고 있는 유형자산에 대한 자산손상의 징후가 있을 경우에는, 해당 자산에 대한 회수가능액을 추정한 후, 회수가능액이 장부금액보다 낮은 경우에는 손상차손을 인식하게 된다. 자산의 회수가능액이란 해당 자산의 순공정가치와 사용가치 중 큰 금액을 의미한다.

5. 손상차손의 분개는 손상차손 금액만큼을 해당 자산의 장부금액에서 차감하기 위해 자산차감계정인 손상차손누계액을 대변에 계상하고 비용계정인 손상차손을 차변에 계상한다.

6. 무형자산은 기업이 재화의 생산, 용역의 제공, 영업활동 또는 관리 활동에 사용할 목적으로 보유하는 물리적 실체는 없지만 식별가능한 비화폐성자산이다. 무형자산의 예로는 산업재산권, 컴퓨터소프트웨어, 저작권, 라이선스, 프랜차이즈, 회원권, 개발비 등이 있다.

7. 영업권은 개별적으로 인식할 수는 없지만 인수와 합병 등 사업결합에서 획득한 미래 경제적 효익을 창출하는 무형자산을 의미한다. 구체적으로 영업권의 취득원가는 사업결합의 대가로 지불한 이전 대가가 사업결합으로 취득하는 식별할 수 있는 자산의 공정가

치에서 부채의 공정가치를 차감한 금액, 즉 순자산의 공정가치보다 더 클 때 초과로 지불한 금액으로 인식한다.

8. 무형자산의 상각에서 내용연수가 유한한 무형자산의 상각은 내용연수 동안 체계적인 방법으로 상각을 실시하며 상각은 해당 무형자산을 사용할 수 있을 때부터 시작한다. 무형자산의 상각방법은 해당 무형자산의 경제적 효익이 소비되는 형태에 따라 결정하며 미래 소비형태를 신뢰성 있게 결정할 수 없는 경우에는 정액법을 사용한다. 반면 내용연수가 비한정인 무형자산은 상각하지 아니한다.

9. 투자자산은 장기적으로 투자 수익을 얻을 목적 또는 다른 기업을 지배할 목적으로 보유하고 있는 자산을 의미한다. 대표적인 투자자산으로는 투자부동산과 유가증권이 있다.

10. 투자부동산은 기업이 임대수익이나 시세차익을 획득할 목적으로 보유하는 부동산을 의미한다. 투자부동산의 예로는 장기 시세차익을 얻기 위해 보유하는 토지, 미래에 투자부동산으로 사용하기 위해 건설 또는 개발 중인 부동산 등이 있다.

11. 유가증권은 크게 지분증권과 채무증권으로 나뉜다. 지분증권은 기업이 발행한 주식을 의미하며 당기손익-공정가치 측정 금융자산(FVPL금융자산), 기타포괄손익-공정가치 측정 금융자산(FVOCI금융자산), 관계기업투자로 구분한다. 피투자기업에 중대한 영향력 행사가 가능하면 관계기업투자로, 단기매매목적이면 FVPL금융자산으로 분류하고, 그 이외의 경우는 FVOCI금융자산으로 분류할 수 있다.

12. 채무증권은 국가, 지방자치단체, 기업 등의 주체가 자금을 조달할 목적으로 만기까지 원금과 이자를 지급할 것을 약속하고 발행하는 채권이다. 만기까지 계약상 현금흐름의 수취가 목적이면 상각후원가 측정 금융자산(AC금융자산)으로, 현금흐름 수취와 장래 매도 둘 다가 목적이면 FVOCI금융자산으로, 그 이외는 FVPL금융자산으로 분류한다. AC금융자산 또는 FVOCI금융자산에 해당하더라도 조건부로 FVPL금융자산으로 분류할 수 있다.

O×퀴즈 아래 문장이 옳으면 ○, 틀리면 ×로 답하고 틀린 곳은 올바르게 고치시오.

1. 감가상각방법 중 체감잔액법은 연도별 감가상각금액이 동일한 정액법과는 달리 내용연수 동안 감가상각금액이 점차 증가하는 상각방법이며 그 종류로는 정률법과 연수합계법 등이 있다.

2. 유형자산 가운데 토지를 제외한 항목들은 모두 감가상각을 실시한다.

3. 생산량비례법은 유형자산의 예상되는 총생산량 대비 실제 생산량의 비율을 이용하여 연도별 감가상각금액을 구하는 방법이다.

4. 기업은 보유하고 있는 유형자산에 대한 자산손상의 징후가 있을 경우, 해당 자산에 대한 회수가능액을 추정한 후, 회수가능액이 장부금액보다 낮으면 손상차손을 인식한다. 자산의 회수가능액이란 해당 자산의 순공정가치와 사용가치 중 작은 금액을 의미한다.

5. 손상차손의 분개는 손상차손 금액만큼을 해당 자산의 장부금액에서 차감하기 위해 자산차감계정인 손상차손누계액을 대변에 계상하고 동일 금액을 차변에 손상차손이라는 비용항목으로 계상한다.

6. 영업권의 취득원가는 사업결합의 대가로 지불한 이전 대가가 사업결합으로 인하여 취득하는 식별할 수 있는 자산의 공정가치에서 부채의 공정가치를 차감한 금액인 순자산의 공정가치보다 더 클 때 초과로 지불한 금액으로 인식한다.

7. 내용연수가 유한한 무형자산은 내용연수 동안 체계적인 방법으로 상각을 실시하며 상각은 해당 무형자산을 사용할 수 있을 때부터 시작한다. 해당 무형자산의 경제적 효익이 소비되는 형태를 신뢰성 있게 결정할 수 없는 경우는 상각하지 아니한다.

8. 유형자산은 생산, 영업 및 관리활동에서 사용할 목적으로 보유하는 반면, 투자자산은 투자수익 또는 타 기업 지배를 위해 보유한다는 점에서 차이점이 있다.

9. 기업이 보유하는 토지, 건물 등 모든 부동산은 유형자산으로 분류된다.

10. 기업이 다른 기업의 발행 주식을 보유할 시에 그 기업에 중대한 영향력을 행사할 수 있는 경우, 다시 말해 주로 지분율이 50%를 초과하는 경우에는 관계기업투자로 분류한다.

11. 유가증권 가운데 지분증권은 당기손익-공정가치 측정 금융자산, 기타포괄손익-공정가치 측정 금융자산 및 관계기업투자로 구분하고, 채무증권은 상각후원가 측정 금융자산과 당기손익-공정가치 측정 금융자산으로 분류한다.

12. 장기 시세차익을 얻기 위하여 보유하고 있는 토지와 장래 사용목적을 결정하지 못한 채로 보유하고 있는 토지는 투자부동산으로 인식한다.

13. 기업이 다른 기업의 발행 주식을 보유하면서 피투자기업에 중대한 영향력을 행사하지 않고, 단기매매목적이 아니면 모두 기타포괄손익-공정가치 측정 금융자산으로 분류한다.

14. 기업이 다른 기업의 채무증권을 보유할 시에 보유목적이 만기까지 이자와 원금의 수취, 즉 계약상의 현금흐름의 수취인 경우에는 해당 채무증권을 기타포괄손익-공정가치 측정 금융자산으로 구분한다.

15. 채무증권을 FVOCI금융자산으로 분류하는 경우는 지분증권의 FVOCI금융자산과는 달리 처분 시에 재무상태표 자본에 남아 있는 기타포괄손익누계액을 제거하고, 자산처분손익으로 인식하는 것이 불가능하다.

제8장 객관식 문제

1. (주)한국은 20×1년 1월 1일 건물을 ₩110에 취득하였다. 건물의 잔존가치는 ₩10이며, 내용연수는 10년이고, 정액법으로 감가상각을 하기로 하였다. 해당 건물에 대한 감가상각과 관련한 설명으로 옳지 않은 것은? 〈국가직 9급, 2023〉
   ① 감가상각 대상금액 ₩110이 내용연수 10년에 걸쳐 배분된다.
   ② 20×1년에 인식되는 감가상각비는 ₩10이다.
   ③ 20×2년 말 해당 건물의 감가상각누계액은 ₩20으로 보고된다.
   ④ 20×3년 말 해당 건물의 장부금액은 ₩80으로 보고된다.

2. (주)한국은 20×1년 7월 1일 생산에 필요한 기계장치를 ₩1,200,000에 취득(내용연수 4년, 잔존가치 ₩200,000)하였다. 동 기계장치를 연수합계법을 적용하여 감가상각할 때, 20×4년 손익계산서에 보고할 감가상각비는? (단, 원가모형을 적용하고 손상차손은 없으며, 감가상각은 월할 계산한다) 〈국가직 9급, 2021〉
   ① ₩50,000　　② ₩150,000
   ③ ₩180,000　　④ ₩250,000

3. 무형자산의 회계처리에 대한 설명으로 옳지 않은 것은? 〈지방직 9급, 2020〉
   ① 무형자산을 최초로 인식할 때에는 원가로 측정한다.
   ② 무형자산이란 물리적 실체는 없지만 식별할 수 있는 비화폐성 자산이다.
   ③ 내부적으로 창출한 영업권은 자산으로 인식하지 아니한다.
   ④ 연구(또는 내부 프로젝트의 연구단계)에 대한 지출은 무형자산으로 인식한다.

4. (주)한국은 20×1년 7월 1일 기계장치(정액법 상각, 내용연수 3년, 잔존가치 ₩0)를 ₩36,000에 취득하여 원가모형을 적용하고 있다. 기계장치의 순공정가치와 사용가치는 다음과 같다.

구 분	20×1년 말	20×2년 말
순공정가치	₩25,000	₩17,000
사용가치	₩24,000	₩19,000

(주)한국이 20×2년 말에 인식해야 할 손상차손환입액은? (단, 자산의 회수가능액 변동은 기계장치의 손상 혹은 그 회복에 따른 것이라고 가정하며, 감가상각은 월할 계산한다). 〈국가직 9급, 2023〉

① ₩2,000　　② ₩3,000

③ ₩4,000　　④ ₩5,000

5. (주)한국은 (주)민국에 대한 다음의 실사 결과를 이용하여 인수를 고려하고 있다.

• 자산의 장부가치: ₩4,000 (공정가치 ?)
• 부채의 장부가치: ₩2,500 (공정가치 ₩2,500)
• 자본금: ₩500　　• 자본잉여금: ₩300　　• 이익잉여금: ₩700

만약, 이 중 75%를 ₩2,000에 취득하고 영업권 ₩500을 인식한다면 (주)민국의 자산 공정가치는? 〈국가직 9급, 2020〉

① ₩3,500　　② ₩4,000

③ ₩4,500　　④ ₩5,000

제8장 주관식 문제

1. (주)서산산업은 20×1년 1월 2일에 내용연수 3년, 잔존가치 7%인 기계장치를 1,000만원에 구입하였다. (주)서산산업이 해당 기계장치를 이용하여 생산하는 상품의 예상 총 생산량은 1,000개이며 매 회계연도의 실제 생산량은 20×1년도, 20×2년도, 20×3년도에 각각 100개, 200개, 700개이다.

1) (주)서산산업이 정액법을 적용할 때 20×1년~20×3년의 감가상각비를 구하시오.
2) (주)서산산업이 정률법을 적용할 때 20×1년~20×3년의 감가상각비를 구하시오. 단, 상각률은 0.55를 적용하시오.
3) (주)서산산업이 연수합계법을 적용할 때 20×1년~20×3년의 감가상각비를 구하시오.
4) (주)서산산업이 생산량비례법을 적용할 때 20×1년~20×3년의 감가상각비를 구하시오.

2. (주)군산식품이 20×1년 10월 1일에 취득한 두 기계의 취득원가, 내용연수, 잔존가치는 아래와 같다. 정액법과 정률법에 따른 연도별 감가상각비를 각각 계산하시오(소수점 이하에서 반올림).

	취득원가	내용연수	잔존가치	정률법 상각률
기계 1	20,000,000원	4년	취득원가의 5%	0.527
기계 2	80,000,000원	5년	취득원가의 10%	0.369

3. 12월 말 결산기업인 (주)강서기계는 20×1년 1월 2일 기계장치를 현금 1,000,000원에 취득하였다. 이 기계의 내용연수는 10년이며 잔존가치는 100,000원이다. (주)강서기계는 이 기계장치를 정액법으로 상각해 오다가 20×4년 6월 30일에 700,000원의 현금을 받고 처분하였다.

1) 20×1년 1월 2일 기계장치의 취득에 관한 분개를 하시오.

2) 20×4년 6월 30일 기계의 처분시점에 기계장치의 장부금액을 계산하시오.

3) 20×4년 6월 30일 기계장치 처분에 대한 분개를 하시오.

4. (주)순천화학은 20×1년 1월 2일에 10,000,000원에 기계장치를 취득하였다. 해당 자산의 내용연수는 5년, 잔존가치는 1,000,000원이다. (주)순천화학은 기계장치에 대해 정액법으로 감가상각을 실시하고 있다. 취득한 기계장치의 손상차손과 관련된 정보는 다음과 같다. 20×1년 1월 2일, 2021년 12월 31일, 20×2년 12월 31일에 필요한 분개를 수행하시오(월말 수정분개를 하지 않았다고 가정).

20×1.12.31.	기계장치에서 생산하는 제품의 단종으로 자산손상 징후가 발생했고 기계장치의 회수가능액을 추정해 본 결과 기계장치의 순공정가치는 5,000,000원, 사용가치는 4,000,000원인 것으로 평가되었다.
20×2.12.31.	기계장치를 이용하여 새로운 제품을 생산함에 따라 기존의 손상차손의 징후가 감소되어 기계장치의 순공정가치는 5,300,000원, 사용가치는 5,500,000원인 것으로 평가되었다.

5. (주)경주기업은 20×1년 1월 2일에 제조업을 하는 (주)거제산업을 합병하고 사업결합의 이전 대가로 900,000원을 지불하였다. 20×1년 1월 2일 시점의 (주)거제산업의 재무상태표 상의 자산과 부채의 장부금액과 공정가치는 다음과 같다. (주)경주기업의 (주)거제산업 인수와 관련된 분개를 하시오.

계정과목	장부금액	공정가치
매출채권	90,000	90,000
차량운반구	450,000	400,000
토 지	100,000	70,000
건 물	400,000	450,000
매입채무	150,000	150,000
차입금	50,000	50,000
선수금	20,000	20,000

6. (주)목포전자는 (주)비금전기의 주식 100%를 17,730백만원에 매입하여 (주)비금전기를 자회사로 편입하였다. 매입 당시 (주)비금전기의 식별가능한 자산과 부채의 공정가치는 다음과 같다. (주)목포전자가 (주)비금전기를 자회사로 편입할 시에 인식할 영업권은 얼마인가?

구 분	금액(백만원)
취득한 자산과 인수한 부채의 계상액	
현금 및 현금성자산	1,250
매출채권	3,520
재고자산	1,930
유무형자산	20,110
기타자산	1,890
자산총계	28,700
매입채무	3,570
차입금	8,720
기타부채	1,510
부채총계	13,800

7. (주)강릉유업은 20×1년 1월 2일에 내용연수 20년, 잔존가치 0인 특허권을 2,000만원에 취득하였다. (주)강릉유업은 특허권의 경제적 효익이 소비되는 형태를 신뢰성 있게 결정할 수 없다고 판단하였다. 20×1년~20×2년의 특허권상각비를 각각 구하고 연말에 필요한 분개를 제시하시오(월말 수정분개를 하지 않았다고 가정).

8. (주)오산상사는 20×1년 12월 10일에 유가증권시장에서 (주)이천 주식 1주를 50,000원에 구입하였다. 아래의 물음에 답하시오.

1) 20×1년 12월 31일 현재 (주)오산상사가 보유하고 있는 (주)이천의 주식의 시가는 51,000원이다. (주)오산상사의 주식 보유 목적이 아래와 같을 때 20×1년 12월 10일과 12월 31일의 분개를 하고 20×1년 12월 31일의 평가손익의 특성을 설명하시오.

① 중대한 영향력을 행사할 수 없고 단기매매 목적인 경우

② 중대한 영향력을 행사할 수 없고 단기매매 목적이 아니면서 기타포괄손익 선

택권을 사용할 경우

2) 1)의 (주)오산상사가 보유하고 있는 (주)이천의 주식의 시가가 20×2년 12월 31일 현재 48,000원이다. (주)오산상사의 주식 보유 목적이 아래와 같을 때, 20×2년 12월 31일의 분개를 하고 20×2년 12월 31일의 평가손익의 특성을 설명하시오.

① 중대한 영향력을 행사할 수 없고 단기매매 목적인 경우

② 중대한 영향력을 행사할 수 없고 단기매매 목적이 아니면서 기타포괄손익 선택권을 사용할 경우

9. (주)충주시멘트는 아래의 유가증권을 보유하고 있다. K-IFRS에서는 각 유가증권을 어떻게 분류하는지 답하시오.

번호	종류	지분율	비 고
1	주식	1%	단기매매 목적
2	주식	30%	중대한 영향력 행사 가능
3	주식	3%	단기매매목적이 아님. 기타포괄손익-공정가치 선택권 행사함
4	주식	2%	단기매매목적이 아님. 기타포괄손익-공정가치 선택권 행사하지 않음
5	공채	-	현금흐름 수취만을 목적
6	회사채	-	매매를 목적
7	회사채	-	현금흐름 수취와 매매 둘 다를 목적

10. 다음은 20×1년 12월 말 (주)양주주조의 총계정원장에 있는 비유동자산의 계정과목과 잔액을 나타낸 것이다. 아래 물음에 답하시오.

계정과목	잔 액(천원)	계정과목	잔 액(천원)
토지(공장부지)	4,700,000	구축물	820,000
건물(임대용)	8,500,000	컴퓨터소프트웨어	50,000
차량운반구	1,000,000	건물(본사)	25,000,000
장기대여금	25,000	특허권	70,000
건설중인자산	2,370,000	토지(비업무용)	3,500,000
관계기업투자	350,000	장기금융상품	270,000
영업권	5,100,000	개발비	190,000
상표권	750,000	비 품	330,000

1) 재무상태표 상에 유형자산으로 표시될 금액은 얼마인가?

2) 재무상태표 상에 무형자산으로 표시될 금액은 얼마인가?

3) 재무상태표 상에 투자부동산으로 표시될 금액은 얼마인가?

4) 다른 기업의 주식을 취득한 것에 해당하는 자산은 얼마인가?

11. (주)안성기술은 아래와 같이 공장부지를 위한 토지와 제조용 기계를 구입하는데 다음과 같은 현금지출이 발생하였다. (주)안성기술이 취득한 토지와 기계장치의 최초 취득원가는 각각 얼마인가?

종 류	내 역	금 액
토 지	매입가액	200,000,000
	소유권 이전을 위한 취득세, 지방교육세 등	6,800,000
	인지세	150,000
	법무사수수료	300,000
	부동산중개료	1,500,000
기계장치	매입가액	35,000,000
	운송비	2,000,000
	운송기간 보험료	500,000
	설치비	300,000
	시운전비	150,000
	설치 후 작동기간 보험료	600,000

실제 기업 사례 문제

1. 다음은 (주)동원F&B의 2022년 말 재무상태표 중 비유동자산에 관한 부분이다. 재무제표 주석을 참조하여 아래 물음에 답하시오.

재무상태표

제 23 기 2022.12.31. 현재
제 22 기 2021.12.31. 현재

(단위: 원)

	2022.12.31.	2021.12.31.
자 산		
비유동자산	846,311,944,267	895,449,691,272
장기금융예치금	5,000,000	5,500,000
당기손익-공정가치 측정 금융자산	11,349,774,638	10,571,096,468
기타포괄손익-공정가치 측정 금융자산	976,040,683	9,768,484,951
장기기타채권	7,673,187,965	8,510,930,899
종속기업투자	237,985,770,370	288,341,660,370
투자부동산	131,147,446,637	114,382,660,136
유형자산	429,838,084,161	437,940,234,105
무형자산	11,391,097,745	11,899,152,850
사용권자산	5,656,965,866	8,361,681,816
확정급여자산	10,288,576,202	5,668,289,677

1) 기타포괄손익-공정가치 측정 금융자산은 지분증권 또는 채무증권 중 무엇으로 구성되어 있는지 확인해 보시오.
2) 장기기타채권의 구성요소는 무엇인가?
3) 종속기업투자에 포함된 종속기업은 어떤 회사들로 구성되어 있는가?
4) 투자부동산을 구성하는 요소는 무엇이고, 투자부동산을 이용하여 손익을 인식한 내역은 무엇인가?

5) 유형자산은 구체적으로 무엇으로 구성되어 있고, 감가상각방법과 내용연수는 얼마인가?
6) 무형자산은 구체적으로 무엇으로 구성되어 있고, 상각방법과 내용연수는 얼마인가?

2. 다음은 (주)제주항공의 2022년 말 재무상태표 중 비유동자산에 관한 부분이다. 재무제표 주석을 참조하여 아래 물음에 답하시오.

재무상태표

제 18 기 2022.12.31. 현재
제 17 기 2021.12.31. 현재

(단위: 원)

	2022.12.31.	2021.12.31.
자 산		
비유동자산	1,102,089,138,394	872,901,708,305
장기금융자산	10,499,732,091	4,272,446,007
장기매출채권 및 수취채권	38,063,624,597	20,550,085,801
종속기업투자자산	74,700,000,000	69,135,000,000
유형자산	415,447,962,613	237,086,198,645
무형자산	23,256,689,991	32,030,358,592
사용권자산	285,228,532,180	290,508,450,483
이연법인세자산	253,312,596,922	213,053,568,777
기타비유동자산	1,580,000,000	6,265,600,000

1) 장기금융자산은 무엇으로 구성되어 있는가?
2) 장기매출채권 및 수취채권의 구체적인 내역은 무엇인가?
3) 종속기업투자자산에 속하는 종속기업은 어떤 회사로 구성되는가?
4) 유형자산은 구체적으로 무엇으로 구성되어 있고, 감가상각방법과 내용연수가 얼마인지 답해 보시오.
5) 무형자산은 구체적으로 무엇으로 구성되어 있고, 상각방법과 내용연수가 얼마인지 답해 보시오.
6) 2022년도에 장부금액이 증가한 무형자산은 무엇인가?

제9장

유동부채

박태준과 POSCO-우향우 정신

1927년 경남 기장의 작은 어촌에서 태어난 박태준은 7세에 아버지가 일하고 있던 일본으로 이주하였다. 일본에서 초, 중학교를 거쳐 1945년 와세다대학교 공대에 입학하였다. 해방 후 온 가족이 귀국하였지만 원하던 학업을 이어갈 수 없었던 박태준은 1948년 경비사관학교(현 육군사관학교) 6기로 입교하여 군인으로서 새로운 출발을 시작하였다. 한국전쟁 발발 당시 포천 1연대에서 근무하던 박태준 대위는 종전 때까지 최전방과 후방을 누비며 무공훈장을 세 번이나 받고 중령으로 진급하였다.

박태준은 박정희 대통령과 사관생도와 교관의 관계로 처음 만났고, 이후 부산군수기지 사령관과 인사참모부장의 돈독한 관계로 이어졌다. 박태준은 군 내부의 비리 척결에 앞장섰고 청탁을 철저히 거부했다. 박정희 대통령의 요청으로 1964년 당시 최대 수출기업인 대한중석 사장으로 취임한 후, 청탁을 근절하고 종업원의 후생복지를 개선했으며 간부들의 현장 경영을 독려하여 취임 1년 만에 적자기업을 흑자기업으로 전환하였다.

종합제철소 건설을 추진하던 박정희 대통령은 1967년 박태준을 사업추진위원장으로 임명하였다. 박태준은 제철소 부지를 매입하고, 주민들을 어렵게 설득하여 이주시켰으나 건설자금을 대기로 했던 국제차관단은 한국의 제철소 건립은 경제적 타당성이 희박하다며 지원을 거절하였다. 박태준은 이에 절망하지 않고 당시 일본과의 국교협상에서 받기로 한 배상금 1억 달러를 제철소 건립에 투자하자는 의견을 제시하여 우여곡절 끝에 종합제철소 건설을 시작하였다. 박태준은 직원들에게 제철소 건설사업은 조상의 피의 대가로 추진된 것이므로 실패할 경우 우향우하여 동해바다에 몸을 던질 각오로 일하자고 역설하였다. 부정한 청탁을 거부하고, 부실시공은 과감히 부수고 재시공하였으며 공사기간 단축을 위해 현장에서 공사를 진두지휘하였다.

1973년 드디어 포항제철(현 포스코) 제1기 설비가 완공되었고, 가동 첫해 1,200만 달러의 흑자를 달성하는 기적을 연출하였다. 25년간 제철사업에 투신하여 포항제철 1~4기의 준공에 이어 광양 제2제철소 1~4기를 완성하였으며 1986년에는 포항공대를 설립하였다. 군 장교로서 조국을 위해 전장을 누볐고, 기업인으로 포스코의 건설과 성장에 전력을 다하였으며 평생을 청렴하게 살아온 박태준은 2011년 타계하였다.

참고문헌: 세계 최고의 철강인 박태준(이대환, 2007, 현암사), 박태준처럼(이경윤, 2013, FKI미디어)

부채는 과거 사건의 결과 경제적 효익이 있는 자원이 유출됨으로써 이행될 것으로 예상되는 현재의무이다. 미래 현금의 지급, 재화의 공급, 용역의 제공 등 의무가 이행되는 시기가 주로 재무제표 작성일 기준으로 1년 이내에 도래하면 **유동부채**(current liabilities)이고 그 이외의 부채는 **비유동부채**(non-current liabilities)이다.

본 장에서는 〈표 9.1〉의 (주)한국철강 재무상태표를 토대로 하여 유동부채

표 9.1 (주)한국철강의 재무상태표–부채 부분

제 15 기 2022.12.31. 현재
제 14 기 2021.12.31. 현재

한국철강 주식회사 (단위: 원)

	제 15 기	제 14 기
부 채		
Ⅰ. 유동부채	129,583,963,953	166,234,467,031
(1) 매입채무	40,642,900,202	119,088,845,016
(2) 기타지급채무	56,048,428,858	21,043,215,530
(3) 차입금		
(4) 당기법인세부채	17,407,950,372	20,767,496,845
(5) 기타금융부채	64,873,554	44,143,641
(6) 기타부채	15,419,810,967	5,290,765,999
Ⅱ. 비유동부채	18,151,263,544	20,284,540,003
(1) 종업원급여부채	1,882,487,411	2,230,192,006
(2) 순확정급여부채		4,709,751,338
(3) 이연법인세부채	16,237,434,703	12,726,627,119
(4) 기타지급채무		576,000,000
(5) 기타금융부채	31,341,430	41,969,540
부채총계	147,735,227,497	186,519,007,034

의 주요 계정을 살펴보며 비유동부채는 다음 장에서 논의한다.

9.1 매입채무

매입채무(trade payables)는 기업의 향후 매출과 직접 관련되는 원재료나 상품의 외상구입에서 발생한 미래 현금 지급의 의무를 말한다. 매입채무는 거래 시 상대방에게 현금의 지급 시기와 금액을 명시한 약속어음을 발행한 경우는 **지급어음**(note payable) 계정을 사용하고, 약속어음을 발행하지 않고 신용거래가 이루어진 경우에는 **외상매입금**(accounts payable) 계정을 사용한다.

약속어음의 발행을 위해서 기업은 은행에 당좌예금을 개설하고 어음용지를 수령해야 한다. 최근에는 총자산 10억 이상인 주식회사는 약속어음을 전자어음의 형태로만 발행해야 하기 때문에 실물 약속어음의 사용은 감소하고 전자어음의 사용은 증가하는 추세를 보이고 있다.[1)]

전자어음이란?

전자어음은 약속어음의 실물 없이 인터넷뱅킹을 통해서 발행, 수취, 배서, 지급이 이루어지는 어음으로 총자산 10억 이상인 주식회사는 약속어음을 전자어음의 형태로만 발행해야 한다. 전자어음은 어음의 분실, 위조를 방지하고, 발행과 관리가 편리하기 때문에 어음 보관 및 관리비용을 줄일 수 있는 장점이 있다. 전자어음을 이용하기 위해서는 은행에 당좌예금 계좌가 있고 인터넷뱅킹과 공인인증서를 사용해야 한다.

전자어음의 만기는 발행일로부터 1년을 초과할 수 없고, 배서횟수는 20회로 제한된다. 여기서, **배서**란 어음의 만기일 전에 보유한 어음을 타인에게 양도하는 것을 말한다. 한편, 어음의 **추심**(推尋, collection)이란 은행이 어음 소지인의 의뢰를 받아 어음 지급인(발행인)에게 제시하여 대금을 받아주는 것을 말하는데 은행은 추심수수료를 제외한 금액을 어음 소지인에게 입금한다.

약속어음은 발행 목적에 따라 진성어음과 융통어음으로 나뉜다. 재화나 용역을 외상으로 구입하고 약속어음을 발행한 경우, 이를 **진성어음**이라고 부르며 지급어음 계정에 기록한다. 이와는 달리, 오로지 자금을 조달할 목적으로 금융기관에 약속어음을 발행하는 경우도 있다. 이러한 약속어음을 **융통어음** 또는 **기업어음**이라고 하며 일반적으로 만기가 1년 이내인 경우가 대부분이므로 **단기차입금** 계정에 기록한다.

9.2 금융부채-미지급금, 미지급비용

금융부채(financial liabilities)는 일반적으로 거래 상대방에게 미래 현금을 지급할 계약상의 의무를 말하는 것으로 매입채무, 미지급금, 미지급비용, 미지급배당금, 차입금, 회사채 등이 포함된다. 금융부채를 재무상태표 상에 표시하는 방법은 정해져 있지 않고 다양한데 주로 매입채무, 차입금, 사채, 기타금융부채 등으로 나타낸다.

미지급금(accrued payables)은 외상거래의 결과로 미래 현금을 지급할 의무가 발생한다는 점에서 매입채무와 유사한 성격을 갖는다. 그러나 매입채무가 기업의 향후 매출과 직접 관련이 있는 원재료나 상품의 외상매입에서 발생하는 반면, 미지급금은 기업의 향후 매출과는 직접적으로 관련이 없는 기계, 비품, 차량, 소모품 등의 외상매입에서 발생한다는 점에서 차이가 있다.

미지급비용(accrued expenses)은 미수수익의 반대 개념으로 회계기간 말 결산수정분개를 통해 인식하는 부채로서 기간의 경과로 비용이 발생했지만 아직 현금을 지급하지 않은 경우에 발생한다. 미지급비용의 대표적 예로는 미지급이

1) 2021년 실물 약속어음의 일평균 사용량은 2.4조원으로 전년 대비 3.2% 감소하였고, 전자어음의 일평균 사용량은 3.9조원으로 전년 대비 70.2%가 증가하였다(2021년중 지급결제동향, 한국은행).

자, 미지급임차료 등이 있다. 미지급금은 회계기간 중 외상 거래의 결과로 발생하는 반면, 미지급비용은 기간의 경과에 따라 회계기간 말 수정분개로 발생한다는 점에서 차이가 있다.

예수보증금(deposits received)은 다른 사람 및 기업과 체결한 계약에 따라 보증, 계약이행을 목적으로 일정액을 미리 받은 것으로, 계약이행 또는 계약만료 후 반환할 계약상 의무가 있기 때문에 금융부채에 해당한다. 예수보증금의 예로는 임대보증금, 대리점보증금, 보증금 등이 있다.

미지급배당금(dividends payable)은 기업이 주주총회를 통해 배당을 결의하였으나 아직 주주에게 배당금을 지급하지 않은 경우에 발생하는 부채이다.

〈예시 9.1〉은 (주)한국철강이 2022년 재무제표 주석에 공시한 기타지급채무의 상세 내역이다. (주)한국철강은 기타지급채무 중 유동부채에 해당하는 미지급금, 미지급비용, 미지급배당금 및 보증금과 같은 금융부채를 포함하고 있다.

〈예시 9.1〉 (주)한국철강의 2022년 재무제표 주석 공시–기타지급채무

18. 기타지급채무 :

기타지급채무의 세부내역(단위: 천원)

구 분	2022.12.31.	2021.12.31.
유동부채		
미지급금	54,107,850	19,698,653
미지급비용	1,341,067	1,308,454
미지급배당금	10,012	9,109
보증금	589,500	27,000
소 계	56,048,429	21,043,216
비유동부채		
보증금	–	576,000
소 계	–	576,000
합 계	56,048,429	21,619,216

9.3 기타부채-선수금, 선수수익, 예수금

금융부채에 해당되지 않으나 경제적 효익이 있는 자원이 유출된다는 점에서 성격이 유사한 비금융부채를 기타부채로 분류한다. 기타부채의 대표적 예로서 선수금, 선수수익, 예수금 등이 있다. 〈예시 9.2〉은 (주)한국철강이 2022년 재무제표 주석에 공시한 기타부채의 상세 내역으로 선수금, 예수금 및 부가가치세예수금(부가세예수금)을 기타부채에 포함하고 있다.

〈예시 9.2〉 **(주)한국철강의 2022년 재무제표 주석 공시-기타부채**

20. 기타부채 :
기타부채의 세부내역(단위: 천원)

구 분	2022.12.31.	2021.12.31.
선수금	7,345,802	679,110
예수금	711,918	567,632
부가가치세예수금	7,362,091	4,044,024
계	15,419,811	5,290,766

선수금(customer advences)은 재화의 판매, 공사 등의 용역 제공 시에 거래 상대방으로부터 실제 판매나 공사 용역을 제공하는 시점 이전에 지급받은 금액을 의미한다. 아직 수익 인식을 위한 실제 판매나 공사 용역의 제공이 이루어지지 않았으므로 기업이 받은 금액은 선수금이라는 부채로 인식한다. 선수금은 현금을 받은 기업의 입장에서는 현금 수취로 인한 유동성 개선의 장점은 있지만 선수금이라는 부채의 증가로 인해 부채비율은 증가한다.

선수수익(unearned revenues)은 선급비용의 반대 개념으로 다른 기업으로부터 일정 기간 동안의 서비스를 제공해 주는 대가로 현금을 미리 받았으나 아직 그 기간이 경과하지 않고 남아있는 경우 인식하는 부채로, 시간이 지남에 따라 회계기간 말 결산수정분개를 통하여 선수수익(부채)을 줄이고, 수익을 인식한다. 선수수익의 예로는 선수이자, 선수임대수익 등이 있다.

다음의 예제를 통해서 선수수익의 분개를 살펴본다.

예제 9.1

(주)의정부전자는 거래처인 (주)구미산업과 창고 임대계약을 체결하고 자사 소유의 창고를 (주)구미산업에 임대하였다. 임대기간은 20×1년 5월 1일부터 20×2년 4월 30일까지 1년간이며 (주)의정부전자는 20×1년 5월 1일에 2개월 치 임대료에 해당하는 1,200,000원을 현금으로 수령하였다. (주)의정부전자가 5월에 창고 임대와 관련하여 필요한 분개를 하시오.

〈해답〉

날 짜	차 변		대 변	
20×1.5.1.	현 금	1,200,000	선수임대수익	1,200,000
20×1.5.31.	선수임대수익	600,000	임대수익	600,000

위의 방법과는 달리 현금 수취시점에 총 수령액을 임대수익으로 인식하고, 회계기간 말에 임대수익을 줄이고, 선수임대수익을 인식하는 다음의 방법도 가능하다.

날 짜	차 변		대 변	
20×1.5.1.	현 금	1,200,000	임대수익	1,200,000
20×1.5.31.	임대수익	600,000	선수임대수익	600,000

예수금(withholding taxes payable)은 법, 규정 등으로 인해 관련 기관을 대신하여 종업원이나 고객 등으로부터 보험료, 연금, 소득세, 부가가치세 등을 징수했으나 회계기간 말 현재 관련된 기관에 해당 금액을 지급하지 않은 금액을 의미한다. 예수금의 예로는 소득세예수금, 부가세예수금, 국민연금예수금, 건강보험예수금 등을 들 수 있다.

부가세예수금의 경우, 기업은 재화를 판매한 시점 또는 용역을 제공한 시점에 거래 상대방으로부터 판매금액의 10%에 해당하는 금액을 부가가치세로 판매가격에 포함하여 함께 수취하고, 추후 징수하였던 부가가치세를 세무서에 신고하고 해당 금액을 납부하게 된다.

다음의 부가가치세 예제를 통해 예수금의 회계처리를 살펴본다.

예제 9.2

(주)파주유통은 거래처인 (주)시흥물산에 20×1년 6월 1일 판매가격이 1,000,000원인 소모품을 판매하고 상품 판매가격에 부가가치세 100,000원을 합한 1,100,000원을 수취하였다. 20×1년 7월 10일 징수한 부가가치세를 세무서에 신고하고 납부하였다. (주)파주유통의 예수금 관련 분개를 하시오. (주)파주유통은 실지재고조사법을 사용한다.

〈해답〉

날 짜	차 변		대 변	
20×1.6.1.	현 금	1,100,000	매 출 부가세예수금	1,000,000 100,000
20×1.7.10.	부가세예수금	100,000	현 금	100,000

위의 예제에서 볼 수 있듯이 기업이 판매가격이 1,000,000원인 상품을 판매한다면 거래상대방으로부터 판매가격에 부가가치세를 합한 1,100,000원을 수령하게 된다. 이때 상품 판매로 인식하게 되는 수익, 즉 매출금액은 수취한 총액인 1,100,000원이 아니고 상품의 판매가격인 1,000,000원이 된다. 그리고 부가가치세로서 수취한 100,000원은 수익이 아닌 부가세예수금이라는 부채로 인식한다.

상기 거래에서 (주)시흥물산의 소모품 구입은 어떻게 회계처리 할 것인가? (주)시흥물산은 소모품의 구입금액 1,000,000원에 100,000원의 부가가치세를 더한 1,100,000원을 지급했다. 여기서 소모품의 금액에 더하여 지불한 부가가치세는 별도로 부가세대급금이라는 자산 계정으로 인식한다.

(주)시흥물산의 소모품 구입 시 지불한 부가세에 대한 분개는 다음과 같다.

날 짜	차 변		대 변	
20×1.6.1.	소모품 부가세대급금	1,000,000 100,000	현 금	1,100,000

기업은 정기적으로 부가가치세를 신고하고 납부하는데, 기업이 최종적으로 납부하게 되는 금액은 타 기업 또는 고객으로부터 수령한 부가세예수금(매출세액)으로부터 타 기업에 지급한 부가세대급금(매입세액)을 차감한 금액이 된다. 따라서 위에서 (주)시흥물산이 인식한 부가세대급금 100,000원은 추후 부가가치세 신고 시에 납부세액을 줄이는 역할을 하므로 유동자산에 해당한다.

9.4 당기법인세부채(미지급법인세)

당기법인세부채(또는 **미지급법인세**, income tax payable)는 기업이 회계기간 말 현재 미래 납부해야 할 법인세액을 부채로 인식한 것이다. 법인세법에서는 법인세를 사업연도가 시작하고 6개월이 지난 후에 1차로 중간예납하고, 사업연도가 종료한 후에 당기의 법인세액을 확정하여 아직 납부되지 않은 법인세를 3개월 이내에 납부하도록 규정하고 있다.

이에 따라 기업은 사업연도 말 결산시점에 당기의 법인세액을 확정하고 기납부한 법인세 중간예납액 등을 차감한 금액을 재무상태표에 당기법인세부채로 표시한다. 만약 이미 납부한 중간예납액 등이 확정된 당기의 법인세액보다 큰 경우에는 그 차이를 추후에 환급받게 되는데 이를 재무상태표 상에 **당기법인세자산**(또는 **미수법인세환급액**, income tax receivable)으로 표기한다.

9.5 단기차입금

차입금은 금융기관 등으로부터 차입한 금액을 말한다. 최초 발생 시 만기가 1년 이내인 차입금은 **단기차입금**(short-term debt)이고, 만기가 1년 넘는 차입금은 **장기차입금**(long-term debt)이 된다.

최초 발생 시 장기차입금으로 인식했으나 시간이 경과함에 따라 재무제표 작성일 기준으로 1년 이내에 만기가 도래하면 어떻게 해야 할까? 애초 장기차입금으로 분류되었던 금액을 **유동성장기차입금**(current portions of long-term debt)으로 대체하고, 유동부채로 분류한다.

차입금 외에 단기차입금에 포함되는 항목으로는 당좌차월, 금융기관이 상환청구권을 보유하는 어음의 할인, 융통어음의 발행 등을 들 수 있다.

당좌차월은 기업의 당좌예금 계좌에 잔고가 부족한 상태에서 은행이 당좌계좌 약정에 따라 지급 요청된 당좌수표를 결제하여 준 것이다. 따라서 기업의 입장에서 당좌차월은 은행으로부터 짧은 기간에 빌린 돈에 해당하므로 단기차입금이 된다. 〈예시 9.3〉은 (주)POSCO홀딩스의 2022년 단기차입금에 대한 재무제표 주석 공시로 당좌차월이 포함되어 있음을 볼 수 있다.

〈예시 9.3〉 (주)POSCO홀딩스의 2022년 연결재무제표 주석 공시-단기차입금

(1) 당기말과 전기말 현재 단기차입금의 내역은 다음과 같습니다(단위: 백만원).

구 분	차입처	차입일/발행일	만기일	이자율(%)	제55기	제54기
[단기차입금]						
당좌차월	JP Morgan 외	2022년 3월~2022년 12월	2023년 1월~2023년 12월	1.20~7.38	197,718	118,558
단기차입금	HSBC 외	2022년 1월~2022년 12월	2023년 1월~2023년 12월	0.22~18.20	6,635,402	4,991,86
소 계					6,833,120	5,110,424
[유동성장기부채]						
유동성장기차입금	한국수출입은행 외	2004년 11월~2022년 10월	2023년 2월~2023년 12월	0.75~16.50	2,302,592	992,154
유동성사채	Merrill lynch 외	2013년 10월~2021년 9월	2023년 1월~2023년 10월	1.44~5.99	2,782,049	2,731,321
차감: 사채할인발행차금					(1,767)	(3,832)
소 계					5,082,874	3,719,643
합 계					11,915,994	8,830,067

앞서 제7장 유동자산에서 타 기업이 발행한 약속어음을 수취하고 만기일 전에 금융기관에 매각하는 경우에 어음매수인이 추후 어음양도인에게 상환청구권을 갖는 경우와 상환청구권을 갖지 않는 경우로 구분된다고 설명하였다.

어음양수인이 상환청구권을 갖고 있다면 어음양도인은 사실상 어음을 양도하는 것이 아니라 어음을 담보로 제공하고 현금을 차입한 것으로 보아야 할 것이다. 왜냐하면 양도한 어음과 관련한 책임과 의무가 어음양도인에게 여전히 남아있기 때문이다.

따라서 상환청구권이 있는 조건으로 어음을 양도하는 경우는 이를 어음을 담보로 한 차입거래로 보고 양도시점에 어음을 제거하지 않고 매각의 대가로 수령하는 현금을 어음을 담보로 한 차입금으로 간주하여 단기차입금을 인식한다. 이후 어음양수인이 어음 발행인으로부터 현금을 지급받는 시점에 어음양도인은 해당 어음과 어음 양도 시에 인식했던 단기차입금을 제거하게 된다.

반면, 어음양수인이 상환청구권을 갖고 있지 않으며, 양도된 어음과 관련된 책임과 의무가 어음양도인에게 남아있지 않다면 어음양도인은 이를 매각거래로 간주하고 어음 양도시점에 해당 어음을 제거한다.

어음의 할인과 관련된 구체적인 예제는 다음과 같다.

예제 9.3

(주)광명전자는 20×1년 1월 2일에 거래처인 (주)진주산업에 용역을 제공하고 용역 제공의 대가로 액면금액이 1,000,000원이며, 만기 3개월인 무이자 약속어음을 수령하였다. (주)광명전자는 20×1년 2월 1일에 해당 어음을 거래 은행에 950,000원에 매각하였다. 이후 어음의 지급인인 (주)진주산업은 어음의 만기일인 2021년 4월 2일에 상기 금액을 지급하였다.

(1) 상환청구권이 존재하는 경우에 상기 거래를 분개하시오.

〈해답〉

날 짜	차 변		대 변	
20×1.1.2.	받을어음	1,000,000	용역매출	1,000,000
20×1.2.1.	현 금 이자비용	950,000 50,000	단기차입금	1,000,000

어음을 담보로 한 차입 거래에 해당하므로 어음을 제거하지 않고 부채 계정인 단기차입금을 인식한다. 금융기관 등에 어음을 양도하는 경우에는 잔여기간에 대한 이자를 제외한 금액을 수령하게 되며 이 경우 수령에서 제외되는 금액은 해당 기간의 이자비용으로 인식한다.
어음이 만기에 지급되면 비로소 받을어음과 단기차입금을 제거한다.

날 짜	차 변		대 변	
20×1.4.2.	단기차입금	1,000,000	받을어음	1,000,000

(2) 상환청구권이 존재하지 않고 어음양도인에게 책임과 의무가 남아있지 않은 경우에 상기 거래를 분개하시오.

〈해답〉

날 짜	차 변		대 변	
20×1.1.2.	받을어음	1,000,000	용역매출	1,000,000
20×1.2.1.	현 금	950,000	받을어음	1,000,000
	매출채권처분손실	50,000		

어음 매각거래에 해당하므로 어음을 제거한다. 상환청구권이 존재하는 경우와 마찬가지로 금융기관 등에 어음을 매각하는 경우에는 잔여기간에 대한 이자를 제외한 금액을 수령하게 되며 이 경우 수령에서 제외되는 금액은 매출채권처분손실로 인식한다.

〈예시 9.4〉는 (주)현대모비스가 2022년 재무제표 주석에 공시한 단기차입금 내역이다. (주)현대모비스는 매출채권을 할인(양도)했으나 양수인에게 상환청구권이 있기 때문에 매출채권 할인액을 단기차입금에 포함하고 있다.

〈예시 9.4〉 (주)현대모비스의 2022년 재무제표 주석 공시–단기차입금

당기말과 전기말 현재 단기차입금의 내역은 다음과 같습니다. (단위: 백만원)

구 분	차입처	연이자율(%)	당기말	전기말
매출채권할인	신한은행 외	3M LIBOR+0.3 외	1,052,232	1,130,908

앞서 **9.1 매입채무**에서 자금 조달을 목적으로 발행한 약속어음을 융통어음 또는 기업어음이라고 설명하였다. 융통어음은 대부분 만기가 1년 이내이므로 재무상태표 상에는 단기차입금에 포함된다. 〈예시 9.5〉는 (주)롯데쇼핑이 2022년 연결재무제표 주석에 공시한 단기차입금 내역으로 기업어음이 단기차입금에 포함되어 있음을 볼 수 있다.

〈예시 9.5〉 (주)롯데쇼핑의 2022년 재무제표 주석 공시–단기차입금

(2) 당기말과 전기말 현재 단기차입금의 내역은 다음과 같습니다(단위: 천원).

차입처	내 역	연 이자율(%)	제 53(당) 기	제 52(전) 기
신한은행 외	기업어음	91일 CD금리+ 0.9~6.80	245,406,990	40,000,000
산업은행 외	원화일반대출	3.77~91일 CD금리+3.51	660,667,065	25,106,277
케이에스제일차(주)외	원화일반차입금	3.19	80,000,000	483,000,000
하나은행 외	외화일반대출	2.99~JIBOR 3M+2.00	592,999,164	785,025,564
롯데물산	외화일반차입금	-	-	59,667,525
합 계			1,579,073,219	1,392,799,366

기업이 자금이 필요한 경우에는 일반적으로 은행에서 차입을 하거나 회사채 또는 주식을 발행하게 된다. 그러나 은행에서 차입하려면 은행의 대출심사를 받아야 하며 기업이 필요한 만큼의 자금을 차입한다는 보장이 없다. 회사채의 발행은 불특정 다수의 투자자를 대상으로 하기 때문에 은행 차입과는 달리 대규모 자금 조달이 가능하지만 상대적으로 절차가 복잡하며, 발행비용도 적지 않다.

일반적으로 주주는 기업이 주식을 추가로 발행하여 자금을 조달하는 것을 환영하지 않는다. 왜냐하면 주주는 기존 출자에 더해 추가로 출자하면 더 많은 위험을 부담하게 되고, 그럼에도 불구하고 기업이 주식발행으로 자금을 조달한다는 것은 기업이 회사채를 발행하여 자금을 조달할 수 없는 상황임을 의미하므로 주가가 하락하는 경우가 많기 때문이다. 또한 주주가 추가로 발행되는 주식을 인수하지 않는다면 해당 주주의 지분율이 하락하게 되는 면도 있다.

반면, 약속어음을 발행하여 자금을 조달하는 방법은 이사회의 결의 없이 대표이사의 권한으로 진행이 가능하므로 상대적으로 신속하고 발행비용도 낮다는 장점이 있어 규모가 작고 신용등급이 낮은 기업들이 선호하는 방법이다. 약속어음을 이용한 자금 조달 시에는 대체로 증권사가 약속어음을 발행 기업으로부터 인수하여 자금을 제공하고, 증권사는 인수한 어음을 다시 소액으로 나누어 기업어음이라는 금융상품으로 투자자에게 판매한다.

요 약

1. 매입채무는 기업의 향후 매출과 직접 관련이 있는 원재료나 상품 등의 외상매입의 결과로 발생한다. 매입채무 중 약속어음을 발행한 경우에는 지급어음 계정을 사용하며 약속어음 발행 없이 순수한 신용거래가 이루어진 경우에는 외상매입금 계정을 사용한다.

2. 미지급금은 외상으로 거래가 이루어지고 미래 현금을 지급할 의무가 발생한다는 면에서 매입채무와 유사하지만 기업의 향후 매출과는 직접적으로 관련이 없는 기계나 비품의 외상매입에서 발생한다는 점에서 차이가 있다.

3. 미지급비용은 회계기간 말 결산수정분개의 결과로 인식하는 부채이다. 기간의 경과로 비용이 발생했지만 아직 현금을 지급하지 않은 경우에 미지급비용을 인식하게 되며 대표적 예로 미지급이자, 미지급임차료 등이 있다.

4. 선수금은 재화의 판매, 공사 등의 용역 제공 시에 거래 상대방으로부터 실제 판매나 공사 용역을 제공하는 시점 이전에 지급받은 금액을 의미한다. 아직 수익 인식을 위한 실제 판매나 공사 용역의 제공이 이루어지지 않았으므로 기업이 받은 금액은 부채로 인식한다.

5. 선수수익은 선수이자, 선수임대료 등과 같이 미래 시점의 수익에 해당하는 금액을 미리 수취하였으나 서비스를 제공해야 하는 기간은 경과하지 않고 남아있는 경우에 인식하는 부채이다. 따라서 미래 서비스의 제공 등으로 실제 수익이 발생하는 시점에는 선수수익을 줄이고 수익을 인식하는 수정분개를 한다.

6. 예수금은 법, 규정 등으로 인하여 관련 기관을 대신하여 종업원이나 고객 등으로부터 징수한 보험료, 연금, 소득세, 부가가치세 등을 회계기간 말 현재 아직 관련 기관에 지급하지 않은 금액을 의미한다.

7. 단기차입금은 기업이 자금 조달을 목적으로 만기 1년 이내로 금융기관 등으로부터 차입한 금액을 말한다. 당좌차월이 발생한 경우 또는 만기 1년 이내의 융통어음을 발행하여 자금을 조달한 경우에도 해당 금액을 단기차입금에 포함한다. 또한 매출채권을 양도하였으나 금융기관 등의 양수인이 상환청구권을 보유한 경우에는 양수인이 현금을 회수할 때까지 매출채권은 제거하지 않고 동일한 금액을 단기차입금으로 인식한다.

O×퀴즈 아래 문장이 옳으면 ○, 틀리면 ×로 답하고 틀린 곳은 올바르게 고치시오.

1. 매입채무는 원재료나 상품 등의 외상매입과 같이 기업의 향후 매출과 직접 관련이 있는 외상거래의 결과 미래 현금을 지급할 의무를 말한다.

2. 매입채무의 발생 거래 시 상대방에게 현금 지급 시기와 금액을 명시한 약속어음을 발행한 경우에는 지급어음 계정을 사용하고, 약속어음의 발행 없이 신용거래가 이루어진 경우에는 미지급비용 계정을 사용한다.

3. 매입채무가 원재료나 상품의 구입 등과 같이 향후 매출과 직접 관련이 있는 외상거래에서 발생하는 현금의 지급의무인 반면, 미지급금은 기계나 비품의 구입 등 기업의 향후 매출과는 직접적으로 관련이 없는 외상거래에서 발생한다는 점에서 차이가 있다.

4. 선수금은 재화의 판매, 공사 등의 용역 제공 시에 거래 상대방으로부터 실제 판매나 공사 용역을 제공하는 시점 이전에 지급받은 금액을 의미한다. 아직 수익 인식을 위한 실제 판매나 공사 용역의 제공이 이루어지지 않았으므로 기업이 받은 금액은 선수금이라는 자산으로 인식한다.

5. 선수수익은 미래 시점의 수익에 해당하는 금액을 미리 수취하였으나 서비스를 제공하는 기간은 경과하지 않고 남아있는 경우에 인식하는 부채이다. 미래 서비스 제공 등으로 실제 수익이 발생하는 시점에는 선수수익을 줄이는 동시에 수익을 인식한다.

6. 예수금은 법, 규정 등으로 인하여 관련 기관을 대신하여 종업원이나 고객 등으로부터 보험료, 연금, 소득세, 부가가치세 등을 징수하였으나 결산일 현재 관련된 기관에 해당 금액을 지급하지 않은 금액을 의미하며 이후 기관에 납부하는 시점까지 유동자산으로 분류한다.

7. 매출채권의 할인은 상환청구권의 존재 여부와 무관하게 매출채권을 담보로 하여 자금을 차입한 것으로 보기 때문에 할인을 통하여 수령하게 되는 금액은 단기차입금에 해당한다.

8. 단기차입금은 기업이 자금 조달을 목적으로 만기 1년 이내로 금융기관 등에서 차입한 금액이다. 기업이 은행과 당좌차월 계약을 체결한 후 실제로 당좌차월이 발생한 경우 해당 금액은 단기차입금에 포함된다.

9. 사업연도 말 결산시점에 당기의 법인세액을 확정하고 이미 납부한 법인세 중간예납액 등을 차감한 금액을 재무상태표 상에 당기법인세부채로 표기한다.

10. 재화나 용역을 외상으로 구입하고 발생한 약속어음을 진성어음이라 하고, 자금 조달을 목적으로 발행한 약속어음을 융통어음이라 한다. 진성어음과 융통어음은 모두 지급어음 계정에 기록한다.

11. 최초 발생 시에 장기차입금으로 인식한 경우에는 만기까지 비유동부채로 구분하고 유동부채로 재분류하지 않는다.

제9장 객관식 문제

1. (주)한국은 20×1년 직원들에게 ₩1,000의 급여를 현금 지급하였다. 20×1년 초 미지급급여가 ₩200, 20×1년 말 미지급급여가 ₩700이면 당기에 발생한 급여는? 〈지방직 9급, 2021〉

① ₩1,000　② ₩1,200　③ ₩1,500　④ ₩1,700

2. 다음은 20×3년 12월 31일 현재 (주)한국의 차입금 관련 내역이다. (주)한국의 20×3년도 말 재무상태표에 유동부채로 보고되어야 할 금액은? 〈경영지도사, 2022〉

차입일	상환일	금 액	차입일의 계정분류
20×1년 12월 31일	20×5년 12월 31일	₩40,000	장기차입금
20×2년 2월 1일	20×4년 1월 31일	₩60,000	장기차입금
20×2년 6월 1일	20×4년 12월 31일	₩50,000	장기차입금
20×3년 5월 1일	20×4년 4월 30일	₩3,000	단기차입금

① ₩50,000　② ₩110,000
③ ₩113,000　④ ₩115,000
⑤ ₩153,000

3. 다음 중 금융부채로 분류할 수 없는 것은? 〈경영지도사, 2022〉

① 미지급비용　② 선수수익
③ 장기차입금　④ 미지급금
⑤ 매입채무

4. 다음 중 유동부채로 분류되는 것을 모두 고른 것은? 〈경영지도사, 2020〉

ㄱ. 정상영업주기 내에 결제될 것으로 예상하고 있다.
ㄴ. 주로 단기매매 목적으로 보유하고 있다.
ㄷ. 보고기간 후 12개월 이내에 결제하기로 되어 있다.
ㄹ. 보고기간 후 12개월 이상 부채의 결제를 연기할 수 있는 무조건의 권리를 가지고 있다.

① ㄱ, ㄷ ② ㄴ, ㄹ
③ ㄷ, ㄹ ④ ㄱ, ㄴ, ㄷ
⑤ ㄱ, ㄴ, ㄷ, ㄹ

5. 다음 중 금융부채에 속하는 것을 모두 고른 것은? 〈주택관리사보, 2016〉

ㄱ. 매입채무 ㄴ. 선수금 ㄷ. 사채 ㄹ. 소득세예수금 ㅁ. 미지급법인세

① ㄱ, ㄴ ② ㄱ, ㄷ
③ ㄱ, ㄹ, ㅁ ④ ㄴ, ㄷ, ㄹ
⑤ ㄴ, ㄷ, ㅁ

제9장 주관식 문제

1. 다음은 자산의 계정과목에 대응되는 의미가 반대인 부채의 계정과목을 나열한 표이다. 예를 들어 매출채권-외상매출금에 대응되는 부채는 매입채무-외상매입금이다. 빈 칸에 들어 갈 나머지 부채의 계정과목을 적으시오.

자 산	부 채
매출채권-외상매출금	매입채무-외상매입금
매출채권-받을어음	
미수금	
미수수익	
선급금	
선급비용	
부가세대급금	

2. 아래 표는 어음과 관련된 용어를 설명한 것이다. ①~⑤에 들어갈 용어를 채우시오.

용 어	설 명
배서	타인이 발행한 약속어음을 수취한 후 만기 전에 약속어음의 뒷면에 이름과 서명을 기재함으로써 약속어음을 타인에게 양도하는 것
①	약속어음의 실물 없이 인터넷뱅킹을 통해서 발행, 수취, 배서, 지급 등이 이루어지는 어음
②	은행이 어음 소지인의 의뢰를 받아 어음 지급인(발행인)에게 제시하여 대금을 받아주는 것
③	재화나 용역을 외상으로 구입할 때 발행하는 약속어음
④	오로지 자금을 조달할 목적으로 금융기관에 발행하는 약속어음
⑤	어음의 만기일 전에 금융기관에게 양도하고 수수료를 차감한 금액을 현금으로 수령하는 것

3. (주)구리전선은 거래처인 (주)포천양조와 건물 임대 계약을 체결하고 자사 소유 건물의 한 층을 임대하였다. 임대 기간은 20×1년 4월 초부터 20×3년 3월 말까지 2년간이며 (주)구리전선은 20×1년 4월 1일에 2개월 임대료에 해당하는 5,000,000원을 현금으로 전액 수령하였다. 상기 거래와 관련하여 20×1년 4월 1일, 4월 30일, 5월 31일에 (주)구리전선에게 필요한 분개를 수행하시오.

4. (주)안동주조는 20×1년 12월 31일 직원들에게 급여를 지급하면서 총 급여금액 중 직원들의 소득세에 해당하는 5,000,000원을 제외한 50,000,000원을 지급하였다. 20×2년 1월 10일 (주)안동주조는 직원 소득세 5,000,000원을 세무서에 납부하였다. (주)안동주조의 20×1년 12월 31일과 20×2년 1월 10일에 필요한 분개는 무엇인가?

5. (주)의왕유화는 20×1년 7월 1일에 거래처인 (주)하남금속에 제품을 판매하고 제품 판매 대가로 액면금액이 1,000,000원이며, 만기는 3개월인 무이자부 약속어음을 수령하였다. (주)의왕유화는 20×1년 8월 1일에 해당 어음을 거래 은행에 970,000원에 매각하였다. 이후 어음의 지급인인 (주)하남금속은 어음의 만기일인 20×1년 10월 1일에 상기 금액을 지급하였다. (주)의왕유화의 어음 매각과 관련하여 ① 상환청구권이 존재하는 경우와 ② 상환청구권이 존재하지 않고 양도인에게 책임과 의무가 남아 있지 않은 경우 각각에 대해 상기 거래를 일자별로 분개하시오.

6. 20×1년 12월 중 발생한 아래 사항을 고려할 때 (주)전북제지가 20×1년 12월 말 재무상태표 상에 단기차입금으로 표시할 금액은 얼마인가?

- 은행으로부터 만기 6개월로 23,000,000원을 대출함.
- 만기 1개월 남은 받을어음 4,500,000원을 은행에 상환청구권이 있는 조건으로 할인함.
- 만기 2개월 남은 외상매출금 8,300,000원을 대부업체에 상환청구권이 없고 양도인에게 책임과 의무가 없는 조건으로 양도함.
- 12월 말 당좌차월 잔액 2,500,000원

7. 다음은 20×1년 12월 말 (주)세종의 총계정원장에 있는 유동부채의 계정과목과 잔액을 나타낸 것이다. 아래의 물음에 답하시오.

계정과목	잔 액	계정과목	잔 액
매입채무	2,643,000	단기차입금	3,610,000
유동성장기차입금	170,000	선수금	293,000
당기법인세부채	264,000	미지급비용	43,000
미지급금	58,000	선수수익	84,000
예수보증금	290,000	부가세예수금	342,000

1) 향후 매출과는 직접적으로 관련이 없는 외상매입에서 발생한 것으로 장래에 현금을 지급할 의무에 해당하는 것은 무엇인가?
2) 고객이 일정 기간 동안의 서비스에 대한 대가는 미리 지불하였으나 회계기간 말 현재 아직 그 기간이 경과하지 않아 부채로 인식하는 것에 해당하는 것은 무엇인가?
3) 다른 기업과 체결한 계약에 따라 계약이행을 목적으로 일정액을 미리 받은 것으로서 계약이행 또는 계약만료 후 반환할 계약상 의무에 해당하는 것은?
4) 고객으로부터 징수한 부가가치세를 회계기간 말 현재 국세청에 아직 지급하지 않았기 때문에 인식한 부채에 해당하는 것은?
5) 회계기간 말 현재 아직 납부하지 않은 법인세를 나타내는 것은?
6) 기간의 경과로 비용은 발생했으나 현금을 미처 지급하지 못했기에 인식한 부채는?
7) 고객이 재화를 구입하기 위해 미리 현금을 지급하였으나 아직 재화를 공급하지 않았기 때문에 부채로 인식하는 것은?
8) 원래 만기가 1년을 초과하는 조건으로 대출하였으나 회계기간 말 현재 만기가 1년 이내로 도래한 것에 해당하는 것은?

실제 기업 사례 문제

1. 다음은 (주)동원F&B의 2022년 말 재무상태표 중 유동부채 부분이다. 재무제표 주석을 참조하여 아래 물음에 답하시오.

재무상태표

제 23 기 2022.12.31. 현재
제 22 기 2021.12.31. 현재

(단위: 원)

	2022.12.31.	2023.12.31.
부 채		
유동부채	522,738,259,022	378,317,245,835
매입채무 및 기타채무	294,531,468,989	184,892,556,879
단기차입금	120,000,000,000	-
유동성장기차입금	30,000,000,000	35,200,000,000
유동성사채	59,952,561,338	139,916,076,633
당기법인세부채	11,410,414,101	10,612,228,098
기타유동부채	6,801,332,839	7,616,457,219
유동금융보증부채	42,481,755	79,927,006

1) 매입채무 및 기타채무는 구체적으로 어떤 항목으로 구성되어 있는가? 전기보다 증가한 이유는 무엇인가?
2) 유동성사채는 무엇을 의미하는지 설명해 보시오.
3) 당기법인세부채와 미지급법인세는 동일한 것을 의미하는지 답해 보시오.
4) 기타유동부채는 구체적으로 어떤 항목으로 구성되어 있는가? 전기보다 감소한 이유는 무엇인가?
5) (주)동원F&B가 기타유동부채에 포함된 환불부채를 계상하는 방법을 재무제표 주석을 참조하여 설명해 보시오.

2. 다음은 (주)제주항공의 2022년 말 재무상태표 중 유동부채 부분이다. 재무제표 주석을 참조하여 아래 물음에 답하시오.

재무상태표

제 18 기 2022.12.31. 현재
제 17 기 2021.12.31. 현재

(단위: 원)

	2022.12.31.	2021.12.31.
부 채		
유동부채	851,808,233,619	482,460,513,478
단기차입금	232,192,748,147	175,810,118,748
유동성리스부채	102,615,012,206	101,275,346,117
매입채무 및 기타유동채무	134,631,795,109	81,894,191,825
당기법인세부채	-	1,396,770,481
유동계약부채	215,640,828,073	33,214,842,468
기타유동부채	11,911,939,715	3,060,031,272
유동충당부채	154,815,910,369	85,809,212,567

1) 단기차입금의 차입처는 어디이고, 이자율은 몇 %인가?
2) 유동성리스부채가 발생한 이유는 무엇인가?
3) 매입채무 및 기타유동채무는 구체적으로 어떤 항목으로 구성되어 있는가? 전기보다 증가한 주된 이유는 무엇인가?
4) 당기법인세부채가 유동부채인 이유를 설명해 보시오.
5) 유동계약부채는 구체적으로 어떤 항목으로 구성되어 있는가? 전기보다 증가한 이유는 무엇인가?

제 10 장

비유동부채

최종현과 SK그룹-SK의 정신, 패기 (일과 싸워서 이기는 기질)

최종현은 1929년 경기도 수원에서 태어났다. 1950년 서울대학교 농과대학 화학과에 입학하였으나 한국전쟁으로 학업을 이어가지 못하다 부친의 제안으로 미국으로 유학을 떠났다. 시카고대학에서 경제학 석사과정을 마친 후 형의 사업을 도우라는 부친의 편지를 받고 1962년 귀국하였다. 위기에 처한 회사(선경직물)의 이사를 맡으면서 수출을 개시하고 신제품을 출시하면서 회사를 회생시켰다. 1968년에 아세테이트 공장을, 1969년에는 일본 데이진과 공동으로 폴리에스테르 원사공장을 설립하였다.

1970년 형이 폐암으로 세상을 떠나면서 선경그룹의 회장으로 추대되었다. 선경그룹은 1978년 폴리에스테르 필름을 개발하고 1980년 비디오테이프를 세계 네 번째로 개발하였다. 1973년부터 정유사업을 위해 접촉한 사우디아라비아의 실권자와는 절친한 사이가 되었고, 이러한 인맥으로 최종현은 1970년대 석유파동 때 한국에 대한 석유 수출금지를 해제하는 중요한 역할을 수행하였다. 1980년 국영이던 대한석유공사(현 SK에너지)를 인수하였고, 1984년 북예멘 마리브 광구에서 유전 개발에 성공하였다.

1992년에는 제2이동통신사업권을 큰 점수 차이로 획득하였으나 당시 노태우 대통령과 사돈이라는 이유로 특혜 시비가 일자 스스로 사업권을 포기하였다. 그 후 1994년 국영 한국이동통신(현 SK텔레콤)의 공개매각에 참여하여 인수하였고, CDMA시스템을 개발하여 1996년 상용화에 성공하였다. 최종현은 전경련 회장으로 재직하면서 1997년 금융위기가 발생하기 1년 전부터 우리 경제가 심각한 위기에 처해 있음을 주장하였다. 금융위기 직전에는 건강이 악화되어 산소호흡기를 단 채로 청와대를 방문하여 대통령께 국가위기상황이기에 긴급 조치가 필요하다고 역설하였으나 1997년 말 금융위기는 발생하고 말았고, 최종현은 그다음 해에 별세하였다.

최종현은 장학사업에 관심이 많아 1973년 MBC 장학퀴즈가 시작할 때부터 후원하기 시작하여 EBS에서 진행하는 현재까지도 이어지고 있다. 1974년에는 개인 주식 50%를 출연하여 한국고등교육재단을 설립하였고, 5년간의 유학비를 지원하는 해외유학 장학프로그램을 시작하여 지금까지도 계속하고 있다.

참고문헌: 최종현처럼(이경윤, 2013, FKI미디어), 나는 한없이 살았다(홍사중, 2002, 살림출판사)

비유동부채는 재무제표 작성일로부터 주로 1년 후 현금 지급 등의 의무를 이행해야 하는 의무이다. 비유동부채의 예로는 장기차입금, 사채, 충당부채, 순확정급여부채, 이연법인세부채 등이 있다.

10.1 화폐의 시간가치

유동부채는 현금 지급 등의 의무를 1년 이내에 이행하기 때문에 일반적으로 지급할 금액을 그대로 재무상태표 상에 표기한다.[1] 그러나 비유동부채는 의무 이행 시기가 1년을 초과하기 때문에 미래에 지급할 금액을 그대로 재무상태표 상에 표기하는 것은 적절하지 않을 수 있다.

현재의 10,000원의 가치와 1년 후의 10,000원의 가치는 동일한가? 다르다면 어떤 시기의 10,000원이 더 가치가 있는가? 현재의 10,000원을 은행에 예금하면 1년 동안 예금이자가 발생하므로 1년 후에는 적어도 10,000원보다 큰 금액이 된다. 즉, 현재의 10,000원은 투자의 기회 측면에서 1년 후의 10,000원보다 가치가 큰 것이다. 시간의 흐름과 관련하여 화폐가 갖는 이와 같은 특성을 **화폐의 시간가치**라고 한다.

현재의 10,000원을 연이자율 5% 조건으로 예금하면 1년 후의 예금 잔고는 10,000원의 원금에 5% 이자인 500원이 더해져서 10,500원이 된다.[2] 1년 후의 잔고 10,500원을 인출하지 않고 계속 예금하면 2년 후의 예금 잔고는 1년 말 시

1) 원래 비유동부채였던 장기차입금 또는 사채가 재무제표 작성일 현재 만기가 1년 이내로 도래하여 유동성장기차입금 또는 유동성사채로 대체된 경우는 미래 지급할 금액의 현재가치로 표기된다.

2) 본 내용에서는 이자수익 관련 세금 효과는 고려하지 않았다.

점 원금 10,500원에 5% 이자인 525원이 더해져서 11,025원이 될 것이다.[3)]

정리하면 현재의 10,000원을 1년 후 금액으로 평가하면 10,500원, 2년 후 금액으로 평가하면 11,025원이 된다. 따라서 현재의 10,000원은 1년 후에는 10,500원으로 평가되므로 현재의 10,000원은 1년 후의 10,000원보다 가치가 큰 것이다.

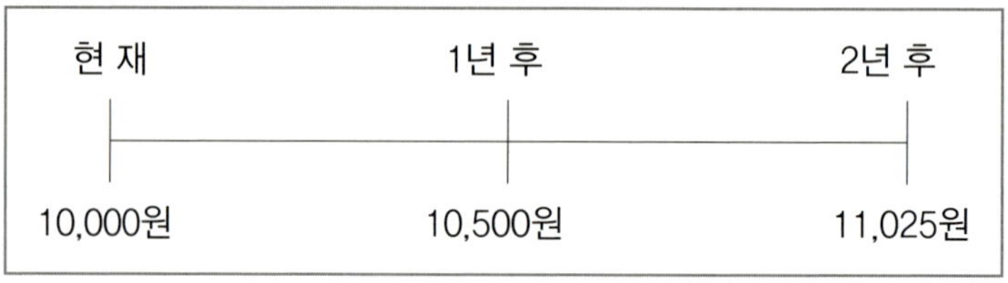

화폐의 미래가치란 현재의 화폐 금액을 현재가 아닌 미래시점에서 평가한 가치를 의미하며 다음과 같이 계산한다.

$$\text{화폐의 미래가치} = \text{화폐의 현재가치} \times (1 + \text{이자율})^{\text{기간}}$$

위의 예에서 현재 10,000원의 1년 후와 2년 후의 미래가치는 다음과 같다.

현재금액의 1년 후 미래가치:

$$10{,}000 \times (1 + 0.05) = 10{,}500\text{원}$$

현재금액의 2년 후 미래가치:

$$\underbrace{[10{,}000 \times (1 + 0.05)]}_{\text{1년 후 시점의 새로운 원금}} \times (1 + 0.05) = 10{,}000 \times (1 + 0.05)^2 = 11{,}025\text{원}$$

---

3) 이와 같이 원금에 이자를 더해서 이자를 계산하는 방법, 즉 이자에도 이자가 붙는 방법을 **복리법**(compound interest method)이라고 하고 미래 현금흐름의 할인 시에 사용한다. 이와는 달리 최초 원금에만 이자가 계산되는 방법을 **단리법**(simple interest method)이라고 한다. 위의 예시에 단리법을 적용하면 매년 최초 원금인 10,000원에 5% 이자율을 곱한 500원을 이자로 받는다.

반대로 화폐의 현재가치란 미래 시점의 화폐 금액을 현재시점에서 평가한 가치를 의미하며 다음과 같이 계산한다.

$$\text{화폐의 미래가치} = \text{화폐의 현재가치} \times (1 + \text{이자율})^{\text{기간}} \text{이므로}$$

$$\text{화폐의 현재가치} = \frac{\text{화폐의 미래가치}}{(1 + \text{이자율})^{\text{기간}}}$$

위의 예에서 1년 후 10,500원과 2년 후 11,025원의 현재가치는 다음과 같다.

1년 후 미래금액의 현재가치:

10,500 / (1 + 0.05) = 10,000원

2년 후 미래금액의 현재가치:

$\underbrace{[11{,}025 / (1 + 0.05)]}_{\text{2년 후 11,025원을 1년 후 시점으로 할인한 금액}} / (1 + 0.05) = 10{,}000 / (1 + 0.05)^2 = 10{,}000\text{원}$

위의 예와 같이 미래 시점의 금액으로부터 현재가치를 구하는 것을 **할인**이라고 하고, 할인 시에 사용되는 이자율을 **할인율**(discount rate)이라고 부른다. 다음에서 다루게 될 사채의 발행가액 계산 등에서는 투자자의 해당 기업에 대한 **기대수익률**(또는 **시장이자율**, investors' required rate of return)을 할인율로 사용한다.

10.2 회사채(사채)

기업이 자금을 외부로부터 조달하는 방법으로는 금융기관으로부터의 차입, 주식의 발행, 그리고 **회사채**(corporate bonds, 社債)의 발행 등이 있다. 금융기관으로부터의 차입은 특정 금융기관을 통하여 이루어지므로 상대적으로 소규모의 자금 조달에 그치는 반면, 사채의 발행은 기업이 불특정 다수의 투자자들을 대상으로 실시하므로 대규모의 자금 조달이 가능하다.

기업이 사채를 발행하기 위해서는 사채의 액면금액, 액면이자율, 만기일, 이자 지급방법 등을 이사회에서 결의하는 절차가 필요하다. 여기서 **액면금액**(face value)은 사채의 증서 겉면에 표기하여 발행기업이 만기일에 사채 보유자에게 지급할 것을 약정한 금액을 의미하고, **액면이자율**(stated interest rate)은 **표시이자율**이라고도 하는데 발행일 이후부터 만기일까지 발행기업이 사채보유자에게 지급하기로 약정한 연 단위 이자율을 말한다.

이사회 결의 후 사채를 다수의 투자자를 상대로 공개 모집(공모)하는 기업은 사채발행절차를 총괄할 증권회사를 주관사로 선정하고, 이후에 기업실사와 수요예측 과정을 거친다. 수요예측이란 주관사와 발행기업이 미리 협의하여 당시 발행기업에게 적용되는 이자율을 토대로 기관투자자들에게 사채의 희망이

공모사채 발행 사례–(주)이마트

(주)이마트는 2023년 7월 5일 액면금액 1,150억원의 3년 만기(매분기 이자 지급) 무보증사채를 발행하였다. 발행주관사로 3개의 증권사가 참여하였고, 2개의 신용평가회사가 사채의 신용등급을 AA0로 평가하였다. 수요예측을 위한 공모희망금리(이자율)는 청약일 1영업일 전 4개 민간채권평가회사가 제공하는 (주)이마트의 3년 만기 회사채 수익률의 산술평균에 −0.30%p.~+0.30%p.를 가산한 이자율이다.

한국금융투자협회의 K-Bond프로그램을 사용하여 수요 예측한 결과 총 44건, 6,000억원이 신청되었고, 누적 신청수량이 액면금액 1,150억원에 도달하는 −0.04%p.를 가산한 금리를 시장이자율로 결정하였다. 최종적으로 청약일 1영업일 전 4개 민간채권평가회사가 제공한 회사채 수익률의 산술평균 4.323%에 −0.04%를 가산한 4.283%을 액면이자율로 사채가 발행되었다. 한편, 사채발행비는 주관사 인수수수료(액면금액 0.15%), 발행분담금(0.07%), 신용평가수수료 등 총 321,470천원이 발생하여 액면금액 1,150억원 대비 0.280%를 차지하였다.

자율 범위를 제시하고, 발행될 사채의 인수를 희망하는 기관투자자는 자신들의 희망이자율과 희망물량을 신청하는 절차를 말한다. 주관사와 발행기업은 수요예측 결과를 바탕으로 발행될 사채에 대한 투자자들의 기대수익률(시장이자율)을 최종 결정하고, 일반적으로 기대수익률과 동일한 이자율을 발행될 사채의 액면이자율로 확정한다.

사채의 이자 지급방법은 다양한데 분기 1회가 일반적이며 이자지급일에 지급되는 이자 금액은 액면금액에 해당 기간의 액면이자율을 곱한 금액으로 결정된다.

예를 들어 (주)성원이 수요예측 과정을 거쳐 기대수익률을 5%로 결정하였고, 20×0년 12월 31일에 액면금액 10,000,000원, 만기 3년, 액면이자율 5%, 이자는 연 1회 지급하는 방법으로 사채를 발행한다면 (주)성원이 사채를 발행한 후 사채보유자에게 지급해야 할 금액은 다음과 같다.

지급일	20×1.12.31.	20×2.12.31.	20×3.12.31.
지급이자액	500,000원	500,000원	500,000원
원금상환액			10,000,000원

(주)성원이 3년에 걸쳐 매년 지급하는 이자는 500,000원(= 10,000,000원× 0.05)이며 만기일인 20×3년 12월 31일에는 마지막 이자 500,000원을 지급함과 동시에 액면금액 10,000,000원을 사채보유자에게 상환한다.

한편, (주)성원이 사채발행 이후 지급할 이자와 만기 상환액을 현재가치로 할인해보면 다음과 같다.

$$\frac{500,000}{(1+0.05)}+\frac{500,000}{(1+0.05)^2}+\frac{10,500,000}{(1+0.05)^3}$$
$$=476,190.5+453,514.7+9,070,294.8=10,000,000$$

위에서 현재가치의 계산에 사용한 할인율은 (주)성원에 대한 투자자의 기대수익률인 5%이다. (주)성원이 발행한 사채의 미래 현금지급액의 현재가치는 정확히 액면금액인 10,000,000원과 일치한다. 이러한 결과가 나온 이유는 사채의 액면이자율을 기대수익률과 동일하게 정했기 때문이다.

1) 액면발행

수요예측의 결과를 토대로 투자자의 기대수익률을 결정하고 이를 액면이자율로 확정할 경우, 발행기업은 투자자들에게 사채의 액면금액만큼을 받고 사채를 발행하게 되며 이를 **액면발행**(Issuance of bonds at par)이라고 한다. 위에서 예로 든 (주)성원이 1개의 사채를 액면발행한 것을 분개하면 다음과 같다.

날 짜	차 변		대 변	
20×0.12.31.	현 금	10,000,000	사 채	10,000,000

(주)성원이 20×1년 말과 20×2년 말에 사채보유자에게 사채의 이자로 지급하는 금액은 액면금액 10,000,000원에 액면이자율 5%를 곱한 500,000원이다. (주)성원의 이자 지급일의 분개는 다음과 같다(사채발행 이후 월말 이자비용에 대한 수정분개는 하지 않은 것으로 가정).

날 짜	차 변		대 변	
20×1.12.31.	이자비용	500,000	현 금	500,000
20×2.12.31.	이자비용	500,000	현 금	500,000

한편, (주)성원은 사채의 만기일인 20×3년 12월 31일에 마지막 이자 500,000원을 지급하고, 동시에 사채의 액면금액인 10,000,000원을 사채보유자에게 현금으로 상환한다. 만기일의 분개는 다음과 같다.

날 짜	차 변		대 변	
20×3.12.31.	이자비용 사 채	500,000 10,000,000	현 금	10,500,000

2) 할인발행

다수의 투자자를 상대로 한 사채의 공모발행은 증권회사 중 한 곳을 주관사로 선정하여 발행절차를 진행하고 기업실사도 받아야 하기 때문에 발행기업은 주관사에 주관사수수료, 평가수수료, 발행수수료 등 사채발행 수수료를 지급해야 한다.

사채 발행기업은 이러한 사채발행과 관련하여 지급하는 수수료를 즉시 비용으로 처리하지 않고, 주관사로부터 사채발행으로 수취하는 현금에서 차감하는 것으로 처리한다. 따라서 사채가 액면발행 되더라도 사채 발행기업이 주관사로부터 실제로 받는 금액은 액면금액보다 작게 된다. 사채발행 수수료 등으로 인하여 액면금액보다 작은 금액을 받고 사채를 발행하는 것을 **할인발행**(Issuance of bonds at discount)이라고 한다.

앞서 예를 든 (주)성원의 사례에서 사채 10,000,000원을 액면발행 하였으나 사채발행 수수료 등으로 81,240원을 지급해야 한다고 가정하자. (주)성원이 사채 발행으로 주관사로부터 실제로 수령하는 현금은 사채의 발행금액 10,000,000원에서 사채발행 수수료 81,240원을 차감한 9,918,760원이다. (주)성원의 사채발행일 분개는 다음과 같다.

날 짜	차 변		대 변	
20×0.12.31.	현 금	9,918,760	사 채	10,000,000
	사채할인발행차금	81,240		

(주)성원이 주관사로부터 실제로 받은 현금은 사채발행 수수료를 공제한 9,918,760원이므로 이 금액을 사채의 발행금액으로 하여 액면금액 10,000,000원, 액면이자율 5%인 사채를 할인발행한 것처럼 분개한다. 우선, 주관사로부터 받은 사채 발행금액 9,918,760원을 차변에 현금으로 기록하고, 사채의 액면금액과 발행금액과의 차이, 81,240원을 **사채할인발행차금**(discount on bonds payable)으로 차변에 기록하며 부채에 해당하는 사채는 액면금액대로 대변에 기록한다.[4)]

여기서 사채할인발행차금은 부채차감계정으로써 사채의 장부금액을 줄이는 역할을 한다. (주)성원이 사채발행일에 재무상태표를 작성할 경우 재무상태표에 표시되는 사채의 장부금액은 아래와 같이 사채의 액면금액 10,000,000원에서 사채할인발행차금 81,240원을 차감한 9,918,760원이 된다.

사 채	10,000,000원
사채할인발행차금	(81,240원)
	9,918,760원

할인발행의 경우 사채의 발행금액이 액면금액보다 작기 때문에 그 차액에 해당하는 사채할인발행차금은 발행일부터 만기일까지 사채의 실질적인 이자비용을 증가시키는 역할을 한다. 이와 같이 사채할인발행차금을 발행일에 모두 비용으로 처리하지 않고 만기까지의 기간에 걸쳐 비용으로 인식하는 것을 사채할인발행차금의 상각이라고 부른다.

사채할인발행차금의 상각을 위해서는 먼저 사채의 미래 현금지급액의 현재가치와 사채 발행금액을 일치시키는 이자율을 산출하는 것이 필요한데 이러한 이자율을 **유효이자율**(effective interest rate)이라고 한다. (주)성원의 사례에서 유효이자율(r)을 산출하면 다음과 같다.

$$\frac{500{,}000}{(1+r)} + \frac{500{,}000}{(1+r)^2} + \frac{10{,}500{,}000}{(1+r)^3} = 9{,}918{,}760$$

$$r = 0.053$$

(주)성원의 사채 발행금액 9,918,760원과 사채의 미래 현금지급액의 현재가치와 일치시키는 이자율, 즉 유효이자율은 5.3%이다.[5] 발행일 이후 만기일

4) 사채할인발행차금 계정을 사용하지 않고, 사채의 장부가를 액면금액에서 사채할인발행차금만큼 차감한 금액으로 사용하는 것도 가능하다. 사채할인발행차금을 사용하지 않을 경우, 20×0년 12월 31일 사채발행일의 분개는 다음과 같다.

(차) 현 금 9,918,760 (대) 사 채 9,918,760

까지 기간별 이자비용과 사채할인발행차금의 상각액은 유효이자율을 사용하여 산출한다. 이자비용은 아래의 상각표와 같이 사채의 기초 장부가에 유효이자율 5.3%를 곱하여 계산한다.

날 짜	사채 기초장부가 a	이자비용 b=a× 5.3%	액면이자 지급액 c=액면가×5%	할인발행차금 상각액 d=b−c	할인발행차금 미상각액 $e_t=e_{t-1}-d$	사채 기말장부가 f=a+d
20×0.12.31.					81,240	9,918,760
20×1.12.31.	9,918,760	525,694	500,000	25,694	55,546	9,944,454
20×2.12.31.	9,944,454	527,056	500,000	27,056	28,490	9,971,510
20×3.12.31.	9,971,510	528,490	500,000	28,490	0	10,000,000

먼저, 최초의 이자지급일인 20×1년 12월 31일에 (주)성원이 인식할 이자비용은 사채의 기초 장부가 9,918,760원에 유효이자율 5.3%를 곱한 525,694원이다. 그러나 당일 실제로 사채보유자에게 지급하는 이자금액은 사채 액면금액에 액면이자율 5%를 곱한 500,000원이므로 이자비용과 이자지급액의 차이인 25,694원은 사채할인발행차금 상각액이 된다.

20×1년 12월 31일의 이자비용에 대한 분개는 다음과 같다.

날 짜	차 변		대 변	
20×1.12.31.	이자비용	525,694	현 금	500,000
			사채할인발행차금	25,694

위의 20×1년 12월 31일 이자비용의 분개 후 사채할인발행차금의 잔액(또는 미상각액)은 전기 사채할인발행차금의 잔액 81,240원에서 사채할인발행 상각액 25,694원을 차감한 55,546원이고, 사채의 기말 장부금액은 기초 장부금액 9,918,760원에 사채할인발행 상각액 25,694원을 더한 9,944,454원이 된다.[6] 사

5) 마이크로소프트 엑셀(Excel)의 함수 RATE(기간수, −기간별 이자지급액, 사채 발행금액, −만기 지급액) 등을 이용하여 유효이자율을 산출할 수 있다. 사채의 할인발행과 관련하여 다수의 회계 교재 연습문제에서는 유효이자율의 계산을 요구하지 않고, 유효이자율을 미리 알려준다.

6) 사채의 액면금액 10,000,000원에 사채할인발행차금 미상각액 55,546원을 차감해도 사채의

채의 장부금액은 다른 말로 사채의 **상각후원가**(amortized cost)라고도 불린다.

동일한 방법으로 20×2년 12월 31일의 이자비용은 상각표 상의 기초 장부가 9,944,454원에 유효이자율(5.3%)을 곱한 527,056원이고 사채할인발행차금 상각액은 액면이자 지급액 500,000원과의 차액인 27,056원이다.

20×2년 12월 31일의 이자비용에 대한 분개는 다음과 같다.

날짜	차 변		대 변	
20×2.12.31.	이자비용	527,056	현 금	500,000
			사채할인발행차금	27,056

20×2년 12월 31일 이자비용의 분개 후 사채의 기말 장부금액은 기초 장부금액인 9,944,454원에 사채할인발행차금 상각액 27,056원을 더한 9,971,510원이다. 끝으로 만기일인 20×3년 12월 31일의 이자비용은 기초 장부가 9,971,510원에 유효이자율(5.3%)을 곱한 528,490원이고, 사채할인발행차금 상각액은 액면이자 지급액인 500,000원을 차감한 28,490원이다. 그리고 사채의 만기일이므로 발행기업 (주)성원은 사채보유자에게 액면금액인 10,000,000원을 현금으로 상환한다.

만기일의 이자비용과 사채상환에 대한 분개는 다음과 같다.

날짜	차 변		대 변	
20×3.12.31.	이자비용	528,490	현 금	500,000
			사채할인발행차금	28,490
	사 채	10,000,000	현 금	10,000,000

만기일에 사채할인발행차금 28,490원을 상각하고 나면 사채할인발행차금의 미상각액은 0이 된다. 결국, (주)성원은 사채의 액면금액과 발행금액의 차이, 즉 사채할인발행차금을 발행일부터 만기일까지 유효이자율을 이용하여 상각함으로써 해당 기간 이자비용을 액면이자 지급액보다 더 많이 인식한 것이다. 따라서

기말 장부금액 9,944,454원을 구할 수 있다.

(주)성원이 사채를 발행하면서 지불한 사채발행 수수료는 즉시 비용으로 인식되지 않고, 만기일까지의 기간에 걸쳐 이자비용의 일부로 인식되는 것이다.

3) 할증발행

공모사채는 투자자들의 기대수익률을 액면이자율로 확정하여 발행하므로 액면발행이 대부분이다. 또한 위에서 논의하였듯이 액면발행이 되더라도 발행기업은 주관사로부터 사채발행 관련 수수료를 차감하고 남은 금액을 수령하기 때문에 사실상 할인발행이 된 것으로 회계 처리함을 살펴보았다. 한편, 드문 경우지만 사채가 액면금액보다 높은 금액으로 발행되는 경우도 있는데 이를 **할증발행**(Issuance of bonds at premium)이라고 한다.

위에서 든 (주)성원의 사례에서 수요예측 결과 투자자들의 기대수익률을 5%로 결정하였으나 액면이자율을 6%로 확정하여 액면금액 10,000,000원의 사채를 발행하였고, 사채발행 수수료는 없는 것으로 가정하자.

먼저, 사채로부터 미래에 지급되는 현금이자와 만기 상환되는 액면금액을 현재가치로 계산하면 다음과 같다.

$$\frac{600,000}{(1+0.05)}+\frac{600,000}{(1+0.05)^2}+\frac{10,600,000}{(1+0.05)^3}=10,272,325$$

액면이자율을 투자자의 기대수익률보다 높은 6%로 결정하였기 때문에 이자지급일의 이자지급액은 600,000원이다. 반면, 미래 현금의 현재가치 할인에 사용하는 이자율은 투자자들의 기대수익률(5%)이므로, 5%를 사용하여 할인하면 (주)성원이 발행한 사채의 현재가치는 10,272,325원이 된다.

따라서 (주)성원은 사채의 현재가치인 10,272,325원에 사채를 발행하고 이는 사채 액면금액을 초과하므로 할증발행이 된다. 결국 사채가 할증발행된 이유는 투자자들의 기대수익률보다 높게 액면이자율을 설정하였기 때문이다.

(주)성원의 할증발행에 대한 발행일의 분개는 다음과 같다.

날 짜	차 변		대 변	
20×0.12.31.	현 금	10,272,325	사 채 사채할증발행차금	10,000,000 272,325

사채의 발행금액인 10,272,325원은 차변에 현금 계정으로, 발행금액과 액면금액의 차이는 대변에 **사채할증발행차금**(premium on bonds payable) 계정으로, 사채는 대변에 액면금액만큼 기록한다. 여기서 사채할증발행차금은 부채가산계정에 해당한다.

사채의 할증발행은 발행금액이 액면금액보다 크기 때문에 그 차액에 해당하는 사채할증발행차금은 발행일부터 만기일까지 사채의 실질적인 이자비용을 감소시키는 역할을 한다. 이와 같이 사채할증발행차금을 발행일에 즉시 수익으로 처리하지 않고 만기까지의 기간에 걸쳐 이자비용을 차감하는 식으로 처리하는 것을 사채할증발행차금의 환입이라고 부른다.

여기서 사채발행 수수료는 없다고 가정하였으므로 사채할증발행차금의 환입에 사용하는 유효이자율은 기대수익률(5%)이다.[7] 발행일 이후 만기일까지 기간별 이자비용과 사채할증발행차금의 환입액을 아래의 상각표를 이용하여 계산한다. 이자비용은 사채의 기초 장부가에 기대수익율 5%를 곱하여 계산한다.

날 짜	사채 기초장부가 a	이자비용 b=a× 5%	액면이자 지급액 c=액면가×6%	할증발행차금 환입액 d=c−b	할증발행차금 미환입액 $e_t=e_{t-1}-d$	사채 기말장부가 f=a−d
20×0.12.31.					272,325	10,272,325
20×1.12.31.	10,272,325	513,616	600,000	86,384	185,941	10,185,941
20×2.12.31.	10,185,941	509,297	600,000	90,703	95,238	10,095,238
20×3.12.31.	10,095,238	504,762	600,000	95,238	0	10,000,000

먼저, 최초의 이자지급일인 20×1년 12월 31일에 (주)성원이 인식할 이자비용은 사채의 기초 장부가 10,272,325원에 기대수익률 5%를 곱한 513,616원이다. 그러나 당일 실제로 사채보유자에게 지급하는 현금이자는 사채의 액면금액

7) 사채발행 수수료가 있다면 유효이자율을 별도로 산출해야 한다. 본 장 〈주관식 문제〉 4번 참조.

에 액면이자율 6%를 곱한 600,000원이므로 이자지급액과 이자비용의 차이인 86,384원은 사채할증발행차금의 환입액이 된다.

20×1년 12월 31일의 이자비용에 대한 분개는 다음과 같다.

날 짜	차 변		대 변	
20×1.12.31.	이자비용 사채할증발행차금	513,616 86,384	현 금	600,000

20×1년 12월 31일 이자비용의 분개 후 사채의 장부금액은 기초 장부금액 10,272,325원에서 사채할증발행차금 환입액인 86,384원을 차감한 10,185,941원이 된다.[8] 동일한 방법으로 20×2년 12월 31일의 이자비용은 기초 장부가 10,185,941원에 기대수익률(5%)을 곱한 509,297원이고 사채할증발행차금 환입액은 액면이자 지급액 600,000원과의 차액인 90,703원이다.

20×2년 12월 31일의 분개는 다음과 같다.

날 짜	차 변		대 변	
20×2.12.31.	이자비용 사채할증발행차금	509,297 90,703	현 금	600,000

20×2년 12월 31일 이자비용의 분개 후 사채의 장부금액은 기초 장부금액 10,185,941원에 사채할증발행차금 환입액인 90,703원을 차감한 10,095,238원이다. 만기일인 20×3년 12월 31일의 이자비용은 기초 장부가 10,095,238원에 기대수익률 5%를 곱한 504,762원이고, 사채할증발행차금 환입액은 액면이자 지급액인 600,000원과 이자비용 504,762원 간의 차액인 95,238원이다. 그리고 만기일이므로 발행기업인 (주)성원은 사채보유자에게 액면금액인 10,000,000원을 상환한다.

만기일의 분개는 다음과 같다.

---

8) 사채의 기말 장부금액은 액면금액인 10,000,000원에 사채할증발행차금 미환입액인 185,941원을 더해서 1,185,941원을 구할 수도 있다.

날짜	차 변		대 변	
20×3.12.31.	이자비용	504,762	현 금	10,600,000
	사채할증발행차금	95,238		
	사 채	10,000,000		

만기일에 사채할증발행차금 95,238원을 상각하고 나면 사채할증발행차금의 미환입액은 0이 된다. 결국, (주)성원은 사채의 발행금액과 액면금액의 차이, 즉 사채할증발행차금을 발행일 이후 만기일까지 유효이자율을 이용하여 환입함으로써 해당 기간 이자비용을 액면이자 지급액보다 더 적게 인식한다. 따라서 (주)성원이 사채를 발행하면서 투자자의 기대수익률보다 높은 액면이자율을 약속함으로써 액면금액보다 더 받은 금액은 발행일 이후부터 만기일까지의 기간에 걸쳐 이자비용의 일부를 줄이게 되는 것이다.

〈예시 10.1〉은 (주)KCC건설의 2022년 재무제표 주석에 공시된 사채의 상세 내역이다. 총 50,000,000천원의 사채를 발행하였으며 이 중 약 0.14%에 해당하는 69,680천원이 사채할인발행차금으로 기록되어 있다.

〈예시 10.1〉 (주)KCC건설의 2022년 재무제표 주석 공시–사채

(1) 사 채

(단위: 천원)

사채종류	이자율	만 기	당기말	전기말
제27회 무보증공모사채	2.90%	2022-09-16	-	50,000,000
제28회 무보증공모사채	2.48%	2024-04-26	50,000,000	50,000,000
소 계			50,000,000	100,000,000
차감: 사채할인발행차금(유동)			-	(33,197)
차감: 사채할인발행차금(비유동)			(69,680)	(120,893)
차감 계			49,930,320	99,845,910
재무상태표:				
유 동			-	49,966,803
비유동			49,930,320	49,879,10

10.3 장기성매입채무와 장기차입금

매입채무의 지급 기일이 재무제표 작성일로부터 1년을 초과하는 경우에는 매입채무를 비유동부채인 **장기성매입채무**로 분류한다. 기업은 장기성매입채무가 발생한 경우 사채의 회계처리와 마찬가지로 기대수익률(시장이자율)을 이용하여 장부금액 및 이자비용을 산정해야 한다. 미지급금은 지급 기일이 1년을 초과하면 장기미지급금으로 분류하고 회계처리도 장기성매입채무와 유사하다.

다음의 장기미지급금 예제를 통해 구체적인 회계처리를 살펴본다.

예제 9.1

(주)원주기업은 20×1년 12월 31일에 (주)김포기계로부터 기계를 구입하면서 구입 대금 10,000,000원은 2년 후에 지급하기로 약속하였다. (주)원주기업이 기계를 취득하는 시점의 기대수익률(시장이자율)이 7%일 때 기계 취득일, 20×2년 말과 20×3년 말의 분개를 하시오.

〈해답〉

장기미지급금의 현재가치: (10,000,000원) / $(1+0.07)^2$ = 8,734,387원

날 짜	차 변		대 변	
20×1.12.31.	기계장치	8,734,387	장기미지급금	10,000,000
	현재가치할인차금	1,265,613		
20×2.12.31.	이자비용	611,407	현재가치할인차금	611,407
20×3.12.31.	이자비용	654,206	현재가치할인차금	654,206
	장기미지급금	10,000,000	현 금	10,000,000

(주)원주기업이 20×2년 12월 말에 인식하는 이자비용 611,407원은 장기미지급금의 현재가치 8,734,387원에 기대수익률(시장이자율) 7%를 곱한 금액이다.

장기차입금(long-term debt)은 재무제표 작성일 기준으로 만기가 1년 후에 도래하므로 미래 지급할 이자와 원금을 현재가치로 평가하여 재무상태표 상에

표기한다. 기업이 금융기관으로부터 차입할 경우 일반적으로 해당 기업의 당시 시장이자율(기대수익률)에 따라 차입이자율이 결정되기 때문에 미래 지급할 차입이자와 원금의 현재가치는 차입금의 원금과 일치한다.

만약, 차입이자율이 해당 기업의 당시 시장이자율보다 낮게 적용된다면 차입금의 현재가치는 원금보다 작을 수 있다. 〈예시 10.2〉는 (주)한국항공우주산업이 2022년 재무제표 주석에 공시한 차입금의 내역이다. 장기차입금의 차입 당시 시장이자율보다 낮은 이자율을 적용받았기 때문에 장기차입금의 현재가치가 원금보다 작아 현재가치할인차금이 계상되어 있다.

〈예시 10.2〉 **(주)한국항공우주산업의 2022년 재무제표 주석 공시–차입금**

가. 보고기간 종료일 현재 장 · 단기차입금의 장부금액은 다음과 같습니다(단위: 천원).

구 분	차입처	만기일	이자율	당기말	전기말
유동부채 :					
유동성장기차입금	농협은행, KDB	2023-03-15~	2.00%	23,528,140	17,123,341
현재가치할인차금(*)	산업은행	2023-12-15		(872,790)	(977,578)
소 계				22,655,350	16,145,763
비유동부채 :					
장기차입금	농협은행,	2024-03-15~	2.00%	78,780,810	102,308,950
현재가치할인차금(*)	KDB산업은행	2031-12-15		(2,024,466)	(2,897,256)
소 계				76,756,344	99,411,694
합 계				99,411,694	115,557,457

(*) 상기 차입금 중 방위산업육성자금 관련 차입금은 시장이자율보다 낮은 이자율의 정부보조금으로 차입 당시의 시장이자율(1.71%~3.05%)로 할인하여 현재가치할인차금을 계상하였습니다. 시장이자율보다 낮은 이자율의 효익은 정부 보조금으로 최초 차입금의 장부금액과 수취한 대가의 차이로 측정하였습니다. 당기말과 전기말 현재 상기 차입금과 관련하여 연결회사의 유형자산이 담보로 제공되어 있습니다.

10.4 충당부채와 우발부채

충당부채(provisions)는 부채이지만 지급할 금액과 시기가 확정되지 않은 부채를 말한다. 예를 들어, 기업이 제품을 판매할 때 미래 일정 기간 동안 제품에 결함이 있는 경우 이에 대한 수리를 보증하는 경우가 많다. 이러한 제품보증으로 인해 기업은 제품 판매와 동시에 미래 일정 기간 동안 고객의 요청이 있을 경우 무상 수리를 제공해야 하는 의무를 갖게 되는데 향후 지출될 금액과 시기는 결정되지 않은 상태이므로 충당부채에 해당한다.

충당부채는 자원 유출 가능성이 높고(50% 초과), 미래 유출될 자원의 금액을 신뢰성 있게 추정할 수 있으면 부채로 인식한다. 위에서 언급한 제품보증 판매는 미래 자원의 유출 가능성이 매우 높고, 과거의 경험 등을 토대로 향후 지출될 자원을 신뢰성 있는 금액으로 추정할 수 있으므로 판매가 발생한 기간에 제품보증충당부채로 인식한다. 그밖에 기업이 인식하는 충당부채로는 손해배상충당부채, 경품충당부채, 복구충당부채, 하자보수충당부채 등이 있다.

다음의 예제를 통해서 충당부채 관련 회계처리를 살펴본다.

예제 10.2

(주)대전기계는 20×1년 12월 31일에 (주)익산정공에 기계장치를 판매하고 1년간 무상 수리해 줄 것을 보증하였다. 기계장치의 판매가격은 10,000,000원이다. (주)대전기계의 과거 제품보증 경험에 따르면 제품보증 기간 내에 발생하는 수리비용이 판매가격의 3% 정도가 되는 것으로 나타났다. 20×1년 12월 31일 (주)대전기계에게 필요한 분개를 제시하시오.

〈해답〉

날짜	차 변		대 변	
20×1.12.31.	현 금	10,000,000	매 출	10,000,000
	제품보증비	300,000	제품보증충당부채	300,000

(주)대전기계는 판매 시에 매출수익을 인식함과 동시에 미래 발생할 것으로 예측되는 제품보증 관련 지출액을 제품보증비로 인식하고, 동일한 금액을 제품보증충당부채로 인식한다.

위의 예제에서 제품보증비를 미래 실제 비용 발생시점이 아닌 판매 시점에 인식하는 이유는 무엇일까? 그 이유는 매출수익을 인식한 기간과 동일한 기간에 매출로 인해 발생하는 제품보증 관련 비용을 인식하는 것이 수익과 비용을 적절히 대응시키는 방법이기 때문이다. 또한 제품보증비와 함께 제품보증충당부채를 인식함으로써 기업의 향후 보증수리 의무를 빠짐없이 반영하게 된다.

위의 예제에서 판매 후 20×2년 3월 10일에 실제로 200,000원의 제품보증 관련 현금 지출이 발생하였다면 다음과 같이 제품보증비는 매출이 발생한 기간에 이미 인식하였으므로 다시 인식하지 않고, 200,000원의 제품보증충당부채를 차감하는 분개를 해 준다.

날짜	차 변		대 변	
20×2.3.10.	제품보증충당부채	200,000	현 금	200,000

위에서 살펴 본 바와 같이 충당부채는 자원의 유출 시기와 금액을 정확히 알 수 없지만 미래 자원의 유출 가능성이 높고 금액의 신뢰성 있는 추정이 가능하면 부채로 인식한다.

이와는 달리 기업의 미래 자원유출에 대한 현재의무의 존재 여부가 미래의 사건에 따라 확인되는 잠재적 의무(예를 들면, 예상되는 소송), 현재 의무는 존재하지만 자원의 유출 가능성이 높지 않은 경우, 현재 의무는 존재하지만 유출 금액의 신뢰성 있는 추정이 어려운 경우를 **우발부채**(contingent liabilities)라고 한다. 우발부채는 자원의 유출 가능성이 희박한 경우를 제외하면 재무제표의 주석에 우발부채의 성격 등에 대한 내용을 공시한다.

기업을 상대로 손해배상 소송이 이미 제기되었다면 회계기간 말 현재 기업이 배상할 현재 의무가 있는지 여부가 분명하지 않을 수 있다. 이때는 변호사 등 관련 전문가의 의견과 증거를 취합하여 현재의무가 존재할 가능성이 존재하지 않을 가능성보다 높으면 현재의무가 있는 것으로 보고 충당부채의 회계처리를 따른다.

〈예시 10.3〉은 (주)케이티가 2022년 재무제표 주석에 공시한 우발부채이다. (주)케이티에 대한 손해배상 소송사건 중 2022년 말 시점 기준으로 배상해야 할 현재의무가 존재하고 자원의 유출가능성이 높은 것으로 나타난 36,329백만원은 손해배상충당부채로 인식하고 있다. 반면, 알제리 신도시 건설에 대한 컨소시엄 참여사로서의 연대책임과 케이국방(주)에 대한 자금보충의무와 연대책임은 우발부채로 공시하고 있다.

〈예시 10.3〉 (주)케이티의 2022년 재무제표 주석 공시-우발부채

20. 우발부채와 약정사항

…

(7) 보고기간 말 현재 연결회사가 피소되어 계류 중인 소송사건 등은 189건이고 소송가액은 80,279백만원(2021년: 101,597백만원)입니다. 연결회사는 이와 관련하여 충당부채 36,329백만원을 계상하고 있으며, 이에 대한 최종결과는 보고기간 말 현재로서는 알 수 없습니다.

…

(9) 보고기간 말 현재 연결회사는 알제리 시디압델라 신도시 건설사업에 대한 컨소시엄 참여사(지분율 2.5%)로 다른 컨소시엄 참여사와 연대책임을 부담하고 있습니다.

…

(15) 연결회사는 사회기반시설에 대한 민간투자법에 의하여 설립된 케이국방(주)에 대하여 건설기간 중에는 건설출자자로서 자금보충의무 및 연대책임이, 운영기간 중에는 운영출자자로서 자금보충의무가 있습니다.

10.5 순확정급여부채

기업은 근로자퇴직급여보상법에 따라 퇴직 근로자에게 계속 근로기간 1년당 30일분 이상에 해당하는 평균임금을 퇴직금으로 지급해야 한다. 이에 따라 기업은 회계기간 말에 미래 종업원들에게 지급할 퇴직금을 추정하여 부채로 인식하는 수정분개를 수행해야 한다.

종업원들에게 지급할 퇴직금을 추정하는 방법은 K-IFRS와 일반기업회계기준 간에 차이가 있다. K-IFRS는 종업원들이 당기 말까지 일한 대가로 미래 퇴직시점 또는 퇴직 이후에 기업이 지급할 일시 퇴직금 또는 퇴직연금 등의 현재가치를 **확정급여채무**(defined benefit obligations)라 정의한다. 확정급여채무를 재무상태표에 표시할 때는 확정급여채무 총액에서 이를 지급하기 위해 기업 외부에 적립해 놓은 자산을 차감한 순액, 즉 **순확정급여부채**(net defined benefit liability)로 표기한다.[9)]

반면, 일반기업회계기준은 회계기간 말에 모든 종업원이 일시에 퇴직한다고 가정할 때 지급해야 할 퇴직금을 추산하여 **퇴직급여충당부채**로 인식한다. 일반기업회계기준은 회계기간 말을 퇴직하는 시점으로 추정한다는 점에서 종업원들이 미래에 퇴직할 시점을 기준으로 추정하는 K-IFRS와 차이가 있다. 이론적으로는 K-IFRS의 확정급여채무 산출방법이 더 우수하다.

그러나 현실적으로 K-IFRS를 적용하는 기업이 스스로 확정급여채무를 추정하는 것은 어려우므로 기업에게 퇴직연금사업을 제공하는 보험사, 은행, 증권사 등이 해당 기업을 위하여 임직원들의 퇴직률, 임금상승률, 예상수익률 등 여러 가정을 수립하여 확정급여채무를 추정해주는 서비스를 제공하고 있다.[10)]

---

9) 순확정급여부채를 유동과 비유동으로 구분하는 것은 자의적일 수 있기 때문에 구분하지 않고 주로 비유동부채로 표기한다.

10) 이지은, '급성장 퇴직연금을 잡아라!', 주간동아 765호, 2010년 12월 6일, 52~59쪽; 남기현, '퇴직연금시장 IFRS 훈풍', 매일경제신문, 2010년 11월 11일.

〈예시 10.4〉는 (주)한국철강의 2022년 재무제표 주석 공시로 순확정급여부채의 산정내역을 보여주고 있다.

〈예시 10.4〉 (주)한국철강의 2022년 재무제표 주석 공시-순확정급여부채

가. 순확정급여부채 산정내역

확정급여부채와 관련하여 재무상태표에 인식한 내역(단위: 천원)

구 분	2022.12.31.	2021.12.31.
기금이 적립된 확정급여채무의 현재가치	69,441,859	69,138,290
사외적립자산의 공정가치(*)	(84,277,133)	(64,428,539)
재무상태표 상 순확정급여부채	(14,835,274)	4,709,751

(*) 당기말 사외적립자산의 공정가치는 기존의 국민연금전환금 96,922천원(전기말: 108,538천원)이 포함된 금액입니다.

10.6 이연법인세부채

기업이 손익계산서에 표기하는 법인세비용과 해당 기간에 대한 법인세 납부액(당기 법인세액)은 일치하지 않고 차이가 나는 경우가 대부분이다. 이는 회계기준에 따라 인식한 수익과 비용이 법인세법이 인정하는 수익(익금)과 비용(손금)과는 다르기 때문이다. 다음의 예제를 통해 구체적으로 살펴보자.

(주)여수산업은 20×1년 12월 31일 현금은 수령하지 않았지만 기간의 경과로 발생한 이자를 수정분개를 통해 이자수익(미수이자) 10,000원을 인식하고 손익계산서에 포함하였다. (주)여수산업은 해당 이자 10,000원을 20×2년 1월 2일에 현금으로 수령하였다. 이자수익 외에 발생한 수익과 비용은 없다.

위의 예에서 (주)여수산업이 손익계산서 상의 법인세비용을 당기 법인세액으로 결정한다면 어떻게 될 것인가? (주)여수산업의 20×1년 이자수익은 현금

유입이 없기 때문에 법인세법상 수익, 즉 익금으로 인정되지 않고 따라서 20×1년 법인세액은 0이 된다. 반면에 20×2년 1월에 수령한 현금이자는 익금으로 인정되므로 법인세율이 20%라고 가정할 때 2,000원의 법인세를 납부해야 한다.

손익계산서 상의 법인세비용을 당기 법인세액으로 표기한다면 연도별 법인세비용차감전이익, 법인세비용, 당기순이익은 다음과 같다.

	20×1년	20×2년
법인세비용차감전이익	10,000	0
법인세비용	0	2,000
당기순이익(손실)	10,000	(2,000)

위와 같이 당기 법인세액을 법인세비용으로 인식하면 몇 가지 문제점을 찾아볼 수 있다. 첫째, (주)여수산업은 20×1년 기준으로 10,000원의 이자수익을 거두었고, 20×1년 말 현재 법인세가 부과되지 않았으나 미래에 납부할 법인세만큼 자원의 유출이 예상된다. 하지만 20×1년 말에 이러한 부채를 인식하지 않고 있다.

둘째, (주)여수산업은 이자수익을 20×1년에 인식했지만, 이와 대응되는 법인세비용은 20×2년에 인식하게 됨에 따라 수익과 비용의 적절한 대응이 이루어지지 않는다. 따라서 20×1년은 법인세비용의 누락으로 당기순이익이 과대계상되며, 20×2년은 반대로 법인세비용 인식으로 당기순이익이 과소 계상되는 현상이 발생한다.

이러한 문제를 해결하고자 회계기준은 당기 법인세액이 아닌 해당 연도의 회계이익을 기준으로 산출한 미래 지급할 법인세 효과를 법인세비용으로 인식하는 방법을 사용하고 있다.

회계기준을 위의 예제에 적용하면 20×1년은 실제 납부할 법인세는 없지만 이자수익 10,000원을 인식하였으므로 20×2년에 납부할 법인세 2,000원을 당기 법인세비용으로 인식하고 동시에 이를 **이연법인세부채**(deferred income tax liabilities)로 다음과 같이 분개한다.

날 짜	차 변		대 변	
20×1.12.31.	법인세비용	2,000	이연법인세부채	2,000

위 분개의 결과 법인세비용을 당기 법인세액으로 하는 경우에 나타날 수 있는 문제, 즉 미래 법인세를 납부할 현재 의무의 미계상과 수익과 비용이 대응되지 않는 문제를 해결할 수 있게 된다. 위의 예제에서 법인세비용을 당기 회계이익을 기준으로 하여 계산한 연도별 법인세비용차감전이익, 법인세비용, 당기순이익은 다음과 같다.

	20×1년	20×2년
법인세비용차감전순이익	10,000	0
법인세비용	2,000	0
당기순이익(손실)	8,000	0

다음의 예제에서는 위와 반대되는 사례로서 미래에 차감할 법인세가 있는 경우를 살펴보도록 한다.[11)]

(주)아산증권은 20×1년 12월 초에 단기매매 목적으로 K사 주식을 취득하여 FVPL 금융자산으로 분류하고 있다. 20×1년 12월 말 K사 주식의 공정가치 하락으로 평가손실 10,000원이 발생하였고, (주)아산증권은 20×2년 1월 2일 K사 주식을 20×1년 연말 시가와 같은 가격에 매각하였다. 20×1년과 20×2년에 발생한 다른 거래는 없다.

(주)아산증권이 법인세비용을 당기 법인세액으로 표시할 경우에는 법인세법에서 FVPL금융자산 평가손실을 손금으로 인정하지 않으므로 20×1년의 법인세액은 0이고 실제로 주식을 매각하여 10,000원의 손실이 실현되는 20×2년은 법인세율 20%가 적용될 경우 법인세수익 2,000원이 발생한다.

---

11) 법인세법은 이자수익과는 달리 이자비용을 손익계산서 상에 비용으로 반영한 경우 손금으로 인정해 주기 때문에 회계기준과 법인세법과의 차이가 발생하지 않는다. 따라서 FVPL금융자산의 사례를 사용하였다.

손익계산서 상의 법인세비용을 당기 법인세 납부액으로 표기한다면 연도별 법인세비용차감전이익, 법인세비용, 당기순이익은 다음과 같다.

	20×1년	20×2년
법인세비용차감전순이익(손실)	(10,000)	0
법인세비용(수익)	0	(2,000)
당기순이익(손실)	(10,000)	2,000

위의 예에서 발생하는 문제는, 첫째, (주)아산증권의 평가손실 10,000원은 20×1년에 인식하고, 평가손실로 인한 법인세 절감효과 2,000원은 20×2년에 인식하게 되므로 수익과 비용이 적절하게 대응되지 못한다. 또한 (주)아산증권은 20×1년 말 시점에 법인세 절감효과라는 미래 경제적 효익 2,000원이 있음을 알면서 재무상태표에 표시하지 않음에 따라 자산이 2,000원 과소 계상되는 문제가 발생한다.

이러한 현상에 대한 대응으로 현행 회계기준은 장래 과세소득이 발행할 것이 거의 확실하다면 당기 손실이 미칠 미래 법인세 절감효과를 당기에 법인세수익으로 나타내는 방식을 취하고 있다.

위의 예제를 현행 회계기준에 따라 법인세비용을 회계처리하면, 법인세 절감효과 2,000원은 20×1년도 말 대변에 법인세비용(즉, 법인세수익)으로 인식하며, 차기의 법인세 절감효과는 차변에 **이연법인세자산**(deferred income tax assets)으로 인식한다.

날 짜	차 변		대 변	
20×1.12.31.	이연법인세자산	2,000	법인세비용	2,000

20×1년 말에 위와 같이 분개하여 법인세수익을 인식하게 되면 미래 법인세 절감 효과에 대한 미계상과 수익과 비용이 대응되지 않는 문제를 해결할 수 있게 된다. 위의 예제에서 법인세비용을 당기 회계이익을 기준으로 하여 계산한 연도별 법인세비용차감전이익, 법인세비용, 당기순이익은 다음과 같다.

	20×1년	20×2년
법인세비용차감전순이익(손실)	(10,000)	0
법인세비용(수익)	(2,000)	0
당기순이익(손실)	(8,000)	0

요약하면, 이연법인세부채와 이연법인세자산은 회계기준과 법인세법 간의 차이로 인해 당기에 발생한 회계손익에 대한 법인세효과를 당기에 인식하는 과정에서 이연법인세부채는 미래에 납부할 법인세, 이연법인세자산은 미래의 법인세 절감효과를 나타내는 계정이다.

〈예시 10.5〉는 (주)한국철강의 2022년 말 기준 이연법인세부채의 내역을 보여주고 있다. 2022년 말을 기준으로 (주)한국철강은 이연법인세자산과 상계한 후 16,237,435천원의 이연법인세부채를 나타내고 있다.[12)]

〈예시 10.5〉 (주)한국철강의 2022년 재무제표 주석 공시-이연법인세부채

가. 상계된 이연법인세자산과 부채(단위: 천원)

구 분	2022.12.31.	2021.12.31.
이연법인세자산		
12개월 이내에 결제될 이연법인세자산	309,786	700,319
12개월 이후에 결제될 이연법인세자산	16,489,966	16,781,255
상계 전 이연법인세자산	16,799,752	17,481,574
이연법인세부채		
12개월 이내에 결제될 이연법인세부채	(854,900)	(293,476)
12개월 이후에 결제될 이연법인세부채	(32,182,287)	(29,914,725)
상계 전 이연법인세부채	(33,037,187)	(30,208,201)
상계 후 이연법인세자산(부채)	(16,237,435)	(12,726,627)

12) 일반적으로 동일한 과세당국에 의해서 부과될 경우 이연법인세자산과 이연법인세부채는 상계하고(K-IFRS 제1012호 문단 74), 이연법인세자산(부채)은 재무상태표 상에 비유동으로 분류한다(K-IFRS 제1001호 문단 56)

요 약

1. 비유동부채는 회계기간 종료일을 기점으로 주로 1년 후에 현금 상환 등의 의무를 이행해야 하는 부채이다. 비유동부채의 예로는 장기차입금 및 사채 등과 같은 장기금융부채, 충당부채, 순확정급여부채, 이연법인세부채 등이 있다.

2. 장기차입금은 금융기관 등으로부터 자금을 1년이 넘는 기간을 만기로 하여 차입한 금액이다. 회사채(사채)는 기업이 다수의 투자자들을 상대로 하여 만기까지 액면이자율로 이자를 지급하며 만기에 이르러서는 원금을 상환하는 것을 약속하는 증권이다. 특정 금융기관으로부터의 대출에 의해서 이루어지는 장기차입금과는 달리 다수의 투자자들을 상대로 발행되는 사채는 대규모의 자금을 조달할 수 있다는 장점이 있다.

3. 사채의 발행을 위해서는 이사회 결의, 주관사 선정, 기업실사, 수요예측 등의 과정을 거친다. 수요예측을 통해 투자자들의 기대수익률을 결정하고 일반적으로 기대수익률을 액면이자율로 확정한다. 따라서 대부분의 사채는 액면발행 된다.

4. 사채발행기업이 주관사로부터 최종적으로 수령하는 현금은 사채발행 수수료를 차감한 금액이다. 따라서 기대수익률과 사채의 액면이자율이 동일하여 액면발행 되더라도 사채발행기업은 액면금액보다 적은 금액을 수취하기 때문에 할인발행으로 회계처리 한다. 사채는 액면금액만큼은 부채로, 액면금액과 수령한 현금의 차이는 사채할인발행차금이라는 부채차감계정으로 기록한다.

5. 유효이자율은 사채의 미래 현금 지급액의 현재가치와 사채의 발행금액을 일치시키는 이자율이다. 사채의 할인발행에서 이자비용은 사채의 기초 장부금액에 유효이자율을 곱하여 구하고, 이자비용 중 실제로 현금으로 지급한 액면이자보다 큰 부분이 사채할인발행차금의 상각액이 된다. 할인발행의 경우 사채의 장부금액은 증가하여 만기일에 액면금액과 일치한다.

6. 사채의 할증발행에서 사채의 이자비용은 사채의 기초 장부금액에 유효이자율을 곱하여 구하고, 실제로 현금으로 지급한 액면이자가 이자비용보다 큰 부분이 사채할증발행차금의 환입액이 된다. 할증발행의 경우 사채의 장부금액은 감소하여 만기일에 액면금액과 일치한다.

7. 장기차입금이 시간이 경과함에 따라 재무제표 작성일 기준으로 1년 이내에 만기가 도래하면 최초 장기차입금으로 분류되었던 금액을 유동성장기차입금으로 변경하고 유동

부채로 분류한다.

8. 매입채무의 지급 기일이 재무제표 작성일로부터 1년을 초과할 경우에는 장기성매입채무로 분류한다. 장기성매입채무는 사채의 회계처리와 유사하게 기대수익률(시장이자율)을 이용하여 장부금액 및 이자비용을 산정해야 한다.

9. 충당부채는 부채의 정의에 해당하지만 지급시기와 금액이 확정되지 않은 부채이다. 미래 경제적 자원의 유출 가능성이 높고, 금액을 추정할 수 있으면 부채로 인식한다. 충당부채의 예로는 제품보증충당부채, 손해배상충당부채, 경품충당부채, 복구충당부채 등이 있다.

10. 예상되는 소송과 같이 기업의 미래 자원 유출에 대한 현재 의무의 존재 여부가 미래의 사건에 따라 결정되는 잠재적 의무, 그리고 현재 의무는 존재하지만 자원의 유출 가능성이 높지 않은 경우 또는 현재 의무는 존재하지만 유출되는 금액의 추정이 어려운 경우를 우발부채라고 한다. 자원의 유출 가능성이 희박하지 않는 한 재무제표 주석에 우발부채의 성격 등의 내용을 공시한다.

11. K-IFRS는 종업원들이 당기 말까지 일한 대가로 장래 퇴직시점 또는 퇴직 이후에 회사가 지급할 일시 퇴직금 또는 퇴직연금 등의 현재가치를 확정급여채무라고 한다. 확정급여채무를 재무상태표에 나타낼 때에는 확정급여채무의 지급을 위해 사외에 적립해 놓은 자산을 차감한 금액, 즉 순확정급여부채로 표기한다.

12. 현행 회계기준은 법인세비용을 당기법인세액이 아닌 회계이익을 기준으로 인식한다. 따라서 당기에 법인세를 납부하지 않았더라도 추후에 지급할 법인세가 있으면 이연법인세부채로 인식하고, 당기에 법인세를 납부했고 장래 과세소득의 발생이 거의 확실하면 추후 예상되는 법인세 절감액을 이연법인세자산으로 인식한다.

O×퀴즈 아래 문장이 옳으면 o, 틀리면 ×로 답하고 틀린 곳은 올바르게 고치시오.

1. 특정 금융기관으로부터의 대출에 의해서 이루어지는 자금의 조달과는 달리 다수의 투자자들을 상대로 하여 이루어지는 회사채의 발생은 대규모의 자금을 조달할 수 있다는 장점이 있다.

2. 원래 만기가 1년을 초과하는 장기차입금을 보유하던 기업이 시간이 경과함에 따라 재무제표작성일 기준으로 1년 이내에 만기가 도래하는 경우에는 최초 장기차입금으로 분류되었던 금액을 단기차입금으로 변경하고 유동부채로 분류한다.

3. 제품 판매 시에 제품 고장이 발생할 경우를 대비해 제품 수리(A/S)에 관한 제품보증서를 발급한 경우, 실제로 미래에 수리서비스를 제공한 시점에 비용으로 인식한다.

4. 사채의 미래 현금지급액의 현재가치와 사채 발행금액을 일치시키는 이자율을 유효이자율이라고 한다.

5. 사채 발행과 관련된 각종 수수료는 사채발행비라는 계정을 이용하여 발생 즉시 비용으로 처리한다.

6. 사채의 액면이자율이 투자자들의 기대수익률(시장이자율)과 같다면 사채발행 수수료가 없을 경우 사채의 발행금액은 액면금액과 일치한다.

7. 사채를 발행한 기업이 사채와 관련하여 인식하게 되는 이자비용은 기초 사채의 장부금액에 액면이자율을 곱한 금액이 된다.

8. 기업이 사채를 할인발행한 경우 사채의 기초 장부금액에 유효이자율을 곱하여 구한 이자비용이 실제로 현금으로 지급한 액면이자보다 크다.

9. 기업이 사채를 할인발행한 경우 사채할인발행차금은 만기일까지 감소하고, 사채의 장부금액은 증가한다.

10. 기업은 장기성매입채무가 발생한 경우 장기성매입채무에 대한 이자의 지급 등과 관련하여 사채의 회계처리와 마찬가지로 기대수익률(시장이자율)을 이용하여 장부금액 및 이자비용을 산정해야 한다.

11. 기업의 미래 자원 유출에 대한 현재 의무의 존재 여부가 미래 사건에 따라 결정되는 잠재적 의무 등이 존재할 때 기업은 우발부채로 인식하게 되고 재무상태표의 부채에 포함한다.

12. 충당부채는 부채이지만 지급할 금액과 시기가 확정되지 않은 부채를 말한다. 충당부채는 자원 유출 가능성이 높고, 미래 유출될 자원의 금액을 신뢰성 있게 추정할 수 있으면 부채로 인식한다.

13. K-IFRS를 적용하는 기업은 종업원들이 당기 말까지 일한 대가로 미래 퇴직시점 또는 퇴직 이후에 퇴직 근로자들에게 지급할 퇴직금 또는 퇴직연금 등의 현재가치를 부채로 인식하도록 하고 있는데 이를 퇴직급여충당부채라고 한다.

14. 현행 회계기준은 당기에 납부할 법인세액을 법인세비용으로 손익계산서에 표시한다.

15. 당기에 법인세를 납부하지 않았더라도 추후에 지급할 법인세가 있으면 이연법인세부채로, 당기에 법인세를 납부하였고, 장래 과세소득의 발생이 거의 확실하다면 예상되는 추후 법인세 절감효과를 이연법인세자산으로 인식한다.

제10장 객관식 문제

1. (주)한국은 20×1년 1월 1일 액면금액 ₩1,000,000, 액면이자율 연 10%, 만기 3년, 매년 말 이자 지급조건의 사채를 ₩951,980에 발행하였다. 사채의 발행차금에 대한 회계처리는 유효이자율법을 적용하고 있으며, 사채발행일의 시장이자율은 연 12%이다. 사채발행일의 시장이자율과 유효이자율이 일치한다고 할 때, (주)한국이 사채의 만기일까지 3년간 인식할 총이자비용은? 〈국가직 9급, 2022〉

① ₩300,000　　② ₩348,020
③ ₩360,000　　④ ₩368,020

2. 충당부채에 대한 설명으로 옳지 않은 것은? 〈국가직 9급, 2022〉

① 충당부채로 인식하는 금액은 현재의무를 보고기간 말에 이행하기 위하여 필요한 지출에 대한 최선의 추정치이어야 한다.
② 미래의 예상 영업손실은 충당부채로 인식하지 아니한다.
③ 현재 의무를 이행하기 위하여 필요한 지출 금액에 영향을 미치는 미래 사건이 일어날 것이라는 충분하고 객관적인 증거가 있는 경우에도, 그 미래 사건을 고려하여 충당부채 금액을 추정하지 않는다.
④ 화폐의 시간가치 영향이 중요한 경우에 충당부채는 의무를 이행하기 위하여 예상되는 지출액의 현재가치로 평가한다.

3. (주)한국은 20×1년 1월 1일 액면금액이 ₩1,000,000인 사채(액면이자율 8%, 만기 3년)를 ₩950,263에 발행하였다. (주)한국이 발행한 사채와 관련한 설명으로 옳지 않은 것은? (단, 액면이자는 매년 말 지급하고, 원금은 만기에 일시 상환한다). 〈국가직 9급, 2023〉

① 사채발행 시 액면이자율이 시장이자율보다 낮다.
② 매년 인식해야 할 이자비용은 증가한다.
③ 만기까지 인식해야 할 이자비용의 총액은 ₩240,000이다.
④ 이자비용으로 지출하는 현금은 매년 ₩80,000으로 일정하다.

4. (주)한국은 20×1년 1월 1일에 사채(표시이자율 10%, 만기3년, 액면금액 ₩100,000, 이자 후급)를 ₩95,200에 발행하였다. 20×1년 이자비용이 ₩11,400 발생하였을 경우, 20×1년 말 사채의 장부금액은? 〈지방직 9급, 2021〉

① ₩95,200 ② ₩96,600
③ ₩98,600 ④ ₩101,400

5. 20×1년 초에 영업을 개시한 (주)한국은 품질보증 기간을 1년으로 하여 에어컨을 판매하고 있다. 20×1년 에어컨 판매 수량은 500대이고, 대당 판매가격은 ₩1,000이며, 동종업계의 과거 경험에 따르면 제품보증비용은 대당 ₩50이 발생할 것으로 추정된다. 20×1년 중 실제 제품보증비 지출이 ₩10,000이면, (주)한국의 20×1년 말 재무상태표에 표시될 제품보증충당부채는? 〈지방직 9급, 2022〉

① ₩5,000 ② ₩15,000
③ ₩25,000 ④ ₩40,000

6. 사채에 관한 설명으로 옳은 것은? (단, 사채는 연초에 발행하고, 이자는 매년 말 지급하는 것으로 가정한다.) 〈경영지도사, 2020〉

① 사채를 할인발행한 경우 사채할인발행차금 상각액은 시간이 흐를수록 매년 감소한다.
② 사채를 할증발행한 경우 사채할증발행차금 상각액은 시간이 흐를수록 매년 증가한다.
③ 한국채택국제회계기준에서는 사채할인(할증)발행차금을 유효이자율법 외에 정액법으로 상각하는 것도 허용한다.
④ 사채를 할인발행한 경우 이자비용은 시간이 흐를수록 매년 감소한다.
⑤ 사채를 할증발행한 경우 이자비용은 시간이 흐를수록 매년 증가한다.

제10장 주관식 문제

1. (주)중앙산업은 20×1년 초에 액면금액 5,000,000원, 액면이자율 3%, 만기 5년의 사채를 발행하였다. 발행 당시 (주)중앙산업에 대한 투자자의 기대수익률은 3%이고, 이자는 매년 12월 31일에 지급한다. 발행 당시 지불한 사채발행비는 500,000원이다.

1) 사채 발행으로 (주)중앙산업이 실제로 조달한 자금은 얼마인가?

2) 아래의 식을 이용하여 유효이자율(r)을 계산하고자 한다. 다음의 식에서 x, y, z에 해당하는 값이 무엇인가?

$$y=\frac{x}{(1+r)}+\frac{x}{(1+r)^2}+\frac{x}{(1+r)^3}+\frac{x}{(1+r)^4}+\frac{x}{(1+r)^5}+\frac{z}{(1+r)^5}$$

2. (주)관악에 대한 투자자의 기대수익률은 6%이다. (주)관악은 20×0년 12월 31일 액면이자율 6%, 만기 3년, 액면금액이 10,000,000원인 사채를 매년 말에 이자를 지급하는 방법으로 발행하였다. 다음 물음에 답하시오.

1) (주)관악이 발행한 사채와 관련한 수수료가 없다고 가정하면 사채의 발행금액은 얼마인가?

2) (주)관악은 사채발행 주관사로부터 사채발행 관련 수수료로 43,970원을 차감한 금액을 취득하였다. 사채의 미래 현금지급액과 발행금액을 일치시키는 유효이자율이 6.165%일 때 사채발행일, 이자지급일, 만기일에 필요한 분개를 하시오.

3. (주)양천은 사채발행을 위한 수요예측 결과 투자자들의 (주)양천에 대한 기대수익률을 5%로 결정하고, 액면이자율을 5%로 확정하였으며 매년 말에 이자를 지급하는 방법으로 만기 3년, 액면금액이 50,000,000원인 사채를 20×0년 12월 31일에 발행하였다. 다음 물음에 답하시오.

1) (주)양천은 사채발행 주관사로부터 사채 관련 수수료로 196,900원을 차감한 금액을 취득하였다. 사채의 미래 현금지급액과 발행금액을 일치시키는 유효이자율이 5.145%일 때 사채발행일과 이후 기간에 (주)양천이 해야 할 분개를 날짜별로 제시하시오.

2) (주)양천이 발행한 사채의 액면이자율이 5%가 아닌 6%로 확정하였고 사채발행 관련 수수료가 없다면 사채의 발행금액을 계산하고, 발행일의 분개를 수행하시오.

3) 2)에서 이자지급일, 만기일의 분개를 수행하시오.

4. 본 장에 나온 (주)성원의 사례에서 수요예측 결과 투자자의 기대수익률을 5%로 결정하였으나 액면이자율을 6%로 확정하여 20×0년 12월 31일 액면금액 10,000,000원, 만기 3년, 연 1회 지급하는 방법으로 사채를 발행하였고, 주관사로부터 발행관련 수수료 80,020원을 공제한 후 남은 금액을 수령하였다고 가정하자. 유효이자율이 5.29%일 때 사채발행일, 이자지급일, 만기일의 분개를 수행하시오.

5. (주)도봉은 20×1년 1월 2일에 총 액면금액 30,000,000만원을 매년 말에 10,000,000원씩 분할 상환하고 미상환 원금에 대하여 3% 이자를 지급하는 조건의 사채를 발행하였다. 발행당시 투자자들의 (주)도봉에 대한 기대수익률은 3%이고 사채발행 관련 수수료가 없다고 가정할 때 아래 물음에 답하시오.

1) (주)도봉이 발행한 사채의 발행가격을 구하시오.

2) (주)도봉이 사채발행일, 이자지급일, 만기일에 필요한 분개를 각각 수행하시오.

6. (수)경기선자는 20×1년 5월 한 달간 진공청소기를 판매하고 1년간 무상수리를 해줄 것을 보증하였다. 한 달간 매출액은 10,000,000원이고, (주)경기전자의 과거 제품보증 실시 경험을 기반으로 5월 매출액 대비 2% 정도의 보증 관련 비용이 추후 발생할 것으로 예상하였다.

1) 20×1년 5월 말에 (주)경기전자가 제품보증과 관련하여 필요한 분개를 하시오.

2) 20×1년 9월 1일 제품보증 수리를 위해 보유하던 취득원가 100,000원의 부품(저장품)을 사용하였다. 20×1년 9월 1일에 필요한 분개를 하시오.

7. 다음은 (주)강원의 최근 5년간 자금조달 현황이다. 20×5년 말 재무상태표 상에 아래의 자금조달은 각각 어떤 계정과목으로 표기되는가?

- 20×5년 10월 1일 K은행으로부터 만기 1년으로 10억을 차입함.
- 20×4년 7월 1일 만기 3년의 회사채를 100억원에 발행함.
- 20×3년 9월 15일 W은행으로부터 만기 3년으로 20억원을 차입함.
- 20×1년 12월 1일 만기 5년의 회사채를 150억원에 발행함.

8. 다음은 20×1년 12월 말 (주)서귀포의 총계정원장에 있는 비유동부채의 계정과목과 잔액을 나타낸 것이다. 아래의 물음에 답하시오.

계정과목	잔 액	계정과목	잔 액
장기차입금	2,560,000	순확정급여부채	420,000
사 채	1,200,000	충당부채	160,000
이연법인세부채	830,000	장기성매입채무	743,000

1) (주)서귀포가 피소되어 계류 중인 소송사건 중 향후 손해배상 가능성이 높기 때문에 예상되는 향후 지급액을 부채로 인식한 것은?
2) 종업원들이 당기 말까지 일한 대가로 퇴직할 때 지급해야 할 것으로 예상되는 퇴직금 또는 퇴직연금을 추정한 후 이것의 지급을 위해 사외에 적립한 자산을 차감하여 인식한 부채는?
3) 주된 영업활동의 외상거래에서 발생한 것으로 재무제표 작성일을 기준으로 1년을 초과한 기간에 걸쳐 현금을 지급할 의무에 해당하는 것은 무엇인가?
4) 회계기준과 법인세법의 차이로 발생하며 당기에 법인세를 납부하지 않더라도 추후에 지급할 법인세가 있는 경우 인식하는 부채는?
5) 금융기관 등으로부터 만기가 1년이 넘는 기간으로 하여 대출한 금액에 해당하는 것은?
6) 일반적으로 이사회의 결의, 주관사 선정, 기업실사, 수요예측 등의 과정을 거친 후 발행되는 증권에 해당하는 것은?

9. 20×1년에 발생한 다음의 사건은 해당 기업의 20×1년 재무제표에 어떻게 반영되어야 하는지 답하시오. 단, 모든 경우에 예상되는 유출금액을 신뢰성 있게 추정할 수 있다고 가정한다.

1) (주)완전산업은 제품을 판매하는 시점에 구매자에게 제품보증을 약속하고, 판매일로부터 1년 이내에 제조상 결함이 명백한 경우에 판매 계약 조건에 따라 수선이나 교체를 해 준다. 과거 경험에 비추어 보면 제품보증에 따라 일부가 청구될 가능성이 청구되지 않을 가능성보다 더 높다.
2) (주)월드웨딩은 20×1년 결혼식 후에 참석자 1명이 사망하였는데, (주)월드웨딩이 제공한 음식 때문에 식중독이 생겼을 가능성이 있다. (주)월드웨딩에 손해배

상을 요구하는 소송이 시작되었으나, (주)월드웨딩은 그 책임에 대해 이의를 제기하였다. 법률 전문가는 20×1년 재무제표의 발행승인일까지는 기업에 책임이 있는지 밝혀지지 않을 가능성이 밝혀질 가능성보다 더 높다고 조언하였다.

3) (주)정성식품은 식중독에 걸린 소비자가 (주)정성식품이 판매한 아이스크림을 먹은 것이 원인이라며 손해배상을 청구하는 소송을 제기하였다. 법률 전문가는 20×1년 재무제표의 발행승인일까지 (주)정성식품에 손해배상 책임이 있다고 밝혀질 가능성이 밝혀지지 않을 가능성보다 더 높다고 조언하였다.

10. (주)경남의 20×1년 법인세비용차감전이익은 2,500,000원이고 현재까지 인식한 이연법인세부채 또는 이연법인세자산은 없다. 20×1년 말에 20×2년 초에 입금되는 이자수익을 100,000만원 인식하였으나 법인세법 상으로는 20×1년 수익으로 인정되지 않는다. 이자수익을 제외하면 법인세법과의 차이는 없다. 20×1년과 20×2년 법인세율이 20%일 때, (주)경남이 20×1년 법인세로 납부할 금액, 손익계산서 상의 법인세비용, 그리고 이연법인세자산 또는 이연법인세부채는 얼마인가?

실제 기업 사례 문제

1. 다음은 (주)동원F&B의 2022년 말 재무상태표 중 비유동부채 부분이다. 재무제표 주석을 참조하여 아래 물음에 답하시오.

재무상태표

제 23 기　2022.12.31. 현재
제 22 기　2021.12.31. 현재

(단위: 원)

	2022.12.31.	2021.12.31.
부 채		
비유동부채	196,198,517,431	290,531,648,368
장기기타채무	7,256,837,415	11,760,312,414
사 채	39,954,291,207	99,814,130,520
장기차입금	130,000,000,000	160,000,000,000
이연법인세부채	17,725,928,412	17,671,427,198
비유동금융보증부채	-	42,481,755
기타비유동부채	1,261,460,397	1,243,296,481

1) 사채의 잔액인 39,954,291,207원을 사채의 액면가액과 사채할인발행차금으로 나누어 제시하시오.
2) 장기차입금의 내역이 구체적으로 무엇인지 답하시오.
3) 비유동부채 중 순확정급여부채가 존재하지 않는 이유는 무엇인가?
4) (주)동원F&B가 소송사건으로 계류 중인 건수는 몇 개인가? 이에 대한 충당부채가 설정된 것은 얼마인가?

2. 다음은 (주)제주항공의 2022년 말 재무상태표 중 비유동부채 부분이다. 재무제표 주석을 참조하여 아래 물음에 답하시오.

재무상태표

제 15 기 2022.12.31. 현재
제 14 기 2021.12.31. 현재

(단위: 원)

	2022.12.31.	2021.12.31.
부 채		
비유동부채	496,278,378,962	588,510,394,284
장기차입금	150,015,208,438	213,936,876,965
비유동리스부채	177,617,843,232	186,736,819,573
비유동계약부채	1,264,981,324	1,941,833,615
비유동충당부채	163,889,148,756	166,511,202,536
확정급여부채	3,491,197,212	19,383,661,595

1) 장기차입금의 차입처는 어디이고, 이자율은 몇 %인가?

2) 비유동리스부채의 구체적인 내역이 무엇인지 답하고, 전기와 비교할 때 감소한 이유를 설명해 보시오.

3) (주)제주항공의 계약부채가 무엇인지 설명하고 비유동계약부채의 세부 내용을 서술하시오.

4) (주)제주항공이 소송사건으로 계류 중인 건수는 몇 개인가? 이에 대한 충당부채가 설정된 것은 얼마인가?

5) (주)제주공항의 확정급여부채에 대한 확정급여채무와 사외적립자산은 얼마인가?

제11장

자 본

김종희와 한화그룹-신용과 의리

1922년 충남 천안의 가난하고 형제 많은 집에서 출생한 김종희는 영국의 성공회 신부가 세운 학교를 다니며 신학문을 배우기 시작했다. 이후 보통학교를 거쳐 경기공립상업학교에 입학한 김종희는 반에서 1등을 할 정도로 우수한 학생이었다. 그러나 어느 날 귀가 중 조선 학생과 일본 학생의 싸움을 목격하고 조선 학생들 편에서 함께 싸우다 파출소로 연행되고 만다. 학교의 징계 회의 결과, 싸움에 휘말린 학생이 모두 퇴학 처분을 받는다.

잠시 실의에 빠진 김종희는 원산공립상업학교에 편입하여 무사히 졸업하고, 산업용 화약을 생산·판매하는 조선화약공판이라는 회사에 취업하였다. 1945년 해방이 되면서 일본인 관리자들은 회사 업무를 맡아줄 사람으로 성실하고 책임감이 강한 김종희를 선택하였다.

해방 후 한국에 들어온 미군과의 계약을 통해 화약을 수입하고 판매하면서 회사를 유지하였으나 한국전쟁 발발로 위기를 맞게 된다. 피난도 하지 않고 서울 홍제동 창고에 있던 화약을 지켜냈으며 1·4 후퇴 때는 모두가 피난을 떠나는 와중에도 이틀에 걸쳐 화약을 안전한 장소로 옮긴 후에야 직원들과 함께 피난을 떠났다.

전쟁이 끝날 무렵 김종희는 화약공판을 인수하여 회사명을 한국화약주식회사(현 (주)한화)로 바꾸고, 1956년부터 화약의 국내 생산을 시작하였다. 1957년에는 다이너마이트의 국산화에 성공하였고, 이후 경부고속도로의 건설에도 다이너마이트는 유용하게 사용되었다.

화약에만 집중하던 김종희는 1963년 베어링 제조기업을 인수하여 흑자기업으로 전환하였고, PVC 공장을 건설하였으며, (주)경인에너지를 설립하여 1972년에는 인천에 화력발전소와 정유공장을 완공하였다. 또한 재정적 위기에 처한 아이스크림 공장을 인수해 '빙그레'라는 상표로 다양한 제품을 판매하였고, (주)태평양건설(현 (주)한화건설)이라는 건설회사를 설립하여 1976년 '서울프라자호텔'을 완공하였다.

그러나 1977년 (주)한국화약은 화약을 싣고 가던 기차가 이리역(현 익산역)에서 폭발하여 수십 명이 사망하는 대형 사고가 발생함으로써 큰 위기를 겪게 되었다. 김종희는 (주)한국화약이 책임져야 함을 강조하고, 신문에 법적 도의적 책임을 다하겠다는 사과문을 게재하였으며 (주)한국화약과 공동으로 총 90억 원을 피해보상금으로 지급하였다.

한편, 장학재단으로 학생들을 돕던 김종희는 1976년 훌륭한 시설을 갖추고 유능한 선생님들을 초빙하여 천안북일고(현 북일고)를 개교하였다. 화약 산업에서 출발하여 석유화학, 에너지, 식품, 금융업 등으로 진출하여 한화그룹의 기반을 이룩한 김종희는 1981년 59세를 일기로 생을 마감하였다.

참고문헌: 김종희처럼(고수정, 2013, FKI미디어), 김종희 불꽃으로 살다(신상진, 2019, 새녘)

회계에서 자본(capital)은 기업의 소유주에게 귀속될 몫을 의미하며 소유주 지분(owners' equity) 또는 주식회사의 경우는 주주지분(stockholders' equity)으로 불린다. 회계기준은 자본을 기업의 총자산에서 총부채를 차감한 후의 잔여분이라는 뜻으로 잔여지분(residual interest)으로 정의한다.

일반기업회계기준은 자본을 세부적으로 자본금, 자본잉여금, 자본조정, 기타포괄손익누계액, 이익잉여금으로 분류하도록 규정한다.[1] 그러나 K-IFRS는 재무상태표 상에 납입자본과 적립금을 표시하도록 규정하고 있으나[2] 자본의 세부적인 분류방법을 별도로 정하지 않고 있어 기업마다 자본을 나타내는 방법이 다양하다.

상장기업인 (주)한국철강은 〈표 11.1〉과 같이 재무상태표 상의 자본을 자본금, 주식발행초과금, 이익잉여금, 기타포괄손익누계액, 기타자본구성요소로 분류하여 표시하고 있다. 아래에서는 〈표 11.1〉의 (주)한국철강의 재무상태표를 토

표 11.1 (주)한국철강의 재무상태표 자본 부분

제 15 기 2022년 12월 31일 현재
제 14 기 2021년 12월 31일 현재

한국철강주식회사 (단위: 천원)

자 본	제 15 기	제 14 기
Ⅰ. 자본금	46,050,000	46,050,000
Ⅱ. 주식발행초과금	552,548,164	552,548,164
Ⅲ. 이익잉여금	225,086,423	185,831,846
Ⅳ. 기타포괄손익누계액	(942,240)	1,182,374
Ⅴ. 기타자본구성요소	(31,823,767)	(63,423,893)
자본총계	790,918,580	722,188,491

1) 일반기업회계기준 제2장 재무제표의 작성과 표시I 문단 2.18
2) 기업회계기준서 제1001호 재무제표 표시 문단 54

대로 자본의 주요 계정을 설명한다.

11.1 자본금

주식회사를 설립할 때 주주가 5,000만원을 출자하였다면 몇 주를 회사로부터 받아야할까? 주식의 1주당 액면금액을 5,000원으로 정하면 10,000주를, 1주당 액면금액을 1,000원으로 정하면 50,000주를 받을 것이다. 주식의 액면금액은 원래 신주 발행 시 발행가액의 최저금액을 정하기 위해 정관에 표시해 놓은 금액으로, 원칙적으로 액면가 이상으로 발행해야 한다.[3)]

1주당 액면금액은 100원, 200원, 500원, 1,000원, 2,500원, 5,000원 등 6종류가 있고, 무액면주식도 발행할 수 있다. 증권시장 전체에서 액면금액은 500원이 가장 많은데 유가증권시장(코스피)에서 액면금액 500원은 49.6%, 코스닥시장에서는 78.1%를 차지하고 있다.[4)]

상법은 발행주식수에 주당 액면금액을 곱한 금액, 즉 액면총액을 **자본금**(capital stock)으로 규정하고, 채권자보호를 위해 자본금을 주주의 배당재원에서 제외한다. 주식에는 **보통주**(common stock)와 **우선주**(preferred stock)가 있다. 우선주는 보통주가 갖는 의결권이 없는 대신 배당과 기업 청산으로 잔여 재산 분배 시에 보통주에 우선하여 정해진 금액을 받을 수 있는 우선권이 있다.[5)]

---

3) 회사영업의 부진으로 주식의 시가가 액면가보다 낮은 경우에는 액면가 이상의 신주발행이 어려우므로 예외적으로 주식회사 설립 후 2년이 경과한 회사는 주주총회 특별결의와 법원의 인가를 얻어서 주식을 액면미달의 가액으로 발행할 수 있다(상법 제417조). 그러나 여전히 절차적 번거로움과 신속한 자금조달 필요성으로 인해 액면금액이 없는 무액면주식의 발행도 허용된다(상법 제329조). 무액면주식 발행의 경우에는 이사회가 주식 발행가액의 2분의 1이상의 금액으로 자본금으로 계상할 금액을 정한다(상법 제451조). 단, 무액면주식을 발행하기 위해서는 모든 주식이 무액면주식이어야 한다.

4) 조은아, '지난해 상장법인 36곳 액면변경…주가 단순비교 어려워 주의 필요', MTN뉴스, 2023년 1월 10일.

우선주는 배당의 방법에 따라 **참가적 우선주**(participating preferred stock)와 **비참가적 우선주**(non-participating preferred stock), **누적적 우선주**(cumulative preferred stock)와 **비누적적 우선주**(non-cumulative preferred stock)로 구분된다. 참가적 우선주는 우선주가 배당을 받은 후 보통주가 배당을 받을 때 다시 배당에 참가할 수 있다. 누적적 우선주는 특정 연도의 이익배당액이 정해진 우선배당률보다 적어 배당을 못 받았을 경우 이월하여 다음 연도로 누적되어 우선적으로 받는 권리를 갖는다. 비누적적 우선주의 경우는 해당 기간의 배당부족액을 이월하여 다음 연도에 받을 수 있는 권리가 없다.

한편, **자본잠식**은 자본총계가 자본금보다 작은 경우를 말한다. 예를 들어 자본금 1,000만원으로 설립된 회사가 사업 첫 해에 당기순손실 200만원이 발생했다면 자본총계는 800만원(=1,000만원−200만원)이 되고 주주가 기업에 제공한 사업자금을 200만원 까먹은 셈이 되므로 자본잠식이 되는 것이다. 당기순손실의 누적으로 자본총계가 음수(−)가 되는 경우도 발생하는데 이를 자본완전잠식(또는 자본전액잠식)이라고 표현한다.

기업이 자본완전잠식인 경우이면 회사가 바로 부도상태라고 생각하기 쉬우나 회사가 차입으로 자금을 계속 조달하여 부채를 상환할 수 있다면 아직 부도가 난 것은 아니다. 상장기업은 회계연도 말 자본금이 어느 정도 잠식되었는지를 자본잠식률($=\frac{\text{자본금}-\text{자본총계}}{\text{자본금}}$)로 계산하여 50% 이상이면 관리기업으로 지정되고, 100% 이상(즉, 자본완전잠식)이면 상장폐지가 된다.

1) 유상증자

주식회사가 설립된 이후 기존 주주 또는 신규 주주에게 대가를 받고 주식을 추가로 발행함으로써 대규모의 자금을 조달하는 것을 **유상증자**(seasoned

---

5) 우선주의 배당금은 보통주보다 액면금액의 1%를 더 많이 지급하는 경우가 많다. 우선주는 1840년대 영국에서 당시 철도회사의 주주들은 주가하락에 대한 염려로 주식의 추가발행을 원하지 않았고 채권은 정부의 규제로 발행이 제한되던 상황에서 처음 발행되었다(구상수, 「돈의 흐름이 보이는 회계야야기」(길벗, 2019), p.185).

유상증자의 사례 - (주)롯데케미칼[6]

2023년 1월 17일 롯데케미칼은 유상증자 신주발행가액을 주당 143,000원으로 확정했다고 공시했다. 이는 전날 회사의 종가(182,500원) 대비 21%가량 낮은 가격이다. 주당 가격에 따른 유상증자 규모는 1조 2,155억원이다.
주주배정 후 실권주 일반공모 형태로 유상증자를 진행하는 롯데케미칼은 먼저 기존 주주를 대상으로 청약을 진행하고, 다음으로 우리사주 및 구주주 청약 후 발생하는 단수주 및 실권주에 대한 일반공모를 실시할 예정이다.
이번 증자에서 구주주는 1주당 0.20주를 배정받게 된다. 최대주주인 롯데지주와 2대 주주인 롯데물산은 초과청약 20%를 포함한 신주 120%를 받기로 결정했다. 증자 후 지분율은 롯데지주의 경우 기존 25.6%에서 25.4%로 하락한다. 롯데물산은 20.0%에서, 금번 유상증자 이후 19.9%로 줄어들 것으로 예상된다.
유상증자 대금 조달 이후 회사는 원재료 매입 등 운영자금, 일진머티리얼즈 인수를 위한 롯데배터리머티리얼즈USA 신주 취득, 유동부채 상환 등에 자금을 지출할 계획이다.

equity offering)라고 한다. 상장기업의 경우 1주당 가치는 매일 주식시장에서 결정되므로 이를 바탕으로 유상증자 시 신주의 발행가격을 산정한다.

2023년 1월 (주)롯데케미칼은 1주당 액면금액이 5,000원이지만 발행가격 143,000원으로 총 1조 2,155억원의 자금을 조달하는 유상증자를 실시하였고, 2023년 12월 (주)삼성제약은 1주당 액면금액이 500원이지만 발행가격 1,777원으로 480억원의 자금을 조달하는 유상증자 계획을 발표하였다.

일반적으로 유상증자는 기존의 주주와 우리사주조합에게 먼저 신주의 인수의사를 타진하고,[7] 실권한 주식에 대해서는 유상증자를 주관한 증권회사가 일반 투자자를 대상으로 공모하는 방법으로 진행된다.[8]

---

6) 조윤희, "롯데케미칼 유상증자 공모가 확정…1조 2,155억 모은다", 매일경제. 2023년 1월 17일.
7) **우리사주제도**란 회사의 근로자가 자사 주식을 취득할 수 있도록 지원하는 제도로서 회사의 근로자는 우리사주조합을 설립하여 유상증자 시 우선배정의 방법 등으로 주식을 취득한다.
8) 상장기업의 경우 실권한 주주는 신주인수권을 매도하여 실권함으로써 발생할 수 있는 손실을 보전할 수 있다.

2) 무상증자

주주에게 무상으로 주식을 추가로 발행하는 것은 **무상증자**(bonus issue)라고 한다. 무상증자는 1주당 가격이 너무 높거나 유통주식수가 적어 거래가 잘 이루어지지 않는 경우에 주로 실시한다.

무상증자는 늘어나는 주식수에 1주당 액면금액을 곱한 금액만큼 자본금을 증가시킨다. 그러나 주주로부터 유입되는 현금은 없기 때문에 뒤에서 설명하는

무상증자의 사례 ① - 두산밥캣[9)]

2016년 5월 23일 두산밥캣은 상장을 앞두고 1주당 874주를 주주에게 배정하는 무상증자를 실시한다고 발표하였다. 무상증자는 자본잉여금이나 이익잉여금을 자본금으로 옮겨 주주에게 무상으로 주식을 배당하는 것이다. 신규 자금이 유입되지 않기 때문에 이론적으로 기업 가치는 변하지 않는다. 두산밥캣이 무상증자를 결정한 것은 기업 가치에 비해 유통주식수가 적다고 판단했기 때문이다.
무상증자에 앞서 4일 두산엔진이 제3자 배정 유상증자로 두산밥캣 신주를 배정받았을 때 지분 매입 단가는 주당 4억 5,590만원이었다. 무상증자 이전 1주당 가치를 4억 5,590만원으로 평가하였기에 무상증자 후 1주당 가치는 52만원(=4억 5,590만원÷874주)까지 하락한다.

무상증자의 사례 ② - (주)한국콜마홀딩스[10)]

(주)한국콜마홀딩스가 무상증자를 통해 주주가치 제고에 나선다. 한국콜마홀딩스는 5일 임시주주총회를 열고 100% 무상증자 결정을 내렸다고 밝혔다. 보통주 1주당 신주 1주를 배정하는 방식으로, 신주 배정기준일은 이달 20일이며, 상장 예정일은 11월 20일이다. 이번 결정은 지난 7월에 발표한 3개년 주주환원정책 계획 이행의 일환이다. 주주가치를 극대화하기 위해 증자비율을 당초 계획이었던 '50% 이상'에서 '100%'로 확정했다. 무상증자 재원은 전액 자본잉여금을 활용한다.

---

9) 나수지, '두산밥캣, 무상증자 나선 까닭', 한국경제신문, 2019년 5월 23일.
10) 서경원, '한국콜마홀딩스, 100% 무상증자 결정…주주가치 제고', 해럴드경제, 2023년 10월 6일.

주식발행초과금 또는 이익잉여금 중 이익준비금(법정적립금)을 같은 금액만큼 줄인다. 따라서 무상증자로 자본금은 증가하지만 다른 자본 계정인 주식발행초과금과 이익준비금이 감소하므로 자본총계는 변동이 없다.

3) 유상감자

유상감자(capital reduction)는 유상증자의 반대로 기업이 발행된 주식을 되사서 소각(영구히 소멸)시키는 것으로 자본금이 감소한다.[11] 유상감자는 다른 기업을 인수한 후 인수자금을 조기에 회수하기 위한 방편으로 주로 실시한다.

유상감자의 사례 – (주)락앤락[12]

(주)락앤락은 2023년 8월 이사회를 열고 유상감자를 결의했다. 감자비율은 13.69%이며 발행주식수는 기존 50,200,444주에서 유상감자 후 43,326,411주로 줄어든다. 유상감자에 따른 소각대금은 감자 대상 주식 1주당 현금 5,819원 수준이다. 락앤락은 유상감자 배경에 대해 주주가치 제고 목적이라고 밝혔다.
2017년 어피너티에쿼티파트너스(이하 어피너티)는 락앤락 지분 63.56%를 주당 18,000원에 6,300억원을 들여 인수했다. 2017년과 2018년 결산 배당으로 각각 45억원과 28억원을 회수하였고, 자사주 매입과 소각을 반복하며 지분 가치를 끌어올리는 것에 주력했다.
그러다 인수 6년 차인 2022년 10월 중간배당 성격으로 1주당 1,653원을 배당키로 했는데 이를 통해 어피너티가 거둬들인 배당금은 578억원이었다. 이후 1주당 300원의 결산배당까지 나서면서 104억원을 추가로 배당받았다.
어피너티는 이번 유상감자를 통해서 287억원의 자금을 회수할 수 있게 됐다. 이로써 그동안 배당받은 금액을 합하면 1,030억원이 넘는 자금을 회수한 것으로 계산된다. 다만, 기투자액인 6,300억원에는 아직 미치지 못하는 수준이다.

---

11) 여기서 소각(消却)은 없앤다는 뜻으로 불에 태워 없애버린다는 의미의 소각(燒却)과는 다르다.
12) 송준영, '폭탄배당이어 유상감자'…어피너티, '아픈 손가락' 락앤락 자금화 회수화속도', 시사저널e, 2023년 8월 30일.

4) 무상감자

무상감자(capital reduction without refund)는 주주에게 대가를 지급하지 않고 발행된 주식의 일부를 소각시키거나 발행주식수는 그대로 두고 주당 액면금액을 줄이는 것이다. 회계상으로는 발행주식수 또는 주당 액면금액 중 하나가 감소하므로 자본금이 감소하고, 줄어든 자본금만큼 결손금(이익영여금이 0보다 작은 경우)을 소멸시키거나 소멸시키고도 남는 금액은 **감자차익**이라는 별도의 자본계정으로 인식한다. 따라서 무상감자로 자본금은 감소하지만 그만큼 자본차감계정인 결손금이 소멸하거나 별도의 자본계정인 감자차익이 신규로 생성되므로 자본총계는 변동이 없다.

무상감자는 자본잠식률이 50%를 초과하여 관리종목 지정이 예상되는 상장기업이 자본잠식률을 50% 미만으로 낮추기 위해 실시하거나,[13] 부실기업이 차입금을 주식으로 전환하는 출자전환을 앞두고 주가를 액면가 수준으로 높여 차입금에 해당하는 가치를 지닌 주식을 채권자에게 제공하기 위한 목적 등으로 실시된다.

무상감자의 사례 ① - 현대상선[14]

현대상선은 2016년 7월 15일 대주주의 7대 1 무상감자 안을 확정하였다. 이번 대주주 감자로 현대엘리베이터, 현대글로벌, 현정은 회장 등 대주주가 보유한 지분은 총 725만 1,264주에서 감자 후 총 103만 5,893주로 하락하게 된다. 출자전환까지 이뤄질 경우 대주주 지분율은 더욱 하락하게 된다.
현대상선 관계자는 "현정은 회장 등은 대주주로서 현대상선의 경영정상화를 위해 고통을 분담하고 책임지는 차원에서 대주주 감자를 수용하는 결단을 내렸다"며 "대주주 감자 안이 이번 주총에서 통과됨에 따라 출자전환이 예정대로 진행되면 현대상선의 대주주는 25일부터 채권단으로 바뀌게 된다"고 말했다.

---

13) 자본금이 100, 결손금이 60으로 자본총계가 40인 기업은 자본잠식률이 60%(=(100-40)/100)이다. 이 기업이 2:1 무상감자를 실시하면 자본금은 50, 결손금은 10, 자본총계는 40이 되고 자본잠식률은 20%(=(50-40)/50)가 되어 50% 미만이 된다.

14) 조아라, '현대상선, 대주주 7대 1 감자 확정…채권단이 대주주로', 한국경제신문, 2016년 7월 15일.

무상감자의 사례 ② - (주)CJ푸드빌[15]

(주)CJ푸드빌은 2023년 5월 이사회를 열어 발행주식수의 36.66%인 5,346,355주를 무상감자하기로 결정하였다. 무상감자 후 (주)CJ푸드빌의 발행주식은 9,238,211주로 줄어들게 되고, 자본금 역시 729억원에서 462억원으로 267억원 축소된다. 이 금액은 결손금을 보전하는 데 사용될 것으로 예상된다.
이번 무상감자는 (주)CJ푸드빌의 회계상 자본잠식을 해소하는 효과가 있지만 실제 자본이 회사에 유입되지 않기 때문에 자본총계가 늘어나지는 않는다.

5) 주식분할(액면분할)

주식분할(stock split, **액면분할**)은 1주당 액면금액을 낮추고, 이에 비례하여 주식수는 증가시키는 것이다. 예를 들어, 2대 1 액면분할의 경우, 1주당 액면금액은 반으로 줄고, 발행주식수는 2배로 증가한다. 주식분할의 목적은 주가가 너무 높을 경우, 주식거래가 활발하게 이루어지지 않으므로 주식수를 늘려 주가를 낮춤으로 더 많은 사람들이 주식을 사고팔 수 있도록 주식의 유동성을 개선하는 데 있다. 주식분할은 자본금의 변동이 없고 회계상 거래가 아니므로 회계처리는 하지 않는다.

주식분할과 무상증자는 주식수가 증가하여 주가가 낮아지는 효과가 있고, 자본총계는 변함이 없다는 공통점이 있다. 그러나 주식분할은 자본금은 변하지 않는 반면, 무상증자는 주당 액면금액은 변함 없이 주식수만 증가하므로 자본금이 증가한다는 점에서 차이가 있다.

주식분할과 반대되는 개념으로 **주식병합**(reverse stock split, **액면병합**)이 있다. 주식병합은 1주당 액면금액을 높이고 이에 비례하여 주식수는 줄이는 것으로 주식분할과는 반대로 주식병합은 주가가 너무 낮은 경우 주가를 높여 기업의 이미지 등을 개선하려는 데 목적이 있다.

---

15) 양도웅, '자본잠식 CJ푸드빌에 '상장'은 없는 카드일까', 더벨, 2023년 7월 28일.

구 분	주식분할	무상증자	주식병합	무상감자
발행주식수	증가	증가	감소	감소/불변*
주당 액면가	감소	불변	증가	불변/감소*
자본금	불변	증가	불변	감소
자본총계	불변	불변	불변	불변

* 액면금액은 그대로 두고 발행주식수만 줄이는 무상감자는 발행주식수가 감소하고 주당 액면가는 불변이지만, 발행주식수는 그대로 두고 액면금액만 줄이는 무상감자는 발행주식수는 불변이고 주당 액면가는 감소한다.

주식분할 사례 - (주)DI동일[16]

섬유회사인 (주)DI동일은 2022년 3월 4일(금요일) 장 마감 후 10대 1 비율의 주식분할을 결정했다고 공시했다. 분할 전 5,000원이던 1주당 액면금액은 분할 후 500원이 된다. 발행주식총수도 기존 2,510,655주에서 25,106,550주가 된다. 주식분할 목적은 유통주식수의 확대이다. 7일(월요일) 오전 9시 15분을 기준으로 (주)DI동일은 전 거래일 대비 12,000원(4.62%) 오른 272,000원에 거래 중이다.

11.2 주식발행초과금

주식회사를 설립할 시점에 출자자는 1주당 액면금액에 주식수를 곱한 금액을 납입하고 주식을 받게 된다. 즉, 1주당 액면금액이 1,000원이고, 1,000주를 받기를 원한다면 1,000,000원을 납입한다. 그러나 이미 설립된 주식회사가 자금조달을 위해 추가로 주식을 발행할 경우 1주당 발행가격은 액면금액을 초과하는 경우가 일반적이다. 그 이유는 설립 이후 발생한 누적 당기순이익으로 이익잉여금이 증가하고 이에 따라 주주 몫을 나타내는 자본총계는 액면총액(1주당 액면금액×발행주식수)인 자본금을 초과하기 때문이다.

16) 김윤지, 'DI동일, 주식분할 결정에 '강세'', 이데일리, 2022년 3월 7일.

주식발행초과금(additional paid-in capital)은 유상증자 시 신주의 발행금액 중 액면금액을 초과하는 부분[=(발행가격−액면금액)×신규 발행주식수]을 기록하는 계정이다. 일반기업회계기준은 주주와의 주식거래에서 발생한 이익을 **자본잉여금**으로 분류하는데 주식발행초과금은 주식을 발행하면서 주주로부터 액면금액을 초과하여 받은 금액을 나타내는 것이므로 자본잉여금에 포함된다.

만약 1주당 액면금액이 500원인 보통주를 600원에 10,000주 발행한 경우 총발행금액 6,000,000원(=600원×10,000주) 중 액면총액 5,000,000원(=500원×10,000주)만큼은 자본금 계정에, 나머지는 주식발행초과금에 다음과 같이 분개한다.

차 변		대 변	
현 금	6,000,000	보통주자본금	5,000,000
		주식발행초과금	1,000,000

한편, 주식의 발행 시에는 상장수수료, 증권회사 인수수수료 등의 주식발행비가 발생한다. 주식발행비는 비용으로 처리하지 않고, 차변의 현금과 대변의 주식발행초과금에서 각각 주식발행비만큼을 차감하는 방법을 사용한다. 위의 주식발행 예에서 주식발행으로 총 6,000,000원이 조달되었으나 주식발행비로 100,000원을 지급하였다면 아래와 같이 분개한다.

차 변		대 변	
현 금	5,900,000	보통주자본금	5,000,000
		주식발행초과금	900,000

드물게 회사의 재무상태가 좋지 않은 상태에서는 주식을 액면금액 이하로 발행하는 경우도 발생하는데 이때는 **주식할인발행차금**(discount on stock)이라는 자본차감계정을 사용한다.[17] 1주당 액면금액이 500원인 보통주를 400원에

17) 주식발행초과금 잔액이 있는 기업이 추후 주식을 할인발행한다면 우선 주식발행초과금을 줄이고 주식발행초과금이 0이 되면 주식할인발행차금을 인식한다. 마찬가지로 주식할인발

10,000주 발행한 경우를 분개하면 다음과 같다.

차 변		대 변	
현 금	4,000,000	보통주자본금	5,000,000
주식할인발행차금	1,000,000		

11.3 이익잉여금

이익잉여금(retained earnings)은 수익이 비용을 초과한 금액, 즉 당기순이익 중 기업 외부로 배당하지 않고 회사 내부로 유보한 누적금액을 의미하는 것으로 **사내유보이익** 또는 **사내유보금**으로도 불린다.

가끔 언론에서 사내유보금, 즉 이익잉여금만큼 기업이 현금을 보유하고 있다고 간주하는 기사가 보도되는 경우가 있다. 이익잉여금은 사내에 유보된 이익의 액수를 뜻하는 것이므로 모두 현금으로 보유하고 있다는 의미는 아니다. 외상수익도 수익이므로 이익만큼 모두 현금이 회사로 유입된 것도 아니며 현금으로 유입되었다고 해도 그 현금으로 기계, 설비자산 등을 구입하였다면 다른 자산의 형태로 존재할 수 있다. 또한 기업은 주주의 출자, 차입 등을 통해서도 현금이 증가할 수 있으므로 재무상태표 상의 현금 잔액은 이익잉여금과 일치하지 않는다.

따라서 특정기업의 이익잉여금이 많다고 해서 기업이 투자하지 않고 현금을 쌓아두고 있는 것으로 언급하는 것은 잘못된 해석이다. 가령, 이익잉여금의 대부분이 현금으로 존재한 경우와 그 현금을 기계장치의 취득에 모두 투자한 경우를 비교하면 전자는 유보이익을 현금으로 보유하고 있는 경우이고, 후자는

행차금 잔액이 있는 기업이 추후 주식을 액면가 이상으로 발행한다면 우선 주식할인발행차금을 줄이고 남는 금액이 있으면 주식발행초과금을 인식한다.

유보이익을 대부분 기계장치로 보유하는 경우이지만 재무상태표 상의 이익잉여금은 두 경우 모두 동일하다.

일반기업회계기준에서는 이익잉여금을 [그림 11.1]과 같이 세부적으로 **미처분이익잉여금**, **법정적립금**, **임의적립금**으로 구분한다. 회계기간에 당기순이익이 발생하면 마감분개를 통해 우선 미처분이익잉여금 계정이 그만큼 증가한다. 미처분이익잉여금은 이익잉여금 중 주주에게 배당할 것인지 사내에 유보할 것인지를 아직 결정하지 못한 금액을 뜻하는 것으로 배당 또는 사내 유보의 최종 결정은 회계연도 종료 후 개최되는 주주총회에서 이루어진다.

그림 11.1 이익잉여금의 세부 분류

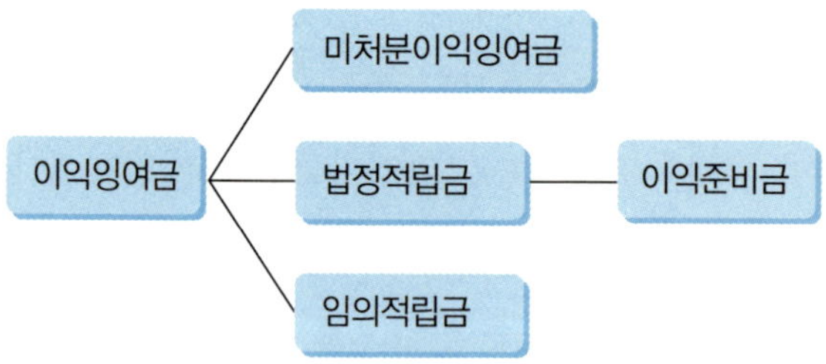

법정적립금은 상법에 의해 미처분이익잉여금 중 해당 기간 현금배당액의 10% 이상을 **이익준비금**이라는 계정으로 대체하도록 의무화한 것으로 이익준비금을 자본금의 50%까지 적립하면 더 이상 적립할 의무는 없다. **임의적립금**은 회사가 특정 목적을 달성하고자 배당하지 않고 사내에 유보하기 위해 임의로 설정한 것으로 미처분이익잉여금의 일부를 임의적립금으로 대체하고, 목적 달성 후에는 이를 다시 미처분이익잉여금으로 환원한다.

주주총회에서 배당 또는 사내 유보가 결정되면 미처분이익잉여금의 처분을 분개한다. 만약, 주주총회에서 50,000,000원의 미처분이익잉여금 중에서 10,000,000원을 주주에게 현금으로 배당하고, 1,000,000원을 법정적립금인 이익준비금으로, 20,000,000원은 연구및인력개발준비금이라는 임의적립금으로 사내 유보하기로 결정한 경우 다음과 같이 분개한다.

차 변		대 변	
미처분이익잉여금	31,000,000	미지급배당금	10,000,000
		이익준비금	1,000,000
		연구및인력개발준비금	20,000,000

배당(dividend)은 기업이 주주가 소유한 주식수에 비례하여 주주에게 이익을 분배하는 것을 말한다. 배당과 관련해서 중요한 시점으로 **배당기준일**(record day), **배당선언일**(declaration day), 그리고 **배당지급일**(payment day)이 있다. 우리나라에서 배당기준일은 통상적으로 회계연도 말이며, 배당기준일에 주주명단에 등록된 주주들이 배당을 받게 된다. 배당선언일은 주주총회에서 배당이 최종적으로 결정되는 날이고, 배당지급일은 배당선언일 후 주주에게 실제로 배당을 지급하는 날이다.

배당은 현금, 주식 등의 형태로 지급되기도 하지만, **현금배당**(cash dividend)이 일반적이다. 현금배당은 상법에 따라 주주총회 후 1개월 이내에 지급되므로 배당선언일(주주총회일)에 아래와 같이 (대변) 미지급배당금이라는 유동부채 계정에 기록하고 (차변) 미처분이익잉여금으로 기록하여 미처분이익잉여금을 감소시킨다. 배당지급일에는 (차변) 미지급배당금, (대변) 현금으로 분개한다.

	차 변		대 변	
현금배당기준일	분개 없음			
현금배당선언일	미처분이익잉여금	×××	미지급배당금	×××
현금배당지급일	미지급배당금	×××	현 금	×××

위의 미처분이익잉여금 처분에 대한 사례에서 분개 결과, 미처분이익잉여금의 잔액은 주주총회 전 50,000,000원에서 19,000,000원으로 감소하고, 이익준비금과 연구및인력개발준비금은 각각 1,000,000원과 20,000,000원만큼 증가한다.

기업은 현금으로 배당을 지급하는 대신에, 주식을 발행하여 주주에게 지급하기도 하는데 이를 **주식배당**(share dividend)이라고 한다. 주식배당은 신주를 발행하여 기존 주주에게 보유한 주식수에 비례하여 주식을 분배하는 것으로 회사의 자산, 부채, 그리고 자본총계에 변화를 주지 않고 주주들의 배당요구를 만족시킬 수 있다. 기업의 입장에서는 현금의 유출 없이 배당을 할 수 있고 기업의 이익을 영구적으로 자본화시키는 이점이 있고, 주주는 무상으로 주식을 받은 후 기업이 성장하면 주가의 상승으로 부가 증가한다는 장점이 있다.

주식배당은 현금배당과 마찬가지로 미처분이익잉여금을 감소시키지만, 보통주자본금이 증가하므로 자본총계에는 변화가 없다. 주식배당선언일에 (차변) 미처분이익잉여금을 새로 발행되는 주식의 총액면금액만큼 기록하여 자본을 감소시키고, (대변) 미교부주식배당금이라는 자본계정에 동일한 금액을 기록하여 자본을 증가시킨다. 주식배당지급일에는 (차변) 미교부주식배당금, (대변) 보통주자본금으로 분개한다.

다음의 예제를 통해서 현금배당과 주식배당의 회계처리를 살펴본다.

예제 11.1

결산일이 12월 말인 (주)용산유통은 20×1년 3월 20일 주주총회에서 현금배당 3,000,000원, 10%의 주식배당을 결정하고, 20×1년 4월 20일에 주주에게 현금배당금과 주식을 지급하였다. (주)용산유통의 보통주 유통주식수는 40,000주이며 1주당 액면가는 500원이다. 배당선언일과 배당지급일에 필요한 분개를 하시오.

〈해답〉

날 짜	차 변		대 변	
20×1.3.20.	미처분이익잉여금	5,000,000	미지급배당금	3,000,000
			미교부주식배당금	2,000,000*
20×1.4.20.	미지급배당금	3,000,000	현 금	3,000,000
	미교부주식배당금	2,000,000*	보통주자본금	2,000,000

* 40,000주 × 500원 × 10% = 2,000,000원

〈예시 11.1〉는 (주)롯데푸드가 2021년 재무제표 주석에 공시한 이익잉여금의 구성내역이다. (주)롯데푸드는 이미 자본금의 50%에 해당하는 금액을 법정적립금(이익준비금)으로 적립하였기 때문에 당기에 법정적립금을 추가로 적립하지 않았다. 임의적립금으로는 재무구조개선적립금, 기업합리화적립금 및 연구및인력개발준비금이 있는데 재무구조개선적립금, 기업합리화적립금은 과거 관련법에 의해 설정하도록 의무화 되었으나 현재는 폐지되었다.

〈예시 11.1〉 (주)롯데푸드의 2021년 이익잉여금 주석 공시

26. 이익잉여금

(1) 이익잉여금의 구성내역
당기말과 전기말 현재 연결회사의 이익잉여금 구성내역은 다음과 같습니다(단위: 백만원).

구 분	당기말	전기말
법정적립금(*1)	36,715	36,715
임의적립금(*2)	925,969	866,969
미처분이익잉여금	7,254	77,883
합 계	969,938	981,567

(*1) 법정적립금
상법의 규정에 따라, 연결회사는 자본금의 50%에 달할 때까지 매 결산기마다 현금에 의한 이익배당금의 10% 이상을 이익준비금으로 적립하도록 되어 있습니다. 동 이익준비금은 현금배당의 재원으로 사용될 수 없으며, 자본전입 또는 결손보전을 위하여서만 사용할 수 있습니다.

(*2) 임의적립금
임의적립금은 재무구조개선적립금, 기업합리화적립금 등으로 구성되어 있습니다.

한편, 이익잉여금은 당기순손실이 발생하면 감소하는데 잔액이 음수(-)가 될 수 있다. 이때는 이익잉여금을 **결손금**(retained earnings deficit)으로 표기하고 잔액은 괄호 안에 표기한다. 〈예시 11.2〉는 (주)이마트에브리데이의 재무상태표

〈예시 11.2〉 (주)이마트에브리데이의 2022년 재무상태표 상의 자본 부분

주식회사 이마트에브리데이 (단위: 원)

	2022년 말	2021년 말
자 본		
납입자본	149,683,148,574	149,683,148,574
자본금	136,237,682,000	136,237,682,000
주식발행초과금	13,445,466,574	13,445,466,574
결손금	(7,673,622,481)	(26,662,610,764)
기타자본항목	(2,129,482,175)	(2,906,351,649)
자본총계	139,880,043,918	120,114,186,161

상의 자본에 대한 부분으로 결손금 계정과목과 잔액이 괄호 안에 표기되어 있음을 볼 수 있다.

11.4 기타포괄손익누계액

회계기간 동안에 발생한 수익에서 비용을 차감한 것이 당기순이익이다. 그런데 엄밀히 말하면 수익 또는 비용에 해당하지만 당기순이익의 계산에는 포함하지 않는 계정이 있는데 이를 **기타포괄손익**(other comprehensive income)으로 분류한다. 한편, 〈표 11.2〉와 같이 K-IFRS는 손익계산서 상에 당기순이익과 기타포괄손익, 그리고 당기순이익과 기타포괄손익의 합인 **총포괄손익**(comprehensive income)을 표시할 것을 요구한다.[18] 이러한 이유로 K-IFRS는 기타포괄손익과 총포괄손익이 포함된 손익계산서를 **포괄손익계산서**라 부른다. 일반기업회계기

18) K-IFRS를 적용하는 기업은 당기순손익, 기타포괄손익, 포괄손익을 하나의 포괄손익계산서에 표시하는 방법과 당기순손익을 손익계산서에 표시하고, 별도로 당기순손익, 기타포괄손익, 포괄손익을 포괄손익계산서에 표시하는 방법 중 하나를 선택할 수 있다.

표 11.2 (주)한국철강의 포괄손익계산서

제 15 기 2022년 12월 31일 현재
제 14 기 2021년 12월 31일 현재

한국철강주식회사 (단위: 천원)

	제 15 기	제 14 기
Ⅰ. 당기순이익(손실)	79,785,552,100	97,251,554,504
Ⅱ. 기타포괄손익(법인세차감후금액)	(1,349,332,570)	(5,399,166,974)
Ⅲ. 당기총포괄손익	78,436,219,530	91,852,387,530

준을 사용하는 비상장기업은 재무제표의 주석에 총포괄손익을 공시한다.

기타포괄손익의 대표적인 예로 기타포괄손익-공정가치 측정 금융자산(FVOCI금융자산)의 평가손익을 들 수 있다. 앞서 투자자산에서 FVOCI금융자산으로 분류한 유가증권은 결산일에 공정가치(시가)로 평가하여 공정가치(시가)가 전기보다 상승하였으면 금융자산평가이익-OCI로, 하락하였으면 금융자산평가손실-OCI로 인식한다. 투자자산인 FVOCI금융자산을 언젠가는 매도할 것이지만 1년 후일지, 10년 후일지 모르는 것이므로 일시적인 평가손익을 당기순이익에 포함하는 것은 오히려 해당 기간 경영성과를 나타내는 당기순이익을 왜곡할 수 있다. 따라서 FVOCI금융자산의 평가손익을 당기순이익의 계산에서 제외되는 기타포괄손익으로 분류하고 있다.

만약 FVOCI금융자산의 공정가치가 기초와 비교할 때 기말에 10,000원 증가하였다면 기말 수정분개 시에 다음과 같이 분개한다.

차 변		대 변	
FVOCI금융자산	10,000	금융자산평가이익-OCI	10,000

한편, 당기순이익(손실)이 기말에 마감분개를 통해 최종적으로 자본의 이익잉여금을 증가(감소)시키는 것처럼 기타포괄이익(손실)도 마감분개를 통해 자본의 기타포괄손익누계액(accumulated other comprehensive income)을 증가(감

그림 11.2 포괄손익과 자본과의 관계

포괄손익계산서	
매 출	1,000,000
매출원가	600,000
매출총이익(손실)	400,000
판매관리비	200,000
영업이익(손실)	200,000
기타수익	50,0000
기타비용	40,000
금융수익	10,000
금융비용	20,000
법인세비용차감전이익(손실)	200,000
법인세비용	40,000
당기순이익(손실)	160,000
기타포괄이익(손실)	20,000
총포괄이익(손실)	180,000

재무상태표			
자 산:		부 채:	
현 금	3,000,000	매입채무	1,500,000
매출채권	1,000,000	차입금	4,000,000
재고자산	2,000,000	부채총계	5,500,000
비 품	6,000,000	자 본:	
비품감가상각누계액	(500,000)	자본금	5,000,000
		이익잉여금	900,000
		기타포괄손익누계액	100,000
		자본총계	6,000,000
자산총계	11,500,000	부채 및 자본총계	11,500,000

당기순이익은 이익잉여금을 증가시키고, 기타포괄이익은 기타포괄손익누계액을 증가시킴

소)시킨다. 따라서 포괄손익계산서 상의 당기순이익과 기타포괄이익은 [그림 11.2]와 같이 재무상태표 상의 이익잉여금과 기타포괄손익누계액으로 각각 연결된다.

11.5 기타자본구성요소

기타자본구성요소는 주로 자본금, 자본잉여금, 이익잉여금, 기타포괄손익누계액에 속하지 않는 자본의 계정들이 포함된다. 기타자본구성요소에 포함되는 대표적인 계정과목으로는 **주식선택권**(stock option, **스톡옵션**)과 **자기주식**(treasury stock)이 있다.

1) 주식선택권

주식선택권은 주식매수선택권이라고도 불리며 기업이 임직원들에게 일정 기간 근무 후에 미리 정한 분량의 회사 주식을 약정 당시의 가격(행사가격)으로 살 수 있도록 보장한 권리를 말한다.

주식선택권은 미국 실리콘밸리의 벤처기업들이 유능한 인재를 확보하기 위해 지금 당장은 고액의 연봉을 지급하지 못하지만 장차 주가가 상승하면 거액의 차익을 볼 수 있는 보상수단으로서 활용하였다. 실제로 Google, Microsoft, Facebook의 다수 임직원들은 주식선택권의 행사로 낮은 가격에 취득한 주식의 주가가 나중에 크게 오르면서 백만장자가 되었다.[19)]

주식선택권을 부여받은 임직원은 매수가격은 미리 정해져 있으므로 앞으로 주가가 오르면 오를수록 매수가격보다 더 높은 가격에 팔아 더 많은 차익을 남길 수 있다. 따라서 주식선택권은 장래 기업의 주가를 높여 기업과 임직원 모두의 이익이 될 수 있도록 임직원이 더 열심히 일할 유인을 제공한다.

주식선택권은 임직원의 더 많은 노력을 유도한다는 측면과 임직원에 대한 보상임에도 불구하고 회계상으로는 비용으로 처리되지 않았기 때문에 1990년대 후반 미국 대부분의 상장기업이 채택할 만큼 인기가 있었다. 그러나 지금은 주식선택권에 대한 인기가 많이 줄어든 상황이다.

그 이유는 첫째, 2005년 미국회계기준의 변경으로 현재는 주식선택권의 부여시점에 주식선택권의 공정가치를 측정하여 약정 용역제공기간에 걸쳐서 비용으로 처리하게 되었고, 둘째, 경영성과가 그다지 양호하지 않음에도 주식시장의 활황으로 주가가 올라 주식선택권으로 거액의 보상을 받거나 주식시장이 좋지 않을 경우 기업이 주식선택권의 매수가격을 하향 조정하여 결국 보상을 받게 해 주는 경우가 자주 발생하여 지나친 보상이라는 비난을 받게 되었기 때문이다.

주식선택권에 대한 구체적인 회계처리를 살펴보자. 2020년 1월 2일 임직

---

19) Richard Harroch, "Stock Options In Startups: Answers To 8 Frequently Asked Questions", Forbes, Feb 6, 2016.

원 100명에게 각각 100개의 주식선택권을 앞으로 2년간 근무할 것을 조건으로 부여하였고, 부여일 현재 그 주식선택권에 대한 가치는 ₩100으로 추정되며 임직원 중 10%가 2년 이내에 퇴사할 것으로 예상된다. 총 10,000개(= 100명×100개) 주식선택권의 가치는 ₩1,000,000(=10,000개×₩100)이고 이 중 10%가 소멸될 것이므로 ₩900,000의 주식보상비용을 2년간 나누어 비용으로 처리한다. 따라서 주식보상비는 매월 ₩37,500[=(₩900,000÷2년)÷12개월]이고 매월 말 다음과 같은 수정분개가 필요하다.

차 변		대 변	
주식보상비	37,500	주식선택권	37,500

여기서 대변의 주식선택권은 자본계정으로 기타자본구성요소에 포함된다. 〈예시 11.3〉은 (주)한글과컴퓨터의 기타자본에 대한 2022년 연결재무제표 주석으로 주식선택권이 포함되어 있음을 볼 수 있다.

〈예시 11.3〉 (주)한글과컴퓨터의 2022년 연결재무제표 주석 공시–기타자본

23-3 기타자본

보고기간 종료일 현재 기타자본항목의 내역은 다음과 같습니다(단위: 천원).

구 분	당기말	전기말
자기주식	(24,058,203)	(14,504,255)
주식선택권	576,321	354,434
기타자본	(16,623,206)	(16,623,206)
합 계	(40,105,088)	(30,773,027)

2) 자기주식

자기주식은 회사가 발행한 주식을 되사올 때 사용하는 계정으로 주식발행이 자본을 증가시키는 반면, 이미 발행된 주식을 발행회사가 되사오는 것은 자본을 감소시킨다. 따라서 자기주식은 자본차감계정으로 자기주식을 취득할 때 차변에 취득원가로 기록한다.

만약, 1주당 액면금액이 500원인 주식을 발행기업이 1주당 1,000원에 1,000주를 매입한 경우 자기주식은 자본의 감소에 해당하므로 다음과 같이 차변에 분개한다.

차 변		대 변	
자기주식	1,000,000	현 금	1,000,000

자기주식은 자본차감계정이므로 자기주식을 재무상태표 상에 나타낼 때는 잔액을 괄호 안에 표시한다. 〈표 11.1〉 (주)한국철강의 재무상태표 상에 표기된 기타자본구성요소는 〈예시 11.4〉의 (주)한국철강 재무제표 주석에서 설명하고 있듯이 모두 자기주식으로 금액이 (31,823,767)천원으로 표기되어 있다.

〈예시 11.4〉 (주)한국철강의 2022년 재무제표 주석 공시–기타자본구성요소

기타자본구성요소의 장부금액(단위: 천원)

구 분	2022년	2021년
자기주식	(31,823,767)	(63,423,893)

보고기간종료일 현재 회사는 3,625,478주(전기말: 7,225,478주)의 자기주식을 보유하고 있으며, 향후 소각 또는 매각할 예정입니다.

기업이 자기주식을 보유하면 그 기업의 발행주식수와 유통주식수는 자기주식 수만큼 차이가 난다. 자기주식은 의결권이 없고, 배당도 지급되지 않으나 회사가 원할 경우 재발행(매각)이 가능하다. 위에서 주당 1,000원에 취득한 자기주식 1,000주를 추후에 주당 2,000원을 받고 매각하였다면 이에 대한 분개는 다음과 같다.

차 변		대 변	
현 금	2,000,000	자기주식	1,000,000
		자기주식처분이익	1,000,000

자기주식처분이익은 주주와의 주식거래를 통해 발생한 이익이므로 포괄손익계산서에 포함하지 않고 재무상태표 상의 자본에만 포함한다. 만약, 자기주식의 취득원가보다 낮은 가격에 매각하였다면 자기주식처분손실이 발생하고 자기주식처분이익과 마찬가지로 포괄손익계산서에 포함하지 않고 재무상태표 상 자본의 자본차감계정으로 표기한다.[20] 일반기업회계기준은 자기주식처분이익은 자본잉여금으로, 자기주식처분손실은 자본조정으로 분류한다.

주식회사가 이미 발행된 주식을 되사는 이유는 첫째, 경영진이 현재 주가가 너무 낮다고 판단될 경우, 주가 부양을 위해서 자기주식을 취득한다. 기업의 자기주식 취득은 그 자체만으로도 경영진이 향후 전망을 좋게 본다는 긍정적인 신호를 주식시장에 전달하는 것으로서 유통주식수가 줄어들어 추후 발생하는 이익이 더 적은 수의 주주에게 배분되기 때문에 주가가 상승하는 경우가 많다.

둘째, 경영권 다툼이 일어날 경우 자기주식 취득은 경영권 방어수단으로 요긴하게 사용할 수 있다. 누군가가 단기간에 주식을 많이 취득하여 지분율 경쟁을 벌이는 경우, 자기주식이 있다면 이를 우호세력에게 재발행함으로써 우호세력의 지분율을 높일 수 있다.

셋째, 임직원에게 주식선택권(스톡옵션)을 제공한 경우, 임직원이 스톡옵션을 행사하면 주식을 미리 정해진 행사가격을 받고 발행해야 하는데 신주를 발행하면 기존의 주주들이 지분율 하락 등으로 피해를 보게 되므로 스톡옵션 행사 시 신주 대신 자기주식을 제공하기 위해 자기주식을 취득할 수 있다.

---

20) 자본차감계정은 잔액을 괄호 안에 표기한다. 만약, 자기주식처분이익의 잔액이 존재하는 기업이 추후에 자기주식처분손실이 발행하였다면 우선적으로 자기주식처분이익을 제거하고, 남는 금액이 있으면 자기주식처분손실로 인식한다. 본 장의 〈주관식 문제〉 5번 참조.

자기주식을 이용한 경영권 방어 – (주)SK[21)]

2003년 외국계 투자펀드인 소버린은 (주)SK의 주식을 14.99% 취득함으로써 기존의 대주주인 최태원 SK그룹 회장과 경영권 분쟁을 야기하였다. 당시 (주)SK는 보유 중이던 자기주식을 경영권 방어 차원에서 국내 은행을 포함한 우호세력에게 매각하였다. 이때 소버린은 (주)SK의 이러한 자기주식 처분행위가 위법하다며 소송을 제기하였으나 법원은 경영권 분쟁 상황에서 이사들의 자기주식 처분결의는 경영적 판단이므로 적법하다고 판결하였다. 그러나 이후 다른 소송에서는 자기주식을 특정 주주에게만 처분하는 것이 위법하다는 판례도 있어 합리적 이유가 부족하고 경영권 방어행위로서의 한계를 벗어나면 위법하다고 볼 여지가 있다.

11.6 자본총계와 시가총액

상장기업의 주가에 유통주식수를 곱한 금액을 **시가총액**이라고 한다. 시가총액은 해당 기업의 주주 몫에 대한 시장가치(시가)로 볼 수 있는데 이는 재무상태표 상의 자본총계와는 일치하지 않는다. 그 이유는 첫째, 재무상태표 상의 자산은 대부분 취득원가 또는 상각후원가(=취득원가−감가상각누계액−손상차손누계액)로 표기되는데 이는 시가와 차이가 있기 때문이다.

둘째, 기업이 영업과 광고를 통하여 축적한 브랜드 가치, 그리고 연구개발을 통해 창출한 기술력, 품질 등은 회계기준상 자산으로 인식될 수 없거나 일부만 인식되기 때문에 그만큼 자본총계가 과소 계상되기 때문이다.

셋째, 재무상태표 상의 자본총계는 과거 사건으로부터 발생한 자산과 부채를 인식한 것이므로 미래에 대한 전망이나 예측에 관한 정보는 포함되지 않기 때문에 이를 반영하고 있는 시가총액과 차이가 난다.

시가총액을 재무상태표 상의 자본총계로 나눈 비율을 **PBR**(**주가순자산비율**, price-to-book ratio)이라고 한다. 시가총액이 재무상태표 상의 자본총계보다

---

21) 김화진, 기업 경영권 시장과 헤지펀드, 서울대학교 法學 제48권 제1호(2007), pp.258-259.

큰 경우가 다수이므로 PBR은 일반적으로 1보다 크다. 그러나 시가총액이 오히려 자본총계보다 작아 PBR이 1보다 작은 경우도 적지 않다. 2019년 말 보통주 주가를 사용하여 산출한 PBR이 1보다 작은 상장기업은 유가증권시장의 경우 65.7%, 코스닥시장의 경우 31.9%에 이른다.[22] PBR이 1보다 작은 이유는 주로 투자자들이 해당 기업의 자산이 과대 계상되었거나 숨어 있는 부채가 존재하거나 계속 영업을 하더라도 정상적인 이익을 얻을 수 없다고 판단하기 때문이다.

Accounting Articles in English

Cash Dividends vs. Share Repurchases[23]

Which is Better for Your Portfolio?

There's some debate as to whether smart investors should insist on only purchasing shares of businesses that have a consistent record of steady dividend increases, or if it's better for a company to plow its earnings back into the company for expansion through stock repurchases.

Throughout the history of capital markets, many investors have believed that companies existed solely for the sake of generating dividends for the owners, but a fundamental shift away from cash dividends has developed since the 1990s or so.

Cash Dividends vs. Share Repurchases

Investing is the process of laying out money today so it will generate more money for you and your family in the future. Growth in the business should result in eventual changes to your lifestyle, either in the form of nicer material goods or financial independence.

---

22) 우선주가 있는 기업은 자본총계에서 우선주자본금을 차감하였고, 시가총액은 보통주유통주식수에 대한 자료가 없어 보통주 주식가격에 보통주발행주식수를 곱하여 산출하였다.

23) Kennon Joshua, "Cash Dividends vs. Share Repurchases Which is Better for Your Portfolio?" The Balance, May 3, 2020.

You might prefer dividends if you're an investor who needs cash now to live, or if you want to be sure you—rather than management—can allocate excess profit. But you might favor investing in a firm that repurchases shares if you're interested in finding a company that you truly believe can generate large profits by reinvesting to earn high returns on equity with little on debt.

Wal-Mart has decreased the number of shares outstanding while also experiencing high growth and paying cash dividends—one of the perfect combinations in Wall Street history.

A Historical Perspective

Andrew Carnegie often pushed his board of directors to keep dividend payouts low, instead reinvesting capital into property, plant, equipment, and personnel.

Some high-profile, privately-owned family firms have had dramatic schisms over the company's dividend policy. Those involved in the day-to-day operation of the business often want to see the money go into funding growth, but investors simply want larger checks to show up in the mail.

The U.S. tax code is partly responsible for this. It charges up to an additional 15% tax on qualified dividends that are paid out to shareholders. This tax was as high as the graduated income tax before the Bush administration, exceeding 35% on the federal level alone in some cases.

Then Rule 10b-18 was passed by Congress in 1982 and amended in late 2003, protecting companies from litigation for the first time. Widespread repurchases could be undertaken without fear of legal consequences. As a result, several well-known boards made the decision to return excess capital to shareholders by repurchasing stock and destroying it.

Rule 10b-18 often resulted in fewer outstanding shares and gave each remaining shareholder a larger percentage ownership in the business.

The dividend payout ratio for all companies in the U.S. was about 55% in 1969. The S&P 500 dividend payout ratio slid to around 25% by 2013, near all-time lows. More statistics tell an even clearer story: The S&P's 500 dividend yield stood at 2.11% on March 9, 2020, down from 7.44% at the end of 1950.

Total share buybacks have exceeded cash dividends paid by U.S. firms since 1997, according to a report by Harvard Business Review.

Pros and Cons of Share Repurchases

Share repurchases are a more tax-efficient way to return capital to shareholders because there's no additional tax on buybacks, even though the shareholder's pro rata equity in the enterprise increases. This results in potentially more profit and cash dividends on your shares, even if overall sales or profits never increase.

Some problems can undermine these results, however, making repurchases far less valuable:

- Shareholders are harmed if the share repurchases are completed when a company's stock is overvalued. This is effectively the same as trading in $1 bills for 75 cents, destroying value.
- The repurchases will, at best, neutralize their negative impact on diluted earnings per share if large stock options or equity grants are issued to employees and management.

The actual number of shares outstanding won't decrease. In this case, the share repurchases are merely a guise for transferring money from the shareholders to management.

Dividends Are Psychologically Beneficial

There are some major advantages to cash dividends that simply aren't available through share repurchases.

Cash dividends can be psychologically beneficial for a shareholder. Imagine a retired schoolteacher living in the suburbs with a portfolio of $500,000. A major market drop of 20%, creating a paper loss, might concern this individual if they were invested entirely in companies that retained all of their capital and/or repurchased stock.

The same loss probably wouldn't bother them if they were to invest in income-producing equities with an average dividend yield of 4%. They would be consoled by the $20,000 cash dividends they receive each year. The distribution of the profit will cause them to act more like an individual acquiring a stake in a private enterprise than a bystander subject to the whims of the stock market.

Dividends Need Conservative Capitalization Structures

The need for companies to constantly keep enough cash around each quarter to distribute dividends to stockholders tends to require them to maintain more conservative capitalization structures. This subtly reminds management that they're there to produce wealth for the owners of the business—not just make their empire bigger.

It also tends to prevent cash-hoarding that could inevitably be blown by a CEO feeling pressure from Wall Street to "do something." It typically seems as if the action of choice is to consummate an expensive acquisition, often destroying shareholder value.

Firms that pay cash dividends generally won't experience as great a percentage of decline in bear markets because the dividend yield acts as a protective cushion.

Wall Street is typically going to recognize the bargain and snap up shares when a well-financed, conservatively-run business offers a dividend yielding 15%. Investors seem more hesitant to swoop in and take advantage of the situation if the cash remains on the balance sheet because there's no guarantee that management will allocate the capital wisely.

A Hybrid Example

A hybrid model is usually preferred by company directors. The Home Depot home improvement chain has returned more than 65% of profits to shareholders through a combination of aggressive share repurchases and cash dividends

요 약

1. 상법은 발행주식의 액면총액(= 발행주식수 × 주당액면금액)을 자본금으로 규정하고, 채권자보호를 위해 자본금을 주주의 배당재원에서 제외한다. 주식에는 보통주와 우선주가 있으며, 우선주는 보통주와 달리 의결권이 없는 대신 배당과 기업 청산으로 인한 잔여재산 분배에 있어서 보통주보다 우선권이 있다. 자본잠식은 자본총계가 자본금보다 작은 경우를 말한다.

2. 유상증자는 주식회사가 설립된 후 대규모의 자금조달을 위해서 대가를 받고 주식을 추가로 발행하는 것이다. 반면, 무상증자는 주주에게 대가를 받지 않고 무상으로 주식을 추가로 발행하는 것이다.

3. 유상감자는 기업이 발행된 주식을 대가를 지급하고 되사서 소각하는 것이고, 무상감자는 대가를 지급하지 않고 발행된 주식을 회수하여 소각하거나 주당 액면금액을 줄이는 방법으로 자본금을 줄이는 것이다.

4. 자본잉여금 중 대표적인 것이 주식발행초과금이다. 주식발행초과금은 주식회사가 설립 이후 주식을 추가로 발행하는 경우 발행금액 중 액면금액을 초과하는 금액[= 발행주식수 × (발행가격 − 액면금액)]을 기록하는 계정이다.

5. 이익잉여금은 수익이 비용을 초과한 금액 중 기업 외부로 배당하지 않고 유보한 이익의 누적금액을 의미한다. 일반기업회계기준은 이익잉여금을 세부적으로 법정적립금, 임의적립금, 미처분이익잉여금으로 구분한다.

6. 법정적립금은 상법에 의해 미처분이익잉여금 중 해당 기간 현금배당액의 10% 이상을 이익준비금이라는 계정으로 분류하도록 의무화한 것이고, 임의적립금은 회사가 특정 목적을 위해 배당하지 않고 사내에 유보하기 위해 임의로 설정한 것이다.

7. 배당은 기업이 주식수에 비례하여 주주에게 이익을 분배하는 것으로 현금배당과 주식배당이 있다. 배당선언일에 미처분이익잉여금을 감소시키고 현금배당이면 부채계정인 미지급배당금을, 주식배당이면 자본계정인 미교부배당금을 증가시킨다.

8. 엄밀히 말하면 수익 또는 비용에 해당하지만 당기 경영성과의 측정치인 당기순이익(손실)에 포함하기에는 적절하지 않아 당기순이익(손실) 산출에는 포함하지 않는 계정을 기타포괄손익으로 분류한다. 기타포괄손익은 자본의 기타포괄손익누계액을 증가 또는

감소시킴으로써 자본총계를 변동시킨다.

9. 주식선택권(스톡옵션)은 기업이 임직원들에게 일정기간 근무 후에 미리 정한 분량의 회사 주식을 미리 정한 가격으로 살 수 있도록 보장한 권리를 뜻하며 임직원에게 더 열심히 일할 유인을 제공한다. 주식선택권은 지급 당시에 추정한 가치를 약정 용역제공기간에 걸쳐 주식보상비(비용)로 인식하고, 동시에 주식선택권이라는 자본계정에 기록한다.

10. 자기주식은 회사가 발행한 주식을 되사올 때 사용하는 계정으로 주식발행이 자산(현금)의 증가와 자본의 증가인 반면, 이미 발행된 주식을 발행회사가 되사오는 것은 자산(현금)의 감소와 자본의 감소에 해당한다.

11. 재무상태표 상의 자본총계는 시가총액과 일치하지 않는다. 그 이유는 재무상태표 상 자산은 대부분 취득원가 또는 상각후원가로 표기되고, 기업이 창출한 브랜드 가치와 기술력, 품질 등이 자산으로 반영되지 않으며 재무상태표는 미래에 대한 전망이나 예측에 관한 정보를 포함하지 않기 때문이다.

O×퀴즈 아래 문장이 옳으면 ○, 틀리면 ×로 답하고 틀린 곳은 올바르게 고치시오.

1. 자본금은 발행주식수에 액면금액을 곱한 액면총액을 말하고, 채권자보호를 위해 주주의 배당재원에서 제외된다.

2. 자본잠식이라고 하면 자본총계가 0보다 작은 경우를 말한다.

3. 주식발행초과금은 주식의 발행가격이 액면금액보다 큰 경우 액면금액을 초과하는 부분을 기록하는 자본계정이고, 주식할인발행차금은 주식의 발행가격이 액면금액보다 작은 경우 액면금액에 미달되는 부분을 기록하는 자본차감계정이다.

4. 자기주식의 취득은 현금의 감소와 투자주식의 증가로 자산과 자본총계에 미치는 영향은 없다.

5. 유상감자는 기업이 이미 발행한 주식을 되사서 소각시키는 것이고, 무상감자는 주주로부터 대가를 지급하지 않고 자본금을 감소시키는 것이다.

6. 당기순이익과 기타포괄이익은 모두 자본의 이익잉여금을 증가시킨다.

7. 기업이 보유하는 현금을 투자하여 토지, 건물, 기계장치 등을 취득하면 사내유보금 즉, 이익잉여금은 감소한다.

8. 시가총액은 재무상태표 상의 자본총계보다 항상 크다.

9. 자기주식의 취득은 경영권 다툼이 있는 경우 일반적으로 우호세력에게 자기주식을 재발행할 수 있다는 점에서 효과적인 경영권 방어수단이 될 수 있다.

10. 주식선택권(스톡옵션)은 해당 기업이 임직원에게 부여한 날에 추정한 가치만큼 자본의 증가와 주식보상비라는 비용으로 기록된다.

11. 이익잉여금은 법정적립금, 임의적립금, 미처분이익잉여금으로 구성된다. 법정적

립금의 증가는 단지 미처분이익잉여금의 일부가 법정적립금으로 이전된 것이므로 이익잉여금의 총계는 변동이 없다.

12. 우선주는 보통주와 같이 의결권이 있고, 배당에 있어서는 보통주보다 우선권이 있다.

13. 유상증자는 자본금과 자본총계를 증가시키고, 유상감자는 자본금과 자본총계를 감소시킨다.

14. 무상증자는 부채비율(=부채총계÷자본총계)을 감소시키는 효과가 있고, 무상감자는 부채비율을 증가시키는 효과가 있다.

15. 주식배당은 기존 주주에게 보유지분에 따라 신주를 분배하는 것으로 회사의 자산, 부채, 그리고 자본총계에 변화를 주지 않고, 주주들의 배당요구를 만족시킬 수 있다.

16. 포괄손익계산서에서 기타포괄손익은 당기순이익(손실)을 증가 또는 감소시킨다.

회계 용어 낱말퍼즐

• 아래의 설명을 보고 빈칸에 알맞은 회계 용어를 적으시오.

가로 (1~19)

1. 기업이 판매를 위해 보유 중인 완성품, 미완성품 또는 원재료에 해당하는 자산
2. 금융기관 등으로부터의 돈을 빌려 쓴 것에 대한 대가로 발생하는 비용
3. 기계장치, 비품 등 1년 넘게 사용하는 자산을 사용기간 동안 나누어 인식한 비용의 누적액으로 재무상태표에 표기되는 자산차감계정

4. 상법에 따라 미처분이익잉여금 중 해당 기간의 현금배당액의 10% 이상을 이익준비금이라는 계정으로 대체하도록 의무화한 것
5. 기중에 발생한 거래와 기말 수정사항들을 분개하고 총계정원장에 전기한 후 각 계정들의 잔액을 산출하여 나타내는 표
6. 기업이 보유하고 있는 통화, 타인발행수표, 요구불예금 등
7. 유상증자 시 신주의 발행금액 중 액면금액을 초과하는 부분을 기록하는 계정
8. 실제로 재화를 제공하기 전에 거래 상대방으로부터 미리 수령한 금액
9. 자산이나 부채가 합리적인 판단력과 거래 의사가 있는 거래 당사자 간에 거래될 때 결정된 가격
10. 회계기간 중에 발생한 상품의 구입과 판매가 이루어질 때마다 상품수불부에 상품의 증감을 계속 기록하는 방법
11. 매출채권 중에서 미래 회수가 불가능할 것으로 추정한 금액으로 재무상태표에 자산차감계정으로 나타남
12. 기업이 발생한 모든 경제적 거래를 기록한 후 이해관계자들에게 재무상태, 경영성과, 자본변동, 현금흐름 등의 정보를 요약하여 제공하는 여러 재무 보고서
13. 복식부기에서 계정의 왼쪽을 뜻하는 말
14. 발생한 거래를 장부에 기록하는 것(bookkeeping)
15. 기업이 1년 넘게 영업에 사용할 목적으로 보유하는 물리적 형태가 있는 자산
16. 일정 기간 동안 기업의 경영성과를 보여주는 재무 보고서
17. 기업이 거액의 자금을 조달할 목적으로 발행한 유가증권으로 만기일에 액면금액을 지급하며, 정기적으로 이자를 지급하겠다고 약정한 증서
18. 총계정원장의 현금 잔액과 실제 현금 보유액 간에 차이가 발생할 경우 그 차이를 기록하는 임시계정
19. 회계기간 중인 발생한 수익, 비용 중 누락된 부분을 반영하고 자산과 부채를 정확하게 반영하기 위해 회계기간 말에 수행하는 추가적인 분개

세로 (A~S)

A. 1년 넘게 사용하는 자산의 예상 사용기간으로 감가 발생의 원인(물리적 마모, 진부화 등)을 고려하여 추정
B. 일정 시점에 기업이 보유하고 있는 자산, 부채, 자본의 구성을 나타내는 재무 보

고서

C. 감가상각대상자산의 경제적 효익이 시간의 경과에 따라서 일정하게 소비된다는 가정의 감가상각방법

D. 기업의 주된 영업활동 이외의 외상거래로부터 발생하는 미래 현금을 지급할 의무

E. 공개 시장에서 자산을 사고팔 수 있는 가격으로 해당 자산의 수요와 공급에 의해 결정

F. 연구단계보다 더 진전되어 발생한 지출이 미래에 경제적 효익을 가져올 가능성이 큰 경우에 인식하는 무형자산

G. 일정 기간 동안 기업의 현금흐름의 변동 내역을 영업활동, 투자활동, 재무활동으로 구분하여 표시하는 재무 보고서

H. 체감잔액법의 일종으로 내용연수의 합계를 분모로 하고, 각 회계연도 말 시점 기준 잔존내용연수에 1을 가산한 수를 분자로 하여 상각률을 계산하는 방법

I. 배당금의 대가로 주주에게 현금을 지급하는 대신 회사가 주식을 발행하여 지급하는 경우

J. 자산의 기초 장부가액에 매년 일정한 비율을 곱하여 연도별 감가상각비를 계산하는 감가상각방법으로 사용기간 초기에 많은 금액이 상각됨

K. 회계기간 동안의 총수익에서 총비용을 차감한 금액으로 총수익이 총비용보다 큰 경우

L. 복식부기에서 계정의 오른쪽을 뜻하는 말

M. 지급할 금액과 시기가 확정되지 않은 부채

N. 물리적 실체는 없지만 식별 가능한 비화폐성 자산

O. 일반적으로 1년 이내에 현금으로 회수되거나 사용 등으로 소멸되는 자산

P. 자산, 부채, 자본 등에 속하는 여러 항목들의 증가와 감소를 기록하기 위해 설정한 단위의 명칭

Q. 해당 자산을 사용하여 얻게 되는 미래 경제적 효익의 현재가치로서 손상검사에서 회수가능액을 추정하는 방법 중의 하나

R. 발행인이 제3자(주로 은행)에게 일정 금액의 지급을 요청하는 형태의 유가증권. 어음과 달리 언제라도 은행에 제시하면 현금 수령이 가능

S. 복식부기 방식으로 경제적 거래를 날짜별로 기록하는 회계 장부

제11장 객관식 문제

1. 무상증자, 주식배당, 주식분할, 주식병합에 대한 설명으로 옳지 않은 것은?

〈지방직 9급, 2021〉

① 무상증자로 자본금은 변동하지 않는다.
② 주식배당은 발행주식수를 증가시킨다.
③ 주식분할은 발행주식수를 증가시킨다.
④ 주식병합으로 자본금은 변동하지 않는다.

2. (주)시대상사는 2018년 12월 말에 주당 액면금액 ₩5,000인 보통주 1,000주를 주당 ₩10,000에 발행(유상증자)하였으며, 주식인쇄비 등 주식발행과 관련된 비용이 ₩1,000,000 발생하였다. 유상증자 직전에 (주)시대상사의 자본에는 주식할인발행차금의 미상각잔액이 ₩1,500,000 존재하였다. 이 거래와 관련하여 (주)서울이 2018년 말에 보고할 주식발행초과금은? 〈서울시 9급, 2018〉

① ₩2,500,000　　② ₩4,000,000
③ ₩9,000,000　　④ ₩10,000,000

3. (주)한국은 자기주식에 대하여 원가법을 적용하고 있다. 기중에 자기주식 20주를 외상으로 ₩40,000에 취득하였고 이 중 10주를 현금 ₩30,000에 처분하였다. 이 주식거래로 인한 결과로 옳지 않은 것은? (단, 기초 자기주식처분손익은 없다고 가정한다). 〈국가직 9급, 2017〉

① 자산은 ₩30,000 증가한다.
② 자본은 ₩20,000 감소한다.
③ 부채는 ₩40,000 증가한다.
④ 자본잉여금은 ₩10,000 증가한다.

4. (주)한국의 20×1년 초 자본잉여금은 ₩1,000,000이다. 당기에 다음과 같은 거래가 발생하였을 때, 20×1년 말 자본잉여금은? (단, 다음 거래를 수행하는 데 충분한 계정 금액을 보유하고 있으며, 자기주식에 대하여 원가법을 적용한다). 〈국가직 9급, 2020〉

- 2월에 1주당 액면금액이 ₩2,000인 보통주 500주를 1주당 ₩3,000에 발행하였다.
- 3월에 주주총회에서 총액 ₩200,000이 배당을 결의하였다.
- 4월에 자기주식 100주를 1주당 ₩2,500에 취득하였다.
- 3월에 결의한 배당금을 4월에 현금으로 지급하였다.
- 4월에 취득한 자기주식 40주를 9월에 1주당 ₩4,000에 처분하였다.

① ₩1,000,000　　② ₩1,110,000
③ ₩1,510,000　　④ ₩1,560,000

5. (주)세무의 20×1년 초 자본총계는 ₩3,000,000이었다. 20x1년 중 자본과 관련된 자료가 다음과 같을 때, 20×1년 말 자본총계는? 〈세무사 1차, 2022 수정〉

4월 1일	1주당 액면금액 ₩5,000인 보통주 100주를 1주당 ₩12,000에 발행하였다.
7월 30일	이사회에서 총 ₩200,000의 중간배당을 결의하고 즉시 현금으로 지급하였다.
10월 1일	20주의 보통주(자기주식)를 1주당 ₩11,000에 취득하였다.
11월 30일	10월 1일에 취득하였던 보통주(자기주식) 중에서 10주는 1주당 ₩13,000에 재발행하였다.
12월 31일	20×1년도의 당기순이익과 기타포괄이익으로 각각 ₩800,000과 ₩50,000을 보고하였다.

① ₩4,040,000　　② ₩4,470,000
③ ₩4,690,000　　④ ₩4,760,000
⑤ ₩4,890,000

6. 20×1년 1월 1일 설립한 (주)한국의 자본 관련 거래는 다음과 같다.

일 자	거래 내역
1월 1일	보통주 1,000주를 주당 ₩120(액면금액 ₩100)에 발행하고, 주식발행과 관련된 직접비용 ₩700을 현금 지급하였다.
7월 1일	보통주 1,000주를 주당 ₩90(액면금액 ₩100)에 발행하고, 주식발행과 관련된 직접비용은 발생하지 않았다.

이와 관련된 설명으로 옳은 것은? 〈국가직 9급, 2022〉

① 1월 1일 현금 ₩120,000이 증가한다.

② 1월 1일 주식발행과 관련된 직접비용 ₩700을 비용으로 계상한다.

③ 7월 1일 자본금 ₩90,000이 증가한다.

④ 12월 31일 재무상태표에 주식발행초과금으로 표시될 금액은 ₩9,300이다.

7. 다음 자료를 이용하여 계산한 (주)한국의 20×1년도 당기순이익은? (단, 재무제표에대한 결산 승인은 차기 3월에 개최된 주주총회에서 이루어진다.) 〈경영지도사, 2022〉

• 20×0년도 재무제표에 대한 결산 승인 후 재무상태표상 미처분이익잉여금	₩50,000
• 주주총회(20×2년 3월) 결의 내용	
현금배당	₩5,000
주식배당	₩2,000
법정적립금 적립	₩1,000
• 20×1년도 재무제표에 대한 결산 승인 후 재무상태표상 미처분이익잉여금	₩68,000

① ₩18,000 ② ₩26,000

③ ₩36,000 ④ ₩37,000

⑤ ₩45,000

제11장 주관식 문제

1. 보통주의 주당 액면금액이 5,000원인 (주)은성은 20×1년~20×3년에 유상증자, 자기주식 취득, 자기주식 재발행을 다음과 같이 실시하였다. 각 거래가 자본총계에 미치는 영향을 구체적인 계정과목과 금액을 들어 설명해 보시오.

연 도	거 래	발행/취득 주식수	주당 발행/취득 금액
20×1년	유상증자	300,000주	6,000원
20×2년	자기주식 취득	10,000주	7,000원
20×3년	자기주식 재발행	5,000주	8,000원

2. (주)대현의 20×1년 기초와 기말의 자본 항목은 다음과 같다. 회사가 발행한 주식의 액면가는 5,000원이다.

	20×1.1.1.	20×1.12.31.
보통주자본금	7,000,000	9,000,000
주식발행초과금	4,200,000	6,600,000

1) (주)대현이 20×1년에 추가로 발행한 주식수는 모두 몇 주인가?

2) (주)대현이 20×1년에 발행한 주식의 평균 발행가는 얼마인가? (주식발행비는 없는 것으로 가정)

3) (주)대현이 20×1년에 주식발행을 통해 조달한 자금은 모두 얼마인가?

3. 다음은 (주)강동공업의 재무상태표 중 자본 부분이다. 아래 물음에 답하시오(단위: 원).

	20×1년 말	20×0년 말
자 본		
자본금	1,500,000,000	1,000,000,000
자본잉여금		
주식발행초과금	1,300,000,000	800,000,000
기타자본항목		
자기주식	(20,200,000)	0
이익잉여금	396,352,000	355,387,000
자본총계	3,176,152,000	2,155,387,000

1) (주)강동공업의 보통주는 액면금액이 5,000원이다. 20×1년 말의 총 발행주식수는 몇 주인가?
2) 20×1년 (주)강동공업은 유상증자를 실시하였다. 몇 주를 추가로 발행하였고, 주당 발행가액은 얼마인가? (발행비용은 없는 것으로 가정)
3) (주)강동공업은 20×1년 말까지 주식발행을 통하여 총 얼마의 자금을 조달하였는가? (모든 주식은 현금 출자로 발행된 것으로 가정)
4) 20×1년 (주)강동공업이 취득한 자기주식은 2,000주이다. 자기주식의 주당 취득금액은 얼마인가?
5) 20×1년 말 (주)강동공업의 유통주식수는 얼마인가?
6) 20×1년 말 (주)강동공업의 사내유보이익(사내유보금)은 얼마인가?
7) 20×1년 (주)강동공업이 현금배당으로 10,000,000원을 지급하였다면 (주)강동공업의 20×1년 당기순이익은 얼마인가?

4. (주)서문산업은 20×1년 5월 1일 주식발행초과금을 재원으로 하여 무상증자를 실시하였다. 증자비율은 보통주 5주당 1주(20%)이다. 당시 액면가 5,000원의 보통주 발행주식수는 총 100,000주이다. 무상증자에 대한 분개를 하시오.

5. (주)구룡공업의 20×1년 8월 30일 현재 보통주자본금은 100,000,000원(주당 액면금액 5,000원)이고, 주식발행초과금은 20,000,000원이며 이익잉여금은 15,000,000원이다. 다음의 자기주식 거래에 대한 분개를 하시오.

1) 20×1년 9월 1일에 주당 8,500을 지급하고 자사주 500주를 취득하였다.
2) 20×2년 10월 2일에 1주당 10,000원에 자사주 250주를 재발행하였다.
3) 20×3년 11월 1일에 1주당 7,000원에 자사주 100주를 재발행하였다.

6. 다음의 거래가 자본금, 자본총계, 발행주식수, 유통주식수에 미치는 영향을 증가, 감소, 불변 중에서 고르시오.

거 래	자본금	자본총계	발행주식수	유통주식수
유상증자				
자기주식 취득				
배당금 지급승인				
유상감자				
자기주식 재발행				
주식분할(액면분할)				

7. 다음은 (주)서초실업의 20×1년 말 재무상태표의 자본에 포함되는 계정과목과 잔액의 자료이다. 아래 물음에 답하시오(단위: 천원).

계정과목	잔 액	계정과목	잔 액
보통주자본금	300,000	이익준비금	2,000
주식발행초과금	540,000	주식선택권	4,000
기타포괄손익누계액-FVOCI금융자산	(2,165)	미처분이익잉여금	182,432
자기주식	(5,230)	우선주자본금	30,000

1) 재무상태표 상에 자본총계는 얼마로 표기되는가?
2) 재무상태표 상에 자본금과 자본잉여금은 얼마로 표기되는가?
3) 재무상태표 상에 이익잉여금은 총 얼마인가?
4) 20×1년도 포괄손익계산서 상에 당기순이익은 67,540천원, 기타포괄손실은

1,543천원이 발생한 것으로 나타났다. 당기순이익과 기타포괄손실은 위의 자본 계정과목 중에서 어디에 포함되어 있는가?

5) 20×2년 3월 말 주주총회에서 현금배당금을 10,000천원 지급하고, 이익준비금으로 1,000천원을 적립할 것을 승인할 예정이다. 주주총회에서 그대로 승인된다면 위의 계정과목 중에서 변하는 것은 무엇인가? 그 결과 재무상태표 상에 이익잉여금은 총 얼마가 증가 또는 감소하는가?

8. (주)동양전기의 20×1년 3월 28일 현재 보통주자본금은 200,000,000원(액면가 5,000원, 유통주식수 40,000주)이다. (주)동양은 20×0년 12월 31일을 기준으로 주주명부에 등록된 보통주 주주에게 액면가의 10%인 주당 500원의 현금배당을 지급하기로 20×1년 3월 28일 선언하였고 다음 달인 20×1년 4월 20일에 배당금을 주주들에게 지급하였다. 배당기준일, 배당선언일, 그리고 배당지급일에 필요한 분개를 하시오.

9. (今)은평이 20×1년 주식배당을 선언하기 전의 자본은 아래와 같다.

보통주(액면금액 1,000원, 발행주식수 20,000주)	₩20,000,000
주식발행초과금	10,000,000
이익잉여금	70,000,000
자본총계	100,000,000

(주)은평은 20×1년 3월 29일 주주총회에서 10%의 주식배당을 선언하였고, 20×1년 4월 25일 주식을 주주에게 교부하였다. 주식배당 선언 당시의 주가는 5,000원이다.

1) 주식배당 선언일과 주식 교부일에 필요한 분개하시오(액면가 기준).

2) 주식교부 후 자본 항목은 어떻게 변했는지 재무상태표의 자본란을 완성하시오 (주식배당으로 인한 변동만 반영).

10. 다음은 (주)태백에너지의 20×0년 말 재무상태표의 자본에 포함되는 계정과목과 잔액의 자료이다. 아래 물음에 답하시오.

계정과목	잔 액	계정과목	잔 액
자본금	50,000,000	이익준비금	1,000,000
주식발행초과금	30,000,000	미처분이익잉여금	23,482,000

1) (주)태백에너지의 보통주 액면금액이 100원이라면 보통주의 발행주식수는 얼마인가?
2) 20×1년 1월 2일 (주)태백에너지가 발행가격 200원에 보통주 500,000주를 추가로 발행하는 유상증자를 실시하였다. 1월 2일의 유상증자를 분개하시오.
3) 만약, 2)번의 유상증자에서 전체 발행금액의 0.3%에 해당하는 주식발행비를 지급하였다면 1월 2일의 분개는 어떻게 달라지는가?
4) 20×1년 3월 30일 (주)태백에너지는 주주총회에서 4,000,000원의 현금배당과 400,000원을 이익준비금으로 적립할 것을 결의하였다. 3월 30일에 필요한 분개를 수행하시오.
5) 20×1년 7월 1일 주식발행초과금을 재원으로 발행주식수의 10% 무상증자를 실시하였다. 7월 1일 무상증자로 증가 또는 감소한 자본계정은 무엇인가?
6) 20×1년 12월 1일 (주)태백에너지는 자기주식 10,000주를 주당 210원에 취득하였다. 12월 1일의 자기주식 취득을 분개하시오.
7) 20×1년 (주)태백에너지의 당기순이익은 13,954,000원이다. 20×1년 말 (주)태백에너지의 재무상태표에 들어갈 자본 부분을 완성하시오(20×1년 1월 2일 유상증자의 주식발행비는 없는 것으로 가정).

11. 다음은 (주)광천생수의 20×0년 말 재무상태표의 자본에 포함되는 계정과목과 잔액의 자료이다. 아래 물음에 답하시오.

계정과목	잔 액	계정과목	잔 액
자본금	100,000,000	결손금	(20,000,000)

1) (주)광천생수의 발행주식수가 100,000주이라면 1주당 액면금액은 얼마인가?
2) 20×0년 말 현재 (주)광천생수는 자본잠식에 해당하는지 답하고, 해당한다면 자본잠식률은 얼마인가?
3) (주)광천생수의 20×0년 말 보통주의 종가는 600원이다. (주)광천생수의 주가순자산비율(PBR)은 얼마인가?
4) 20×1년 1월 5일 (주)광천생수는 결손금을 모두 자본금으로 보전하기 위한 무상감자를 실시하였다. 무상감자 이후 유통주식수, 자본금, 결손금, 자본총계는 각각 얼마인가?

실제 기업 사례 문제

1. (주)티웨이항공은 2022년 유상증자로 보통주 50,000,000주를 2,420원에 발행하였다. (주)티웨이항공의 보통주 액면금액은 500원이다.

1) 유상증자로 인하여 자본금과 주식발행초과금은 얼마나 증가하는가?

2) 상장수수료, 증권회사 인수수수료 등 주식발행비로 1,402,214,000원이 발생하여 유상증자를 통하여 실질적으로 조달한 자금이 그만큼 줄어들었다면 자본금과 주식발행초과금은 어떻게 달라지는가?

2. 다음은 비상장 유통기업인 (주)아성다이소산업의 재무상태표 자본 부분이다. 아래 물음에 답하시오.

주식회사 아성다이소산업 (단위: 천원)

	2022.12.31.		2021.12.31.	
자 본				
Ⅰ. 자본금		3,218,500		3,218,500
보통주자본금	3,218,500		3,218,500	
Ⅱ. 자본잉여금		41,285,816		41,285,816
주식발행초과금	41,285,816		41,285,816	
Ⅲ. 자본조정		(1,219,120)		(1,219,120)
자본조정	(1,219,120)		(1,219,120)	
Ⅳ. 기타포괄손익누계액		(5,702,227)		-
단기금융상품평가손실	(5,702,227)		-	
Ⅲ. 이익잉여금		1,048,998,600		851,538,546
이익준비금	1,609,250		1,609,250	
미처분이익잉여금	1,047,389,350		849,929,296	
자본총계		1,086,581,568		894,823,741
부채및자본총계		1,533,354,670		1,352,709,830

1) (주)아성다이소산업의 보통주는 1주당 액면금액이 5,000원이다. 현재까지 발행한 보통주 주식수는 얼마인가?
2) (주)아성다이소산업은 2022년 말까지 주식발행을 통하여 총 얼마의 금액을 조달하였는가? (모든 주식은 현금 출자로 발행된 것으로 가정) 그리고 평균 발행가격은 얼마인가?
3) 2022년 이익잉여금은 1,048,998,600천원으로 전기의 851,538,546천원보다 197,460,054천원 증가하였다. 증가의 원인이 무엇인지 자본변동표를 보고 답하시오.
4) 이익잉여금 중 이익준비금이 2021년과 2022년 동일하게 1,609,250천원이다. 금액이 변하지 않은 이유를 설명하시오. 재무제표 주석을 참조하여 답하시오.

3. (주)셀트리온은 2022년 주주가치 제고를 목적으로 자기주식 110,215주를 총 33,891,356천원에 취득하였다. (주)셀트리온이 자기주식을 재무상태표에 어떻게 표기하는가를 전자공시스템에서 2022년 (주)셀트리온의 연결재무상태표를 찾아 답하시오.

4. 상장기업인 (주)웅진씽크빅은 2020년 보통주 총발행주식수 134,173,248주(액면가 500원)의 12.5%인 보통주 16,771,656주를 주당 2,975원에 매수하여 소각하였다.

1) 2020년 유상감자 후 (주)웅진씽크빅의 발행주식수와 자본금은 얼마인가?
2) 액면금액이 500원인 보통주를 2,975원에 취득하여 소각하면 그 차이는 재무상태표 상의 자본에 어떻게 표기되는지 2020년 3분기보고서의 재무상태표를 보고 답하시오.

5. (주)한글과컴퓨터가 임직원에게 부여한 주식선택권에 대한 내용을 2022년 (주)한글과컴퓨터의 연결재무제표 주석에서 찾아 아래 물음에 답하시오.

1) 2022년 말 현재 남아 있는 주식선택권은 모두 몇 주이고 행사가격은 얼마이며 약정 용역제공기간은 얼마인가?
2) (주)한글과컴퓨터는 주식선택권의 공정가치를 어떤 방법으로 추정하고, 추정에 사용된 행사가격, 무위험이자율과 주가변동성은 얼마로 가정하였는가?

제 12 장

현금흐름표

신격호와 롯데그룹-베르테르의 연인, '샤롯데'로부터 롯데를 짓다

신격호는 1922년 경남 울산군 상남면 둔기리에서 10남매 중의 장남으로 태어났다. 울산농업학교를 졸업한 후 경남도립 종축장(우량 품종의 가축을 기르는 목장)에 취직하였으나 더 큰 꿈을 이루고자 1941년 단돈 83엔만을 갖고 일본으로 떠났다. 그러나 도착하자마자 일본 형사에게 붙들려 매를 맞고 2시간 후에 풀려나기도 했다. 먹고 살기 위해 낮에는 일하고 밤에는 야간학교에서 공부했으며 징병을 피하고자 와세다실업학교 야간부에 입학하였고, 졸업 후 와세다고등공학교(이후 와세다대 이학부) 응용화학과에 진학하였다.

생활비를 벌기 위해 우유 배달, 신문 배달, 공장 잡일, 전당포 점원 등 온갖 일을 마다하지 않았다. 우유 배달을 할 때는 새벽 배달시간을 엄수하여 주문이 크게 늘었고, 전당포에서 일하면서 주인으로부터 신임을 얻어 나중에 사업자금을 받기도 했다. 원래 작가를 지망한 신격호는 바쁜 와중에도 헌책방에서 세계문학 전집을 비롯해 많은 책을 읽었다. 그중 괴테의 '젊은 베르테르의 슬픔'에 큰 감동을 받았고, 여주인공인 '샤롯데'의 이름을 따라 후에 회사 이름을 '롯데'로 짓게 되었다.

태평양 전쟁 중에 전당포 주인으로부터 커팅오일을 만들기만 하면 얼마든지 팔 수 있다며 6만엔을 사업자금으로 받게 되었다. 그러나 공장을 가동해 보기도 전에 폭격으로 불타버렸고, 다시 세운 공장은 처음에는 순조롭게 오일을 생산하였으나 1년 반 만에 폭격으로 다시 불타는 아픔을 겪었다. 해방이 되고 그대로 귀향할 수도 있었으나 6만엔을 투자한 전당포 주인에게 보답하기 위해 '히카리특수화학연구소'를 설립하고 세탁비누 등 생필품을 생산·판매하였고, 사업이 잘되어 1년 반 만에 6만엔을 갚고 이자로 집 한 채를 선물하였다. 일본에 주둔하는 미군들이 아이들에게 나누어 주던 껌이 큰 인기를 끌자 껌 사업을 시작하였다.

1948년 롯데제과를 설립하였고, 당시 수많은 껌 생산업체가 있었으나 약제사를 고용하여 좋은 재료로 위생적인 생산에 주력하여 매출이 크게 늘었다. 본인의 아이디어로 대나무 풍선껌, 카우보이껌, 그린껌, 쿨민트껌 등 다양한 제품을 출시하였고, '입속의 연인'이라는 광고카피도 직접 만들었다. 1천만엔을 상금으로 건 이벤트를 실시하면서 신문, TV, 라디오 광고를 실시한 것을 계기로 1963년 일본 껌 점유율 1위의 업체로 등극하였다.

다음으로 초콜릿 사업에 진출하기 위해 스위스의 세계 최고 기술자를 삼고초려 끝에 영입하였고, 최고 품질의 제품을 생산할 수 있도록 재료와 설비투자를 아끼지 않았다. 제품 출시와 함께 대대적인 TV 광고를 하여, 선발주자인 메이지, 모리나가를 추격하여 1984년에는 드디어 일본 과자업계의 선두로 나섰다.

신격호는 1965년 한일 국교정상화 이후 국내 제철공장의 건립을 계획하였으나 정부의 포항제철 설립으로 좌절되었다. 1967년 롯데제과를 설립하고, 1973년 박정희 대통령의 권유로 적자상태에 있던 반도호텔을 인수하고 그 자리에 롯데호텔과 롯데쇼핑센터(현 롯데백화점)를 1979년 준공하였다. 또한 당시 허허벌판이던 잠실에 1988년 올림픽 경기대회 개최에 맞추어 롯데호텔을 건립하였고, 가족이 함께 하루를 즐겁게 보낼 수 있는 공간을 마련하고자 세계 최대 실내 테마파크 '롯데월드'를 1989년에 개장하였다. 신격호는 생애 마지막 사업으로 서울의 새로운 랜드마크인 123층 높이 555m로 세계에서 6번째로 높은 '롯데월드타워'를 2017년 완공하였고, 2020년 영면하였다.

참고문헌: 열정은 잠들지 않는다(롯데지주, 2021. 나남), 신격호는 어떻게 거인 롯데가 되었나(김태훈, 2014, 성안북스), 신격호의 도전과 꿈(오쿠노 쇼, 2020, 나남)

앞서 제3~5장에서 서비스기업, 상품매매기업, 제조기업의 재무제표를 설명할 때 현금흐름표를 소개하였다. 본 장에서는 제4장에 나온 (주)헬스팜의 현금흐름표 〈표 12.1〉을 토대로 영업활동 현금흐름을 간접법으로 작성하는 방법을 위주로 설명한다.

12.1 직접법과 간접법

직접법(direct method)은 〈표 12.1〉과 같이 영업활동에서의 현금 유입액은 원천별로, 현금 유출액은 용도별로 구분하여 보여주기 때문에 투자자들이 현금흐름을 한눈에 쉽게 파악할 수 있다는 장점이 있다. 그러나 직접법의 사용을 위해서는 회계기간 동안의 현금 계정에 표시된 현금의 유입과 유출을 일일이 분석해야 하는 어려움이 있다. 따라서 실무에서는 직접법 대신 아래에서 설명하는 **간접법**(indirect method)을 사용하여 영업활동 현금흐름을 산출한다.

표 12.1 (주)헬스팜의 4월 현금흐름표–직접법

현금흐름표 20×1년 4월 1일부터 4월 30일까지 (주)헬스팜 (단위: 원)		
Ⅰ. 영업활동 현금흐름		(5,080,000)
고객으로부터 유입된 현금	0	
종업원에 대한 현금유출	(3,500,000)	
기타 영업비(임차료, 보험료, 전력비) 지급	(1,580,000)	
Ⅱ. 투자활동 현금흐름*		(20,000,000)
임차보증금의 지급	(20,000,000)	

Ⅲ. 재무활동 현금흐름		40,000,000
주주의 출자	30,000,000	
단기차입금의 증가	10,000,000	
Ⅳ. 현금의 증가		14,920,000
Ⅴ. 기초의 현금		0
Ⅵ. 기말의 현금		14,920,000

* 현금유출이 없는 중요한 투자활동으로 비품의 외상취득 600만원이 있다.

〈표 12.2〉는 (주)헬스팜의 현금흐름표를 간접법으로 작성한 것이다. 직접법과 간접법은 영업활동 현금흐름의 산출방법에서만 차이가 있고, 투자활동과 재무활동 현금흐름의 작성방법에는 차이가 없다. 간접법은 수익과 비용의 발생을 기준으로 산출한 당기순이익(손실)에서 출발하여 현금의 유입 또는 유출이 동반되지 않는 수익과 비용, 영업활동과 관련이 없는 수익과 비용, 영업활동으로 인한 자산과 부채의 변동에 대한 조정을 거쳐 영업활동 현금흐름을 산출한다.

표 12.2 (주)헬스팜의 4월 현금흐름표–간접법

현금흐름표

20×1년 4월 1일부터 4월 30일까지

(주)헬스팜 (단위: 원)

Ⅰ. 영업활동 현금흐름		(5,080,000)
당기순이익(손실)	(290,000)	
현금유출이 없는 비용 등의 가산		
감가상각비	100,000	
영업활동으로 인한 자산 · 부채의 변동		
매출채권 증가	(13,500,000)	
상품 증가	(1,000,000)	
선급보험료 증가	(440,000)	
매입채무 증가	10,000,000	
미지급이자 증가	50,000	

Ⅱ. 투자활동 현금흐름*		(20,000,000)
임차보증금의 지급	(20,000,000)	
Ⅲ. 재무활동 현금흐름		40,000,000
주주의 출자	30,000,000	
단기차입금의 증가	10,000,000	
Ⅳ. 현금의 증가		14,920,000
Ⅴ. 기초의 현금		0
Ⅵ. 기말의 현금		14,920,000

* 현금유출이 없는 중요한 투자활동으로 비품의 외상취득 600만원이 있다.

12.2 간접법에 의한 영업활동 현금흐름 산출

간접법의 핵심은 〈표 12.3〉에서 요약한 것처럼 당기순이익(손실)에서 출발하여 현금 유출이 없는 비용 등을 가산하고, 현금 유입이 없는 수익 등을 차감하는 조정을 하는 것이다.

표 12.3 간접법에 의한 영업활동 현금흐름 산출과정 예시

영업으로 인한 현금흐름		×××
1) 당기순이익(손실)	×××(×××)	
2) 현금 유출이 없는 비용 등의 가산		
+ 현금 유출이 없는 비용		
감가상각비	×××	
무형자산상각비	×××	
퇴직급여	×××	
⋮		
+ 투자 및 재무활동 관련 비용 및 손실		
유형·무형·투자자산 처분손실	×××	
사채상환손실	×××	
⋮		

3) 현금 유입이 없는 수익 등의 차감
  – 현금 유입이 없는 수익
    지분법이익 (×××)
    ⋮
  – 투자 및 재무활동 관련 수익 및 이익
    유형 무형 투자자산 처분이익 (×××)
    사채상환이익 (×××)
    ⋮
4) 영업활동으로 인한 자산 및 부채의 변동
  –(+) 영업활동으로 인한 자산의 증가(감소)
    매출채권, 재고자산, 선급비용 등의 증가(감소) (×××)×××
  +(–) 영업활동으로 인한 부채의 증가(감소)
    매입채무, 미지급비용, 선수수익 등의 증가(감소) ×××(×××)

먼저, 현금 유출이 없는 감가상각비, 무형자산상각비, 퇴직급여[1], 지분법손실[2] 등과 같은 비용을 당기순이익에 가산한다. 이러한 항목은 당기순이익 계산에는 포함되나 실제로 현금이 유출되지는 않았으므로 영업활동 현금흐름 산출을 위해서 당기순이익에 가산하는 것이다.

두 번째로 당기순이익 계산에 포함되나 영업활동이 아니라 투자활동 또는 재무활동과 관련된 손실을 가산한다. 이러한 항목의 예로 자산처분손실, 채무상환손실 등을 들 수 있다.

다음으로는 현금 유입이 없는 수익(또는 이익), 예를 들면, 지분법이익, 금융자산평가이익-PL 등을 당기순이익으로부터 차감한다. 이러한 항목은 당기순이익 계산에는 포함되나 실제로 현금의 유입이 없으므로 영업활동 현금흐름 산출을 위해 당기순이익으로부터 차감하는 것이다.

---

1) 퇴직급여는 종업원이 재직하는 기간에 비용으로 인식하게 되므로 현금 유출이 없는 비용이다.

2) 지분법이익(손실)은 지분율 20% 이상을 보유하거나 피투자회사에 유의한 영향력을 미치는 경우 **지분법회계**를 적용하는데 피투자회사의 당기순이익(손실) 중 지분율만큼을 **지분법이익(손실)**으로 인식하므로 실제 현금의 유입(유출)은 없다.

또한 당기순이익 계산에 포함되나 영업활동이 아니라 투자활동 또는 재무활동과 관련된 이익을 차감한다. 이러한 항목의 예로 자산처분이익, 채무상환이익 등을 들 수 있다.

마지막으로 영업활동으로 인한 자산과 부채의 변동을 조정한다. 결론부터 말하면 영업활동과 관련된 자산의 증가는 차감하고, 영업활동과 관련된 부채의 증가는 가산하며, 감소의 경우는 증가의 반대로 조정한다.[3] 영업과 관련된 자산의 증가에 대해 차감하는 조정을 하는 이유는 그 증가가 현금 유입이 없는 수익을 나타내기 때문이다.

예를 들어, 매출채권 계정은 외상매출이 발생할 때는 증가하고, 현금의 회수 시에는 감소한다. 〈표 12.4〉는 당기에 외상매출이 1,000,000원 발생하였고, 매출채권 중 900,000원이 현금으로 회수된 사례를 보여준다. 그 외의 다른 거래가 없다면 매출채권의 기말잔액은 차변 100,000원이 되고 기초 잔액 0과 비교할 때 매출채권은 100,000원이 증가한다. 이 증가액 100,000원은 당기 외상매출액 1,000,000원과 당기 현금회수액 900,000원의 차이로 외상매출과 관련된 현금 유입이 없는 수익의 순액을 나타낸다. 따라서 영업활동 현금흐름을 구하기 위해 매출채권 증가액 100,000원을 차감하는 조정을 해 주는 것이다.[4]

표 12.4 매출채권 계정의 변동 사례

매출채권			
차 변		대 변	
기초 잔액	0	현금회수	900,000
외상매출	1,000,000	증가분 10만원은 현금 유입 없는 수익의 순액	
기말 잔액	100,000		

3) 영업 관련 자산과 부채는 주로 유동자산과 유동부채이다. 그러나 비유동자산인 장기성 매출채권 등과 비유동부채인 순확정급여부채, 충당부채, 장기기타부채 등의 변동도 조정이 필요하다.

4) 대손충당금 계정이 있는 경우, 순매출채권(=매출채권−대손충당금)의 변동을 산출하여 증가는 차감하고, 감소는 가산하는 조정을 해 준다.

한편, 영업과 관련된 부채의 증가에 대해 가산하는 조정을 하는 이유는 그 증가가 현금 유출이 없는 비용을 나타내기 때문이다. 예를 들어, 미지급이자 계정은 결산수정분개의 결과 이자비용이 발생할 때 증가한다. 〈표 12.5〉는 당기 이자비용 50,000원에 대한 결산수정분개의 결과로 미지급이자가 50,000원 증가한 경우이다. 만약, 그 외의 다른 거래가 없다면 미지급이자의 기말잔액은 대변 50,000원이 되고 기초 잔액 0과 비교할 때 미지급이자는 50,000원이 증가한다. 이 증가액 50,000원은 현금 유출이 없는 이자비용의 순액을 나타낸다. 따라서 영업활동 현금흐름을 산출하기 위해 미지급이자 증가액 50,000원을 가산하는 조정을 한다.

표 12.5 미지급이자 계정의 변동내역

미지급이자			
차 변		대 변	
증가분 5만원은 현금 유출 없는 비용의 순액		기초 잔액	0
		이자비용 발생	50,000
		기말 잔액	50,000

다음으로 상품의 변동과 매입채무의 변동에 대한 조정을 살펴보자. 상품 계정에서 상품은 외상매입 시에는 증가하고, 상품 판매 시에는 감소한다. 예를 들어, 당기 외상매입액이 500,000원이고, 판매된 상품의 매출원가가 300,000원이라면 〈표 12.6〉과 같이 기말잔액은 차변 200,000원으로 기초잔액 0원 대비

표 12.6 상품 계정의 변동내역 사례

상 품			
차 변		대 변	
기초 잔액	0	매출원가	300,000
외상매입	500,000	20만원 증가	
기말 잔액	200,000		

200,000원이 증가한다.

한편, 매입채무 계정은 상품의 외상매입 시에는 증가하고, 대금을 지급할 때는 감소한다. 상품의 외상매입액이 〈표 12.6〉과 동일하게 500,000원이고, 당기 현금지급액이 400,000원이라면 〈표 12.7〉과 같이 매입채무의 기말잔액은 대변 100,000원이 되고 기초잔액 0원 대비 100,000원이 증가한다.

표 12.7 매입채무 계정의 변동내역 사례

매입채무			
차 변		대 변	
현금지급액	400,000	기초 잔액	0
	10만원 증가	외상매입	500,000
		기말 잔액	100,000

〈표 12.6〉과 〈표 12.7〉의 결과, 상품의 매출원가는 300,000원인 반면, 당기 현금지급액은 400,000원으로 현금 지출액이 손익계산서에 비용으로 반영된 매출원가를 100,000원 초과한다. 따라서 당기순이익으로부터 영업활동 현금흐름을 산출하기 위해서는 100,000원을 추가로 차감하는 조정이 필요하다. 이를 위해 먼저 상품의 증가 200,000원을 차감하고, 다음으로 매입채무의 증가 100,000원을 가산하면 순액으로 100,000원 차감한 결과를 얻을 수 있다.[5)]

결국, 영업활동으로 인한 자산과 부채의 변동을 조정하는 것은 현금 유입

---

5) 재고자산 변동(△재고자산)과 매입채무 변동(△매입채무)의 조정을 아래와 같이 식으로 나타내면, (재고자산 기말잔액 = 기초잔액 + 외상매입 − 매출원가)이므로, 매출원가 = (−재고자산 기말잔액 + 기초잔액) + 외상매입 = (−△재고자산 + 외상매입)이다. 한편, (매입채무 기말잔액 = 기초잔액 + 외상매입 − 현금지급액)이므로, 현금지급액 = (−매입채무 기말잔액 + 기초잔액) + 외상매입 = (−△매입채무 + 외상매입)이다.
따라서 (매출원가 − 현금지급액) = (−△재고자산 + △매입채무)이 되고, 매출원가 중 현금 지출이 없는 부분이 (−△재고자산 + △매입채무)이다. 당기순이익에서 이를 제거하려면 당기순이익에 (−△재고자산 + △매입채무)를 더해주면 된다. 즉, 재고자산의 증가를 차감하고, 매입채무의 증가는 가산하면 된다.

이 없는 수익을 차감하고, 현금 유출이 없는 비용은 가산하기 위한 것으로서, 영업활동과 관련된 자산의 증가(감소)는 차감(가산)하고, 영업활동과 관련된 부채의 증가(감소)는 가산(차감)함으로써 조정이 완료된다.

12.3 투자활동 및 재무활동 현금흐름

투자활동 현금흐름은 기업의 영업활동을 유지·성장시키기 위한 유형자산 및 무형자산의 취득과 처분, 그리고 여유자금을 이용한 금융상품, 다른 회사 발행 주식과 사채 등의 취득과 처분에 관련된 현금흐름을 포함한다.[6)]

현금흐름표 상에 투자활동 현금흐름을 표시할 때는 자산의 취득을 위해 유출된 현금과 자산의 처분으로 유입된 현금을 서로 상계하지 않고 각각을 별도로 표기한다. 앞서 〈표 12.2〉에서 (주)헬스팜은 건물을 임차하기 위해 건물소유주에게 지급한 임차보증금 2,000만원을 투자활동 현금지출액으로 표기하고 있다.

〈표 12.8〉은 (주)삼성전자의 2022년 연결현금흐름표 투자활동 부분을 보여준다. (주)삼성전자는 2022년 투자활동으로부터의 현금 순유출이 31.6조원인데 그중 금융상품, 유가증권을 포함하는 금융자산의 취득과 처분에 약 21.7조원의 현금 순유입이 있고, 유형자산과 무형자산 등의 취득과 처분에 52.9조원의 현금 순유출이 발생하였다. 가장 규모가 큰 현금 지출은 유형자산의 취득으로 49.4조원에 이른다.

재무활동 현금흐름은 은행 차입과 상환, 회사채 발행과 상환, 주주의 출자와 배당금 지급, 자기주식의 취득과 재발행 등 사업자금의 조달과 상환에 관련된 현금흐름을 나타낸다. 각 현금흐름 항목은 그 성격에 따라 현금 유입과 현금 유출로 나누어 해당 항목의 현금 유입액 또는 유출액을 표기한다. 〈표 12.2〉에

6) 단, K-IFRS는 단기매매목적으로 보유하는 자산의 취득과 처분에 관계된 현금흐름은 영업활동 현금흐름으로 분류한다.

표 12.8 (주)삼성전자의 2022년 연결현금흐름표 투자활동 부분(단위: 백만원)

	2022년	2021년
투자활동 현금흐름	(31,602,804)	(33,047,763)
단기금융상품의 순감소(증가)	15,214,321	10,917,128
단기상각후원가금융자산의 순감소(증가)	3,050,104	(336,959)
단기당기손익-공정가치금융자산의 순감소(증가)	11,677	30,694
장기금융상품의 처분	8,272,909	10,216,082
장기금융상품의 취득	(4,393,754)	(6,981,810)
기타포괄손익-공정가치금융자산의 처분	496,090	2,919,888
기타포괄손익-공정가치금융자산의 취득	(37,687)	(1,121,201)
당기손익-공정가치금융자산의 처분	166,315	350,212
당기손익-공정가치금융자산의 취득	(158,244)	(208,262)
관계기업 및 공동기업 투자의 처분	13,233	19,169
관계기업 및 공동기업 투자의 취득	(907,958)	(47,090)
유형자산의 처분	217,878	358,284
유형자산의 취득	(49,430,428)	(47,122,106)
무형자산의 처분	23,462	1,752
무형자산의 취득	(3,696,304)	(2,706,915)
사업결합으로 인한 현금유출액	(31,383)	(5,926)
매각예정자산의 처분으로 인한 현금유입액	0	661,168
기타투자활동으로 인한 현금유출입액	(413,035)	8,129

서 (주)헬스팜은 주주의 출자와 단기차입금에 의한 현금 유입을 재무활동 현금흐름으로 표시하고 있다.

〈표 12.9〉는 (주)LG전자의 2022년 연결현금흐름표의 재무활동 부분을 보여준다. (주)LG전자는 2022년 차입금의 증가로 현금 4.6조원이 유입되었으나 차입금의 상환, 배당금의 지급, 리스부채의 상환으로 현금 4.2조원이 유출되어 재무활동으로부터의 현금 순유입액은 4,483억원이다.

표 12.9 (주)LG전자의 2022년 연결현금흐름표 재무활동 부분(단위: 백만원)

	2022년	2021년
재무활동으로 인한 현금흐름	448,320	(282,268)
차입금의 증가	4,590,931	1,387,368
비지배지분과의 거래	14,585	472,960
차입금의 상환	(3,586,668)	(1,543,349)
배당금의 지급	(330,581)	(308,015)
리스부채의 상환	(239,947)	(291,232)

끝으로, 현금흐름표 상의 영업활동, 투자활동, 재무활동 현금흐름의 합은 〈표 12.2〉에서 'IV.현금의 증가' 금액으로 표기된다. 여기에 기초현금 잔액('V.기초의 현금')을 더하면 기말현금 잔액('VI.기말의 현금')이 산출된다.

〈표 12.2〉의 (주)헬스팜의 현금흐름표를 통하여 (주)헬스팜은 설립 첫 번째 달에 영업활동 현금흐름과 투자활동 현금흐름은 모두 음수(–) 즉, 현금 순유출을 보이고, 이에 필요한 자금은 재무활동에서 주주의 출자와 단기차입금을 통해 조달하고 있음을 알 수 있다.

12.4 실제 기업 사례

〈표 12.10〉은 실제 기업의 사례로서 간접법으로 영업활동 현금흐름을 산출한 상장기업 (주)화인베스틸의 2022년 현금흐름표이다. 먼저, 2022년 당기순손실 2,599백만원에서 시작하여 조정을 위한 가감액 11,807백만원을 더하고, 영업활동으로 인한 자산과 부채의 변동 부분인 765백만원를 더한다. 다음으로 배당금 수취와 이자 수취 금액은 가산하고, 이자의 지급과 법인세납부액은 차감하면 영업활동 현금흐름 6,346백만원이 산출된다.

표 12.10 (주)화인베스틸의 2022년 현금흐름표

제 16 기 2022년 1월 1일부터 2022년 12월 31일까지
제 15 기 2021년 1월 1일부터 2021년 12월 31일까지

주식회사 화인베스틸 (단위: 백만원)

	제 16 기	제 15 기
영업활동 현금흐름	6,346	11,175
당기순이익(손실)	(2,599)	2,374
당기순이익 조정을 위한 가감	11,807	12,270
법인세비용	(235)	1,120
퇴직급여	811	792
감가상각비	7,850	7,975
대손상각비	202	0
파생금융자산평가손실	15	0
유형자산처분손실	0	0
이자비용	4,412	3,866
외화환산이익	(252)	0
유형자산처분이익	(0)	(595)
파생금융자산평가이익	(1,024)	(880)
이자수익	(1)	(2)
배당금수익	(21)	(5)
기타충당부채의 환입	51	0
영업활동으로 인한 자산 · 부채의 변동	765	(348)
매출채권의 감소(증가)	7,047	(14,983)
미수금의 감소(증가)	2,303	24
재고자산의 감소(증가)	(7,434)	1,086
기타유동자산의 감소(증가)	(588)	(1,708)
매입채무의 증가(감소)	(1,885)	14,923
미지급금의 증가(감소)	492	537
미지급비용의 증가(감소)	192	(28)

	제 16 기	제 15 기
예수금의 증가(감소)	1,782	(48)
파생상품부채의 증가(감소)	0	(2)
퇴직급여채무의 증가(감소)	(390)	(504)
사외적립자산의 공정가치의 감소(증가)	(756)	354
배당금수취(영업)	21	5
이자수취(영업)	1	6
이자지급(영업)	(3,123)	(3,134)
법인세납부(환급)	(526)	1
투자활동 현금흐름	(1,687)	(506)
단기금융상품의 처분	595	829
유형자산의 처분	0	596
매도가능금융자산의 처분	2,114	1,866
대여금 및 수취채권의 처분	41	78
단기금융상품의 취득	(901)	(109)
장기금융상품의 취득	(117)	0
임차보증금의 증가	(475)	0
매도가능금융자산의 취득	(1,342)	(1,413)
유형자산의 취득	(1,529)	(2,353)
대여금 및 수취채권의 취득	(73)	0
재무활동 현금흐름	(1,468)	(14,706)
단기차입금의 증가	88,357	67,105
단기차입금의 상환	(87,352)	(88,007)
장기차입금의 상환	(2,381)	(3,594)
전환사채의 증가	0	9,954
금융리스부채의 지급	(93)	(164)
현금및현금성자산의 순증가(감소)	3,191	(4,037)
기초현금및현금성자산	1,301	5,338
기말현금및현금성자산	4,492	1,301

2021년과 2022년 간접법의 조정내역을 구체적으로 보면, 현금 유출이 없는 비용에 해당하는 퇴직급여, 감가상각비, 대손상각비, 파생금융자산평가손실을 가산하였고, 투자 및 재무활동과 관련된 비용 항목인 유형자산처분손실을 가산하였다.[7)] 그리고 현금 유입이 없는 수익에 해당하는 외화환산이익, 파생금융자산평가이익을 차감하였고, 투자 및 재무활동과 관련된 수익 항목인 유형자산처분이익을 차감하였다.

한편, 〈표 12.10〉의 조정내역은 법인세비용과 이자비용을 가산하고, 이자수익과 배당금수익을 차감하고 있다. 그 이유는 K-IFRS는 현금흐름표에 이자의 수취와 지급액, 배당금 수취액, 법인세납부액을 별도로 표기할 것을 요구하기 때문에 당기순이익에 포함된 이자수익과 배당금수익은 차감하고, 이자비용과 법인세비용은 가산함으로써 제외하고, 실제 현금 수취 또는 지급액을 별도로 표기하기 위함이다.[8)]

〈표 12.10〉의 현금흐름표를 보면, 당기순이익에 법인세비용과 이자비용을 가산하고 이자수익은 차감한 후 별도로 '배당금수취', '이자수취', '이자지급', '법인세납부'를 표기하고 있음을 볼 수 있다.[9)]

투자활동을 보면 단기금융상품의 처분, 매도가능금융자산의 처분, 대여금및수취채권의 처분으로 현금이 유입되었으나 단기 및 장기금융상품의 취득, 임차보증금의 증가, 매도가능금융자산의 취득, 유형자산의 취득 등으로 현금이 유출되어 투자활동 현금 순유출액은 1,687백만원이다.

---

7) 대손상각 관련 조정은 세 가지 방법이 가능하다. 첫째, 대손상각비를 가산하고, 총매출채권 증가를 차감하며 대손발생액을 차감하는 방법, 둘째, 총매출채권의 증가를 차감하고, 대손충당금 증가를 가산하는 방법, 셋째, 순매출채권(=매출채권－대손충당금)의 증가를 차감하는 방법이다.

8) 2022년은 법인세수익 235백만원이 발생하여 차감하였다. 일반기업회계기준은 이자의 수취와 지급액, 배당금 수취액, 법인세납부액을 별도로 표기하지 않으므로 이자수익과 배당금수익을 차감하고, 이자비용과 법인세비용을 가산하는 일괄적인 조정이 필요 없다.

9) K-IFRS는 회사의 판단에 따라 이자수취액과 배당금수취액은 투자활동으로, 이자지급액은 재무활동으로 분류할 수 있다.

재무활동으로는 단기차입금과 장기차입급의 상환으로 각각 87,352백만원과 2,381백만원이 유출되었고, 신규 단기차입금이 88,357백만원 유입되어 재무활동으로 인한 현금 순유출액은 1,468백만원이다. 재무활동을 보면 기존의 차입금을 상환하였으나 신규 차입을 받아서 자금을 대체한 것으로 파악된다. (주)화인베스틸이 2021년과 2022년에 주주에게 지급한 배당금은 없다.

영업활동, 투자활동, 재무활동 현금흐름을 모두 합하면 3,191백만원으로 〈표 12.10〉처럼 '현금및현금성자산의 순증가' 금액으로 표기되어 있다. 여기에 기초의 현금 잔액이 1,301백만원이므로 기말의 현금 잔액은 4,492백만원이 된다. 기업이 현금성자산을 보유하고 있을 경우 현금흐름표의 현금은 현금에 현금성자산을 포함한 것으로 '현금의 증가' 또는 '기초의 현금'을 〈표 12.10〉과 같이 '현금및현금성자산의 증가', '기초현금및현금성자산'으로 표기한다.[10)]

(주)화인베스틸의 전체적인 현금흐름을 보면, 영업활동으로 현금 6,346백만원이 순유입되고, 유형자산의 취득 등 투자활동으로 현금 1,687백만원이 순유출되었다. 한편, 재무활동에서는 단기차입금과 장기차입금의 상환이 신규 차입을 초과하여 현금 1,468백만원이 추가로 유출되어 당기에 현금및현금성자산은 3,191백만원이 증가하였다. 2022년 (주)화인베스틸은 영업활동으로 획득한 현금을 투자활동인 유형자산 취득과 재무활동인 차입금의 상환으로 대부분 지출하고 있다.

투자자는 현금흐름표를 통하여 영업활동과 투자활동으로 얼마의 현금이 순유입 또는 순유출되었는지, 그리고 영업활동 현금흐름으로 투자활동 현금흐름을 감당할 수 있는지, 만약 추가 자금이 필요했다면 재무활동에서 어떻게 현금을 조달했는지를 파악할 수 있다.

---

10) 예를 들어, 기초에 현금 10억원, 현금성자산을 2억원 보유한 기업은 현금흐름표 상에 '기초의 현금및현금성자산'을 12억원으로 표기한다. 만약, 기중에 현금 1억원을 지출하여 현금성자산 1억원을 취득하였고 그 외의 현금 유입과 유출이 없다고 가정하면 현금과 현금성자산의 합에는 변동이 없으므로 현금흐름표 상의 '현금및현금성자산의 증가'는 0으로 표기된다.

Accounting Articles in English

Forget Profits: Why Cash Is The Key To Success[11)]

Timing Is Everything

Cash and profits are different. There are many profitable businesses that flirt with bankruptcy because of a lack of cash. A contractor, for example, may win a $1 million contract with the federal government. The cost of delivering on the sale could be $800,000, leaving a profit of $200,000. An owner that solely looks at profit would be very happy with this deal. But if we take a closer look, this deal may doom the company. Let's assume that the company has exactly $800,000 in cash and credit available, which it uses to deliver on the contract. Many government contracts don't allow you to invoice until the work product is delivered and approved. If that process takes 90 days, then the company will have zero cash reserves during those months as it waits to collect on its $1 million invoice. While the contractor is waiting, bills still need to be paid: rent, salaries, software licenses, insurance and more simply can't wait three months before the contractor collects. Everyone wants to get paid now. Unless the contractor can generate enough cash from other sources during those 90 days, they may find themselves out of business before they ever collect their payment from Uncle Sam.

If you want to avoid this nightmare scenario, you must make cash your priority. It's possible that an emergency like your biggest client going bankrupt or losing a lawsuit will lead to a sudden cash shortfall; however, most companies that die usually do so from cash flow problems that have built up slowly over time.

Stop The Cash Bleed

If you're concerned about your business's cash balances (and unless you're Apple or Berkshire Hathaway, you should be), consider taking these steps to

11) Periu Mike, "Forget Profits: Why Cash is the Key to Success?" American Express, Octorber 21, 2013.

address the problem head on:

1. Review your cash balance. It's important to have at least 90 days of operating expenses available in cash. If every single client or customer stopped paying you today, could you last three months?
2. Secure revolving lines of credit. "Revolvers" are basically credit cards for companies. Financial institutions issue these lines of credit, which allow you to draw down as needed. The best time to secure one is when your company needs it least. You'll find it difficult to secure financing after you become desperate. Your revolver can complement your cash balance to ensure at least 90 days of expenses.
3. Stop paying all of your bills on time. The reality is that not all supplier and providers have to be paid on time. Many companies are willing to offer you terms that can give you a little extra time ranging from days to months to pay your bills. Make a list of every person and company that you owe money to and see how far you can push paying on time without any adverse effects.
4. Conduct a cash flow analysis of every customer. In addition to preparing an accounts receivables schedule, you should also prepare a cash flow schedule per client. Analyze the timing of the cash in and cash out associated with each one. For those clients that generate negative cash flow, it's time to negotiate with them. Either change the timing of the payments or charge them for the financing costs associated with the cash flow imbalances. Keeping customers that require you to spend cash upfront and wait for payment down the road are a risk and should never represent the majority of your business unless you have steps 1 and 2 secured.
5. Set up alerts or use a dashboard. Cash flow isn't something that you can monitor quarterly or even monthly; it has to be daily. Use automated alerts or a management dashboard to incorporate cash balance reviews into your daily routine.

If you still doubt that cash is more important than profit, ask any successful business owner if it's a good idea to sacrifice cash flow for profits and you'll have your answer.

요 약

1. 직접법과 간접법은 영업활동 현금흐름의 산출방법에서만 차이가 있고, 투자활동 및 재무활동 현금흐름의 작성방법에는 차이가 없다. 실무에서는 작성이 어려운 직접법보다는 간접법을 주로 사용한다.

2. 간접법은 첫째, 현금 유출이 없는 비용과 영업활동이 아닌 투자활동 또는 재무활동과 관련된 손실을 당기순이익(손실)에 가산한다. 둘째, 현금 유입이 없는 수익과 영업활동이 아닌 투자활동 또는 재무활동과 관련된 이익을 차감한다. 셋째, 영업활동으로 인한 자산의 증가(감소)는 차감(가산)하고, 마지막으로 영업활동으로 인한 부채의 증가(감소)는 가산(차감)하여 최종적으로 영업활동 현금흐름을 산출한다.

3. K-IFRS는 현금흐름표에 이자의 수취와 지급액, 배당금 수취액, 법인세납부액을 별도로 표기할 것을 요구한다. 따라서 간접법을 사용하고 이자수취, 이자지급, 배당금수취를 영업활동으로 분류하는 경우, 당기순이익(손실)에 포함된 이자수익과 배당금수익은 차감하고, 이자비용과 법인세비용은 가산한 후, 실제 이자 수취액, 이자 지급액, 배당금 수취액, 법인세 납부액을 별도로 표기한다.

4. 투자활동 현금흐름은 기업의 영업활동을 유지, 성장시키기 위한 유형자산 및 무형자산의 취득과 처분, 그리고 여유자금을 이용한 금융상품, 타사 주식과 사채 등의 취득과 처분에 관련된 현금흐름을 포함한다.

5. 재무활동 현금흐름은 은행 차입과 상환, 회사채 발행과 상환, 주주의 출자와 배당금 지급, 자기주식의 취득과 재발행 등 사업자금의 조달과 상환에 관련된 현금흐름을 포함한다.

6. 영업활동, 투자활동, 재무활동 현금흐름을 모두 합하면 당기 현금의 증가 또는 감소액이 되며 여기에 기초 현금잔액을 더하면 기말 현금잔액이 된다. 현금흐름표의 현금은 기업이 현금성자산을 보유하고 있을 경우 현금에 현금성자산을 포함한 것이다.

O×퀴즈 아래 문장이 옳으면 ○, 틀리면 ×로 답하고 틀린 곳은 올바르게 고치시오.

1. 간접법은 투자자들이 영업활동 현금 유입액은 원천별로, 현금 유출액은 용도별로 분류하여 영업활동 현금흐름을 쉽게 파악할 수 있다는 장점이 있으나 작성의 어려움이 있어 실무에서는 직접법을 주로 사용한다.
2. 직접법과 간접법은 영업활동 현금흐름의 산출방법에서만 차이가 있고, 투자활동 현금흐름과 재무활동 현금흐름의 작성방법에는 차이가 없다.
3. 현금 유출이 없는 비용에는 감가상각비, 무형자산상각비, 퇴직급여가 포함된다.
4. 간접법은 당기순손익에 투자활동 또는 재무활동과 관련된 손실을 차감한다. 이러한 예로 자산처분손실, 자산손상차손, 채무상환손실이 포함된다.
5. 간접법은 당기순손익에 현금 유입이 없는 수익을 가산하고, 영업활동이 아닌 투자활동 또는 재무활동과 관련된 이익을 가산한다.
6. 간접법은 영업활동으로 인한 자산의 증가는 당기순손익에 차감하는 조정을 한다.
7. 간접법은 영업활동으로 인한 부채의 감소는 당기순손익에 가산하는 조정을 한다.
8. 투자활동 현금흐름은 기업의 영업활동을 유지, 성장시키기 위한 유형자산 및 무형자산의 취득과 처분을 포함한다.
9. 재무활동 현금흐름은 여유자금을 이용하여 금융상품, 다른 회사가 발행한 주식과 사채 등의 취득과 처분에 관련된 현금흐름을 포함한다.
10. 재무활동 현금흐름은 주주에 대한 현금배당 지급액과 자기주식의 취득과 재발행을 포함한다.
11. K-IFRS는 현금흐름표에 이자의 수취와 지급액, 배당금 수취액, 법인세납부액을 별도로 표기할 것을 요구한다.
12. 현금흐름표의 현금에 현금성자산은 제외된다.
13. 영업활동, 투자활동, 재무활동 현금흐름의 합은 기말 현금잔액과 같다.

제12장 객관식 문제

1. 현금흐름표에 관한 설명으로 옳지 않은 것은? 〈국가직 9급, 2023〉
   ① 현금흐름표는 일정 시점의 현금유입액과 현금유출액에 대한 정보를 제공하는 재무제표이다.
   ② 현금흐름표상의 현금흐름은 영업활동으로 인한 현금흐름, 투자활동으로 인한 현금흐름, 재무활동으로 인한 현금흐름으로 분류된다.
   ③ 현금흐름표는 다른 재무제표와 같이 사용되는 경우 순자산의 변화, 재무구조(유동성과 지급능력 포함), 그리고 변화하는 상황과 기회에 적응하기 위하여 현금흐름의 금액과 시기를 조절하는 능력을 평가하는 데 유용한 정보를 제공한다.
   ④ 역사적 현금흐름 정보는 미래현금흐름의 금액, 시기 및 확실성에 대한 지표로 자주 사용된다. 또한 과거에 추정한 미래현금흐름의 정확성을 검증하고, 수익성과 순현금흐름 간의 관계 및 물가 변동의 영향을 분석하는 데 유용하다.

2. 현금흐름표에서 재무활동 현금흐름으로 분류되지 않는 것은? 〈경영지도사, 2019〉
   ① 단기차입금의 상환에 따른 현금유출 ② 단기차입금의 차입에 따른 현금유입
   ③ 유상감자로 인한 현금유출 ④ 사채의 발행에 따른 현금유입
   ⑤ 유형자산의 처분에 따른 현금유입

3. (주)한국의 20×1년도 당기순이익 ₩100,000이고, 감가상각비 ₩10,000, 유형자산처분이익 ₩8,000이다. 영업활동과 관련 있는 자산과 부채의 기말금액에서 기초금액을 차감한 변동금액이 다음과 같을 때, (주)한국의 20×1년 영업활동 현금흐름은? 〈국가직 7급, 2020〉

   • 매출채권 ₩9,000 증가 • 선급비용 ₩4,000 감소
   • 매입채무 ₩5,000 증가 • 미지급비용 ₩3,000 감소

   ① ₩95,000 ② ₩99,000 ③ ₩101,000 ④ ₩105,000

4. (주)한국의 20×1년 포괄손익계산서의 당기순이익은 ₩100,000이다. 다음에 제시된 자료를 이용할때, 간접법에 의한 영업활동 현금흐름은? 〈경찰간부후보, 2024 수정〉

- 매출채권 증가 ₩20,000
- 매입채무 감소 ₩30,000
- 재고자산 감소 ₩50,000
- 선급금 증가 ₩40,000
- 감가상각비 ₩3,000
- 사채상환손실 ₩300
- 토지처분이익 ₩10,000
- 지분법이익 ₩100
- 기계장치 처분 ₩500
- 차입금 상환 ₩1,000

① ₩52,200　② ₩52,700　③ ₩53,200　④ ₩53,700

5. (주)한국의 20×1년 당기순이익은 ₩1,000,000이다. 다음 자료를 이용하여 간접법으로 구한 영업활동 현금흐름은? 〈지방직 9급, 2020 수정〉

- 감가상각비 ₩50,000
- 유상증자 ₩2,000,000
- 유형자산처분손실 ₩20,000
- 건물의 취득 ₩1,500,000
- 사채의 상환 ₩800,000
- 매출채권의 증가 ₩150,000
- 매입채무의 감소 ₩100,000
- 재고자산의 증가 ₩200,000

① ₩320,000　② ₩620,000　③ ₩1,070,000　④ ₩1,380,000

6. (주)한국의 다음 회계자료를 이용한 '영업활동으로 인한 현금흐름'은? 〈국가직 9급, 2023〉

- 손익계산서상 당기순이익: ₩20,000
- 감가상각비 계상액: ₩3,000
- 미지급비용 증가액: ₩2,000
- 매출채권 증가액: ₩5,000
- 선급비용 증가액: ₩4,000

① ₩12,000　② ₩15,000　③ ₩16,000　④ ₩24,000

제12장 주관식 문제

1. 다음은 제3장의 본문에서 예를 든 (주)클린업의 손익계산서와 재무상태표이다. 두 재무제표를 참조하여 간접법으로 영업활동 현금흐름을 산출하시오. (주)클린업은 기초에 설립되어 자산, 부채의 기초 잔액은 0이다.

손익계산서

20×1년 4월 1일부터 4월 30일까지

(주)클린업 (단위: 원)

수 익:		6,000,000
용역수익	6,000,000	
비 용:		5,350,000
급 여	4,000,000	
임차료	1,000,000	
전력비	50,000	
감가상각비	150,000	
이자비용	50,000	
소모품비	100,000	
당기순이익		650,000

재무상태표

20×1년 4월 30일

(주)클린업 (단위: 원)

자 산:		부 채:	
현 금	31,850,000	미지급이자	50,000
기계장치	6,000,000	차입금	10,000,000
기계장치감가상각누계액	(100,000)	부채총계	10,050,000
비 품	3,000,000		
비품감가상각누계액	(50,000)	자 본:	
		자본금	30,000,000

		이익잉여금	650,000
		자본총계	30,650,000
자산총계	40,700,000	부채 및 자본총계	40,700,000

2. 상품매매기업 (주)헬스팜의 5월 당기순이익은 310,000원이고, 감가상각비는 100,000원이다. 아래의 재무상태표를 이용하여 간접법으로 5월의 영업활동 현금흐름을 산출하시오.

	5월 말	4월 말		5월 말	4월 말
자 산:			부 채:		
유동자산	24,270,000	29,860,000	유동부채	20,050,000	26,050,000
현 금	7,570,000	14,920,000	매입채무	10,000,000	10,000,000
매출채권	15,750,000	13,500,000	미지급이자	50,000	50,000
상 품	500,000	1,000,000	미지급금*	0	6,000,000
선급보험료	400,000	440,000	단기차입금	10,000,000	10,000,000
소모품	50,000	0	부채총계	20,050,000	26,050,000
비유동자산	25,800,000	25,900,000	자 본:		
임차보증금	20,000,000	20,000,000	자본금	30,000,000	30,000,000
비 품	6,000,000	6,000,000	이익잉여금(결손금)	20,000	(290,000)
감가상각누계액	(200,000)	(100,000)	자본총계	30,020,000	29,710,000
자산총계	50,070,000	55,760,000	부채및자본총계	50,070,000	55,760,000

* 미지급금은 비품의 외상구입으로 인해 발생함.

3. 제조기업 (주)뷰티풋의 6월 당기순이익은 10,722,500원이고, 감가상각비는 400,000원이다. 아래의 재무상태표를 이용하여 간접법으로 6월의 영업활동 현금흐름을 산출하시오.

	6월 말	5월 말		6월 말	5월 말
자 산:			부 채:		
유동자산	45,952,500	28,830,000	유동부채	27,100,000	31,100,000
현 금	10,390,000	5,480,000	매입채무	7,000,000	5,000,000
매출채권	32,000,000	20,000,000	미지급이자	100,000	100,000
원재료	700,000	0	미지급금*	0	6,000,000

	6월 말	5월 말		6월 말	5월 말
제 품	1,862,500	2,250,000	단기차입금	20,000,000	20,000,000
선급보험료	1,000,000	1,100,000	부채총계	27,100,000	31,100,000
비유동자산	55,200,000	55,600,000			
임차보증금	30,000,000	30,000,000	자 본:		
기계장치	20,000,000	20,000,000	자본금	60,000,000	50,000,000
감가상각누계액	(600,000)	(300,000)	이익잉여금(결손금)	14,052,500	3,330,000
비 품	6,000,000	6,000,000	자본총계	74,052,500	53,330,000
감가상각누계액	(200,000)	(100,000)			
자산총계	101,152,500	84,430,000	부채및자본총계	101,152,500	84,430,000

* 미지급금은 비품의 외상구입으로 인해 발생함.

4. (주)미래컨설팅의 20×2년 손익계산서에 나타난 당기순이익은 57,881천원, 감가상각비는 277,357천원, 지분법이익은 831천원이다. 20×2년 말의 재무상태표가 아래와 같을 때 간접법으로 20×2년의 영업활동 현금흐름을 계산하시오(단위: 천원).

	20×2년	20×1년		20×2년	20×1년
유동자산			유동부채		
현금및현금성자산	161,031	80,827	매입채무	121,547	131,799
매출채권	245,895	421,735	미지급비용	157,422	0
선급비용	8,533	1,004	당기법인세부채	756	27,552
미수수익	72,408	0	단기차입금	2,450	2,450
단기대여금	46,000	0	비유동부채		
비유동자산			장기차입금	45,418,813	45,724,420
관계기업투자	197,561	0	임대보증금	650,000	400,000
토 지	47,536,855	47,536,855	부채총계	46,350,988	46,286,221
건 물	10,542,845	10,542,845			
감가상각누계액	(439,285)	(175,714)	자본금	505,000	505,000
차량운반구	80,948	63,806	자본잉여금	11,489,662	11,489,662
감가상각누계액	(18,582)	(4,796)	이익잉여금	98,559	190,678
임차보증금	10,000	5,000	자본총계	12,093,221	12,185,340
자산총계	58,444,209	58,471,561	부채 및 자본총계	58,444,209	58,471,561

5. 다음은 현금흐름표를 작성하기 위한 (주)성북공업의 재무상태표와 손익계산서이다. 이 재무제표와 그다음의 추가 자료를 이용하여 20×1년 간접법에 의한 현금흐름표를 작성하시오. 단, 이자지급은 영업활동, 배당금지급은 재무활동으로 분류한다.

재무상태표

20×1.12.31.

(주)성북공업 (단위: 백만원)

	20×1년 말	20×0년 말		20×1년 말	20×0년 말
자 산			부 채		
현 금	940	900	매입채무	470	450
매출채권	720	600	미지급급여	160	210
재고자산	290	300	단기차입금	300	400
선급보험료	80	50	장기차입금	900	700
관계기업투자	990	910			
토 지	2,500	2,500	자 본		
기계장치	1,500	1,300	자본금	4,000	4,000
감가상각누계액	(600)	(400)	이익잉여금	590	400
자산총계	6,420	6,160	부채와 자본총계	6,420	6,160

손익계산서

20×1.1.1.~20×1.12.31.

(주)성북공업 (단위: 백만원)

매출액		5,300
매출원가(감가상각비 미포함)		3,200
매출총이익		2,100
판매관리비		1,450
급 여	1,000	
감가상각비	300	
보험료	150	
영업이익		650
기타손실		60
유형자산처분손실	60	
금융원가		60
이자비용	60	
지분법이익		80
당기순이익		610

① 새로운 기계장치를 ₩800 현금으로 구입하였다.
② 취득원가 ₩600(장부금액 ₩500)인 구 기계장치를 ₩440 현금에 처분하였다.
③ 20×1년 초 단기차입금 중 ₩100을 상환하였고, 기중에 장기차입금 ₩200을 다시 조달하였다.
④ 주주에게 ₩420의 현금배당을 지급하였다.

6. 다음은 상장기업인 (주)태백조경의 현금흐름표이다(단위: 백만원). ①~⑥에 들어갈 금액을 구하시오.

Ⅰ. 영업활동 현금흐름	①
(1) 영업에서 창출된 현금	234,084
1. 당기순이익(손실)	②
2. 비현금항목 조정	108,352
3. 영업활동 자산 및 부채의 증감	(80,273)
(2) 이자수취	3,060
(3) 이자지급	(25,454)
(4) 법인세납부	(50,945)
Ⅱ. 투자활동 현금흐름	(132,695)
(1) 투자활동으로 인한 현금유입액	40,820
(2) 투자활동으로 인한 현금유출액	③
Ⅲ. 재무활동 현금흐름	④
(1) 재무활동으로 인한 현금유입액	195,026
(2) 재무활동으로 인한 현금유출액	(232,587)
Ⅳ. 현금 및 현금성자산의 순증가(감소)	⑤
Ⅴ. 현금 및 현금성자산에 대한 환율변동 효과	750
Ⅵ. 기초 현금 및 현금성자산	68,591
Ⅷ. 기말 현금 및 현금성자산	⑥

실제 기업 사례 문제

1. 전자공시시스템에서 (주)HD현대중공업의 2022년 연결현금흐름표를 참조하여 아래 물음에 답하시오.

1) 2022년 당기순손실이 3,521억원인데 비해 영업활동 현금흐름은 712억원으로 4,233억원의 차이가 발생하는 이유는 어디에 있는지 연결재무제표 주석 37번을 참조하여 답하시오.
2) 2022년 투자활동 현금흐름은 5,179억원의 순현금유출이 발생하였다. 주로 어떤 목적의 투자활동에 현금이 지출되었는지 답해 보시오.
3) (주)HD현대중공업은 영업활동과 투자활동 결과 현금의 순유출이 4,467억원(=712억원−5,179억원)에 이른다. 유출된 현금이 어떻게 조달되었는지 재무활동 현금흐름을 보고 답해 보시오.

2. 전자공시시스템에서 (주)이마트의 2022년도 연결현금흐름표를 참조하여 아래 물음에 답하시오.

1) 간접법으로 영업활동 현금흐름을 산출하는 방법은 ① 당기순이익에 현금 유출이 없는 비용과 ② 투자 및 재무활동 관련 비용을 가산하고, ③ 현금 유입이 없는 수익과 ④ 투자 및 재무활동 관련 수익을 차감한다. 재무제표 주석37의 조정내역을 참조하여 ①~④에 해당하는 항목을 찾아보시오(예: 현금 유출이 없는 비용 – 감가상각비).
2) 투자활동 현금유출액은 대부분 어디에 사용되고 있는가?
3) (주)이마트는 영업활동 현금 순유입액이 투자활동 현금 순유출액을 감당할 수 있는지 말해보고, 남는 또는 부족한 현금을 어떻게 사용 또는 조달하고 있는지 답해 보시오.

해 답

제1장 기업과 회계

〈ㅇ×퀴즈〉

1. ○ 2. × 3. ○ 4. ○ 5. × 6. ○ 7. × 8. ○ 9. ○ 10. ×
11. × 12. ○ 13. × 14. × 15. ○ 16. × 17. × 18. ×

〈객관식 문제〉

1. ② 2. ① 3. ① 4. ④ 5. ① 6. ④

〈주관식 문제〉

1. ① 300,000 ② 390,000
③ 12,000 ④ 40,000
⑤ 15,000 ⑥ 17,000

2. ① 주주들은 (주)VIP자동차에 현금 ₩40,000,000을 출자하였다.
② (주)VIP자동차는 기계장치를 현금 ₩3,000,000에 구입하였다.
③ (주)VIP자동차는 소모품을 현금 ₩500,000에 구입하였다.
④ (주)VIP자동차는 자금 확보를 위해 1년을 초과하는 만기로 ₩20,000,000을 차입하였다.
⑤ (주)VIP자동차는 8월에 ₩10,000,000의 수익이 발생하였고 현금으로 수취하였다.
⑥ (주)VIP자동차는 8월에 ₩8,000,000의 비용이 발생하였고 현금으로 지급하였다.

3. ① 자산(현금) 증가, 자본(자본금) 증가
② 자산(소모품) 증가, 자산(현금) 감소
③ 자산(현금) 증가, 부채(단기차입금) 증가
④ 자산(현금) 감소, 자본(급여) 감소
⑤ 자산(매출채권) 증가, 자본(용역수익) 증가
⑥ 자산(현금) 감소, 자본(임차료) 감소

⑦ 자산(매출채권) 감소, 자산(현금) 증가

4. 1) 순이익 = 2,800,000원
2) 자산총계 = 62,800,000원, 부채총계 = 20,000,000원, 자본총계 = 42,800,000원
3) 자산 (62,800,000원) = 부채 (20,000,000원) + 자본 (42,800,000원)

5. 1) 30,000,000원(자본금)
2) 25,000,000원(차입금)
3) 12,400,000원(비품)
4) 순이익 = 3,290,000원
5) 자산(58,290,000원) = 부채(25,000,000원) + 자본(33,290,000원)

6. ① 38,000,000원 ② 69,660,000원
③ 40,760,000원

7.

날짜	자 산		부 채		자 본	
5/1	현 금	3,000만원			자본금	3,000만원
5/2	현 금	5,000만원	단기차입금	2,000만원	자본금	3,000만원
5/3	현 금 비 품 소모품	2,800만원 2,000만원 200만원	단기차입금	2,000만원	자본금	3,000만원
5/4	현 금 비 품 소모품	2,800만원 2,000만원 200만원	단기차입금	2,000만원	자본금	3,000만원
5/8	현 금 비 품 소모품	2,300만원 2,000만원 200만원	단기차입금	2,000만원	자본금 광고선전비	3,000만원 (500만원)
5/31	현 금 비 품 소모품	3,100만원 2,000만원 200만원	단기차입금	2,000만원	자본금 컨설팅수익 광고선전비	3,000만원 800만원 (500만원)
5/31	현 금 비 품 소모품	2,590만원 2,000만원 200만원	단기차입금	2,000만원	자본금 컨설팅수익 광고선전비 급여 임차료 이자비용	3,000만원 800만원 (500만원) (400만원) (100만원) (10만원)

제2장 회계순환과정 I

〈○×퀴즈〉

1. × 2. ○ 3. × 4. ○ 5. ○ 6. × 7. ○ 8. × 9. ○ 10. ○

〈객관식 문제〉

1. ③ 2. ② 3. ④ 4. ① 5. ④ 6. ③

〈주관식 문제〉

1. 1) 분 개

날짜	차 변		대 변	
4월 1일	현 금	50,000,000	자본금	50,000,000
4월 3일	비 품	6,000,000	현 금	6,300,000
	소모품	300,000		
4월 4일	현 금	20,000,000	단기차입금	20,000,000
4월 30일	현 금	7,500,000	용역수익	7,500,000
	급 여	5,000,000	현 금	6,120,000
	임차료	1,000,000		
	수도광열비	120,000		

2) 현금계정의 잔액은 65,080,000원

3) 시산표의 차변합계와 대변합계는 77,500,000원

2. 1) 분 개

날짜	차 변		대 변	
4월 1일	현 금	50,000,000	자본금	50,000,000
4월 2일	차량운반구	18,500,000	현 금	18,500,000
	기계장치	15,000,000	미지급금	15,000,000
4월 3일	비 품	9,000,000	현 금	9,000,000
	소모품	200,000	현 금	200,000
4월 4일	현 금	5,000,000	단기차입금	5,000,000
4월 7일	소모품	500,000	현 금	500,000
4월 30일	현 금	7,000,000	용역수익	7,000,000
	급 여	4,000,000	현 금	5,200,000
	임차료	1,000,000		
	유류비	200,000		

2) 현금계정의 잔액은 28,600,000원

3) 시산표 차변합계와 대변합계는 77,000,000원

3. 1) 분 개

날짜	차 변		대 변	
5월 1일	미지급이자	50,000	현 금	50,000
5월 2일	소모품	200,000	현 금	200,000
5월 10일	복리후생비	300,000	현 금	300,000
5월 20일	접대비	100,000	현 금	100,000
5월 31일	현 금	12,000,000	용역수익	12,000,000
5월 31일	급 여	8,000,000	현 금	9,150,000
	임차료	1,000,000		
	수도광열비	150,000		

2) 현금계정의 잔액은 34,050,000원

4. 1) 분 개

날짜	차 변		대 변	
4월 1일	현 금	30,000,000	자본금	30,000,000
4월 2일	기계장치	20,000,000	현 금	20,500,000
	소모품	500,000		
4월 3일	현 금	5,000,000	단기차입금	5,000,000
4월 4일	광고선전비	480,000	현 금	480,000
4월 30일	현 금	4,000,000	용역수익	4,000,000
	임차료	1,000,000	현 금	2,400,000
	수도광열비	400,000		
	인출금	1,000,000		

2) 현금계정의 잔액은 15,620,000원

3) 시산표의 차변합계와 대변합계는 39,000,000원

5. 차변(대변)합계는 134,420천원

제3장 회계순환과정 II

〈○×퀴즈〉

1. × 2. ○ 3. × 4. × 5. ○ 6. × 7. × 8. ○ 9. × 10. ○
11. ○ 12. ×

〈회계용어 초성퀴즈〉

1. 이익잉여금 2. 감가상각 3. 현금흐름표 4. 회계순환과정 5. 총계정원장 6. 분개장
7. 전자공시시스템 8. 사개송도치부법 9. 자본변동표 10. 감가상각누계액

〈객관식 문제〉

1. ① 2. ② 3. ③ 4. ① 5. ③

〈주관식 문제〉

1. 1) 결산수정분개

날 짜	차 변 (왼쪽)		대 변 (오른쪽)	
4월 30일	비품감가상각비	100,000	비품감가상각누계액	100,000
	이자비용	100,000	미지급이자	100,000
	소모품비	150,000	소모품	150,000

2) 수정후시산표 차변합계와 대변합계는 77,700,000원

3) 손익계산서의 당기순이익은 1,030,000원
재무상태표의 자산총계는 71,130,000원, 부채총계는 20,100,000원, 자본총계는 51,030,000원
현금흐름표의 영업활동현금흐름은 1,080,000원, 투자활동현금흐름은 (6,000,000원), 재무활동현금흐름은 70,000,000원

2. 1) 결산수정분개

날 짜	차 변		대 변	
4월 30일	차량운반구감가상각비	300,000	차량운반구감가상각누계액	300,000
	기계장치감가상각비	250,000	기계장치감가상각누계액	250,000
	비품감가상각비	150,000	비품감가상각누계액	150,000
	소모품비	600,000	소모품	600,000
	이자비용	25,000	미지급이자	25,000

2) 수정후시산표의 차변합계와 대변합계는 77,725,000원

3) 손익계산서의 당기순이익은 475,000원
재무상태표의 자산총계는 70,500,000원, 부채총계는 20,025,000원, 자본총계는 50,475,000원

현금흐름표의 영업활동현금흐름은 1,100,000원, 투자활동현금흐름은 (27,500,000원), 재무활동현금흐름은 55,000,000원

3. 1) 결산수정분개

날 짜	차 변		대 변	
5월 31일	기계장치감가상각비	100,000	기계장치감가상각누계액	100,000
	비품감가상각비	50,000	비품감가상각누계액	50,000
	이자비용	50,000	미지급이자	50,000
	소모품비	100,000	소모품	100,000

2) 수정후시산표의 차변합계와 대변합계는 53,000,000원

3) 손익계산서의 당기순이익은 2,150,000원
재무상태표의 자산총계는 42,850,000원, 부채총계는 10,050,000원, 자본총계는 32,800,000원

4. 1) 결산수정분개

날 짜	차 변		대 변	
4월 30일	기계장치감가상각비	330,000	기계장치감가상각누계액	330,000
	소모품비	400,000	소모품	400,000
	이자비용	20,000	미지급이자	20,000

2) 수정후시산표의 차변합계와 대변합계는 39,350,000원

3) 손익계산서의 당기순이익은 1,370,000원
재무상태표의 자산총계는 35,390,000원, 부채총계는 5,020,000원, 자본총계는 30,370,000원

5. 1) 기말 수정분개

	차 변		대 변	
①	소모품비	23,000	소모품	23,000
②	기계장치감가상각비	10,000	기계장치감가상각누계액	10,000
③	이자비용	10,000	미지급이자	10,000

2) 현금 8,200,000, 소모품 42,000, 기계장치감가상각누계액 410,000, 장기차입금 1,000,000, 미지급이자 60,000

6. (단위: 천원)

1) 손익계산서의 당기순이익은 15,000

2) 재무상태표의 자산총계는 272,000, 부채총계는 102,000, 자본총계는 170,000

7. 122,350,000원

8. (단위: 백만원)

1) 현금잔액 = 15,500 − 15,130 = 370

2) 손익계산서의 당기순이익은 870

3) 재무상태표의 자산총계는 3,070, 부채총계는 800, 자본총계는 2,270

9. 1) 분 개

날짜	차 변		대 변	
4/1	현 금	200,000,000	자본금	200,000,000
4/2	지급수수료	500,000	현 금	1,800,000
	공과금	1,300,000		
4/3	현 금	40,000,000	장기차입금	40,000,000
4/3	임차보증금	40,000,000	현 금	40,000,000
4/30	비 품	13,000,000	현 금	13,000,000
4/30	시설장치	21,000,000	현 금	21,000,000
4/30	광고선전비	500,000	현 금	500,000
4/30	기계장치	132,000,000	현 금	132,000,000
4/30	기 구	6,000,000	현 금	6,000,000
4/30	소모품	300,000	현 금	300,000
4/30	임차료	2,000,000	현 금	2,000,000

2) 결산수정분개

날짜	차 변		대 변	
4/30	이자비용	200,000	미지급이자	200,000

수정후시산표의 차변합계와 대변합계는 240,200,000원

3) 손익계산서의 당기순손실은 4,500,000원

4) 재무상태표의 자산총계는 235,700,000원, 부채총계는 40,200,000원, 자본총계는 195,500,000원

5) 분 개

날짜	차 변		대 변	
5/30	소모품	400,000	현 금	400,000
5/31	현 금	12,000,000	매출(수익)	12,000,000

5/31	임차료	2,000,000	현 금	2,000,000
5/31	급 여	4,000,000	현 금	4,000,000
5/31	수도광열비	300,000	현 금	300,000

6) 결산수정분개

날 짜	차 변		대 변	
5/31	소모품비	300,000	소모품	300,000
5/31	이자비용	200,000	미지급이자	200,000
5/31	기계장치감가상각비	2,000,000	기계장치감가상각누계액	2,000,000
5/31	비품감가상각비	110,000	비품감가상각누계액	110,000
5/31	시설장치감가상각비	170,000	시설장치감가상각누계액	170,000
5/31	기구감가상각비	250,000	기구감가상각누계액	250,000

수정후시산표의 차변합계와 대변합계는 254,930,000원

7) 손익계산서의 당기순이익은 2,670,000원

8) 재무상태표의 자산총계는 238,570,000원, 부채총계는 40,400,000원, 자본총계는 198,170,000원

제4장 상품매매기업의 회계

〈○×퀴즈〉

1. ○ 2. × 3. × 4. × 5. ○ 6. ○ 7. × 8. ○ 9. × 10. ○
11. ○ 12. × 13. × 14. ○ 15. ×

〈객관식 문제〉

1. ② **2.** ① **3.** ③ **4.** ③ **5.** ③

〈주관식 문제〉

1. ① 4,500,000 ② 500
③ 6,000,000 ④ 100
⑤ 650 ⑥ 150
⑦ 1,050 ⑧ 10,500,000
⑨ 900

2. 1) 매출원가 320,000, 기말상품재고액 180,000
2) 재고자산감모손실 20,000

3) 정상적인 재고자산감모손실은 매출원가에 포함. 매출원가 340,000, 기말상품재고액 160,000

4) 매출원가 340,000

3. 1) 분개 답안

날짜	차 변		대 변	
5월 1일	미지급이자	50,000	현 금	50,000
5월 2일	임차료	1,000,000	현 금	1,000,000
5월 3일	미지급금 소모품	6,000,000 200,000	현 금	6,200,000
5월 6일	매입채무	4,500,000	현 금	4,500,000
5월 10일	현 금	6,000,000	매출채권	6,000,000
5월 15일	매입채무	5,500,000	현 금	5,500,000
5월 16일	상 품	10,000,000	매입채무	10,000,000
5월 25일	매출채권 매출원가	15,750,000 10,500,000	매 출 상 품	15,750,000 10,500,000
5월 28일	현 금	7,500,000	매출채권	7,500,000
5월 31일	급 여 수도광열비	3,500,000 100,000	현 금	3,600,000

2) 현금계정의 잔액은 7,570,000원

3) 시산표의 차변합계와 대변합계는 65,850,000원

4) 수정분개

날짜	차 변		대 변	
5월 31일	비품감가상각비	100,000	비품감가상각누계액	100,000
5월 31일	이자비용	50,000	미지급이자	50,000
5월 31일	보험료	40,000	선급보험료	40,000
5월 31일	소모품비	150,000	소모품	150,000

5) 수정후시산표의 차변합계와 대변합계는 66,000,000원

6) 손익계산서의 당기순이익은 310,000원
재무상태표의 자산총계는 50,070,000원, 부채총계는 20,050,000원, 자본총계는 30,020,000원
현금흐름표의 영업활동현금흐름은 (1,350,000원), 투자활동현금흐름은 (6,000,000원),
재무활동현금흐름은 0원

4. 1) 분개 답안

날 짜	차 변		대 변	
6월 1일	현 금	50,000,000	자본금	50,000,000
6월 2일	임차보증금 임차료	30,000,000 1,000,000	현 금	31,000,000
6월 2일	선급보험료	600,000	현 금	600,000
6월 3일	비 품	9,000,000	현 금 미지급금	5,000,000 4,000,000
6월 4일	현 금	20,000,000	단기차입금	20,000,000
6월 5일	상 품	9,000,000	매입채무	9,000,000
6월 10일	매출채권 매출원가	10,000,000 7,500,000	매 출 상 품	10,000,000 7,500,000
6월 15일	상 품	10,500,000	매입채무	10,500,000
6월 28일	매출채권 매출원가	12,000,000 9,000,000	매 출 상 품	12,000,000 9,000,000
6월 30일	급 여 전력비	5,000,000 150,000	현 금	5,150,000

2) 현금계정의 잔액은 28,250,000원

3) 시산표의 차변합계와 대변합계는 115,500,000원

4) 결산수정분개

날 짜	차 변		대 변	
6월 30일	비품감가상각비	150,000	비품감가상각누계액	150,000
6월 30일	이자비용	100,000	미지급이자	100,000
6월 30일	보험료	50,000	선급보험료	50,000

5) 수정후시산표의 차변합계와 대변합계는 115,750,000원

6) 손익계산서의 당기순손실은 950,000원
재무상태표의 자산총계는 92,650,000원, 부채총계는 43,600,000원, 자본총계는 49,050,000원
현금흐름표의 영업활동현금흐름은 (6,750,000원), 투자활동현금흐름은 (35,000,000원),
재무활동현금흐름은 70,000,000원

5. (단위: 천원)

1) 손익계산서의 당기순이익은 116,000

2) 재무상태표의 자산총계는 2,264,000, 부채총계는 1,398,000, 자본총계는 866,000

6. 1) (단위: 천원)

날 짜	차 변		대 변	
3월 3일	임차료	1,000	현 금	1,000
3월 5일	배당금	1,000	현 금	1,000
3월 6일	현 금	2,000	매출채권	2,000
3월 10일	상 품	4,000	매입채무	4,000
3월 15일	매입채무	2,000	현 금	2,000
3월 23일	접대비	60	현 금	60
3월 25일	매출채권	10,000	매 출	10,000
	매출원가	7,000	상 품	7,000
3월 31일	미지급이자	20	현 금	30
	이자비용	10		

2) (단위: 천원)

날 짜	차 변		대 변	
3월 31일	보험료	10	선급보험료	10
	급 여	600	미지급급여	600
	비품감가상각비	100	비품감가상각누계액	100
	차량운반구감가상각비	200	차량운반구감가상각누계액	200

7. (단위: 백만원)

1)

날 짜	차 변		대 변	
12월 31일	재고자산감모손실	10	상 품	10
	건물감가상각비	50	건물감가상각누계액	50
	보험료	10	선급보험료	10
	미수이자	5	이자수익	5

2) 수정후시산표의 차변합계와 대변합계는 37,455

3) 손익계산서의 당기순이익은 35

4) 재무상태표의 자산총계는 25,205, 부채총계는 12,420, 자본총계는 12,785

5) 1)에서 재고자산감모손실에 대한 분개가 없고 아래 분개가 추가된다.

날짜	차 변		대 변	
12월 31일	매출원가	9,960	상 품	1,000
			매 입	8,960
	상 품	2,990	매출원가	2,990

8. ① 17, 5, 40,000　② 16, 3, 130,000
③ 10, 13, 900,000　④ 15, 8, 1,000,000
⑤ 14, 7, 20,000　⑥ 2, 13, 2,000,000

제5장 제조기업의 회계

〈○×퀴즈〉

1. ○　2. ×　3. ○　4. ×　5. ×　6. ○　7. ○　8. ×　9. ×　10. ×
11. ○　12. ×　13. ×

〈회계용어 초성퀴즈〉

1. 제조경비　2. 매출총이익　3. 재공품
4. 결손금　5. 계속기록법　6. 재고자산감모손실
7. 상품수불부　8. 실지재고조사법　9. 영업손실
10. 유동자산

〈객관식 문제〉

1. ①　**2.** ②　**3.** ③　**4.** ②　**5.** ①

〈주관식 문제〉

1. (단위: 천원)

1) 재공품으로 이전되는 항목: 원재료 16,000, 급여-노무원가 15,000,
임차료-제조경비 4,000, 전력비-제조경비 110, 감가상각비-제조경비 3,000
합계 = 38,110

2) 34,299

3) 870

4) 7,811 [= 원재료(4,000) + 제품(3,811)]

2. 1) 재료원가 34,000,000　노무원가 70,000,000　제조경비 64,000,000

2) 168,000,000

3) 151,200,000

4) 81,000,000

5) 원재료 기말재고액 + 제품 기말재고액 = 19,800,000

3. 1)

날짜	차 변		대 변	
5월 1일	현 금	30,000,000	자본금	30,000,000
5월 2일	기계장치	20,000,000	현 금	20,000,000
5월 3일	현 금	10,000,000	단기차입금	10,000,000
5월 4일	원재료	2,000,000	현 금	2,000,000
5월 7일	광고선전비	1,000,000	현 금	1,000,000
5월 20일	접대비	60,000	현 금	60,000
5월 28일	현 금	7,000,000	인쇄제품매출	7,000,000
5월 31일	임차료-제조경비 임차료-판관비 급여-노무원가 급여-판관비	800,000 200,000 3,000,000 500,000	현 금	4,500,000

2) 현금계정의 잔액은 19,440,000원

3) 시산표의 차변합계와 대변합계는 47,000,000원

4)

날짜	차 변		대 변	
5월 31일	기계장치감가상각비-제조경비 이자비용	300,000 50,000	기계장치감가상각누계액 미지급이자	300,000 50,000
5월 31일	재공품	5,600,000	급여-노무원가 임차료-제조경비 기계장치감가상각비-제조경비 원재료	3,000,000 800,000 300,000 1,500,000
5월 31일	제 품	5,600,000	재공품	5,600,000
5월 31일	매출원가	5,600,000	제 품	5,600,000

5) 수정후시산표의 차변합계와 대변합계는 47,350,000원

6) 손익계산서의 당기순손실은 410,000원

재무상태표의 자산총계는 39,640,000원, 부채총계는 10,050,000원, 자본총계는 29,590,000원
현금흐름표의 영업활동현금흐름은 (560,000원), 투자활동현금흐름은 (20,000,000원),
재무활동현금흐름은 40,000,000원

4. 1)

날 짜	차 변		대 변	
7월 1일	현 금	50,000,000	자본금	50,000,000
7월 2일	임차보증금	30,000,000	현 금	31,000,000
	임차료-제조경비	800,000		
	임차료-판관비	200,000		
7월 3일	기계장치	5,000,000	미지급금	9,200,000
	비 품	4,200,000		
7월 4일	원재료	1,500,000	매입채무	1,500,000
7월 30일	급여-노무원가	4,000,000	현 금	7,000,000
	급여-판관비	2,000,000		
	전력비-제조경비	450,000		
	전력비-판관비	50,000		
	광고선전비	500,000		
7월 31일	현 금	9,000,000	매 출	9,000,000

2) 현금계정의 잔액은 21,000,000원

3) 시산표의 차변합계와 대변합계는 69,700,000원

4)

날 짜	차 변		대 변	
7월 31일	기계장치감가상각비-제조경비	80,000	기계장치감가상각누계액	80,000
	비품감가상각비-판관비	70,000	비품감가상각누계액	70,000
7월 31일	재공품	6,680,000	임차료-제조경비	800,000
			급여-노무원가	4,000,000
			전력비-제조경비	450,000
			기계장치감가상각비-제조경비	80,000
			원재료	1,350,000
7월 31일	제 품	6,680,000	재공품	6,680,000
7월 31일	매출원가	6,012,000	제 품	6,012,000

5) 수정후시산표의 차변합계와 대변합계는 69,850,000원

6) 손익계산서의 당기순이익은 168,000원
재무상태표의 자산총계는 60,868,000원, 부채총계는 10,700,000원, 자본총계는 50,168,000원
현금흐름표의 영업활동현금흐름은 1,000,000원, 투자활동현금흐름은 (30,000,000원),
재무활동현금흐름은 50,000,000원

5. 1) 분 개

날짜	차 변		대 변	
6월 1일	미지급이자	100,000	현 금	100,000
6월 2일	원재료	7,000,000	매입채무	7,000,000
6월 2일	임차료-제조경비 임차료-판관비	1,800,000 200,000	현 금	2,000,000
6월 3일	현 금	10,000,000	자본금	10,000,000
6월 4일	미지급금	6,000,000	현 금	6,000,000
6월 7일	매입채무	5,000,000	현 금	5,000,000
6월 10일	광고선전비-판관비	500,000	현 금	500,000
6월 20일	교육훈련비-판관비	60,000	현 금	60,000
6월 28일	현 금	20,000,000	매출채권	20,000,000
6월 29일	급여-노무원가 급여-판관비 전력비-제조경비 전력비-판관비	6,000,000 5,000,000 400,000 30,000	현 금 현 금	11,000,000 430,000
6월 30일	매출채권	32,000,000	매 출	32,000,000

2) 현금계정의 잔액은 10,390,000원
3) 시산표의 차변합계와 대변합계는 122,730,000원
4)

날짜	차 변		대 변	
6월 30일	이자비용 기계장치감가상각비-제조경비 비품감가상각비-판관비 보험료-제조경비	100,000 300,000 100,000 100,000	미지급이자 기계장치감가상각누계액 비품감가상각누계액 선급보험료	100,000 300,000 100,000 100,000

날짜	차 변		대 변	
6월 30일	재공품	14,900,000	원재료	6,300,000
			급여-노무원가	6,000,000
			임차료-제조경비	1,800,000
			전력비-제조경비	400,000
			기계장치감가상각비-제조경비	300,000
			보험료-제조경비	100,000
6월 30일	제 품	14,900,000	재공품	14,900,000
6월 30일	매출원가	2,250,000	제 품	2,250,000
	매출원가	13,037,500	제 품	13,037,500

5) 수정후시산표의 차변합계와 대변합계는 123,230,000원

6) 손익계산서의 당기순이익은 10,722,500원
재무상태표의 자산총계는 101,152,500원, 부채총계는 27,100,000원, 자본총계는 74,052,500원

6. 1) 분 개

날짜	차 변		대 변	
8월 1일	현 금	90,000,000	자본금	90,000,000
8월 2일	임차보증금	50,000,000	현 금	52,500,000
	임차료-제조경비	2,000,000		
	임차료-판관비	500,000		
8월 2일	현 금	30,000,000	단기차입금	30,000,000
8월 3일	기계장치	40,000,000	현 금	40,000,000
	비 품	4,800,000	미지급금	4,800,000
8월 4일	선급보험료	1,200,000	현 금	1,200,000
8월 7일	원재료	10,000,000	매입채무	10,000,000
8월 29일	급여-노무원가	9,000,000	현 금	14,000,000
	급여-판관비	5,000,000		
8월 30일	전력비-제조경비	300,000	현 금	330,000
	전력비-판관비	30,000		
8월 31일	매출채권	30,400,000	매 출	30,400,000

2) 현금계정의 잔액은 11,970,000원

3) 시산표의 차변합계와 대변합계는 165,200,000원

4)

날짜	차 변		대 변	
8월 31일	이자비용	75,000	미지급이자	75,000
	기계장치감가상각비-제조경비	600,000	기계장치감가상각누계액	600,000
	비품감가상각비-판관비	80,000	비품감가상각누계액	80,000
	보험료-제조경비	100,000	선급보험료	100,000
8월 31일	재공품	21,000,000	원재료	9,000,000
			급여-노무원가	9,000,000
			임차료-제조경비	2,000,000
			전력비-제조경비	300,000
			기계장치감가상각비-제조경비	600,000
			보험료-제조경비	100,000
8월 31일	제 품	21,000,000	재공품	21,000,000
8월 31일	매출원가	19,950,000	제 품	19,950,000

5) 수정후시산표의 차변합계와 대변합계는 165,955,000원

6) 손익계산서의 당기순이익은 4,765,000원
재무상태표의 자산총계는 139,640,000원, 부채총계는 44,875,000원, 자본총계는 94,765,000원
현금흐름표의 영업활동현금흐름은 (18,030,000원), 투자활동현금흐름은 (90,000,000원),
재무활동현금흐름은 120,000,000원

7. 1) 분 개

날짜	차 변		대 변	
9월 1일	현 금	300,000,000	자본금	300,000,000
9월 2일	임차보증금	100,000,000	현 금	102,000,000
	임차료-제조경비	1,600,000		
	임차료-판관비	400,000		
9월 3일	기계장치	150,000,000	미지급금	100,000,000
	차량운반구	20,000,000	현 금	72,400,000
	비 품	2,400,000		
9월 4일	원재료	3,500,000	현 금	3,500,000
9월 15일	매출채권	7,500,000	매 출	7,500,000
9월 16일	원재료	4,000,000	매입채무	4,000,000
9월 29일	현 금	7,000,000	매 출	7,000,000

날짜	차 변		대 변	
9월 30일	급여-노무원가	5,000,000	현 금	7,000,000
	급여-판관비	2,000,000	미지급수도광열비	300,000
	수도광열비-제조경비	250,000		
	수도광열비-판관비	50,000		

2) 현금계정의 잔액은 122,100,000원

3) 시산표의 차변합계와 대변합계는 418,800,000원

4)

날짜	차 변		대 변	
9월 30일	기계장치감가상각비-제조경비	2,250,000	기계장치감가상각누계액	2,250,000
	차량운반구감가상각비-판관비	300,000	차량운반구감가상각누계액	300,000
	비품감가상각비-판관비	40,000	비품감가상각누계액	40,000
9월 30일	재공품	16,600,000	원재료	7,500,000
			임차료-제조경비	1,600,000
			급여-노무원가	5,000,000
			수도광열비-제조경비	250,000
			기계장치감가상각비-제조경비	2,250,000
9월 30일	제 품	16,600,000	재공품	16,600,000
9월 30일	매출원가	13,280,000	제 품	13,280,000

5) 수정후시산표의 차변합계와 대변합계는 421,390,000원

6) 손익계산서의 당기순손실은 1,570,000원

재무상태표의 자산총계는 402,730,000원, 부채총계는 104,300,000원,
자본총계는 298,430,000원

현금흐름표의 영업활동현금흐름은 (5,500,000원), 투자활동현금흐름은 (172,400,000원),
재무활동현금흐름은 300,000,000원

8. (단위: 천원)

1) 손익계산서의 당기순이익은 171,000

2) 재무상태표의 자산총계는 3,843,000, 부채총계는 1,574,000, 자본총계는 2,269,000

9. 1) 손익계산서의 당기순이익은 404,000원

2) 재무상태표의 자산총계는 2,769,000원, 부채총계는 804,000원, 자본총계는 1,965,000원

제6장 재무제표 분석

〈○×퀴즈〉

1. × 2. ○ 3. × 4. × 5. ○ 6. × 7. ○ 8. × 9. × 10. ○
11. ○ 12. × 13. ○ 14. ×

〈객관식 문제〉

1. ① **2.** ③ **3.** ② **4.** ① **5.** ② **6.** ②

제7장 유동자산

〈○×퀴즈〉

1. × 2. × 3. ○ 4. × 5. × 6. ○ 7. ○ 8. ○ 9. × 10. ×
11. × 12. ○ 13. × 14. ○ 15. ○

〈객관식 문제〉

1. ④ **2.** ② **3.** ③ **4.** ④ **5.** ① **6.** ③

〈주관식 문제〉

1. 1) 현금: 7,895,200원
2) 현금성자산: 5,500,000원

2. 날짜별 분개

날 짜	차 변		대 변	
1월 2일	당좌예금	10,000,000	현 금	10,000,000
2월 1일	당좌예금	5,000,000	용역수익	5,000,000
2월 10일	비 품	20,000,000	당좌예금 당좌차월	15,000,000 5,000,000
2월 15일	당좌차월 당좌예금	5,000,000 5,000,000	현 금	10,000,000

3.

기업 측 잔액	400,000	은행 측 잔액	920,000
가산: 미통지입금	500,000	가산: 은행미기록예금	100,000
차감: 이자비용 및 은행수수료	(30,000)	차감: 미인출수표	(150,000)
수정 후 기업 측 잔액	870,000	수정 후 은행 측 잔액	870,000

(주)서해공업의 수정분개

날 짜	차 변		대 변	
3월 31일	이자비용	10,000	당좌예금	30,000
	수수료비용	20,000		
	당좌예금	500,000	매출채권	500,000

4.

기업 측 잔액	11,183,200	은행 측 잔액	22,900,700
가산: 오류수정	499,500	가산: 은행미기록예금	1,450,000
가산: 미통지입금	1,370,000	차감: 미인출수표	(18,798,000)
차감: 부도수표	(7,500,000)		
수정 후 기업 측 잔액	5,552,700	수정 후 은행 측 잔액	5,552,700

(주)전남실업의 수정분개

날 짜	차 변		대 변	
12월 31일	당좌예금	499,500	매입채무	499,500
	당좌예금	1,370,000	매출채권	1,370,000
	부도수표	7,500,000	당좌예금	7,500,000

5. 날짜별 분개

날 짜	차 변		대 변	
20×1. 1. 2.	소액현금	500,000	현 금	500,000
20×1. 1. 15.	분개 없음			
20×1. 1. 20.	분개 없음			
20×1. 1. 31.	접대비	150,000	현 금	250,000
	출장비	100,000		

6. 1) 1,134,000원

2) (차) 대손상각비 134,000 (대) 대손충당금 134,000

3) (차) 대손충당금 66,000 (대) 대손충당금환입 66,000

4) (차) 대손충당금 600,000 (대) 매출채권 600,000

7. 1) 기대신용손실 충당금 합계는 480,000원

2) (차) 대손상각비 345,000 (대) 대손충당금 345,000

3) (차) 대손충당금 150,000 (대) 매출채권 150,000

4) 1월 15일 대손확정시:

(차) 대손충당금 800,000 (대) 매출채권 800,000

1월 말 수정분개:

(차) 대손상각비 870,000 (대) 대손충당금 870,000

5) (차) 대손충당금 30,000 (대) 대손충당금환입 30,000

8. 현금 및 현금성자산, 단기대여금, 미수수익, 미수금, 매출채권, 보증금

9. 1) 매출원가 = 3,300,000원

기말상품 = 560,000원

2) 매출원가: 230개×14,296.3원 = 3,288,149원

기말상품: 40개×14,296.3원 = 571,852원

3) 6월 3일 매출원가 = 300,000원

6월 11일 매출원가: 85개×14,545.45원 = 1,236,363원

6월 30일 매출원가: 125개×14,082.64개 = 1,760,330원

총매출원가: 300,000원 + 1,236,363원 + 1,760,330원 = 3,296,693원

기말상품: 40개×14,082.64원 = 563,306원

10. 1) 선입선출법

기말상품 = (200×120) + (200×130) = 50,000원

매출원가 = 122,000원 − 50,000원 = 72,000원

2) 총평균법

매출원가 = (600×122) = 73,200

기말상품 = (400×122) = 48,800

3) 이동평균법

3월 11일 매출원가 = 300×115원 = 34,500원

3월 27일 매출원가 = 300×127원 = 38,100원

3월 말 상품 = 400×123.5원 = 49,400원

3월 매출원가 = 34,500 + 38,100 = 72,600원

11. 1) 매출원가 = 82,500원, 기말상품 = 14,500원

2) 매출원가: 350개×242.5원 = 84,875원

기말상품: 50개×242.5원 = 12,125원

3) 3월 5일 매출원가: 50개×200원 = 10,000원

3월 20일 매출원가: 100개×232원 = 23,200원

3월 29일 매출원가: 255.2원×200개 = 51,040원

3월 매출원가: 10,000원 + 23,200원 + 51,040원 = 84,240원
기말상품: 50개×255.2원 = 12,760원

12. 1) (차) 재고자산감모손실 2,552 (대) 상 품 2,552
2) (차) 재고자산평가손실 500 (대) 재고자산평가충당금 500

13. 1) (차) 재고자산감모손실 22,000 (대) 상 품 22,000
2) (차) 재고자산평가손실 18,000 (대) 재고자산평가충당금 18,000

14. 1) 유동자산 = 1,066,500백만원 2) 미수금
3) 미수수익 4) 선급금
5) 선급비용 6) 현금 및 현금성자산
7) 단기금융상품 8) 4,500백만원(대손충당금)
9) 매출채권, 매출채권-대손충당금, 미수금, 미수수익, 현금및현금성자산, 대여금, 단기금융상품

제8장 비유동자산

〈○×퀴즈〉

1. × 2. × 3. ○ 4. × 5. ○ 6. ○ 7. × 8. ○ 9. × 10. ×
11. × 12. ○ 13. × 14. × 15. ×

〈객관식 문제〉

1. ① **2.** ② **3.** ④ **4.** ② **5.** ③

〈주관식 문제〉

1. 1) 매년 3,100,000원
2)

	기초장부금액	감가상각비	감가상각누계액	기말장부금액
20×1년도	10,000,000	5,500,000	5,500,000	4,500,000
20×2년도	4,500,000	2,475,000	7,975,000	2,025,000
20×3년도	2,025,000	1,325,000	9,300,000	700,000

3) 20×1년도 감가상각비: 9,300,000×3/6 = 4,650,000원
20×2년도 감가상각비: 9,300,000×2/6 = 3,100,000원
20×3년도 감가상각비: 9,300,000×1/6 = 1,550,000원
4) 20×1년도 감가상각비: 9,300,000×100/1,000 = 930,000원
20×2년도 감가상각비: 9,300,000×200/1,000 = 1,860,000원

20×3년도 감가상각비 : 9,300,000×700/1,000 = 6,510,000원

2. 1) 기계1

① 정액법 : 연간 감가상각비 = (20,000,000 − 1,000,000) ÷ 4년 = 4,750,000

20×1년(10월~12월) 감가상각비 = (4,750,000 ÷ 12) × 3개월 = 1,187,500

20×2년 감가상각비 = 4,750,000

20×3년 감가상각비 = 4,750,000

20×4년 감가상각비 = 4,750,000

20×5년(1월~9월) 감가상각비 = (4,750,000 ÷ 12) × 9개월 = 3,562,500

② 정률법

	기초 장부가	감가상각률	감가상각비	기말 장부가
20×1년	20,000,000	0.527	2,635,000	17,365,000
20×2년	17,365,000	0.527	9,151,355	8,213,645
20×3년	8,213,645	0.527	4,328,591	3,885,054
20×4년	3,885,054	0.527	2,047,424	1,837,631
20×5년	2,116,476	0.527	1,116,476	1,000,000

2) 기계2

① 정액법 : 연간 감가상각비 = (80,000,000원 8,000,000원) ÷ 5 = 14,400,000원

20×1년(10월~12월) 감가상각비 = (14,400,000 ÷ 12) × 3개월 = 3,600,000

20×2년 감가상각비 = 14,400,000

20×3년 감가상각비 = 14,400,000

20×4년 감가상각비 = 14,400,000

20×5년 감가상각비 = 14,400,000

20×6년(1월~9월) 감가상각비 = (14,400,000 ÷ 12) × 9개월 = 10,800,000

② 정률법

	기초 장부가	감가상각률	감가상각비	기말 장부가
20×1년	80,000,000	0.369	7,380,000	72,620,000
20×2년	72,620,000	0.369	26,796,780	45,823,220
20×3년	45,823,220	0.369	16,908,768	28,914,452
20×4년	28,914,452	0.369	10,669,433	18,245,019
20×5년	18,245,019	0.369	6,732,412	11,512,607
20×6년	11,512,607	0.369	3,512,607	8,000,000

3. 1) (차) 기계장치 1,000,000 (대) 현 금 1,000,000
   2) 취득원가 − 감가상각누계액 = 1,000,000 − 315,000 = 685,000
   3) (차) 현 금 700,000 (대) 기계장치 1,000,000
   기계장치감가상각누계액 315,000 유형자산처분이익 15,000

4. 20×1년 1월 2일: (차) 기계장치 10,000,000 (대) 현 금 10,000,000
   20×1년 12월 31일: (차) 기계장치감가상각비 1,800,000 (대) 기계장치감가상각누계액 1,800,000
   (차) 유형자산손상차손 3,200,000 (대) 기계장치손상차손누계액 3,200,000
   20×2년 12월 31일: (차) 기계장치감가상각비 1,000,000 (대) 기계장치감가상각누계액 1,000,000
   (차) 기계장치손상차손누계액 1,500,000 (대) 유형자산손상차손환입 1,500,000

5. (차) 매출채권 90,000 (대) 매입채무 150,000
   차량운반구 400,000 차입금 50,000
   토 지 70,000 선수금 20,000
   건 물 450,000 현 금 900,000
   영업권 110,000

6. 영업권은 2,830백만원

7. 정액법을 적용하여 매년 1,000,000원씩 상각한다.
   20×1년도 상각비 분개 : (차) 특허권상각비 1,000,000 (대) 특허권상각누계액 1,000,000
   20×2년도 상각비 분개 : (차) 특허권상각비 1,000,000 (대) 특허권상각누계액 1,000,000

8. 1) ① 주식 보유 목적이 단기매매목적인 경우
   20×1년 12월 10일 (차) FVPL금융자산 50,000 (대) 현 금 50,000
   20×1년 12월 31일 (차) FVPL금융자산 1,000 (대) 금융자산평가이익-PL 1,000
   여기서 금융자산평가이익-PL 1,000원은 손익계산서의 기타수익에 포함된다.
   ② 단기매매 목적이 아니면서 기타포괄손익 선택권을 택한 경우
   20×1년 12월 10일 (차) FVOCI금융자산 50,000 (대) 현 금 50,000
   20×1년 12월 31일 (차) FVOCI금융자산 1,000 (대) 금융자산평가이익-OCI 1,000
   여기서 금융자산평가이익-OCI 1,000원은 포괄손익계산서의 기타포괄손익 항목에 포함된다.
   2) ① 주식 보유 목적이 단기매매목적인 경우
   20×2년 12월 31일 (차) 금융자산평가손실-PL 3,000 (대) FVPL금융자산 3,000
   여기서 금융자산평가손실-PL 3,000원은 손익계산서의 기타비용에 포함된다.
   ② 단기매매 목적이 아니면서 기타포괄손익 선택권을 택한 경우
   20×2년 12월 31일 (차) 금융자산평가손실-OCI 3,000 (대) FVOCI금융자산 3,000
   여기서 금융자산평가손실-OCI 3,000원은 포괄손익계산서의 기타포괄손익에 포함된다.

9.

	정 답
1	FVPL금융자산
2	관계기업투자
3	FVOCI금융자산
4	FVPL금융자산
5	AC금융자산
6	FVPL금융자산
7	FVOCI금융자산

10. 1) 34,220,000천원　　2) 6,160,000천원
3) 12,000,000천원　　4) 350,000천원

11. 토지 208,750,000원, 기계장치 37,950,000원

제9장 유동부채

〈○×퀴즈〉

1. ○　2. ×　3. ○　4. ×　5. ○　6. ×　7. ×　8. ○　9. ○　10. ×　11. ×

〈객관식 문제〉

1. ③　**2.** ③　**3.** ②　**4.** ④　**5.** ②

〈주관식 문제〉

1.

자 산	부 채
매출채권-외상매출금	매입채무-외상매입금
매출채권-받을어음	매입채무-지급어음
미수금	미지급금
미수수익	미지급비용
선급금	선수금
선급비용	선수수익
부가세대급금	부가세예수금

2. ① 전자어음　　② 추심

③ 진성어음　　④ 융통어음(기업어음)
⑤ 어음할인

3.

날짜	차 변		대 변	
20×1. 4. 1.	현 금	5,000,000	선수임대수익	5,000,000
20×1. 4.30.	선수임대수익	2,500,000	임대수익	2,500,000
20×1. 5.31.	선수임대수익	2,500,000	임대수익	2,500,000

4.

날짜	차 변		대 변	
20×1.12.31.	급 여	55,000,000	현 금	50,000,000
			소득세예수금	5,000,000
20×2. 1.10.	소득세예수금	5,000,000	현 금	5,000,000

5. ①

날짜	차 변		대 변	
20×1. 7. 1.	받을어음	1,000,000	매 출	1,000,000
20×1. 8. 1.	현 금	970,000	단기차입금	1,000,000
	이자비용	30,000		
20×1.10. 1	단기차입금	1,000,000	받을어음	1,000,000

②

날짜	차 변		대 변	
20×1. 1. 1.	받을어음	1,000,000	매 출	1,000,000
20×1. 8. 1.	현 금	970,000	받을어음	1,000,000
	매출채권처분손실	30,000		
20×1.10. 1.	분개 없음			

6. 30,000,000원 = 23,000,000 + 4,500,000 + 2,500,000

7.

1) 미지급금　　2) 선수수익
3) 예수보증금　　4) 부가세예수금

5) 당기법인세부채
6) 미지급비용
7) 선수금
8) 유동성장기차입금

제10장 비유동부채

〈○×퀴즈〉

1. ○ 2. × 3. × 4. ○ 5. × 6. ○ 7. × 8. ○ 9. ○ 10. ○
11. × 12. ○ 13. × 14. × 15. ○

〈객관식 문제〉

1. ② **2.** ③ **3.** ③ **4.** ② **5.** ② **6.** ②

〈주관식 문제〉

1. 1) 4,500,000원

2) x: 이자지급액 = 150,000, y: 발행가액 = 4,500,000, z: 원금 = 5,000,000

2. 1) 10,000,000원

2)

날 짜	사채 기초장부기 a	이자비용 b=a× 6.165%	액면이자 지급액 c=액면가×6%	할인발행차금 상각액 d=b−c	할인발행차금 미상각액 $e_t=e_{t-1}-d$	사채 기말장부가 f=a−d
20×0.12.31.					43,970	9,956,030
20×1.12.31.	9,956,030	613,789	600,000	13,789	30,181	9,969,819
20×2.12.31.	9,969,819	614,639	600,000	14,639	15,541	9,984,459
20×3.12.31.	9,984,459	615,542	600,000	15,542	0	10,000,000

날 짜	차 변		대 변	
20×0.12.31.	현 금	9,956,030	사 채	10,000,000
	사채할인발행차금	43,970		
20×1.12.31.	이자비용	613,789	현 금	600,000
			사채할인발행차금	13,789
20×2.12.31.	이자비용	614,639	현 금	600,000
			사채할인발행차금	14,639
20×3.12.31.	이자비용	615,542	현 금	600,000
	사 채	10,000,000	사채할인발행차금	15,542
			현 금	10,000,000

3. 1)

날 짜	사채 기초장부가 a	이자비용 b=a× 5.145%	액면이자 지급액 c=액면가×5%	할인발행차금 상각액 d=b−c	할인발행차금 미상각액 $e_t=e_{t-1}-d$	사채 기말장부가 f=a−d
20×0.12.31.					196,900	49,803,100
20×1.12.31.	49,803,100	2,562,369	2,500,000	62,369	134,531	49,865,469
20×2.12.31.	49,865,469	2,565,578	2,500,000	65,578	68,952	49,931,048
20×3.12.31.	49,931,048	2,568,952	2,500,000	68,952	0	50,000,000

날 짜	차 변		대 변	
20×0.12.31.	현 금	49,803,100	사 채	50,000,000
	사채할인발행차금	196,900		
20×1.12.31.	이자비용	2,562,369	현 금	2,500,000
			사채할인발행차금	62,369
20×2.12.31.	이자비용	2,565,578	현 금	2,500,000
			사채할인발행차금	65,578
20×3.12.31.	이자비용	2,568,952	현 금	2,500,000
	사 채	50,000,000	사채할인발행차금	68,952
			현 금	50,000,000

2) 발행금액 $= \frac{3,000,000}{(1+0.05)} + \frac{3,000,000}{(1+0.05)^2} + \frac{53,000,000}{(1+0.05)^3} = 51,361,624$원

날 짜	차 변		대 변	
20×0.12.31.	현 금	51,361,624	사 채	50,000,000
			사채할증발행차금	1,361,624

3)

날 짜	사채 기초장부가 a	이자비용 b=a×5%	액면이자 지급액 c=액면가×6%	할증발행차금 환입액 d=c−b	할증발행차금 미환입액 $e_t=e_{t-1}-d$	사채 기말장부가 f=a−d
20×0.12.31.					1,361,624	51,361,624
20×1.12.31.	51,361,624	2,568,081	3,000,000	431,919	929,705	50,929,705
20×2.12.31.	50,929,705	2,546,485	3,000,000	453,515	476,190	50,476,190
20×3.12.31.	50,476,190	2,523,810	3,000,000	476,190	0	50,000,000

날짜	차 변		대 변	
20×1.12.31.	이자비용	2,568,081	현 금	3,000,000
	사채할증발행차금	431,919		
20×2.12.31.	이자비용	2,546,485	현 금	3,000,000
	사채할증발행차금	453,515		
20×3.12.31.	이자비용	2,523,810	현 금	3,000,000
	사채할증발행차금	476,190		
	사 채	50,000,000	현 금	50,000,000

4.

날 짜	사채 기초장부가 a	이자비용 b=a× 5.29%	액면이자 지급액 c=액면가×6%	할증발행차금 환입액 d=c−b	할증발행차금 미환입액 $e_t=e_{t-1}-d$	사채 기말장부가 f=a−d
20×0.12.31.					192,305*	10,192,305
20×1.12.31.	10,192,305	539,173	600,000	60,827	131,478	10,131,478
20×2.12.31.	10,131,478	535,955	600,000	64,045	67,433	10,067,433
20×3.12.31.	10,067,433	532,567	600,000	67,433	0	10,000,000

* 192,305−272,325 − 80,020

날짜	차 변		대 변	
20×0.12.31.	현 금	10,192,305	사 채	10,000,000
			사채할증발행차금	192,305
20×1.12.31.	이자비용	539,173	현 금	600,000
	사채할증발행차금	60,827		
20×2.12.31.	이자비용	535,955	현 금	600,000
	사채할증발행차금	64,045		
20×3.12.31.	이자비용	532,567	현 금	10,600,000
	사채할증발행차금	67,433		
	사 채	10,000,000		

5.

1) 발행금액 $= \dfrac{10,900,000}{(1+0.03)} + \dfrac{10,600,000}{(1+0.03)^2} + \dfrac{10,300,000}{(1+0.05)^3} = 30,000,000$원

2)

날짜	차 변		대 변	
20×1. 1. 2.	현 금	30,000,000	사 채	30,000,000
20×1.12.31.	이자비용 사 채	900,000 10,000,000	현 금	10,900,000
20×2.12.31.	이자비용 사 채	600,000 10,000,000	현 금	10,600,000
20×3.12.31.	이자비용 사 채	300,000 10,000,000	현 금 현 금	300,000 10,000,000

6. 1) 20×1년 5월 31일 (차) 제품보증비 200,000 (대) 제품보증충당부채 200,000
   2) 20×1년 9월 1일 (차) 제품보증충당부채 100,000 (대) 저장품 100,000

7.

내 용	계정과목
20×5년 10월 1일 K은행으로부터 만기 1년으로 10억원을 차입함.	단기차입금
20×4년 7월 1일 만기 3년의 회사채를 100억원에 발행함.	사채(비유동부채)
20×3년 9월 15일 W은행으로부터 만기 3년으로 20억원을 차입함.	유동성 장기차입금
20×1년 12월 1일 만기 5년의 회사채를 150억원에 발행함.	유동성 사채

8. 1) 충당부채 2) 순확정급여부채
   3) 장기성매입채무 4) 이연법인세부채
   5) 장기차입금 6) 사 채

9. 1) 충당부채로 인식한다.
   2) 자원 유출 가능성이 희박하지 않다면 우발부채로 주석에 공시한다.
   3) 충당부채로 인식한다.

10. 법인세 납부액: 480,000원
    법인세비용: 500,000원
    이연법인세부채: 20,000원

제11장 자 본

〈○×퀴즈〉

1. ○ 2. × 3. ○ 4. × 5. ○ 6. × 7. × 8. × 9. ○ 10. ×
11. ○ 12. × 13. ○ 14. × 15. ○ 16. ×

〈회계용어 낱말퍼즐〉

1. 재고자산 2. 이자비용 3. 감가상각누계액 4. 법정적립금 5. 수정후시산표 6. 현금
7. 주식발행초과금 8. 선수금 9. 공정가치 10. 계속기록법 11. 대손충당금 12. 재무제표
13. 차변 14. 부기 15. 유형자산 16. 손익계산서 17. 사채 18. 현금과부족 19. 결산수정분개
A. 내용연수 B. 재무상태표 C. 정액법 D. 미지급금 E. 시장가치 F. 개발비 G. 현금흐름표
H. 연수합계법 I. 주식배당 J. 정률법 K. 당기순이익 L. 대변 M. 충당부채 N. 무형자산
O. 유동자산 P. 계정과목 Q. 사용가치 R. 수표 S. 분개장

〈객관식 문제〉

1. ① **2.** ① **3.** ② **4.** ④ **5.** ④ **6.** ④ **7.** ②

〈주관식 문제〉

1. 1) 자본금 15억원 증가, 주식발행초과금 3억원 증가, 자본총계 18억원 증가
2) 자기주식 70,000,000원 증가, 자기주식은 자본차감계정이므로 자본총계는 70,000,000원 감소
3) 자기주식 35,000,000원 감소, 자기주식처분이익 5,000,000원 증가, 자기주식은 자본차감계정이고, 자기주식처분이익은 자본계정이므로 자본총계는 40,000,000원 증가

2. 1) 400주 2) 11,000원 3) 4,400,000원

3. 1) 300,000주
2) 20×0년 말까지는 200,000주가 발행되었으므로 100,000주가 20×1년에 추가로 발행되었다. 20×1년 주식발행초과금이 20×0년보다 500,000,000원 증가하였으므로 주당 주식발행초과액이 5,000원이다. 따라서 100,000주는 액면금액 5,000원에 5,000원을 더한 10,000원에 발행되었다.
3) 자본금 + 주식발행초과금 = 2,800,000,000원
4) 10,100원
5) 발행주식수 − 자기주식수 = 298,000주
6) 사내유보이익 = 이익잉여금 = 396,352,000원
7) 396,352,000원 = 355,387,000원 + 당기순이익 − 10,000,000원
당기순이익 = 50,965,000원

4. (차) 주식발행초과금 100,000,000 (대) 자본금 100,000,000

(100,000주×20%)×5,000원 = 100,000,000원

5.

날 짜	차 변		대 변	
20×1. 9. 1.	자기주식	4,250,000	현 금	4,250,000
20×2.10. 2.	현 금	2,500,000	자기주식	2,125,000
			자기주식처분이익	375,000
20×3.11. 1.	현 금	700,000	자기주식	850,000
	자기주식처분이익	150,000		

6.

	자본금	자본총계	발행주식수	유통주식수
유상증자	증가	증가	증가	증가
자기주식 취득	불변	감소	불변	감소
배당금 지급승인	불변	감소	불변	불변
유상감자	감소	감소	감소	감소
자기주식 재발행	불변	증가	불변	증가
주식분할(액면분할)	불변	불변	증가	증가

7. 1) 1,051,037천원

2) 자본금 = 330,000천원, 자본잉여금 = 540,000천원

3) 이익준비금 + 미처분이익잉여금 = 184,432천원

4) 당기순이익 67,540천원은 미처분이익잉여금에, 기타포괄손실 1,543천원은 기타포괄손익누계액-FVOCI금융자산에 포함됨.

5) 미처분이익잉여금은 총 11,000천원이 감소하고, 이익준비금은 1,000천원 증가한다. 따라서 재무상태표 상에 표기될 이익잉여금(미처분이익잉여금과 이익준비금의 합)은 총 10,000천원이 감소한다.

8.

날 짜	차 변		대 변	
배당기준일(20×0.12.31.)	분개 없음			
배당선언일(20×1.3.28.)	배당금	20,000,000	미지급배당금	20,000,000
배당지급일(20×1.4.20.)	미지급배당금	20,000,000	현 금	20,000,000

9. 1)

날짜	차변		대변	
20×1년 3월 29일	미처분이익잉여금	2,000,000	미교부주식배당금	2,000,000
20×1년 4월 25일	미교부주식배당금	2,000,000	보통주자본금	2,000,000

(20,000주×10%)×1,000원 = 2,000,000원

2)

보통주(액면금액 ₩1,000, 발행주식수 22,000)	₩ 22,000,000
주식발행초과금	10,000,000
이익잉여금	68,000,000
자본총계	100,000,000

10. 1) 500,000주

2) (차변) 현 금 100,000,000 (대변) 자본금 50,000,000
주식발행초과금 50,000,000

3) (차변) 현금 99,700,000 (대변) 자본금 50,000,000
주식발행초과금 49,700,000

4) (차변) 미처분이익잉여금 4,400,000 (대변) 미지급배당금 4,000,000
이익준비금 400,000

5) 자본금은 10,000,000원 증가하고, 주식발행초과금은 10,000,000원 감소한다.

6) (차변) 자기주식 2,100,000 (대변) 현 금 2,100,000

7) 자본금 110,000,000
주식발행초과금 70,000,000
자기주식 (2,100,000)
이익잉여금
이익준비금 1,400,000
미처분이익잉여금 33,036,000
자본총계 212,336,000

11. 1) 1,000원

2) 자본총계가 자본금보다 작으므로 자본잠식에 해당하고, 자본잠식률은 20%

3) $\text{PBR} = \frac{\text{시가총액}}{\text{자본총계}} = 0.75$

4) 유통주식수는 80,000주, 자본금 80,000,000원, 결손금 0, 자본총계는 80,000,000

제12장 현금흐름표

〈○×퀴즈〉

1. × 2. ○ 3. ○ 4. × 5. × 6. ○ 7. × 8. ○ 9. × 10. ○
11. ○ 12. × 13. ×

〈객관식 문제〉

1. ① **2.** ⑤ **3.** ② **4.** ③ **5.** ② **6.** ③

〈주관식 문제〉

1. 영업활동현금흐름은 850,000원

2. 영업활동현금흐름은 (1,350,000원)

3. 영업활동현금흐름은 910,000원

4. 영업활동현금흐름은 550,684천원

5. (단위: 백만원)
영업활동현금흐름은 720, 투자활동현금흐름은 (360), 재무활동현금흐름은 (320)

6. ① 160,745 ② 206,005
③ (173,515) ④ (37,561)
⑤ (9,511) ⑥ 59,830

찾아보기

국 문

영 문

저자 약력

김경태

現 서울시립대학교 경영대학 교수
서울대학교 경영대학 경영학과 졸업(1996)
연세대학교 대학원, 경영학석사(1998)
LG경제연구원 근무
서울대학교 대학원, 경영학박사(2006, 회계학 전공)
강의우수교수상, 서울시립대학교
회계·세무와 감사연구 논문 현상공모전 최우수상, 한국공인회계사회, 2013
한국회계학회 학위논문상 공모 최우수상, 2006
The Vernon Zimmerman Best Paper Award, the 16th Asian-Pacific Conference on International Accounting Issues, 2004

김유라

現 서울시립대학교 경영대학 교수
UCLA 응용수학과 이학사(1997)
KT연구원 근무
Purdue University, 경영학석사(2000)
Holthouse, Carlin, & Van Tright LLP, 회계법인 근무
삼성토탈 근무
University of Maryland, 경영학박사(2011, 회계학 전공)
국민대학교 경영대학 조교수(2012~2014)
미국공인회계사(AICPA), 공인관리회계사(CMA)

박종찬

現 서울시립대학교 경영대학 교수
서울대학교 사회과학대학 국제경제학과 졸업(1995)
코오롱상사, LG전자 근무
University of Southern California, 회계학석사(1999)
University of Wisconsin-Madison, 경영학박사(2004, 회계학 전공)
회계학 교육혁신상, 한국회계학회, 2019
강의우수교수상, 서울시립대학교
회계학연구 우수논문상, 한국회계학회, 2010
Douglas Clarke Memorial Teaching Award, University of Wisconsin-Madison, 2001

스마트시대의 회계원리 (제3판)

2018년 2월 26일 초판 발행
2020년 12월 26일 개정 2판 발행
2024년 2월 20일 제3판 발행

저 자 김경태 · 김유라 · 박종찬
발행인 윤 동 구
발행처 **창 민 사**
서울시 마포구 창전로 46 4층 401호
등 록 1999. 10. 28/제10-1846호
전 화 3272-1243~4
팩 스 3272-1245
e-mail cmbooks@hanmail.net

정가 32,000원

ISBN 979-11-92272-19-1 93320